문화를 고려하지 않는 선교는 생각할 수 없다. 문화와 선교의 깊은 관계를 이해하는 것은 교회가 지녀야 할 필수 요소이다. 20년간 대학 강단에서 선교학을 강의한 저자는 오롯이 선교에 전념할 것을 당부하고 있다. 선교사와 목회자, 그리스도인들은 문화와 선교를 잘 알아야 하기 때문이다. 문화와 선교에 관심을 가지고 이 책을 탐독하면 하나님 나라가 지향하는 선교의 중요한 방향의 길을 걸어가게 된다. 이 책을 통해 각자의 선교가 살아나기를 기대해 본다.

김상식 박사, 성결대학교 총장

저자의 새로운 책은 이 시대에 맞는 아주 훌륭한 선교 안내서이다. 선교는 늘 새로운 문제에 부딪히게 된다. 그 이유는 문화가 늘 움직이기 때문이다. 저자의 책은 움직이는, 그래서 항상 새로운 문제를 제기하는 문화 속에서 우리가 어떻게 선교해야 하는지를 성경적이고, 영적인 토대를 제공한 후 각각의 사례와 접목하는 선교의 책이다. 이 귀한 저서가 차세대 선교의 훌륭한 지침서가 될 것임을 믿어 의심치 않는다.

김준현 박사, 루터대학교 총장직무대행

저자의 새로운 책 발간을 축하드린다. 이 책은 문화와 선교에서 기본이 되는 선교이론을 정리하였고, 이슈와 사례에서 다양한 선교 사례들을 소개하고 있다. 선교이론과 선교의 실제 양면을 아우르는 책이다. 이 책은 선교를 영적인 전쟁으로 본다. 사탄의 세력을 쳐서 무찌르지 않고는 주님의 백성을 살릴 수 없을 것으로, 부디 이 책이 선교의 영적 의미를 잘 전달하는 책이 되길 기대한다.

노영상 박사, 실천신학대학원대학교 총장

풀러 신학교의 초대 학장이었던 도날드 맥가브란이 최초의 교수진으로 호주 출신 선교사이자 문화인류학자인 알란 티펫(Alan Tippet)을 청빙했다는 것은 선교에 있어서 문화의 중요성을 단적으로 보여준다. 이수환 박사는 20여 년간의 강의와 연구를 통해 걸러진 선교와 문화, 현대 선교가 당면하고 있는 중요한 이슈에 대해 깊이 있고 이해하기 쉽게 사례와 함께 제시한다. 현대 선교를 이해하기 원하는 모든 이들에게 일독을 권한다.

구병옥 박사, 개신대학원대학교 실천신학 교수, 한국실천신학회 회장

이수환 박사는 오랫동안 선교학을 연구하고 실천한 선교 전문가이다. 본서는 선교학에 대한 일반론을 넘어서 영적 전쟁이나 선교적 영성, 그리고 선교의 멘토링 리더십을 다루고 있는 점에서 실제적이며, 특별하다고 하겠다. 그리고 한인 디아스포라 선교, 복지선교, 이주민 선교, 이슬람 선교, 아프리카 전문인 선교 등의 현재 한국교회에서 다루어야 할 이슈와 사례를 잘 제시하고 있다. 고로 선교를 연구하는 분들과 선교적 교회의 목회를 준비하는 분들, 그리고 실제로 선교 사역을 위해 헌신하는 모든 분에게 기쁜 마음으로 이 책을 추천한다.

김상백 박사, 순복음대학원대학교 실천신학 교수, 전 한국실천신학회 회장 &
이사장

오늘날 선교 트렌드는 선교의 성경적 기초를 견고히 다진 상태에서 현대 선교 사역에 필수적으로 수반되는 주요 쟁점들인 영적 전쟁, 멘토링, 리더십, 디아스포라, 치유상담, 복지선교, 이주민, 이슬람, 전문인 선교 등을 일목요연하게 해설한다. 이 책을 읽다보면 오늘날의 선교가 마주하는 과제들이 생생하게 다가올 것이다. 문장 하나하나에 배어있는 저자의 열정을 따라가다 보면, 독자들은 어느덧 저자와 함께 선교의 여정에 깊이 천착하는 자신을 발견하게 될 것이다.

김선일 박사, 웨스트민스터신학대학원대학교 선교신학 교수

이 책을 한국교회 목회자와 성도들에게 추천한다. 사회가 복잡해지고 다원화됨에 따라 선교 사역도 복잡해졌다. 이 책에서 저자는 타문화권, 다문화권 선교 관련해서 반드시 알아야 할 주제들에 대해 이해하기 쉽게 설명하였다. 세계 선교는 하나님께서 한국교회를 포함하여 모든 교회에 명하신 명령이다. 하나님의 대위임령을 순종으로 따를 때, 지식과 계획과 준비가 필요하다. 세계 선교에 대한 지식을 얻을 수 있는 이 책을 한국교회에 선사한다.

김한성 박사, 아신대학교 선교신학 교수, 전 한국복음주의선교신학회 부회장

저자의 신작 도서는 지난 20년간 성결대학교에서 강의한 내용을 바탕으로 한 선교학 개론서다. 저자는 23개의 다양한 과목을 다루며 문화와 선교의 관계를 심도 있게 탐구하였다. 선교에서 문화의 중요성을 강조하며, 효과적인 선교를 위해 문화를 이해하는 것이 필수적임을 강조한다. 이 책은 이론과 사례를 균형감 있게 다루면서 독자들에게 선교의 올바른 이해와 실천적 지침을 제공한다. 오랜 시간 공들여 왔고, 현장 지도를 통해 검증된 내용이기에 더욱 이 도서의 출판이 반갑다. 저자는 다작을 통해 다양한 영역을 다루면서도 그 수준이 결단코 가볍지 않다는 점이 매우 인상적이다. 특히, 다양한 문화적 배경에서의 선교 방법을 구체적으로 제시하여 선교사와 목회자 그리고, 성도들에게 큰 도전을 준다. 이 도서는 문화와 선교의 복합적 관계를 명확히 제시하며, 앞으로의 선교 방향성을 설정하는 데 유용한 자료가 될 것이다. 이 책을 통해 많은 독자가 선교의 중요성을 재인식하고, 실제적인 선교 활동에 더욱 헌신할 수 있기를 기대한다.

남성혁 박사, 장로회신학대학교 선교신학 교수, 한국실천신학회 서기

먼저 오늘의 현실 가운데 하나님의 선교를 이루어가기 위해서 기도와 수고를 아끼지 않는 저자의 열정에 깊은 감사를 드린다. 본 책은 선교에 있어서 가장 중요한 부분인 성경적 근거와 현실의 문화라는 부분이 선교자의 입장에서 어떻게 고민해야 하는지를 잘 보여주고 있다. 또한 우리가 접할 수 있는 다양한 선교적 문제의 현재 상황에 대한 실례를 통하여 읽고 있는 저에게도 선교의 꿈을 꿀 수 있게 해주고 있다. 선교를 대하는 자세와 태도, 무엇보다 성경적 기초를 강조해서 가르쳐 주셔서 감사하다.

문진형 박사, 백석대학교 기독교교육학 교수, 한국실천신학회 부서기

이 책은 문화와 선교의 주요 주제들을 다루면서, 최근 선교 트렌드의 방향성을 실천적으로 제시한 중요한 연구이다. 문화와 선교의 관계성을 모색하면서 바울 선교, 한인 디아스포라 선교, 치유 상담 선교, 복지선교, 이주민 선교, 이슬람 선교, 아프리카 전문인 선교 등 다양한 문화선교에 대한 이슈와 사례를 제안한 의미 있는 책이다. 따라서, 문화를 통해 선교 훈련을 준비하는 평신도, 신학생, 목회자와 지속 가능한 문화선교를 위해 헌신하는 선교사에게 이 책을 적극 추천한다.

박진경 박사, 감리교신학대학교 기독교교육학 교수, 한국실천신학회 이사

본서는 저자가 다년간 성결대학교에서 강의하면서 연구한 학문적 업적을 출판한 저서다. 그는 오늘날 교회가 직면한 선교사역의 이슈와 사례들을 통해 선교의 동향을 진단 및 전망하면서, 교회와 문화의 관계에 대한 이해와 함께 한국교회가 나아가야 할 적절한 방향을 제시한다. 사실 다문화와 다변화의 동시대를 접하면서, 교회는 시대마다 문화의 트렌드를 자칫 선교의 지표처럼 여길 유혹에 자주 처하곤 한다. 그런데 저자는 현대문화의 트렌드 안에 지닌 여러 다양한 현상적 가치들과 메시지를 다분히 선교적 관점에서 해석하고, 궁극적으로 한국교회가 나아가야 할 방향성을 선명하게 제시했다. 따라서 추천자는 오늘날 선교 트렌드의 이해와 통찰력 있는 교회의 선교사역을 위해 한국교회의 지도자들과 모든 그리스도인들이 본서를 필독할 것을 적극 추천하는 바이다.

배춘섭 박사, 총신대학교 신학대학원 선교신학 주임교수

세계 선교의 지향은 계속 변화하고 있다. 따라서 한국에서 선교학에 대해서 강의하는 사람이나 배우는 사람도 세계의 동향에 민감해야 할 필요가 있다. 일찍이 예수님은 "너희가 날씨는 분별할 줄 알면서 시대의 표적은 분별할 수 없느냐"(마 16:3)라고 하시며, 시대 속에서 영적 징조를 잘 살펴야 할 것을 말씀하셨다. 저자는 시대의 트렌드를 분별하면서 선교와 문화에 대한 오랜 강의를 바탕으로 다양한 내용을 다루었다. 특히 문화는 공기와 같이 인간과 분리할 수 없는 핵심적인 주제이다. 오늘날 살아있는 복음과 다양한 문화 속에서 역사하시는 하나님과 그의 선교를 바로 알고 동참하고자 하는 사람들에게 그 필요를 충족시킬 귀한 책이라 추천하는 바이다.

이선이 박사, 호남신학대학교 선교신학 교수, 한국선교신학회 <선교신학> 편집장

이 책은 문화에 적합한 선교학 이론의 집합체이다. 폭 넓은 강의와 다양한 사역 현장에서 하나님께서 드러내고자 하는 선교적 영성을 담대하게 전하는 저자는 특별히 성경적 선교학과 영적인 선교사역에 깊은 안목을 보여주며, 현대 선교현장에서 붙잡아야 할 귀중한 선교 이슈들을 상세하게 제시한다. 저자의 책을 통해, 성경의 하나님이 선교하시는 하나님이심을 확인하게 되고, 교회가 현대 문화에 걸맞는 선교 전략을 가지고 세계를 선교해야 함을 확인하게 된다. 저자의 괄목할 영향력이 돋보이는 이 저서를 사랑하는 모든 분에게 기쁜 마음으로 추천한다.

이회훈 박사, 성산효대학원대학교 선교신학 교수, 교목실장

루즈베탁이 문화는 삶을 위한 디자인이라고 했다면 이 책은 선교를 위한 디자인이다. 디자이너는 단순히 디자인을 만드는 게 아니라 디자인을 통해 사고한다. 디자인이 자기표현의 수단이 되는 것, 디자이너 저자에게 이 책은 선교사의 책이다. 누군가는 디자인을 기술과 인간, 환경과 사용자를 연결하는 일로 정의하는데, 저자의 그것은 성경과 우리를 연결한다. 선교사의 책인 성경과 본서는 마치 북쪽 하늘의 별처럼 좌표를 제시할 뿐 아니라 문화, 영성, 리더십, 상황화, 도시선교, 한인 디아스포라, 치유, 복지, 다문화이주민, 이슬람, 아프리카 전문인선교를 관통하며 우릴 선교하시는 하나님과 그의 나라로 인도한다.

오현철 박사, 성결대학교 설교학 교수, 전 한국복음주의실천신학회 회장

저자는 21세기 사회 문화 환경 가운데 복음의 메시지를 어떻게 삶의 현장에 적용할수 있을지 고민하는 연구자이며 목회자이다. 이는 그가 지금까지 출판한 수많은 저서에 고스란히 드러난다. 매 학기 선교학 관련 과목들을 강의하면 한 권의 책이 탄생한다. 같은 연구자로서 참으로 경이롭고 존경스럽다. 본서는 그의 선교학에 대한 열정이 집약된 선교학 입문서이며, 동시에 우리가 당면한 가장 시급한 선교적 이슈들에 대한 깊은 통찰을 담고 있다. 선교학 전공자뿐 아니라 한국교회 목회자들과 신학생들, 그리고 일상 선교의 비전을 품는 모든 평신도에게 큰 도전이 될 역작이다.

윤영훈 박사, 성결대학교 문화선교학과 교수, 성결대학교 신학대학원장

이 책은 전문 선교학자가 쓴 선교학 개론서이다. 선교학으로 지난 20여 년 동안 성실하게 강의를 해온 학식과 경험, 그리고 지혜가 농익어 한권의 책으로 열매를 맺었다. 저자는 문화와 선교는 서로 뗄 수 없는 관계이며, 선교사는 현지 문화(특히 언어)의 옷을 입고 선교해야 한다는 당위를 힘주어 강조한다. 성경과 선교를 논하는 자리에서는 선교라는 중심 주제로 구약과 신약을 관통하고 있음이 주목된다. 이와 더불어 다양한 이슈와 사례를 통하여 실제적인 선교에 대한 선교 신학적 가이드를 제공하는 점도 큰 유익이 될 것으로 보인다.

차준희 박사, 한세대학교 구약학 교수, 한국구약학연구소 소장

선교는 복음을 전하는 것을 넘어, '하나님의 선교'에 동참하는 것이다. 이 책은 하나님의 선교 이야기로 시작하여, 선교에 부름받은 목회자, 선교사, 그리스도인들이 어떻게 선교에 참여할 수 있는지 구체적이고 실천적인 방법을 제시한다. 저자는 선교의 이론과 실천 사이의 간격을 좁히며, 독자들이 일상 속에서 자신의 선교적 사명을 발견하도록 돕는다. 이 책은 하나님의 선교가 실천의 자리에서 어떻게 구체화 되는지를 독창적으로 보여준다.

황병준 박사, 호서대학교 실천신학 교수, 한국실천신학회 <신학과 실천>
편집위원장

오늘날 선교 트렌드

·**초판 1쇄 발행** 2024년 10월 2일

·**지은이** 이수환
·**펴낸이** 민상기
·**편집장** 이숙희
·**펴낸곳** 도서출판 드림북
·**인쇄소** 예림인쇄 **제책** 예림바운딩
·**총판** 하늘유통

·**등록번호** 제 65 호 **등록일자** 2002. 11. 25.
·경기도 양주시 광적면 부흥로 847 경기벤처센터 220호
·Tel (031)829-7722, Fax 0504-269-6969

오늘날
선 교
트렌드

문화와 선교
그리고
이슈와 사례

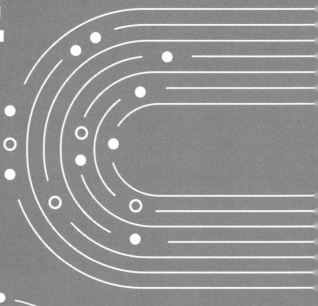

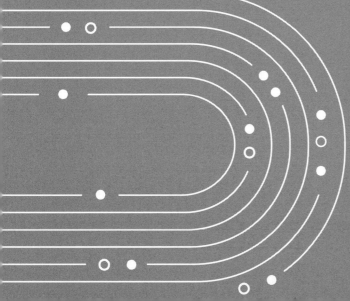

드림북

목차

서문

  이 책은 지난 2005년부터 최근 2024년까지 성결대학교에서 문화와 선교를 강의한 내용을 바탕으로 쓴 선교학 개론서다. 20년 전, 성결대학교 야간 선교학 강의로 시작해서 지금까지 선교학 강의에도 많은 변화가 있었다. 저자는 그동안 23개 과목의 다양한 선교학 강의를 진행하였다. 아마도 독자들이 본서의 목차를 보는 순간 느낄 수 있다. 과거가 그랬고, 현재와 앞으로도 문화와 선교는 떼려야 뗄 수 없는 관계다. 선교에 있어 문화가 차지하는 무게는 우리가 생각하는 그 이상이다. 양자는 바늘과 실처럼 항상 따라다니는 존재로, 마치 자동차의 바퀴가 그 방향과 진로를 결정하는 중요한 역할을 하는 것이다.

  바늘만 가지고 꿰맬 수 없고, 바퀴가 없이는 원하는 목적지까지 데려다 줄 수 없는 것이 문화와 선교다. 그러기에 문화를 이해하지 못하면 효과적인 선교는 기대하기가 어렵다. 이 책은 문화와 선교의 관계를 통해 선교에 관한 올바른 이해와 그것과 관련된 이슈와 사례가 선교에 헌신했던 그리고 앞으로 헌신할 목회자와 선교사, 그리스도인들에게 효과적인 선교를 하는데 적지 않게 도전을 줄 것이다.

  문화와 선교에 대하여, 뉴기니에서 사역했던 미국 문화인류학자이자 선교학자 루이스 루즈베탁(Louis J. Luzbetak, 1917~2005)은 문화란 삶을 위한 디자인이라고 하였다. 해석학적인 인류학을 전개하여 다른 학문 분야에도 널리 영향을 끼친 미국 문화인류학자 클리퍼드 기어츠(Clifford J. Geertz, 1926~2006)는 문화란 삶을 향한 사람들의 태도와 삶에 대한 사람들의 지식을 개발할 뿐 아니라 의사소통을 지속하는 수단이라고 하였다. 이처럼 문화는 겉으로 드러난 것보다 내면적인 생각의 문제와 태도, 그리고 지식이라 말할 수 있겠다. 우리가 익히 아는 고린도전서 9장 19절에 보면, "내가 모든 사람에게서 자유로우나 스스로 모든 사람에게 종이 된 것은 더 많은 사람을 얻고자 함이라"에서 바울이 다양한 문화 속에서 하나님의 선교를 위해 자기의 권리를 포기함으로 사람들을 놀라게 하였다. 이처럼 문화의 다양성은 언어, 음식, 일상 습관, 의식구조, 가치관, 세계관, 종교적 행위, 인식의 차이 등에서 나타난다. 당시 오늘날 선교적 상황과 마찬가지로 바울은 예수님처럼 구원해야 할 사람이 있다면 다양한 방법을 통해 그들과 같이 되고자 하였다.

다양한 문화는 하나님의 통치 아래 놓여 있다. 하나님은 다양한 것을 그가 원하시는 방법과 뜻대로 선교를 이루어 나가신다. 인류의 주인으로, 만왕의 왕으로서 인간 문화의 흥망성쇠를 주장하는 분이 바로 선교하시는 하나님이시다. 인간의 복잡하고 다양한 문화를 복음전파의 통로로 사용하시는 분이 우리 하나님이시다. 하나님은 인간의 문화를 사용하셔서 자신의 선교를 이루시지만 복음 자체와 문화를 엄격히 구별하신다. 어떠한 문화에도 복음은 종속될 수가 없다. 하나님의 계시로서 그의 행동하심이 복음이다. 오늘날 다양한 문화 속에서 선포되는 주의 복음은 결국 문화라는 가교로 전달될 수밖에 없는 한계성을 가진다.

목회자와 선교사가 아무리 선교 현장의 언어를 완벽하게 준비하고, 선교의 소프트웨어와 하드웨어를 구축했어도 그곳 사람들의 현지 문화를 제대로 알지 못하면 결코 선교는 가능할 수 없다. 선교하면, 현지 언어 속에 그들만의 고유한 문화가 고스란히 녹아져 있다. 따라서 선교 현장의 특수한 문화는 현지로 가기 전에 미리 학습하고 짧은 기간에 걸쳐 아웃리치 형태로 경험할 수 있다. 하지만 결국 그들의 문화가 내 몸에 자연스럽게 느껴진 순간은 그곳에 가서 그들과 함께 살고 있을 때다. 하늘의 아들이 이 땅의 아들로 오셔서 성육신하신 예수님이 우리에게 친히 선교의 모범을 보이신 대로 목회자와 선교사는 현지 문화의 옷을 입고 선교해야 할 것이다. 본서를 통해서 선교의 책무를 가진 한국교회와 그리스도인들은 문화와 선교의 중요한 최근 이슈를 이해하고, 더 나아가서 선교에 대한 지식을 배울 뿐만 아니라 지속 가능한 실제적 사역을 각자의 자리에서 감당해야 할 것이다. 출판사 드림북 민상기 대표님과 추천사로, 이 책을 빛내주신 모든 분에게 큰 은혜를 입어 진심으로 감사드린다. 이 책을 선교하시는 우리 하나님께 바친다.

이수환
2024년 8월 안양 성결대학교에서

제1장
성경과 선교

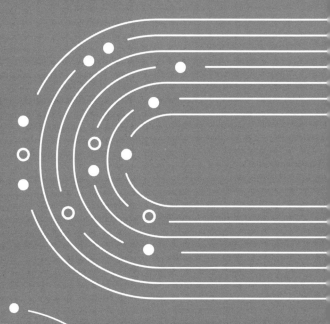

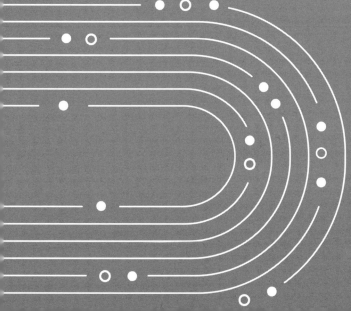

I. 들어가는 말

성경을 통해 자신의 정체성이 무엇인지를 분명히 계시하시는 분이 하나님이시다. 성경의 중심은 선교하시는 하나님(Missio Dei)이시다. 성경의 전체적인 줄거리는 하나님께서 온 인류를 구원하시고, 예수 그리스도가 온 인류를 위해 십자가를 지셨으며, 성령께서 세우신 교회가 온 인류를 구원하기 위해 존재한다는 것이다.[1] 그래서 성경은 전체가 선교의 책(Missionary Book)이다. 성경은 선교의 개념을 잘 이해할 수 있는 지침서가 된다. 성경에 나타난 선교는 어떤 인간적인 전략이 아니라 세계 선교를 위한 하나님의 뜻임을 알 수 있다.

그러니 성경은 모든 목회자와 선교사가, 그리스도인들에게 학습해야 할 주제들을 기술하고 있어 무엇보다도 먼저 "선교사의 책으로서의 성경"(The Bible as the Missionary's Book)이라는 제목으로 성경에 대한 지식을 강조해야 할 것이다.[2] 성경은 단순히 신학에 관한 하나의 책이 아닌 온 인류를 구원하시는 하나님의 선교 신학의 기록이다.[3] 성경에 나타난 선교는 창세기로부터 구약성경에서부터 신약성경에 이르기까지 물 흐르듯 흐른다. 그리하여 구약성경과 신약성경의 공통점은 선교에 있다.[4] 성경은 인간 역사 가운데 펼쳐지는 하나님의 선교활동과 목적을 계시하는 책이다.[5] 성경은 온통 선교에 관한 내용이라 해도 과언이 아니다.[6] 따라서 선교의 성경적 기초에 대해서 의

---

1) 이강천, 『마지막 세기, 마지막 주자』 (서울: 도서출판 두란노, 1990), 13.
2) 김효찬, "선교적 해석학이 21세기 선교사 훈련에 주는 성찰," 「현대선교」 24 (2020).
3) George W. Peters, *A Biblical Theology of Missions* (Chicago: Moody Press, 1972), 9.
4) Walter C. Kaiser, 『구약성경과 선교』, 임윤택 역 (서울: CLC, 2005), 15.
5) Arthur F. Glasser, 『성경에 나타난 하나님의 선교』, 임윤택 역 (서울: 생명의말씀사, 2006), 22.
6) Christopher J. H. Wright, *The Mission of God: Unlocking the Bible's Grand Narrative* (Downers Grove: IVP, 2006), 29.

미 있게 말할 수 있을 성경과 선교에 대하여 구체적으로 살펴보고자
한다.

II. 구약성경과 선교

구약성경의 하나님은 선교의 하나님이시다. 많은 선교신학자는 구
약성경에서 선교의 기초를 하나님 자신의 성격에 기초한다고 말한
다. 영국의 복음주의 선교신학자 존 스토트(John R. W. Stott, 1921~2011)는
구약성경에 나타난 선교에 대하여, "구약성경의 하나님은 선교의 하
나님이시다."라고 말했다.[7] 이렇게 구약성경의 하나님은 모든 인류
의 하나님이 되신다.

1. 창조의 하나님은 세계 선교의 하나님이 되신다

유대인들은 창세기 1:1에서 창조의 하나님에 대해 오해했다. 물론
하나님은 유대인의 하나님이지만 모든 족속의 하나님이시다. 이처
럼 하나님은 한국을 사랑하시나 세계 모든 민족을 사랑하신다는 사
실이다. 하나님은 창조의 하나님이시며, 동시에 역사의 하나님이시
다. 그분은 온 세계를 만드셨을 뿐만 아니라 모든 사람을 지으셨다
(시 24:1). 그리하여 모든 세계와 만물, 그리고 인간과 역사를 다스리신
다.[8] 하나님은 한 지역이나 한 민족의 신이 아닌 온 세계의 하나님이
시며, 모든 민족의 하나님이 되신다. 이러한 선교의 개념은 구약성경

---

7) John R. W. Stott, 『현대를 사는 그리스도인』, 한화룡·정옥배 역 (서울: IVP, 1998), 414.
8) 이강천, 『마지막 세기, 마지막 주자』, 14.

에 나타난 충분한 근거로, 특히 보편주의(Universalism)의 맥락 안에서 암시적으로 제시되어 있다.[9] 그러므로 하나님은 모든 민족의 하나님, 즉 우주적인 하나님이시다. 모든 민족은 온 세계를 만드시고 온 세계를 품으신 하나님을 바라보아야 할 것이다.

2. 아브라함의 하나님은 세계 선교의 하나님이 되신다

구원의 중요한 이정표는 아브라함의 부르심에서 시작한다. 창세기 12:1-4에 의하면, 인간들이 하나님 없이 영적 흑암의 세계에서 살고 있을 때 하나님은 구원의 역사를 일으키기 위하여 아브라함을 부르셨고, 그리하여 그를 복의 근원으로 삼으셨다. 땅의 모든 족속은 복을 받게 된다는 것이다. 이렇게 세계 선교의 하나님에 대하여 창세기 12:3과 창세기 28:14에서는 "모든 족속", 창세기 18:18과 창세기 22:18, 그리고 창세기 26:4에서는 "천하 만민"으로 언급되어 있는데, 즉 아브라함의 후손으로 인하여 복을 받게 된다고 반복해서 강조하였다.[10]

> "너를 축복하는 자에게는 내가 복을 내리고 너를 저주하는 자에게는 내가 저주하리니 땅의 모든 족속이 너로 말미암아 복을 얻을 것이라 하신지라"(창 12:3).

> "네 자손이 땅의 티끌 같이 되어 네가 서쪽과 동쪽과 북쪽과 남쪽으로 퍼져나갈지며 땅의 모든 족속이 너와 네 자손으로 말미암아

9) Herbert Kane, 『선교신학의 성서적 기초』, 이재범 역 (서울: 나단출판사, 1995), 18.
10) 이강천, 『마지막 세기, 마지막 주자』, 14.

복을 받으리라"(창 28:14).

"아브라함은 강대한 나라가 되고 천하 만민은 그로 말미암아 복을 받게 될 것이 아니냐"(창 18:18).

"또 네 씨로 말미암아 천하 만민이 복을 받으리니 이는 네가 나의 말을 준행하였음이니라 하셨다 하니라"(창 28:18).

"네 자손을 하늘의 별과 같이 번성하게 하며 이 모든 땅을 네 자손에게 주리니 네 자손으로 말미암아 천하 만민이 복을 받으리라"(창 26:4).

이처럼 세계 선교의 하나님이 아브라함을 부르신 사건은 천하 만민과 모든 족속을 구원하시고 복을 주시려는 세계 선교의 사건이다. 하나님은 세계 선교를 위해 한국교회가 쓰임 받기를 소원하신다.

3. 이스라엘 백성의 하나님은 세계 선교의 하나님이 되신다

아브라함을 불러서 언약의 아들로 삼으신 하나님은 아브라함의 후손인 이스라엘 백성과 언약을 맺으셨다. 출애굽기 19:1-18에 의하면, 애굽에서 노예 생활로 고생하던 이스라엘을 구출하여 이끌어 시내 산에서 모세를 통해 이스라엘 백성과 언약을 세우셨다. 이것이 이스라엘의 선민사상을 만들어 낸 근거이다. 이스라엘 백성은 하나님의 선민으로 다른 민족을 제쳐 놓고 이스라엘 백성만 하나님의 복을 받도록 주어진 민족이 아니다. 하나님이 이스라엘 백성을 택하신 특별한 이유는 하나님께 받은 복으로 하나님을 섬기고 하나님의 백성이 얼마나 행복한 삶을 사는지 세계의 모든 민족에게 보여주라는 것이 목적이다.[11]

이러한 선교의 목적으로 이스라엘은 여러 열방과 여러 민족을 위하여 부름을 받고, 세움을 받은 제사장 나라이다. 그러나 이스라엘 백성들은 이러한 하나님의 뜻을 전혀 이해하지 못했다. 그들은 이방인을 축복하기는커녕 배타적 우월주의에 빠져 이방인과 상종도 하지 않았고, 이방인을 저주하는 폐쇄주의 집단으로 전락하였다.[12] 그런 가운데 하나님은 이방인도 선교의 도구로 쓰셨다. 하나님은 아브라함의 언약에 이방인도 포함하여 구약성경에 나타난 선교는 유대인들의 전유물이 아니다.[13]

4. 예언자의 하나님은 세계 선교의 하나님이 되신다

하나님의 섭리와 계획은 아브라함을 불러 그와 그의 자손을 통해 땅의 모든 민족을 구원하여 복을 주는 것이다. 이윽고 하나님은 이스라엘 민족을 제사장 나라로 세워 열방의 모든 백성을 축복하려고 하셨다. 하지만 이스라엘 민족은 하나님의 뜻과는 상관없이 배타주의(Exclusivism)와 우월주의(Chauvinism)에 빠져 이방 세계를 버리고 문을 닫고 저주하는 민족으로 몰락했다. 그리하여 하나님은 예언자를 통하여 이스라엘 민족을 뛰어넘는 새로운 역사를 계획하셨다. 그것은 이

---

11) 이강천, 『마지막 세기, 마지막 주자』, 16-17.
12) 이강천, 『마지막 세기, 마지막 주자』, 17.
13) Walter C. Kaiser, 『구약성경과 선교』, 16.

방의 구원을 베푸시는 자신의 계획적 선포이다. 이스라엘 백성들이 그토록 멸시하던 이방 민족에게 하나님은 구원의 복음이 전해지는 새 시대를 예언하신 것이다.[14] 시편 2:7-8에 의하면, 예언은 예수 그리스도로 말미암아 이방 모든 백성에게도 구원이 이르며 하나님의 반열로 부르게 될 사실이다.[15]

> "내가 여호와의 명령을 전하노라 여호와께서 내게 이르시되 너는 내 아들이라 오늘 내가 너를 낳았도다 내게 구하라 내가 이방 나라를 네 유업으로 주리니 네 소유가 땅 끝까지 이르리로다"(시 2:7~8).

예언자들 가운데 특히 이사야는 개인들만이 아닌 모든 나라들이 하나님을 알게 되고, 하나님의 말씀을 듣기 위해 예루살렘에 모여들게 될 것을 예언하였다(사 2:2-3).[16] 더 나아가 이사야 49:6에 의하면, 이사야의 예언은 분명히 예수님에게서 성취된 것으로 해석하였다.

> "그가 이르시되 네가 나의 종이 되어 야곱의 지파들을 일으키며 이스라엘 중에 보전된 자를 돌아오게 할 것은 매우 쉬운 일이라 내가 또 너를 이방의 빛으로 삼아 나의 구원을 베풀어서 땅 끝까지 이르게 하리라"(사 49:6).

---

14) 이강천, 『마지막 세기, 마지막 주자』, 17-18.
15) 시편은 탁월한 선교적 선포로 이루어진 선교 찬양이다. 특히 월터 카이저는 시편에 대한 전통적 해석을 선교적으로 바로 잡았다. 그래서 시편은 선교적이며, 세상에 존재하는 선교서 가운데 하나이다. Walter C. Kaiser, 『구약성경과 선교』, 16.
16) Herbert Kane, 『선교신학의 성서적 기초』, 35.

특히, 구약성경에서 예언서에 나타난 이스라엘의 이방 선교는 다음과 같다. 첫째, 요엘이다. 요엘서는 요아스 왕 시대인 B.C. 835년경에 기록된 예언서로 가장 오래된 문서 가운데 하나이다. 요엘이 민족들에 대해 예언한 내용은 분명하고 확실하다.[17] 요엘 2:28에 의하면, 요엘은 이방 나라에 대하여 예언하였다.

> "그 후에 내가 내 영을 만민에게 부어 주리니 너희 자녀들이 장래 일을 말할 것이며 너희 늙은이는 꿈을 꾸며 너희 젊은이는 이상을 볼 것이며"(욜 2:28).

예언자는 성령을 부어주시는 범위가 포괄적이라는 것을 보여주기 위해 다양한 언어를 사용한다. 성령을 부어주시는 데에는 나이와 성별, 그리고 인종의 제한이 없다. 따라서 복음과 선교의 범위는 모든 인종과 전 인류를 포함하여 확대되는 것이다. 둘째, 아모스이다. 아모스 9:11-12는 가장 중요한 선교적인 핵심의 본문이다. 이것은 하나님의 약속으로 만국인 이방인들과 나라들이 어떤 경우라도 하나님의 이름으로 부르게 될 것이다.[18]

> "그 날에 내가 다윗의 무너진 장막을 일으키고 그것들의 틈을 막으며 그 허물어진 것을 일으켜서 옛적과 같이 세우고 그들이 에돔의 남은 자와 내 이름으로 일컫는 만국을 기업으로 얻게 하리라 이 일을 행하시는 여호와의 말씀이니라"(암 9:11-12).

---

17) Walter C. Kaiser, 『구약성경과 선교』, 112.
18) Walter C. Kaiser, 『구약성경과 선교』, 112-113.

하나님은 사람을 편애하지 않으신다. 아모스가 지적한 것처럼, 이스라엘 백성이 하나님의 선택을 받은 유일한 백성이라고 해서 어떤 식으로든지 하나님의 심판을 면할 수 있기는커녕 그 지위에 걸맞은 윤리적 삶을 살지 못했을 때 더 엄중한 벌을 받게 된다(암 3:2).[19] 하지만 만국이 주의 이름을 갖도록 타락한 다윗의 가문은 종말에 하나님의 역사로 고쳐지고 회복될 것이다(행 15:13-18). 셋째, 미가이다. 미가 4:1-5에 의하면, 모든 나라들이 여호와의 산으로 몰려간다고 묘사한다. 이것은 선교의 효과적인 결과들에 대해서는 특권과 책임에 실패한 이스라엘을 직접 묘사하고 있다.[20] 하지만 하나님께서 이루실 선교는 복음에 관한 선교의 결과로 효과적이었음을 보여준다.

> "끝날에 이르러는 여호와의 전의 산이 산들의 꼭대기에 굳게 서며 작은 산들 위에 뛰어나고 민족들이 그리로 몰려갈 것이라 곧 많은 이방 사람들이 가며 이르기를 오라 우리가 여호와의 산에 올라가서 야곱의 하나님의 전에 이르자 그가 그의 도를 가지고 우리에게 가르치실 것이니라 우리가 그의 길로 행하리라 하리니 이는 율법이 시온에서부터 나올 것이요 여호와의 말씀이 예루살렘에서부터 나올 것임이라 그가 많은 민족들 사이의 일을 심판하시며 먼 곳 강한 이방 사람을 판결하시리니 무리가 그 칼을 쳐서 보습을 만들고 창을 쳐서 낫을 만들 것이며 이 나라와 저 나라가 다시는 칼을 들고 서로 치지 아니하며 다시는 전쟁을 연습하지 아니하고 각 사람이 자기 포도나무 아래와 자기 무화과나무 아래

---

19) Christopher J. H. Wright, 『하나님의 선교』, 정옥배 · 한화룡 역 (서울: IVP, 2010), 120.
20) William J. Larkin & Joel F. William, 『성경의 선교신학』, 홍용표 · 김성욱 역 (서울: 이레서원, 2001), 89.

에 앉을 것이라 그들을 두렵게 할 자가 없으리니 이는 만군의 여호와의 입이 이같이 말씀하셨음이라 만민이 각각 자기의 신의 이름을 의지하여 행하되 오직 우리는 우리 하나님 여호와의 이름을 의지하여 영원히 행하리로다"(미 4:1-5).

이러한 놀라운 선교의 결과는 모든 나라들이 하나님의 진리에 따라 행하게 되며, 영원히 그렇게 살게 될 것이다. 넷째, 이사야이다. 이사야 42:6과 49:6에 의하면, '이방의 빛'이 두 번 언급한다. 이것은 구약성경에 나타난 선교 신학을 이해하는 데 중요한 단서를 제공한다. '이방의 빛'은 종에게 주어진 구체적인 선교 사명이다. 종이 집합적인 용어라는 사실을 바르게 이해하면 그 내용이 더욱 분명해진다. 하나님의 종은 바로 이스라엘이다. 하나님은 이스라엘에게 이방인들의 증인이 되라는 사명을 주셨다. 그래서 하나님께서는 이스라엘의 남은 자들을 붙드실 것이며, 그가 의로 그들을 부르신 것처럼 그들을 인도하여 증거하는 사역을 감당하게 하실 것이다.[21] 이스라엘은 이방인들을 위한 선교사 사명을 가졌다. 그리고 이사야 선지자는 이 사명을 잘 감당해야 한다고 호소하였다. 이런 적극적인 선교 사명에 대한 이사야의 강렬한 촉구는 42장과 49장에 나오는 두 종의 노래가 잘 표현해 주고 있다.[22]

"나 여호와가 의로 너를 불렀은즉 내가 네 손을 잡아 너를 보호하며 너를 세워 백성의 언약과 이방의 빛이 되게 하리니"(사 42:6).

---

21) Walter C. Kaiser, 『구약성경과 선교』, 114, 95-96.
22) Walter C. Kaiser, 『구약성경과 선교』, 99.

"그가 이르시되 네가 나의 종이 되어 야곱의 지파들을 일으키며 이스라엘 중에 보전된 자를 돌아오게 할 것은 매우 쉬운 일이라 내가 또 너를 이방의 빛으로 삼아 나의 구원을 베풀어서 땅 끝까지 이르게 하리라"(사 49:6).

"주께서 이같이 우리에게 명하시되 내가 너를 이방의 빛으로 삼아 너로 땅 끝까지 구원하게 하리라 하셨느니라 하니"(행 13:47).

사도행전 13:47에 의하면, 사도 바울은 자신이 이방인의 사도가 된 것을 설명하면서 이사야 42:6과 49:6의 말씀을 인용하고 있다. 그래서 사도 바울 자신도 종의 역할을 감당하기 위해 이방인에게 갔다고 선언하였다. 이러한 이방의 빛이 되는 종의 사명은 메시야에게만 국한된 것이 아니라 이스라엘의 남은 자도 포용하고 있었다. 또한 이스라엘이 복을 받는 것과 저주를 받는 것을 통해 이방 나라들에게 선교적 교훈을 제공하였다.[23] 그러므로 이 땅의 모든 이방 나라들도 이스라엘과 함께 하나님의 언약 백성이 된다는 것이다. 다섯째, 예레미야이다. 예레미야 1:5에 의하면, 예레미야는 자신이 "열방의 선지자"로 부름을 받았다고 증언하였다. 이것은 하나님의 선교적 목적을 보여주고 있다.[24] 이외에도 예레미야 3:17에 의하면, 열방이 예루살렘에 모여 여호와를 경배한다는 내용이 나온다. 예레미야 33:9에 의하면, 예루살렘이 세계 열방 앞에서 하나님께 기쁜 이름이 될 것이며, 찬송과 영광이 될 것이라고 말한다. 하지만 이스라엘은 이 선교의 사

---

23) Walter C. Kaiser, 『구약성경과 선교』, 100, 115.
24) 이현모, 『현대선교의 이해』(대전: 침례신학대학교출판부, 2000), 61.

명을 너무나 자주 망각하고 소홀히 여겼다. 25)

"그 때에 예루살렘이 그들에게 여호와의 보좌라 일컬음이 되며 모든 백성이 그리로 모이리니 곧 여호와의 이름으로 말미암아 예루살렘에 모이고 다시는 그들의 악한 마음의 완악한 대로 그들이 행하지 아니할 것이며"(렘 3:17).

"이 성읍이 세계 열방 앞에서 나의 기쁜 이름이 될 것이며 찬송과 영광이 될 것이요 그들은 내가 이 백성에게 베푼 모든 복을 들을 것이요 내가 이 성읍에 베푼 모든 복과 모든 평안으로 말미암아 두려워하며 떨리라"(렘 33:9).

예레미야 3:17과 33:9에 의하면, 구심적 선교(centripetal mission)와 원심적 선교(centrifugal mission)가 포함되어 있다. 26) 전자는 이스라엘을 중심으로 오라는 선교를 말한다. 후자는 예루살렘으로부터 세계로 가라는 선교를 말한다. 구심적 선교(centripetal mission)란 이스라엘 중심으로 모이는 선교 방법으로 하나님이 한 사람, 혹은 한 민족을 선택해서 하나님을 나타내는 특별한 성격을 가졌다. 이러한 특권의식은 말로 선포하지 않아도 삶 자체가 선교적 메시지가 되기 때문이다. 이러한 구심적 선교는 구약에서 특히 많이 나타난다. 27) 원심적 선교(centrifugal mission)란 이스라엘에서 열방으로 나아가는 선교 방법이다. 하나님의 관심이 모든 사람에게 있다는 보편주의적 특징을 가지고

---

25) Walter C. Kaiser, 『구약성경과 선교』, 115-116.
26) William J. Larkin & Joel F. William, 『성경의 선교신학』, 89-90.
27) 이현모, 『현대선교의 이해』, 62.

있다. 이러한 특징은 특권이 아닌 섬김의 자세가 강하며, 사명과 보내심이 강조되는 것이다. 여섯째, 스가랴이다. 스가랴 4:6에 의하면, 하나님은 열방을 위한 하나님의 목적을 이루실 것을 확언하셨다.

> "그가 내게 대답하여 이르되 여호와께서 스룹바벨에게 하신 말씀이 이러하니라 만군의 여호와께서 말씀하시되 이는 힘으로 되지 아니하며 능력으로 되지 아니하고 오직 나의 영으로 되느니라"(슥 4:6).

스가랴 8:23에 의하면, 다윗의 보좌는 열방을 축복한 이스라엘의 초점이 된다.

> "만군의 여호와가 이와 같이 말하노라 그 날에는 말이 다른 이방 백성 열 명이 유다 사람 하나의 옷자락을 잡을 것이라 곧 잡고 말하기를 하나님이 너희와 함께 하심을 들었나니 우리가 너희와 함께 가려 하노라 하리라 하시니라"(슥 8:23).

스가랴 14:16-19에 의하면, 예루살렘을 치러 왔던 열국 중에 남은 자들이 있는데, 그들은 해마다 올라와서 만군의 여호와께 숭배하며, 만국 중에서도 여호와께 숭배하러 예루살렘으로 올라올 것이다.[28]

> "예루살렘을 치러 왔던 이방 나라들 중에 남은 자가 해마다 올라와서 그 왕 만군의 여호와께 경배하며 초막절을 지킬 것이라 땅

---

28) Walter C. Kaiser, 『구약성경과 선교』, 116.

에 있는 족속들 중에 그 왕 만군의 여호와께 경배하러 예루살렘에 올라오지 아니하는 자들에게는 비를 내리지 아니하실 것인즉 만일 애굽 족속이 올라오지 아니할 때에는 비 내림이 있지 아니하리니 여호와께서 초막절을 지키러 올라오지 아니하는 이방 나라들의 사람을 치시는 재앙을 그에게 내리실 것이라 애굽 사람이나 이방 나라 사람이나 초막절을 지키러 올라오지 아니하는 자가 받을 벌이 그러하니라"(슥 14:16-19).

구약성경에 어디를 보아도 이스라엘의 하나님은 온 땅의 유일하신 보편적인 하나님이라고 단언하는 본문들을 손쉽게 찾아볼 수 있다 (시 47:7). 하나님은 모든 것을 만드셨고, 모든 것을 소유하시고, 모든 것을 다스리신다.[29] 이렇게 구약성경의 하나님은 우주적인 하나님이시며, 구원의 하나님이시다. 하나님은 모든 열방에 관한 관심 가운데 우리의 선교적 지평을 전 세계에 펼치시기를 요청하신다.[30] 왜냐하면 하나님은 선교적인 하나님이시기 때문이다. 이러한 구약성경의 선교는 하나님의 임재가 열방 중에 존재하는 것이 가장 객관적이고 균형 있는 선교적 전망이다. 이러한 선교의 발견은 구약성경에서 부르심을 받은 믿음의 조상이었던 아브라함과 이삭, 그리고 야곱, 요셉이 가나안이라고 하는 타 문화권에서 하나님을 보여주는 선교적인 삶과 하나님의 사람이었던 구약성경의 모든 예언자가 장차 오실 메시야인 예수 그리스도에 대한 증거의 사역을 통해 살펴볼 수 있다.

특히 이스라엘은 이방 나라를 위해 하나님의 증인이라는 사명을 부여받았다. 이스라엘은 삶과 실천을 통해 선교의 사명을 감당하였

---

29) Christopher J. H. Wright, 『하나님의 선교』, 87.
30) 한국선교신학회, 『선교학 개론』 (서울: 대한기독교서회, 2015), 45.

다. 하나님의 영광은 그가 택하신 이방의 빛인 이스라엘을 통해 세상에 드러났으며, 진리의 말씀을 선포하였다. 그리고 땅의 모든 나라들은 이스라엘 백성을 통해 회개함으로써 복음을 들어야 했다. 그래서 메시야에 대한 좋은 소식은 모든 민족과 나라들이 하나님의 축복을 듣게 될 것이다. [31] 하나님만이 이스라엘에게 자신을 알리시고 또 모든 민족에게 알려지기를 원하는 참되시고 살아 계신 하나님이시라면 그 사실 자체로 선교해야 할 당위성은 충분하다. [32] 이처럼 구약성경의 하나님은 처음부터 끝까지 과거와 현재, 그리고 미래에도 변함없이 천하 만민과 땅의 모든 족속을 염두로 구원의 역사를 진행 시키시는 선교하시는 하나님이시다.

III. 신약성경과 선교

신약성경은 예수님의 생애와 십자가, 그리고 부활의 복음을 온 세상에 전하는 선교의 책이다. 구약성경에서 예언한 메시야는 예언대로 아브라함과 다윗의 후손으로 세상에 오셨다. 선교의 주인이신 하나님은 예수님을 이 세상에 보내셨다(요 3:6). 그리고 예수님은 그의 제자들을 세상에 보내는 선교 명령을 수행하신 후 승천하셨다. 승천 후, 제자들은 요엘 2:28-32에서 예언한 대로 성령이 충만하였다. 이 성령은 선교의 영으로서 제자들을 통해 구원의 메시지를 온 세상에 전할 수 있는 능력을 주셨다. [33] 초기 기독교 선교 역사를 살펴보

---

31) Walter C. Kaiser, 『구약성경과 선교』, 116-117.
32) Christopher J. H. Wright, 『하나님의 선교』, 87.
33) 전호진, 『선교학』 (서울: 개혁주의신행협회, 1985), 59-60.

면, 신약성경이 전하는 예수님의 선교 명령이 생생하게 살아있다. 특히 예수 그리스도의 죽음과 부활의 사건은 세상에서 고통당하는 사람들을 인내하도록 만들었을 뿐만 아니라 미래에 다가올 의로운 승리를 확신할 수 있도록 하였다. 이러한 사실을 전하는 교회 공동체의 존재 목적은 바로 예수 그리스도의 선교 명령을 이해한 것이다.[34] 무엇보다도 선교사이신 예수님은 사람의 몸을 입으시고 타 문화권으로 이 땅에 찾아오신 모든 인류의 구세주가 되신다. 그래서 신약성경에 나타난 선교는 예수님의 선교적인 삶을 이해하는 것이 매우 중요하다.

신약성경의 사복음서는 선교적 설교가 살아 있는 기록이며, 사도행전은 선교적 교회의 모델이며, 사도 바울의 서신서는 복음을 철학적으로 변호하는 변증서가 아니라 선교의 기록이다. 사도 바울은 그의 서신서 마다 하나님으로부터 이방인의 선교사로 세움을 받았다는 선교의 사명으로 시작한다.[35] 따라서 신약성경을 통해 예수님의 생애와 십자가, 그리고 부활을 통하여 선교를 이해하고, 하나님은 선교를 어떻게 말씀하시지를 살펴보고자 한다.

1. 사복음서, 선교 명령

첫째, 마태복음 28:18-20은 구체적인 선교 명령이다. 사실 마태복음은 이스라엘 왕의 족보에서 시작한다. 그리고 우주의 주와 구세주께서 세계적인 범위를 가진 선교 명령으로 끝이 난다.[36] 특히 마태

---

34) 한국선교신학회, 『선교학 개론』, 47-48.
35) 전호진, 『선교학』, 60.
36) Arthur F. Glasser, 『성경에 나타난 하나님의 선교』, 380.

복음 28:18-20은 예수님께서 마지막으로 제자들에게 분부하신 선교 명령인 예수님의 최후 유언장이다. 이러한 예수님의 선교 명령은 타 문화권에서 사역하는 선교사들에게만 국한된 말씀이 아니라 예수 그리스도를 영접한 하나님의 백성으로 부름받은 모든 성도와 모든 교회에게 주신 말씀이다. 이것이 세계를 품고 살아가는 그리스도인 의 삶과 교회의 목표가 되어야 한다.

"예수께서 나아와 말씀하여 이르시되 하늘과 땅의 모든 권세를 내게 주셨으니 그러므로 너희는 가서 모든 민족을 제자로 삼아 아버지와 아들과 성령의 이름으로 세례를 베풀고 내가 너희에게 분부한 모든 것을 가르쳐 지키게 하라 볼지어다 내가 세상 끝날 까지 너희와 항상 함께 있으리라 하시니라"(마 28:18-20).

마태복음 28:19에 의하면, 예수님께서 부활하시고 승천하시기 전 에 마지막으로 주신 선교 명령의 핵심은 "그러므로 너희는 가서 모 든 민족을 제자로 삼아 아버지와 아들과 성령의 이름으로 세례를 베 풀고"라는 것이다. 여기서 "모든 민족을 제자로 삼으라"는 것은 "모든 사람을 예수님의 제자로 만들라"는 것이다. 제자 삼는 일은 개인적 이면서도 상호관계를 수반한다. 예수님은 제자 삼는 것이 복음 전도 뿐만 아니라 세례를 통해 교회 생활 안으로 편입시키는 것과, 하나님 나라에 적극적으로 참여하도록 교육하는 것을 포함하셨다.[37] 그것

---

37) Arthur F. Glasser, 『성경에 나타난 하나님의 선교』, 382. 제자 삼는 일은 세례가 의미하는 것이 반드시 포함되어야 한다. 그것은 사도 시대 교회에는 세례받지 않는 사람이 없었기 때문이다. 사도행전에 의하면, 다섯 번의 개종 사건이 나오는데, 에티오피아 내시(행 8:36, 38), 다소 출신 사울(행 9:18, 22:16), 백부장 고넬료(행 10:47-48), 두아디라의 루디아(행 16:15), 그리고 로마 간수(행 16:33)에게 세례가 반드시 포함되었다. 세례는 한 개인의 회 개와 믿음의 공적인 고백을 의미한다. 세례를 예수님의 이름이나 삼위일체 하나님의 이름

은 내 주변으로부터 시작해서 모든 민족에게 이르기까지 예수님의 제자 삼기 위해서는 먼저 가야 하며, 세례를 주며, 분부한 모든 것을 가르쳐 지키게 하는 것이 선교이다. 제자를 만드는 데 있어서 가르침은 매우 중요하다. 이런 점에서 선교 명령의 초점은 대대적인 종교적 지식을 나누는 데 있지 않고 제자를 훈련하는 가르침에 있다. 한 개인에게 하나님의 진리를 지키도록 가르치는 것은 새로운 그리스도인에게 단계적인 훈련을 시키는 것을 의미한다.[38]

그래서 선교 전략가며 교회 성장 운동의 창시자인 도날드 맥가브란(Donald A. McGavrna, 1897~1990)은 선교 명령에 대하여, "세상의 모든 사람을 제자 삼는 것을 근본 목적으로 하는 모든 활동이다."라고 하였다.[39] 그리하여 예수 그리스도를 믿는 모든 사람은 누구나 이러한 선교 명령을 진지하게 받아 복음 전파의 선교사역에 동참해야 한다. 또한 세상 끝 날까지 함께 하리라는 예수님의 약속은 임박한 종말에 대한 경고이며, 함께 택함을 받은 복음 사역자들에 대한 축복으로 이해하여 보내심을 받은 자로 어려움이 있더라도 목숨까지 바쳐서 선교하며 살아야 할 것이다.

둘째, 마가복음 16:15은 탁월한 선교 명령이다. 많은 신학자는 마가복음 16:15를 가장 탁월한 선교 명령으로 보고 있다. 여기서 선교

으로 베푸는 것은 세례받은 사람에 대한 하나님의 소유권을 나타내었다. 세례는 신앙을 고백한 그리스도인이 지역 공동체 안으로 들어가는 권리를 얻는 최초의 통과의례이기 때문에 세례는 세례를 베푸는 자를 통해 공동체 일부가 되는 것을 수락함을 나타내었다. 세례는 종말론적인 의미가 있기에 필연적으로 하나님 나라의 의미가 내포되어 있다. 한 사람이 세례를 받을 때는 그 사람이 그리스도의 죽음에 그리스도와 함께 연합하였다는 것을 고백한다. 세례는 그리스도의 부활 승리에 그분과 함께 연합하였다는 것을 표시한다. 그리스도인이라고 고백하면서도 세례를 받으려 하지 않는 사람은 교회에 대해 가장 무관심하게 될 것이며, 교회의 가르침과 봉사에 부정적인 반응을 보일 가능성이 높다.

38) Arthur F. Glasser, 『성경에 나타난 하나님의 선교』, 385.
39) Donald A. McGavra & Arthur F. Glasser, *Contemporary Theologies of Mission* (Grand Rapids: Baker, 1983), 29.

의 내용은 복음으로 요약되고, 선교의 현장은 온 천하로, 선교의 초점은 선교 수단으로서의 전파에 있다. 이러한 예수님의 선교는 경제적, 정치적, 문화적, 법적, 윤리적 경계를 파괴하였다.[40]

"너희는 온 천하에 다니며 만민에게 복음을 전파하라"(막 16:15).

셋째, 누가복음 24:44-49는 결정적인 선교 명령이다. 누가복음의 선교 이해로 특별히 24:44-49는 선교 명령이다. 이 내용에는 여섯 가지의 중요한 선교적 차원들이 드러나 있다.[41]

"또 이르시되 내가 너희와 함께 있을 때에 너희에게 말한 바 곧 모세의 율법과 선지자의 글과 시편에 나를 가리켜 기록된 모든 것이 이루어져야 하리라 한 말이 이것이라 하시고 이에 그들의 마음을 열어 성경을 깨닫게 하시고 또 이르시되 이같이 그리스도가 고난을 받고 제삼일에 죽은 자 가운데서 살아날 것과 또 그의 이름으로 죄 사함을 받게 하는 회개가 예루살렘에서 시작하여 모든 족속에게 전파될 것이 기록되었으니 너희는 이 모든 일의 증인이라 볼지어다 내가 내 아버지께서 약속하신 것을 너희에게 보내리니 너희는 위로부터 능력으로 입혀질 때까지 이 성에 머물라 하시니라"(눅 24:44-49).

첫째는 선교의 기초가 예수님의 죽음과 부활이다. 둘째는 선교의 성취로 제자들이 예수님의 생애와 죽음이 성경에 비추어서 해석되

---

40) 이수환, 『성경을 보면 선교가 보인다』(파주: 한국학술정보, 2008), 224-225.
41) Johannes Nissen, 『신약성경과 선교』, 최동규 역 (서울: CLC, 2005), 81.

어야 한다는 점을 상기시켰다. 예수님은 선교사역의 중요성을 자기의 죽음과 철저하게 연결하여 강조하셨다. 저자 누가는 "해야만 한다."(must)는 동사를 예수님의 생애를 지배했던 신적 중요성에 연관시켜 자주 사용하였다(눅 2:49, 4:43, 9:22, 13:33). 이렇게 동사를 선교 명령에 사용한 것이 가장 주목할 만하다. 셋째는 선교의 내용이 회개와 용서로 요약한다. 회개와 용서를 선포하는 우선순위의 중요성을 간과한 개인이나 교회는 예수님의 분명한 선교 명령을 따르는 데 실패했다는 것을 보여준다고 결론짓는다.[42] 넷째는 선교의 목적이 예루살렘으로부터 시작되어 모든 족속에게 복음을 전하도록 의도하고 있다. 다섯째는 선교의 증인이 부름받은 제자들이다. 지금도 계속되는 선교의 열매들에 대해서 우리는 증인이 된다. 여섯째는 선교가 성령의 능력으로 성취된다. 특히 제자들은 예수님을 통해 성령의 인도를 받는 삶의 모델을 보았다. 성령의 선교가 없다면 하나님이 행하신 다른 모든 일들도 결코 알려질 수 없을 것이다.[43]

넷째, 요한복음 20:19-23은 세계적인 선교 명령이다. 제자들은 예수님께서 죽음을 이기셨다는 사실을 알아차렸다. 물론 제자들이 예수님의 방문을 기뻐했지만 한편 의심하였다. 그래서 그들은 예수님의 옆구리에 있는 못 박힌 흔적을 살펴보고 평안해졌다. 예수님은 제자들의 태도가 바뀐 것을 아시고 "평강이 있을지어다."라고 말씀하시며, "아버지께서 나를 보내신 것같이 나도 너희를 보내노라."라고 말씀하셨다.[44]

---

42) Arthur F. Glasser, 『성경에 나타난 하나님의 선교』, 376, 378.
43) Arthur F. Glasser, 『성경에 나타난 하나님의 선교』, 378.
44) Arthur F. Glasser, 『성경에 나타난 하나님의 선교』, 374-375.

"이 날 곧 안식 후 첫날 저녁 때에 제자들이 유대인들을 두려워하여 모인 곳의 문들을 닫았더니 예수께서 오사 가운데 서서 이르시되 너희에게 평강이 있을지어다 이 말씀을 하시고 손과 옆구리를 보이시니 제자들이 주를 보고 기뻐하더라 예수께서 또 이르시되 너희에게 평강이 있을지어다 아버지께서 나를 보내신 것 같이 나도 너희를 보내노라 이 말씀을 하시고 그들을 향하사 숨을 내쉬며 이르시되 성령을 받으라 너희가 누구의 죄든지 사하면 사하여질 것이요 누구의 죄든지 그대로 두면 그대로 있으리라 하시니라"(요 20:19-23).

예수님은 십자가를 지는 제자도에 대한 새로운 부르심을 선포하셨다. 이런 제자도는 성령의 도우심이 없이는 불가능하다고 말씀하셨다. 이러한 보내심의 선교 명령은 선교를 위한 세상으로 보내심이다. 이것은 예수님이 아버지께로부터 보내심을 받았다는 것과 유사하다. 예수님께서 아버지께로부터 보내심을 받았다는 언급은 요한복음에만 44번 나온다.[45] 따라서 교회는 세계 선교에 있어서 보편적으로 그분이 동행하신다는 사실을 분명히 알아야 할 것이다.

2. 사도행전, 선교행전

사도행전에서 성령과 선교가 밀접한 관계가 있는 것은 누가가 초대교회 선교 패러다임에 기여된 뚜렷한 공적이다.[46] 선교 패러다임은 세계를 변화시킬 뿐만 아니라 교회를 변화시킨다. 왜냐하면 선교

---

45) Arthur F. Glasser, 『성경에 나타난 하나님의 선교』, 375.
46) David J. Bosch, *Transforming Mission* (New York: Orbis Books, 1991), 114.

는 본질적으로 교회가 그것을 둘러싸고 있는 세계를 정복하기 위해 자신의 힘과 지혜를 발휘하는 행위가 아니라 오히려 그것은 성령의 능력을 통해 종말의 성취에 보다 가까워진 세계의 구원을 위해 예수 그리스도의 우주적 사역을 실현하시는 하나님의 행동이기 때문이다.[47)]

> "오직 성령이 너희에게 임하시면 너희가 권능을 받고 예루살렘과 온 유대와 사마리아와 땅 끝까지 이르러 내 증인이 되리라 하시니라"(행 1:8).

이러한 신약성경에서 교회는 오순절 성령강림으로부터 시작한다. 선교도 오순절 성령의 역사로 시작한다. 교회는 선교 명령 때문에 세계 선교를 하였으며, 초대교회도 이 명령이 크게 작용하였다. 이것은 성령이 선교를 가능하게 했으며, 베드로가 고넬료에게 복음을 전한 것도 하나님의 특별한 간섭하심의 선교였다.[48)] 오순절 성령강림은 선교하는 교회가 되게 하였다. 오순절에 나타난 성령은 선교의 영이셨다. 사도행전에서 성령은 선교를 친히 주관하셨다. 그리하여 초대교회의 선교는 성령의 능력에 있었다. 고린도전서 4:20에 의하면, 사도 바울은 이런 근거에서 하나님의 나라가 말에 있지 않고 능력에 있다고 하였다.

세계적인 선교학자 독일 하이델베르크대학교(Heidelberg University) 교수였던 테오 순더마이어(Theo Sundermeier, 1935~)는 성경에 나타난 성령

---

47) Lesslie Newbigin, *The Open Secret: Sketches for a Missionary Theology* (London: Spck, 1978), 66.
48) 전호진, 『선교학』, 69.

의 능력에 대하여, "어떻게 복음이 성령의 능력을 받은 이들에 의하여 갈릴리에서 예루살렘으로, 또 예루살렘으로부터 로마로, 그리고 전 세계적인 복음으로 성장했는지의 선교의 역사를 잘 보여주는 선교 기록서이며 동시에 선교 지침서이다."라고 말했다.[49] 이런 관점에서 성령은 구약성경에서 예언하였으며, 예수님께서 명령하신 이방 선교를 교회가 실천에 옮기도록 한 선교의 집행자이시다.

신약성경에서 초대교회는 교회의 사명을 선교로 이루어졌다. 즉 예수 그리스도의 선교 명령을 실천하는데 두었으며, 평신도인 모든 그리스도인은 선교사의 삶을 실천하였다.[50] 초대교회의 교회설립과 선교는 평신도들이 중요한 역할을 하였다. 사도행전 8:4-8과 11:19-21에 의하면, 초대교회는 전문적인 선교사나 전도자에 의해 교회가 복음을 전한 것이 아니라 핍박으로 흩어진 사람들, 즉 평신도들에 의해 가는 곳마다 담대히 복음을 전했으며, 이 선교를 통하여 그들은 성령의 강력한 임재를 경험하였다.

> "그 흩어진 사람들이 두루 다니며 복음의 말씀을 전할새 빌립이 사마리아 성에 내려가 그리스도를 백성에게 전파하니 무리가 빌립의 말도 듣고 행하는 표적도 보고 한마음으로 그가 하는 말을 따르더라 많은 사람에게 붙었던 더러운 귀신들이 크게 소리를 지르며 나가고 또 많은 중풍병자와 못 걷는 사람이 나으니 그 성에 큰 기쁨이 있더라"(행 8:4-8).

---

49) Theo Sundermeier, *Konvivenz und Differenz* (Erlangen: Verlag der Ev.-Luth. Missionr, 1995), 32.
50) 유승관, 『교회여, 세상 속으로 흩어지라』 (서울: 생명의말씀사, 2012), 533.

"그 때에 스데반의 일로 일어난 환난으로 말미암아 흩어진 자들이 베니게와 구브로와 안디옥까지 이르러 유대인에게만 말씀을 전하는데 그 중에 구브로와 구레네 몇 사람이 안디옥에 이르러 헬라인에게도 말하여 주 예수를 전파하니 주의 손이 그들과 함께 하시매 수많은 사람들이 믿고 주께 돌아오더라"(행 11:19-21).

인도 선교사 출신으로 성경 신학자이자 선교역사가, 스티븐 니일 (Stephen Neill, 1900~1984)은 평신도 전도자에 대하여, "초대교회는 모든 신자가 전도자였으며, 이러한 무명의 선교사보다 더 고생한 것은 없었다."라고 하였다.[51] 이러한 기독교인의 99%를 차지하고 있는 평신도들은 선교자원이다. 오늘날 교회 안에 잠자고 있는 거인인 평신도들을 깨워 선교의 동력화로 일하여 주님의 지상명령을 가장 효과적으로 수행할 수 있는 길이다. 한국교회는 주님의 몸 된 교회를 이루는 지체들의 다양한 은사와 전문성에 대한 중요성을 재해석하고 적용해야 한다.[52] 그래서 한국교회는 평신도의 가치를 재인식하고 평신도의 신학을 발전시켜야 성경적으로 정당한 것이다.

3. 서신서, 선교 서신

신약성경에서 서신서는 선교에 대한 중요한 원리와 선교적 교훈을 제시한다. 물론 사도행전은 선교 행전으로 선교의 제1차 자료가 될 수 있는 교과서이다. 그것만으로는 불충분한 것은 서신서를 완전히

---

51) Stephen Neill, *Concise Dictionary of the Christian World Mission* (New York: AbingdonPress, 1971), 24.
52) 유승관, 『교회여, 세상 속으로 흩어지라』, 22.

이해해야 성경의 선교를 논할 수 있기 때문이다. 서신서는 신학 체계를 수립하기 위한 것이 아니라 교회가 처한 상황에 우선 대처하기 위한, 그리고 현실에서 기록된 것이기 때문에 가장 실천적이요 선교적이다.[53] 따라서 서신서는 시간과 공간을 초월하여 일반적인 구원의 진리를 가르치는 점에서 선교의 보편성을 띠고 있다.

사도 바울의 13개 서신은 선교 서신이다. 사도 바울의 서신서는 선교적 맥락에서 기록되었다. 사도 바울은 13개의 서신서를 기록한 가장 잘 알려진 선교신학자이다.[54] 그는 서신서를 선교지에서 기록하였다.[55] 그래서 사도 바울의 신학은 선교 신학의 관점에서 바르게 이해할 수 있다. 그의 서신서나 선교활동은 이방 선교를 처음 시작한 사람이 아니라 이방 선교를 본 궤도로 올려놓고 복음을 전 세계로 전파하는 사역에 사도 바울을 통해 본격적으로 시작되어 결실을 맺게 된 것이다.

그런 사도 바울은 선교 전략가이다. 사도 바울은 단지 모든 사람에게 복음을 전하도록 서둘렀던 선교사의 모습만 있는 것이 아니라 그의 선교전략은 실천적인 측면을 포함하고 있다. 아울러 사도 바울은 다음과 같은 다양한 형태의 선교전략을 사용하였다. 사도 바울의 기본 자료는 사도행전과 서신들로 바울의 선교와 전략적 의미를 담고 있다.

첫째, 교회 개척이다. 사도 바울은 선교지에서 교회를 개척하였다. 사도 바울이 "그리스도 안에" 있다는 개념을 개인의 차원으로 사용하나, 그 개념은 집합적인 의미도 포함한다. "그리스도 안"이라는 말

---

53) 전호진, 『선교학』, 75.
54) D. A Carson, Douglas J. Moo, Leon Morris, *An Introduction to The New Testament* (Grand Rapids: Zondervan Publishing House, 1992), 215.
55) 김성욱, 『선교신학개론』 (서울: 총신대학교 선교대학원, 2010), 75.

이 집합적 의미로 쓰일 때는 공동체 안에 들어가 그 공동체의 일원이 되는 것이다. 따라서 예수 그리스도와 밀접한 관계를 맺음으로써 서로 뗄 수 없는 관계가 되는 것이다. 이러한 것을 두고 "그리스도의 몸"이라 묘사한다. 교회를 나타내는 "몸"의 표현은 골로새서와 에베소서에서 나타난다. 사도 바울의 가르침에 나타난 교회는 예수 그리스도와 긴밀하게 연결된 개인들로서 구성되어 있으며, 그로 인해 각 개인들을 예수 그리스도에 대한 동일한 충성을 고백하는 가운데 서로에 대해서도 뗄 수 없는 관계로 연결되어 있다.[56] 이렇게 사도 바울은 청중을 위해 선교사역에 있어서 도움의 손길로 교회들을 세웠다.[57] 따라서 교회 개척은 복음을 확장하는 열쇠로 신약성경의 선교 전략이다.[58] 교회가 예루살렘과 유다, 그리고 사마리아와 땅끝에까지 확장되는 것을 보면, 사도 바울은 교회 개척의 길로 이끌고 나갔다는 것을 알게 된다. 이것이 바로 역동적인 하나님의 나라이며, 왕 되신 하나님을 인정하는 것이다. 하나님 나라의 공동체로서의 교회는 의도적으로 개척하지 않는다면 이것은 하나님의 명령에 불순종하는 것이다. 이렇게 사도 바울이 교회를 세우는 것을 강조한 밑바탕에는 깊은 선교의 전제들이 깔려 있다.

둘째, 도시선교이다. 사도 바울은 도시를 중심으로 선교하였다. 신약성경에서의 선교는 주로 도시지역에서 시작되었다. 오순절에서 시작하여 복음은 도시에서 도시로 전해졌으며, 도시에서 주변 마을로 퍼져 나갔다. 기독교가 3세기의 콘스탄틴 시대 훨씬 이후까

---

56) Richard N. Longenecker, 『바울의 사역과 메시지』, 김진영 역 (서울: 크리스챤다이제스트, 1997), 107-108.

57) Roland Allen, *Missionary Methods* (Grand Rapids: Eerdmans, 1962), 83.

58) 신약성경의 선교전략은 복음을 전파하고, 회심자를 얻어서 교회를 배가 하는 것을 강조한다. 사도 바울도 그의 세 차례의 선교 여행을 통해서 가는 곳마다 설교하고, 회심자들을 모으고 믿는 자들로 하여금 그 지역에 자치(self-governing)의 교회를 형성하게 하였다.

지 부흥할 수 있었던 곳은 로마의 도시였다. 그 당시 로마의 상황은 초기 기독교인들의 사상과 행동, 그리고 복음 전파의 방법을 형성하는 데 인프라를 제공하였다. 따라서 로마에 있는 기독교 교회의 존재는 전략적으로 매우 중요하였다. 특히 로마의 중심도시는 세계의 중심으로 통하는 길이다. 그래서 사도 바울은 로마의 새로운 서방 선교 중심도시로 전략을 세웠다. 복음은 모든 민족에게 선포되어야 한다.

네덜란드의 선교학자 요하네스 블라우(Johannes Blauw, 1912~2007)는 사도 바울의 도시선교에 대하여, "바울이 로마의 모든 도시에 땅끝까지 복음을 전하는 예수 그리스도의 이름이 각 지역마다 불려지기를 원했다."라고 하였다.[59] 사도 바울의 선교에 한 가지 본질적인 양상은 그가 도시선교(Urban Mission)를 사용했다는 점이다. 그는 선교 중심지들을 선택할 때 특정한 한 가지 방법을 사용하였다. 그는 빌립보와 데살로니가, 그리고 고린도와 에베소와 같은 일정한 지역을 대표하는 행정구역, 지방의 중심들을 선호한 것이다. 그 도시들은 교통과 문화, 그리고 상업과 정치, 종교에 관한 일정한 지역 내에서 주요 중심적 역할을 하고 있었다.[60]

사도 바울은 도시를 선교의 전진기지로 기독교 공동체를 세웠다. 그래서 복음이 중심지로부터 주변과 작은 도시로 전파될 것이라는 분명한 비전이 있었다. 따라서 사도 바울의 선교사역은 오늘날 선교사역에 있어서 효과적인 전략들을 세우는 데 중요한 역할을 했으며, 선교사역을 위해 그는 주위 환경에 순응하고 상황과 필요에 따라 적

---

59) Johannes Blauw, *The Missionary Nature of The Church* (New York: McGraw-Hill, 1962), 103.
60) David J. Bosch, *Transforming Mission*, 130.

용했다.

셋째, 선교 동원이다. 사도 바울은 선교에 일꾼을 동원하였다. 도시에 대한 사도 바울의 전형적인 접근 방법을 관찰하는 것은 매우 중요하다. 그는 복음을 받아들이는 사람뿐만 아니라 더 나아가 함께 일할 협력자를 얻는 데 관심을 쏟았다. 그는 혼자 선교사역을 감당하지 않고 가는 곳마다 협력자들을 발굴하여 사람들을 그와 더불어 선교사역에 참여하도록 만들었다.[61] 그는 외로운 선교사가 아니라 많은 선교사를 지휘한 선교 전략가였다. 특히 로마에 있는 교회와 사도 바울의 관계로 보아 흥미로운 사실은 사도 바울이 죄수로서 그 도시에 도착하기 오래전 이미 교회는 로마에 세워져 있었다(롬 16장). 로마의 기독교 교회는 사도 바울이나 그의 협력자들과 어떤 특별한 협조 없이 설립되었다. 물론 로마 교회와는 직접적인 선교의 관계를 맺지 않았지만 사도 바울은 그의 스페인 선교에 로마 교회를 동참시킬 것을 작정했다. 그뿐 아니라 사도 바울은 그들과 신령한 은사를 나누고자 고대하기도 했다(롬 1:11-12).[62]

많은 도시 중심지가 선교사들에게만 제한된 오늘의 세계에 선교전략의 대안을 내세우는 방법들을 모색하는 것은 중요하다. 현대 도시 사역자들은 사도들이 어떻게 그들의 개인적인 열정을 다른 이들에게 전해 주었는지 로마서 16장에서 그 해답을 찾았다. 그것은 예수 그리스도 안에서 동역자들의 이름을 열거하고 있다. 사도 바울이 그들의 이름을 기록만 한 것이 아니라 그들과 함께 사역하는 동역자들

---

61) 바울의 동역자들을 보면 다음과 같다. 레위인 바나바, 유대인 디모데, 헬라인 디도, 유대인이 아닌 의사 누가, 회당장이었던 소스데네, 알렉산드리아의 유대인 아볼로, 마가와 실라 등 그의 동역자들을 모두 열거하기가 어렵지만 그 출신들을 보면 각 계 각 층에 퍼져 있음을 알 수 있다.
62) Roger E. Hedlund, 『성경적 선교신학』 348-349.

이요 선교 동원의 자격으로 기록한 것이다.

넷째, 연보 활동이다. 사도 바울은 선교를 위해 연보 활동을 하였다. 사도 바울의 선교전략에서 잘 나타나고 있는 한 가지 특징이라고 한다면, 예루살렘의 가난한 자들을 위한 그의 헌금 활동이었다(고전 16:1-2; 롬 15:24-32; 갈 2:9-10; 고후 8-9장). 그의 헌금 활동은 선교와 선교 실천이 얼마나 밀접한 관계가 있는지를 보여준다. 이것은 일종의 종말론적인 상황에서 이해해야 한다. 사도 바울은 그의 사역 마지막 시기에 이 일을 위해 전심전력하였다.[63] 사도 바울의 경우, 연보[64]는 유대인 교회와 이방인 교회의 일치를 상징한다.[65] 그것은 서로 주고받음으로써 수반하는 공동 협력을 상징하기 때문이다. 사도 바울은 연보와 관련하여 불신과 의심을 낳을 수 있었다. 그래서 그는 오해의 소지에 대해 매우 조심했으며, 회중들이 자발적으로 헌금하도록 하였다. 물질은 권력이 아니라 사랑의 수단이 되어야 할 것이다.

다섯째, 성령의 인도하심이다. 사도 바울은 선교를 위해 성령의 인도하심을 받았다. 이슬람권 선교의 베테랑 선교사인 필 파샬(Phil Parshall, 1937~)은 선교사에 대하여, "성령 충만한 실용주의자여야 하며, 선교사역을 위해 자신을 소모품으로 생각하는 하나의 모델이다."라고 하였다.[66] 그래서 사도 바울은 성령께서 열어 놓으신 문들을 통

---

63) Johannes Nissen, 『신약성경과 선교』, 186-187.

64) 연보는 예배와 환대(Hospitality)의 두 요소를 함축하고 있었다. 하나님께 자신들을 제물로 드리는 동시에 형제와 자매인 유대계 그리스도인들에게는 물질적인 선물을 제공했던 것이다. 예를 들면, 로마서 15:26-27에 의하면, 이 문제에 관해 다음과 같이 말하고 있다. "이는 마게도냐와 아가야 사람들이 예루살렘 성도 중 가난한 자들을 위하여 기쁘게 얼마를 연보하였음이라 저희가 기뻐서 하였거니와 또한 저희는 그들에게 빚진 자니 만일 이방인들이 그들의 영적인 것을 나눠 가졌으면 육적인 것으로 그들을 섬기는 것이 마땅하니라"(롬 15:26-27).

65) B. F. Meyer, The Early Christians (Wilmington: Micheal Glazier, 1986), 183-184.

66) 도문갑, "한국 선교와 위기관리(1)," 「추수꾼」 54 (2007), 9.

해 나아갔을 뿐만 아니라 복음을 뜻하지 않게 널리 전할 수 있었던 것은 그가 성령의 인도하심에 대한 복종이었다. 마게도니아 선교의 이야기에서 이런 면을 볼 수 있다. 그것은 성령의 인도하심에 복종하기 위해서 선교사의 기도 생활은 필수적이다.[67] 기도 생활을 통해 선교사는 하나님께서 비전을 통해 새로운 선교의 장을 찾기도 하고 준비하기도 한다(행 16:6-10, 18:9, 22:18, 23:11).

따라서 효과적인 선교사역을 위해 선교사들은 성령의 내주하심과 성령의 역사보다 더 중요한 것은 없다. 그것은 성령께서는 선교사들의 사역을 지도하셔서 선교적 결과를 산출하게 하신다. 성령은 선교를 위해 희생정신과 용기, 그리고 사랑과 열심의 확신을 주신다. 이러한 성령의 인도하심이 없이는 선교는 불가능한 것이다.

4. 공동서신, 선교적 교회

공동서신은 파송의 선교는 없지만 이미 설립된 교회가 핍박과 위협의 상황 속에서 복음을 변호하고 있다. 그것은 신앙의 원리를 실천하고 교회 성장을 이룩하며 이단을 경계하는 선교활동을 취하고 있다. 하지만 선교사를 파송하고 교회를 설립하는 것만이 선교가 아니라 기존 교회의 성장과 사회정의로도 선교이기 때문에 공동서신을 선교적 차원에서 과소평가할 수 없는 것이다.

첫째, 야고보의 선교이다. 야고보서 1:27에 의하면, 선교에 있어서 봉사의 중요성을 강조하였다. 이러한 사랑의 실천인 구제와 가난한 자를 돌아보는 봉사의 삶은 오늘날 NGO를 통한 선교를 통해서 찾

---

67) 이용원, "바울과 선교," 「선교와 신학」 1 (1998), 109.

아볼 수 있다. 또한 야고보서 2:1에 의하면, 경제적 계층 간의 갈등의 해결책도 강조하였다.

> "하나님 아버지 앞에서 정결하고 더러움이 없는 경건은 곧 고아와 과부를 그 환난중에 돌보고 또 자기를 지켜 세속에 물들지 아니하는 그것이니라"(약 1:27).

> "내 형제들아 영광의 주 곧 우리 주 예수 그리스도에 대한 믿음을 너희가 가졌으니 사람을 차별하여 대하지 말라"(약 2:1).

둘째, 베드로전후서의 선교이다. 베드로전후서는 유대적 배경을 가진 이들에게 선교한 베드로의 선교활동에 대해서 기록하고 있다. 베드로전서 1:1-2과 1:11, 그리고 2:11과 4:3에 의하면, 베드로는 핍박받는 디아스포라(Diaspora)인들을 격려하였다.[68]

> "예수 그리스도의 사도 베드로는 본도, 갈라디아, 갑바도기아, 아시아와 비두니아에 흩어진 나그네 곧 하나님 아버지의 미리 아심을 따라 성령이 거룩하게 하심으로 순종함과 예수 그리스도의 피 뿌림을 얻기 위하여 택하심을 받은 자들에게 편지하노니 은혜와 평강이 너희에게 더욱 많을지어다"(벧전 1:1-2).

> "자기 속에 계신 그리스도의 영이 그 받으실 고난과 후에 받으실 영광을 미리 증언하여 누구를 또는 어떠한 때를 지시하시는지 상고하니라"(벧전 1:11).

---

68) 김성욱, 『선교신학개론』, 77.

"사랑하는 자들아 거류민과 나그네 같은 너희를 권하노니 영혼을 거슬러 싸우는 육체의 정욕을 제어하라"(벧전 2:11).

"너희가 음란과 정욕과 술취함과 방탕과 향락과 무법한 우상 숭배를 하여 이방인의 뜻을 따라 행한 것은 지나간 때로 족하도다"(벧전 4:3).

다시 말하면, 로마의 핍박이 절정에 달할 때 흩어진 성도들에게 보내는 서신으로서 특히 신약성경 중에서도 내용이 풍성한 책으로 세례의 신학과 소망에 찬 전도의 호소는 선교에 크게 기여하고 있다.[69] 따라서 사도 베드로는 사도요 교회의 지도자이며, 동시에 가장 영향력 있는 선교사였다.

셋째, 요한 1, 2, 3 서의 선교이다. 요한서신은 전통적 교리와 이단에 대한 변증을 강조하였다. 또한 요한3서에 의하면, 사랑의 실천에 대하여 강조하였다. 그러나 한 가지 유의할 사항은 사회봉사를 전도 위에 두는 봉사의 선교는 공동서신을 소외된 자를 위한 복음이라고 주장하지만 내용을 자세히 연구하면 단지 나그네 된 성도들에게 대한 교회의 사랑, 즉 교회의 연대성이 더 중요하다는 것을 알 수 있다.[70]

넷째, 유다서의 선교이다. 유다서 1:21-23에 의하면, 유다서에 나타난 선교는 이단에 대한 선교적 변증을 기록하였다. 또한 선교적 공동체 안에 있는 자들의 각성과 양육의 중요성에 대하여 기록하였다.

---

69) Donald Senior & Carrall Stuhlmuellen, *The Biblical Foundation for Mission* (Mary Knoll: Orbis Books, 1984), 297.
70) 전호진, 『선교학』, 87.

따라서 유다서는 이단에 대한 경고와 교훈들로 되어 있지만 선교적인 관점에서도 정통 교리가 하나님의 나라에 제일 중요하다는 것을 교회에 가르친다.[71]

"하나님의 사랑 안에서 자신을 지키며 영생에 이르도록 우리 주 예수 그리스도의 긍휼을 기다리라 어떤 의심하는 자들을 긍휼히 여기라 또 어떤 자를 불에서 끌어내어 구원하라 또 어떤 자를 그 육체로 더럽힌 옷까지도 미워하되 두려움으로 긍휼히 여기라"(유 1:21-23).

5. 요한계시록, 선교의 절정

요한계시록은 종말에 관한 예언서이다. 예언의 내용은 땅의 흔들림과 하늘의 맑아짐, 그리고 천제의 종말이 예견되어 있다. 그러나 이 책은 결코 하나님의 선교 백성들에게 두려움을 주기 위한 것이 아니다.[72] 그것은 종말론적 소망을 가진 하나님의 선교 백성들에게 그들의 눈에서 눈물을 제하고 그 이마에서 근심을 걷어내어 선교의 기쁨을 주는 하나님의 말씀이다. 그래서 요한계시록 1:3에 의하면, "이 예언의 말씀을 읽는 자와 듣는 자와 그 가운데에 기록한 것을 지키는 자는 복이 있나니 때가 가까움이라."라고 하였다. 하나님께 복을 받을 백성들은 하나님이 선교로 부르신 하나님의 선교 백성들이다. 요한계시록은 심판의 책이며 동시에 선교의 책이다. 요한계시록 5:9에 의하면, 어린 양이 되시는 그리스도에 대한 선교적 노래로, 즉 교회

---

71) 전호진, 『선교학』, 88.
72) Millard J. Erickson, 『종말론』, 이은수 역 (서울: CLC, 1994), 17-24.

와 모든 세계의 통치자이심을 강조하였다.[73]

> "그들이 새 노래를 불러 이르되 두루마리를 가지시고 그 인봉을 떼
> 기에 합당하시도다 일찍이 죽임을 당하사 각 족속과 방언과 백성과
> 나라 가운데에서 사람들을 피로 사서 하나님께 드리시고"(계 5:9).

요한계시록의 핵심은 심판과 보복이며, 선교 주제를 담고 있지 않
다는 주장이 종종 제기되어 왔다. 하지만 그것은 사실이 아니다. 요
한계시록은 심판의 책일 뿐만 아니라 잃어버린 세상을 향한 하나님
의 긍휼과 하나님의 선교를 기술하고 있는 선교의 책이다.[74] 이처럼
요한계시록은 선교의 절정을 다룬 책이다. 성경의 마지막 책인 요한
계시록은 선교적인 소망의 책이다. 이 책은 세상 끝 날까지의 선교에
관한 내용으로 이루어졌다. 특히 요한계시록은 선교사역의 결실이
요 그 사역의 참여자들이었던 소아시아에 있는 일곱 교회에 보낸 편
지로 기록되었다.[75] 이것은 오늘날 아시아에 있는 선교 신학의 측면
에서, 혹은 교회 성장 상황에서 특별한 의미를 지닌다. 요한계시록은
로마제국의 아시아에 있는 교회들에 대한 혹독한 박해가 절정에 달
했던 주후 95년경에 기록되었다.[76] 따라서 요한계시록의 절정은 곧
선교의 절정이라고 말할 수 있을 것이다.

성경에 나타난 분명한 원칙은 예수 그리스도 밖에는 구원이 없다
는 것이다. 예수 그리스도로 말미암지 않고는 아버지께로 갈 수 없

---

73) 김성욱, 『선교신학개론』, 79.

74) Grant Osborne, "요한계시록의 신학," 「목회와 신학 2월호」 (2005), 86-88.

75) William J. Larkin Jr. & Joel F. Williams, 『성경의 선교신학』, 471.

76) Robert E. Coleman, 『천상의 노래: 요한계시록 강해』, 석창훈 역 (서울: 두란노, 2000), 18-19.

다. 그리고 예수 그리스도를 통하지 않고서는 하나님을 알 수 없고, 사랑할 수 없으며 믿을 수도 없다. 그래서 사도행전 4:12에 의하면, 천하 인간에게 구원 얻을 만한 다른 이름이 없다는 것이다. 이것이 신약성경에 나타난 선교의 근거로 예수 그리스도이시지만 적지 않게 신약성경에 대해 오해하는 것 가운데 하나가 선교에 대한 부분적으로 이해하고 있다. 그러나 신약성경에서 선교는 십자가를 지고 예수 그리스도를 따르는 길임을 강조할 뿐만 아니라 하나님께서 시작한 선교를 예수 그리스도가 구체적으로 우리에게 보여주셨다. 이것은 구원받는 그리스도인들이 성령으로 선교하며 살아야 할 분명한 이유에 대해 말해 주는 것이다.[77]

이러한 관점에서 한국 기독교 선교는 신약성경에 기초한 선교사역의 원리에 충실해야 한다. 또한 주님의 재림을 온전히 준비하는 데 큰 역할을 할 것이며, 다가오는 시대에 위대한 선교사역을 감당하기 위해서 성경 중심적인 선교 신학이 정립되어야 한다.[78] 성경은 온 세상의 구원을 위한 선교 신학의 교과서이다. 따라서 신약성경은 세계 선교와 한국교회가 당면하고 있는 많은 선교적인 과제들을 해결하는 데 없어서는 안 될 필요한 지침서가 될 것이다.

IV. 나가는 말

결과적으로, 성경과 선교에 대하여 살펴보았다. 앞서 성경은 선교의 책이라고 말하는 것은 성경만이 하나님, 인간, 죄, 구원 그리고 심

---

77) 한국선교신학회, 『선교학 개론』, 60.
78) 김성욱, 『선교신학개론』, 80.

판에 관하여 계시 된 모든 진리를 포함하고 있기 때문이다. 기독교의 진리인 성경만이 사람들로 하여 구원에 이르기까지 지혜롭게 해 준다(딤후 3:15). 네덜란드 위트레흐트 대학교에서 레슬리 뉴비긴(Lesslie Newbigin, 1909~1998)의 선교적 교회론으로 박사 학위를 받고, 미국 커버넌트 신학교(Covenant Theological Seminary)의 선교학 교수로 있는 마이클 고힌(Michael W. Goheen, 1955~)은 성경의 핵심에 대하여, "선교가 성경의 핵심 범주이며, 우리의 해석이 신실하기 위해서는 이 점을 진지하게 고려할 필요가 있다."라고 하였다. 그만큼 성경과 선교는 선교를 중심 주제로 삼아 성경 전체를 읽는 것과, 선교가 정말로 무엇인지 이해하기 위해 성경을 읽는 것, 그리고 선교적 임무를 수행하도록 교회를 준비시키기 위해 성경을 읽는 것이 그것이다.[79]

존 스토트(John R. W. Stott)는 성경을 다섯 가지 주요 부분으로 나누어 보고 있는데 "첫째, 세상의 창조주이시며, 이스라엘 언약의 하나님이신 선교의 하나님을 살펴볼 수 있다. 둘째, 복음서에서 죄인들의 구세주이신 선교의 예수님을 살펴볼 수 있다. 셋째, 사도행전과 사도들 안에서 일하시는 선교의 성령님을 살펴볼 수 있다. 넷째, 서신서를 통해 세상에서 복음을 증거하고 있는 선교의 교회를 살펴볼 수 있다. 다섯째, 요한계시록에서 하나님의 구속받은 백성이 모든 나라에서 모여들 선교의 절정들을 살펴볼 수 있다."라고 서술하였다.[80]

성경에서 선교적 주제는 창세기로부터 시작되며, 선교의 열정은 구약성경 전체를 가로질러 신약성경에까지 이른다.[81] 여기서 우리는 하나님의 세계 선교가 성경적 주제임을 믿게 된다. 하나님의 선교

---

79) Michael W. Goheen 외 13인, 『선교적 성경 해석학』, 백지윤 역 (서울: IVP, 2023), 19, 32.
80) John R. W. Stott, *The Contemporary Christian* (Downers Grove: IVP, 199), 325-336.
81) Walter C. Kaiser, *Mission in the Old Testament* (Grand Rapids: Baker, 2000), 7.

계획은 이스라엘에만 주어진 것이 아니라 이방인들까지 포용하시는 것을 알 수 있다. 그러므로 성경의 중심적인 주제는 하나님의 선교 (Missio Dei)라고 할 수 있다. 이것은 성경을 통해 선교의 연속성을 새롭게 드러내 주는 것이다. 즉 성경에서 우리는 구약성경의 기대와 신약성경의 성취가 연속성의 관계인 것이다. 그래서 초대 기독교 역사로부터 현대선교 역사에 이르기까지 성공적인 선교의 모델은 항상 성경 중심에 기초한다.

이 장은 필자가 성경과 선교를 정립하는데 그 목표를 삼았다. 성경은 전체가 하나님의 계획과 인간 역사 가운데 행하시는 하나님의 선교에 대한 기록들로 이루어져 있다. 이러한 성경과 선교는 다음과 같이 다양한 연구를 통해 현재뿐만 아니라 미래 선교학에 크게 적용될 수 있다. 첫째, 성경을 통해 선교 해석학적으로 접근할 수 있게 된다. 둘째, 선교의 하나님을 이해하기 위해 성경을 다시 읽게 된다. 셋째, 성경의 이해와 선교의 실천적 관점에서 서로에게 영향을 주고받을 수 있다. 넷째, 성경과 선교를 바탕으로 효과적인 선교를 할 수 있게 된다. 성경은 단순히 신학에 관한 하나의 책으로 보는 관점을 넘어서 열방을 향해 구원하시는 선교의 책이다. 우리가 성경에 귀를 기울이면, 가서 이웃을 섬기고 봉사하며, 그리고 진리의 복음을 나누라고 말한다. 이것은 곧 세계 선교의 명령이다. 그래서 모든 기독교 지도자가 성경과 선교의 중요성에 대해 잊지 않고 인식하면 복음의 전파 사역에 많은 도움을 주리라 확신한다.

참고문헌

김성욱. 『선교신학개론』. 서울: 총신대학교 선교대학원, 2010.

김효찬. "선교적 해석학이 21세기 선교사 훈련에 주는 성찰." 「현대선교」 24 (2020).

도문갑. "한국 선교와 위기관리(1)." 「추수꾼」 54 (2007).

이강천. 『마지막 세기, 마지막 주자』. 서울: 두란노, 1990.

이수환. 『성경을 보면 선교가 보인다』. 파주: 한국학술정보, 2008.

이용원. "바울과 선교." 「선교와 신학」 1 (1998), 93-115.

이현모. 『현대선교의 이해』. 대전: 침례신학대학교출판부, 2000.

유승관. 『교회여, 세상 속으로 흩어지라』. 서울: 생명의말씀사, 2012.

전호진. 『선교학』. 서울: 개혁주의신행협회, 1985.

한국선교신학회. 『선교학 개론』. 서울: 대한기독교서회, 2015.

Allen, Roland. *Missionary Methods*. Grand Rapids: Eerdmans, 1962.

Blauw, Johannes. *The Missionary Nature of The Church*. New York: McGraw-Hill, 1962.

Bosch, David J. *Transforming Mission*. New York: Orbis Books, 1991.

Carson, D. A. Moo, Douglas J. Morris, Leon. *An Introduction to The New Testament*. Grand Rapids: Zondervan, 1992.

Coleman, Robert E. 『천상의 노래: 요한계시록 강해』. 석창훈 역. 서울: 두란노, 2000.

Erickson, Millard J. 『종말론』. 이은수 역. 서울: CLC, 1994.

Glasser, Arthur F. 『성경에 나타난 하나님의 선교』. 임윤택 역. 서울: 생명의말씀사, 2006.

Goheen, Michael W 외 13인. 『선교적·성경 해석학』. 백지윤 역. 서울: IVP, 2023.

Kaiser, Walter C. 『구약성경과 선교』. 임윤택 역. 서울: CLC, 2005.

Kaiser, Walter C. *Mission in the Old Testament*. Grand Rapids: Baker, 2000.

Kane, Herbert. 『선교신학의 성서적 기초』. 이재범 역. 서울: 나단출판사, 1995.

Larkin, William J. & William, Joel F. 『성경의 선교신학』. 홍용표 · 김성욱 역. 서울: 이레서원, 2001.

Longenecker, Richard N. 『바울의 사역과 메시지』. 김진영 역. 서울: 크리스챤다이제스트, 1997.

McGavra, Donald A. & Glasser, Arthur F. *Contemporary Theologies of Mission*. Grand Rapids: Baker, 1983.

Meyer, B. F. *The Early Christians*. Wilmington: Micheal Glazier, 1986.

Neill, Stephen. *Concise Dictionary of the Christian World Mission*. New York: Abingdon Press, 1971.

Newbigin, Lesslie. *The Open Secret: Sketches for a Missionary Theology*. London: Spck, 1978.

Nissen, Johannes. 『신약성경과 선교』. 최동규 역. 서울: CLC, 2005.

Osborne, Grant. "요한계시록의 신학." 「목회와 신학」 2월호 (2005).

Peters, George W. *A Biblical Theology of Missions*. Chicago: Moody Press, 1972.

Senior, Donald. & Stuhlmuellen, Carrall. The Biblical Foundation for Mission. Mary Knoll: Orbis Books, 1984.

Stott, John R. W. 『현대를 사는 그리스도인』. 한화룡 · 정옥배 역. 서울: IVP, 1998.

Stott, John R. W. *The Contemporary Christian*. Downers Grove: IVP, 1992.

Sundermeier, Theo. *Konvivenz und Differenz*. Erlangen: Verlag der Ev.-Luth. Missionr, 1995.

Wright, Christopher J. H. 『하나님의 선교』. 정옥배 · 한화룡 역. 서울: IVP, 2010.

Wright, Christopher J. H. *The Mission of God: Unlocking the Bible's Grand Narrative*. Downers Grove: IVP Academic, 2006.

제2장
문화인류학

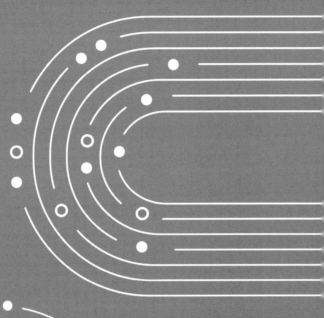
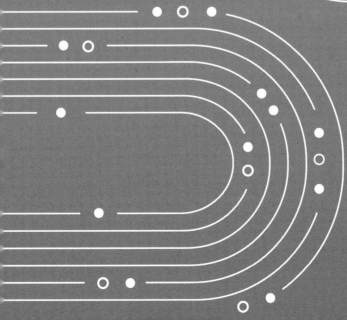

I. 들어가는 말

현대사회는 문화와 종교 사이의 갈등과 충돌로 인한 불안정한 시대이다. 이러한 시대 상황에서 하나님께서는 피조물의 구원을 계획하셔서 예수 그리스도를 보내신 분이시고, 예수 그리스도께서는 하나님의 파송을 받아 세상의 구원을 위해 선교사로 온 분이시다.[1] 하나님의 뜻을 수행하도록 복음을 전하는 선교사는 일상에서 하나님의 대사로 문화인류학(Cultural Anthropology)의 통찰력(Insight)이 필요하다. 선교사는 자신이 사는 세계를 잘 이해해야 한다. 또한 선교사는 타문화와 타 종교를 잘 이해하고, 이를 바탕으로 복음을 전해야 하기 때문이다. 이것은 선교 신학적 관점에서 문화인류학의 중요성을 상기시켜 준다. 그러므로 선교사와 문화인류학의 관계는 오랫동안 지속하게 된 동반자 관계라고 볼 수도 있다. 과거 선교사와 문화인류학자는 양자 모두 타문화에서 활동하는 가운데 빈번하게 충돌해 왔다.[2] 현재 양자는 모두 타문화에서 활동하기 때문에 문화인류학자는 선교사로부터 자신들이 얻을 수 없는 자료나 정보를 입수할 수 있다. 반면 선교사는 문화인류학자로부터 선교와 상호보완적인 관계로 문화인류학적인 깊은 통찰력을 발견할 수 있다. 문화의 경계를 넘어서 복음을 전파하기 위해 선교사는 타문화 사람과 효과적인 커뮤니케이션을 진행하고, 신뢰의 관계를 통해 사람들과 관계를 맺어야 한다. 그러나 이러한 양자 관계는 여전히 긴장된 상태로 남아 있다.[3] 한국 교회의 선교 역사를 살펴보면 선교사와 문화인류학은 생소한

---

1) 김신구, "통전적 선교를 위한 현대교회의 성육신적 모습," 「선교신학」 57 (2020), 49.
2) 최형근, "선교에 끼친 인류학의 공헌," 「신학과 선교」 27 (2002), 421.
3) 최형근, "선교에 끼친 인류학의 공헌," 421-422.

학문이라고 볼 수 있다.

1976년 말, 4,658,700명이었던 한국 기독교 인구가 1980년 말에 7,180,627명이 되었다. 기독교 인구가 5년 만에 150만 명이나 증가하였고, 이것은 약 25%의 성장이었다.[4] 더불어 한국교회의 세계 선교에 관심은 1980년 이후에 나타나기 시작하였다.[5] 1980년까지 소수 선교단체를 중심으로 기본적인 선교사 훈련프로그램을 통해 선교사 후보생을 훈련시켜 파송하였다. 그리고 문화인류학 훈련은 거의 없는 상태여서, 선교사는 타문화에 대한 이해가 없는 상황에서도 선교 현장에 나갈 수도 있었다.

타문화 이해를 통해 선교사는 그 문화에 속한 개인의 신념과 사고와 깊이 연결되어 있다는 점을 고려할 때, 문화를 고려한 선교사역이 시급히 요구된다.[6] 타문화에 대한 이해 없는 상태로 선교사가 선교 현장으로 가면 효과적인 사역을 하기란 어렵다. 무엇보다 선교사에게 문화인류학 연구는 자문화에 대한 보다 정확한 이해를 통해 타문화의 이해를 추구해야 한다. 이러한 이해는 타문화에서의 삶과 사역에 다시 한번 정확하게 볼 수 있는 렌즈를 제공할 것이다.[7] 따라서 선교사가 선교 현장에서 중도에 탈락하거나 문화충격(culture shock)의 희생자로 만들지 않기 위해 미리 예방하는 차원에서 선교사를 위한 문화인류학의 통합적 시각 연구의 필요성에 관한 연구를 해야 할 것이다.

---

4) 김한성, "1970년대 한국 교회의 타문화권 선교와 ACTS," 「ACTS 신학저널」 50 (2021), 514.
5) 박응규, "유성 김준곤 목사의 민족복음화운동과 역사신학적 의미," 「ACTS 신학저널」 42 (2019), 33.
6) 심정연, "문화 세계관 분석 기반의 기독교 인지행동치료의 고찰: 히버트(Hiebert)의 비판적 상황화 이론을 기반으로," 「신학과 실천」 72 (2020), 410.
7) 최형근, "선교에 끼친 인류학의 공헌," 422-423.

II. 문화인류학에 대한 이해

선교사의 올바른 방향성과 건강성을 지향하기 위해 한국 교회는 파송한 선교사들을 위한 체계적인 문화인류학에 대한 이해가 무엇보다 이루어져야 한다. 그중에 중요한 사역이 바로 선교사의 문화인류학의 통합적 관점의 체계를 구축하는 일이라 하겠다. 왜냐하면 선교현장에서 선교사들이 겪는 가장 큰 문제 가운데 하나가 문화인류학과 관련된 문제들이기 때문이다.[8] 따라서 본 장에서는 현대 선교학의 기초를 이루고 있는 선택이 아닌 필수가 되는 타문화 선교사에게 기본적인 문화인류학의 개념 이해로 시작해서 문화인류학과 문화인류학의 역사, 문화인류학과 선교학에 대하여 고찰하고자 한다.

1. 문화인류학

인도 선교사 윌리엄 캐리(William Carey)가 현대선교의 아버지라 불리는 것은 그의 선교사역이 문화인류학과 함께 현지 문화의 연구와 선교지 언어 연구를 통한 실제적인 선교의 열매를 맺었기 때문이다. 선교사에게 문화인류학의 연구가 없다면 오히려 혼란을 가져오게 되며, 복음의 효과적인 전파를 방해할 수 있다. 이러한 문제를 20세기 문화인류학은 새롭게 발전됨으로써 선교사 활동에 빛을 던져 주었다.[9] 문화인류학은 '인간은 무엇을 하고 살아가는가?', '인간은 무슨 생각을 하는가?'에 대한 구체적인 것을 다루는 학문이 문화

---

8) 함영주 · 고경국, "교리교육이 선교사 자녀(Missionary Kids)의 신앙발달에 미치는 영향," 「ACTS 신학저널」 42 (2019), 121.

9) 한국복음주의선교신학회, 『선교를 위한 문화인류학』 (서울: 도서출판 이레서원, 2001), 83.

인류학이라고 할 수 있다.[10] 인류학(Anthropology)은 헬라어 '안드로포스'(ανθρωπος)와 '로기아'(λογια)에서 유래하였다. 광의적으로 문화인류학은 인간의 연구나 인간의 학문이라고 볼 수 있다.[11] 인간 사회의 역사와 지리, 그리고 자연환경은 물론 체질적인 특성과 가족, 혼인, 인간의 심성, 경제, 법률, 예술, 언어, 종교 등의 모든 측면을 총체적으로 연구하는 학문이 문화인류학이다.[12]

20세기 초, 알프레드 크로버(Alfred L. Kroeber)는 "인간과 그의 일과 행동에 관한 연구이다."라고 하였다. 철학은 인간을 이성이 있는 인간으로 정의한다. 하지만 문화인류학은 몸과 영혼으로 구성된 성격의 인간을 취급한다. 구체적으로 문화인류학은 소멸한 인간이나 생존하고 있는 인간의 삶의 방법을 분석하고 비교하는 것이다.[13] 그래서 한경구는 문화인류학에 대하여 "인간의 거울이다."라고 하였다.[14] 선교사에게 있어서 문화인류학이란 하나님의 선교 명령을 보다 효과적으로 수행하고, 타문화에서 발생할 수 있는 문제들을 미리 예방하기 위하여 선교 현장에 민족들의 문화와 세계관을 연구하는 학문이다.[15] 즉 문화인류학의 목적은 선교사가 선교 현장의 문화적 상황을 연구하여 분석함을 돕는 데 있다. 그러므로 일본과 라틴 아메리카, 그리고 인도와 같은 광범위한 지역의 관습에 대해 보편적인 관념을 가지는 것에 그 목적을 두지 않는다. 선교사는 현재 지금의 사회와 경제 상황, 주어진 지역 가운데서 하나의 종속 그룹이라는 다양하

---

10) 이재완,『선교와 문화이해』(서울: CLC, 2008), 25-39.
11) Merwin S. Garbarino,『문화인류학의 역사』, 한경구 · 임봉길 역 (서울: 일조각, 2011), 23.
12) 이재완,『선교와 문화이해』, 39.
13) Louis J. Luzbetak,『문화인류학』, 채은수 역 (서울: 한국로고스연구원, 1993), 14-15.
14) 한국문화인류학회,『처음 만나는 문화인류학』(서울: 일조각, 2004), 30.
15) Stephen A. Grunlan, & Marvin Mayers, *Cultural Anthropology* (Grand Rapids: Zondervan, 1988), 29.

며 계속 변하는 상황을 파악하는 데 도움을 제공한다. 즉 인간 행위 그 자체와 채용된 현지인의 행위, 그리고 사회적으로 자신이 채용한 습관을 알아야 한다. 이렇게 함으로써 현지에서 선교사가 봉착하고 예견하는 문제에 대해 독립적으로 처리할 수 있을 것이다.[16]

특히 관습의 문제는 맞지 않는 말부터 먹는 것과 입는 것, 그리고 누구와 결혼해야 하는지에 이르기까지 모든 것을 좌우한다. 예를 들어 "그 녀석은 좋은 개였다."라는 표현을 다음과 생각할 수 있다. 미국의 교외 거주자는 자신의 신발을 물어뜯지 않는 개라는 뜻으로 생각한다. 하지만 호주의 목장 일꾼은 양 떼를 잘 모는 개라는 의미로 생각한다. 그리고 인도네시아의 미나하사 족은 육질이 맛있는 개라는 뜻으로 각각 이해한다.[17] 따라서 선교사는 다양한 문화의 이해를 통해 복음을 전함으로 최소한의 시행착오와 문화충격을 극복하여 전 세계의 모든 민족과 문화를 사회과학적인 방법으로 비교 연구하는 문화인류학에 대한 이해가 필요하겠다. 그러므로 선교학자와 선교사훈련 담당자, 그리고 선교사에게 있어서 문화인류학의 만남은 기본 소양이 되는 것이다.

2. 문화인류학의 역사

역사적으로 문화인류학의 연구는 최초 흔적을 구약성경과 인류 고대 역사를 통해 찾아볼 수 있다.[18] 첫째, 하나님의 문화명령이다. 창세기 1:28절에 의하면, "하나님이 그들에게 복을 주시며 하나님이 그

---

16) 채은수, 『역사와 문화 속에 선교』 (서울: 총신대학교 출판부, 1999), 351.
17) Randolph Richards, & Brandon OBrien, 『성경과 편견』, 홍병룡 역 (서울: 성서유니온, 2016), 37.
18) 최정만, 『월드 뷰와 문화이론』, 299-303.

들에게 이르시되 생육하고 번성하여 땅에 충만하라, 땅을 정복하라, 바다의 물고기와 하늘의 새와 땅에 움직이는 모든 생물을 다스리라 하시니라."는 명령을 하나님은 최초의 인간인 아담에게 하셨다. 이것을 소위 문화명령이라고 말한다. 즉 하나님은 인간을 창조하신 후에 인간에게 문화를 발전시키라는 명령을 하신 것이다. 둘째, 인류 종족에 대한 기록이다. 창세기 6장에 의하면, 노아가 하나님의 명령을 따라 방주를 제작하는 장면이 나온다. 노아의 세 아들은 흑인종과 황인종, 그리고 백인종으로 나누어졌다. 그래서 각기 다른 문화를 이루어갔다는 기록은 문화인류학의 관점에서 인종을 분류한 가장 오래된 기록이라 할 수 있겠다. 그리고 창세기 10장 종족의 목록에 관한 기록이나, 레위기에서는 종족학적인 기록으로서 매우 풍부하고도 훌륭한 내용을 담고 있다. 셋째, 모세오경에 대한 자료이다. B.C. 1500년경에 기록된 구약성경의 모세오경에서는 문화인류학적인 자료가 풍성하다. 고대 근동의 가족제도 및 씨족사회에서 부족국가를 거쳐 민족국가에 이르는 가족 및 친족제도, 부족제도, 국가 제도 및 법률제도로서 율법 및 할례, 성인식, 결혼, 장례 등의 통과의식, 제사제도 등 모든 관습, 교육제도, 사회사업, 전쟁, 재산의 상속제도, 회당중심 교육제도 등에 대해서도 자세하게 기록되어 있어 구약성경은 문화인류학 연구를 위한 자료의 보고서와 같다. 넷째, 선교사에 대한 자료이다. 중세 십자군 전쟁 때부터 지리적으로 신대륙의 발견 때까지는 선교사와 상인, 그리고 군인, 탐험가, 여행자 등에 의해 그들이 본 타문화에 관한 언어, 풍습, 전설, 생활 모습에 대한 민족지 보고가 문화인류학의 자료가 되었다. 이 시기에 나타난 마르코 폴로(Marco Polo)의 『東方見聞錄』은 중국의 사정을 서방 세계에 소개한

기행문이다. 이것은 당시 타문화를 비교 연구하는 데 있어 좋은 자료가 되었다. 이처럼 문화인류학은 선교 도구로 타문화 선교에 유익을 주고 있다.[19]

학문적으로 문화인류학의 역사는 100년밖에 지나지 않는다. 19세기에 사회학자들과 문화 인류학자들은 과학이 발달하고 사회문화가 점점 꽃이 피자 여기에 비례하는 인류 발달의 보편적인 법칙을 찾고자 하는 작업에 참여하였다. 그들은 현재 서구인들의 사회조직과 생활방식을 인류 문명 발달사의 최종 단계로 보고, 19세기 당시의 유럽 식민지인 아프리카나 오스트레일리아, 그리고 남북 아메리카 인디언들의 문화를 인류 문명의 전 단계로 보았다. 이처럼 인류가 이룩해 온 문화 발전의 역사적 연구는 문화인류학뿐만 아니라 사회인류학, 종교 인류학, 실천 인류학, 심리 인류학, 언어인류학, 상징인류학, 인지 인류학, 응용인류학, 도시 인류학, 행동 인류학, 민족학, 문화학 등 매우 광범위하게 학문의 영역에서 함께 검토되었다.[20] 문화인류학의 역사는 비록 오래되지 않았으나 그 중요성은 크다고 하겠다. 19세기에 사회적 상황을 나타내는 두 가지 특징이 인종주의와 민족주의로 그들은 자신이 속한 집단에 대한 충성심과 예찬으로 나타나게 마련이다. 이것이 자문화중심주의[21]로 발전하게 되었다. 따라서 선교사는 타문화에 있는 사람들에게 복음을 전하기 위해 그들의 문화와 행동을 이해할 필요가 있을 것이다.

---

19) Paul G. Hiebert, *Cultural Anthropology* (Grand Rapids: Baker Books, 1983), 7-29.
20) 최정만, 『월드 뷰와 문화이론』 (서울: 도서출판 이레서원, 2006), 299.
21) 박영환, 『한 권으로 끝내는 핵심 선교학 개론』 (서울: 도서출판 바울, 2015), 229.

3. 문화인류학과 선교학

알렌 티펫(Alan R. Tippett)은 문화인류학과 관련한 선교학에 대하여 "성경적인 기원과 그 역사, 인류학적인 이론들과 기술들, 그리고 기독교 선교의 신학적인 근거와 연관된 자료와 정보를 연구하고, 기록하고 적용하는 학문적인 연구 혹은 과학이다."라고 하였다.[22] 그리고 찰스 밴 엔겐(Charles E. Van Engen)은 문화인류학과 선교학에 대하여 "선교학 혹은 선교 신학은 종합적인 학문이다. 첫째, 선교학은 통합된 전체로 고유한 학문 영역을 갖는다. 교회가 예수 그리스도의 선교에 동참하는 것처럼, 성령의 능력을 통해 세상 안에서 하나님의 선교에 동참하는 것을 의미한다. 둘째, 선교학은 다양한 학문 영역을 포함한다. 선교학의 영역은 다양하여 성경 신학, 역사신학, 선교 역사, 조직신학, 상황화 신학, 문화인류학, 언어학, 사회학, 종교학, 종교사회학, 사회심리학, 교회 성장, 전도학, 구호와 개발, 제자훈련, 영성개발, 리더십, 선교전략과 훈련, 선교 행정, 신학교육, 교회갱신, 심리학, 상담학 등이다. 셋째, 선교학 중심이신 예수 그리스도와 연관성을 고려한다. 넷째, 선교학 중심이신 예수 그리스도를 표현하는 다양하고 통합적인 주장들을 포함한다. 선교학은 기독교 신앙공동체로 인해 상황적인 해석학 관점에서 성경의 텍스트를 다시 읽는 데 도움을 준다."라고 하였다.[23] 많은 선교학자는 이와 같은 인용으로 언급한 선교와 선교학에 대하여 다른 요소들을, 혹은 어떤 요소를 더하거나 뺄 수도 있다. 그러나 선교는 그리스도의 머리인 교회와 하나님의 백성들이 의도적으로 문화와 언어의 장벽을 넘어 예수 그리스도

---

22) Alan R. Tippet, *Introduction to Missiology* (Pasadena: William Carey Library, 1987), xxi.
23) Charles E. Van Engen, *Mission on the Way* (Grand Rapids: Baker Books, 1996), 17-31.

안에서 하나님 나라의 도래를 말씀과 신앙 행위를 빛으로 선포하는 것이다.

이렇게 선교학을 정의할 때, 타문화와 그 문화 속에 살면서 예수 그리스도를 알지 못하는 사람들을 이해하는 데 가장 중요하다고 볼 수 있는 학문 분야가 문화인류학이다. 근자에 들어와 문화인류학은 선교학 분야에서 아주 중요한 요소로 인식되고 있다.[24] 선교학은 철학과 신학, 그리고 역사에 치중하는데 문화인류학이 덧붙여 융합된 것이다.[25] 모든 면에 있어서 이제 21세기는 불확실하고도 불안한 시대로 예상된다. 이러한 시대적 상황 속에서 현대교회는 예리하게 선교학을 진단해야 한다. 그런데 그것은 선교학이 교회를 진지하게 섬기는 학문이 되어야 할 것이다.[26] 따라서 무엇보다 문화인류학이 발전하려면 성경으로 다시 돌아가야 한다. 그것은 예수 그리스도를 통해서 선교의 총체적인 모델을 발견할 수 있기 때문이다.

III. 문화인류학의 통합적인 관점

선교사는 다양한 문화와 인류학적인 측면을 직접 경험하고 다른 문화와 소통해야 하는 사람이다. 선교사는 문화인류학에 대한 통합적인 시각 연구의 필요성을 인지해야 한다. 한국교회와 선교사들은 교회에 대해 어떻게 이해하고 선교 현장에서 실천하고 있는가는 선교지 예배당 건축 활동에 대한 문화인류학적 이해를 하는 데 중요한

---

24) 최형근, "선교에 끼친 인류학의 공헌," 425-427.
25) 채은수, 『역사와 문화 속에 선교』, 351.
26) 이수환, 『한국교회와 선교신학』 (용인: 도서출판 목양, 2013), 24.

토대를 제공한다.[27] 따라서 찰스 크래프트(Charles H. Kraft)의 문화인류학을 중심으로 선교사가 복음 전파를 위해 문화인류학의 통합적인 관점에 대한 필요성을 고찰하고자 한다.[28]

1. 사람의 생각과 행동, 그리고 비 서구인들의 문화를 연구할 필요성

신학은 인간들이 무엇을 해야 하는가에 대해 다루는 학문이다. 하지만 문화인류학은 인간들이 무엇을 하는가에 대한 행동과학을 다루고 있는 학문이다. 문화인류학은 인간이 어떤 행동을 어떻게 하는가의 연구를 시도하는 데 있다. 실제로 하는 일은 무엇인지, 왜 그렇게 행동하며 말하는지, 문화인류학은 이와 같은 것을 찾아내는 것이다. 행동과학으로 분류되는 다른 학문은 사회학, 심리학, 언어학, 커뮤니케이션 과학 등이 있다. 왜 한국의 많은 청소년은 세속적인가? 그들의 가치체계는 무엇인가? 그들의 도덕적 판단 기준은 무엇인가? 그들의 필요는 무엇인가? 그들의 상처는 무엇이며, 갈망하는 것은 무엇인가? 이것은 문화인류학 관점에서 한국 청소년들을 연구할 때 가능한 질문들이다. 하지만 선교사는 청소년들이 종종 무엇을 해야 하는가에 대해 설교한다. 그러나 문화인류학은 무엇을 해야 하는가에 대한 것보다 무엇을 하고 있는가에 관심이 있다. 문화인류학은 인간들이 어떻게 사고하는가와 같은 단순한 문제가 아닌 그들의 총체적인 행동에 관심을 가진다. 많은 학문 분야는 인간들이 어떻게 생각하느냐의 문제를 다루는 데 많은 시간을 보낸다. 하지만 문화인류

---

27) 김한성, "선교지 예배당 건축에 대한 선교인류학적 이해,"「ACTS 신학저널」 34 (2017), 330.
28) Charles H. Kraft, 『기독교 문화인류학』, 안영권 · 이대현 역 (서울: CLC, 2005), 36-49.

학은 인간들이 어떻게 생각하느냐에 대해서 관심을 가질 뿐만 아니라 인간들이 일상생활에서 무엇을 하느냐에도 관심을 기울인다. 즉 인간들의 일, 종교적 의식, 교육, 체육, 예술, 철학, 정치, 식량 취득방식, 가족 체계 등에 관심을 가지는 것이다. 그래서 문화인류학은 인간의 삶에 관한 모든 관심을 기울이지 않는 부분이 없다.

타문화에서 복음을 증거 하는 선교사에게 문화인류학의 실재는 중요한 역할을 한다. 문화인류학은 사람들이 살아가는 그대로의 삶에 관심을 가진다. 이러한 실재론적인 방식을 통해 선교사는 복음을 현지인들에게 전해야 한다. 문화인류학의 연구는 타문화를 이해하는 데 있어 하나님이 원하시는 출발점에서 출발하는 데 도움을 주는 인간적인 도구이다. 따라서 이러한 학문을 연구함으로써 선교사는 자신의 문화적인 편견으로부터 자유로워질 뿐만 아니라 하나님이 원하시는 복음 전파를 타문화에 증거 하는 자가 될 것이다. 문화인류학은 철학이 아니라 행동과학이기 때문에 복음을 전하는 데 큰 도움이 된다. 즉 선교사가 문화인류학에 대한 통찰력에 따라 타문화에서 복음을 전달하는 데 도움이 되기 때문이다.

오늘날 전 세계에 존재하는 언어들의 숫자는 7,000여 개로 판단된다. 이렇게 볼 때 전 세계에는 최소한 7,000여 개의 문화가 존재한다고 할 수 있다. 그런데 서구의 학문적 관심은 서구인들이 세상의 다른 지역들에 대해 많은 관심을 기울이기 전에 발전하였다. 그러한 결과로 각각의 학문은 서구사회의 제한적인 관점이라는 한계 내에서 발전되었다. 이러한 학문은 서구인들이 비 서구인들과 조우(遭遇) 하거나 정복이나 무역, 선교사역으로, 또는 비 서구인들이 서구와 조우하는 몇 가지 경우를 제외하고는 세계의 나머지 지역에 관심을 두지 않았다. 비 서구인들과의 접촉은 식민 통치와 무역을 통해, 혹은 여행과 선교적 열정에 기인한 것이다. 다른 사회에 속한 사람들에 대한 서구인들의 접촉이 빈번해지기 시작했을 때, 그들 가운데 일부가 문화인류학이라고 불리는 새로운 학문적 분야를 발전시키기 시작하였다. 대부분 학문의 경우 세계의 지역들 가운데 일부분에 해당하는 서구사회들만을 다루고 있다. 반면 그 외에 광범위한 비 서구 지역을 다루고 있는 학문은 단지 문화인류학 한 가지뿐이다. 그래서 문화인류학은 다른 언어를 사용하는 타문화에서 사역하는 선교사에게 특히 중요한 학문이다. 문화인류학은 세계에 수천의 사회에 대해 우선적인 관심을 가지고 집중하는 학문이기에 타문화에서 복음을 증거하는 선교사에게 중요한 학문이다.

2. 문화 개념의 발전과 사람의 총체적인 관점을 연구할 필요성

인간은 자신이 속한 문화를 배우면서 해당 문화에 맞춰 스스로 생물학적, 환경학적으로 적응해 간다. 인간은 생물학적으로 먹어야 하는데, 어떤 환경은 식용이 가능한 것들을 제공하기도 하지만 다른 환경에서는 공급이 가능한 식용 음식을 제한케 하는 경우도 적지 않다. 북극에는 바나나가 없고, 자신이 속한 환경 내에서 소고기를 식용으로 선택하면서 고양이 고기를 식용으로 거부하는 행위는 해당 문화의 경향에 따라 결정되어 진다. 그리고 자신이 속한 문화적 습관에서는 무엇을 언제, 어디서, 어떻게, 얼마나 자주, 어떤 도구들을 이용해서 손가락, 포크, 젓가락으로 밀전병과 같은 톨티아(tortilla)로 먹을 것인지를 결정한다. 문화인류학은 서구인들처럼 일련의 문화들을 열

등한 것으로부터 점차 우수한 것으로 또한 순차적으로 나열하는 방식에 대해 동의하지 않는다. 그러나 일반적으로 서구인들은 2/3세계에 속한 문화나 사람들을 바라볼 때, 그들이 자신들이 하는 것과 다르다는 이유로 원시적이거나 저개발 된 것으로 바라보았다. 이것은 문화를 자문화중심주의로 보기에 문화인류학은 이에 동의하지 않는다. 따라서 사람들이 적절한 문화 구조를 가지고 살아가든, 부적절한 문화 구조를 가지고 살아가든지 그리스도의 복음을 타문화에 증거하고자 하는 선교사는 최선을 다해 해당 문화 속에서 살아가고 있는 사람들과 맺고 있는 관계에 대해 알아야 할 것이다.

문화인류학은 문화를 적절하게 다루기 위해 문화적 경향에 따라 살아가는 사람들에게 관심을 기울인다. 물론 다른 모든 학문적 연구도 사람에게 관심을 기울인다. 하지만 문화인류학은 소위 총체적인 관점에서 사람들을 연구한다. 즉 인간의 삶의 전 범위에 해당하는 심리, 종교, 철학, 역사, 언어, 과학 등의 영역으로 구분하는 것이 아니라 이 모든 분야를 총체적 스펙트럼으로 다루기 위해 노력한다. 문화인류학은 모든 교육과정에 대해 타문화의 접근방식을 취하고 있다. 사람은 문화라는 물속에서 헤엄치는 물고기와 같다. 사람을 다루는 존재가 우리이든 하나님이시든 사람이 살아가는 문화는 반드시 설명되어야 한다. 따라서 선교사는 타문화에서 복음을 전파하기 위해 문화인류학의 총체적인 성격을 반드시 연구해야 할 것이다.

3. 타문화의 관점과 의사소통에 맞출 초점을 연구할 필요성

문화인류학은 연구 대상의 문화에 참여하여 그들의 문화를 총체적으로 연구한다. 우선 문화인류학은 비서구 사회에 속한 사람들을 연구하며, 다양한 정보를 취득하고 이를 이용하여 자신의 관점이 아닌 다른 관점에서 해당 사회에 속한 사람들을 바라볼 수 있게 한다. 이것을 문화인류학에서는 타문화 관점이라고 말한다. 선교사는 타문화 관점을 통해 다른 문화를 바라보게 되면, 어떤 일방적인 문화적 관점을 가지고 타문화의 가치를 평가 절하하는 잘못을 피하게 된다. 여기서 타문화 관점은 단일 문화적 관점과는 대조를 이룬다. 단일 문화적 관점은 자신이 속한 문화적인 관점을 기준으로 하여 타문화를 평가할 때 제한성을 가지는 데 문제가 있다. 문화인류학은 관계를 통해 사람을 이해하려고 한다. 인간관계의 중요한 부분 가운데 하나가 의사소통이다. 인간관계의 질은 의사소통의 질과 밀접한 연관성을 가지고 있다. 그래서 인식과 필요에 대한 느낌, 그리고 다른 사람들을 용납하고 평가하는 것은 의사소통에 대한 주제들로 문화인류학의 연구에 있어 중요한 요소들이다. 선교사는 문화인류학의 통찰력을 이용하여 성경을 타문화에 속한 사람들이 이해할 수 있도록 적용해야 한다. 그들이 복음을 받아들이든 거부하든 오해가 아니라 바른 이해에 근거해야 한다. 의사소통의 능력은 사람들이 복음을 들을 때 자신들이 필요로 하는 것이라고 느낄 수 있기에 복음을 전하는 데 도움을 준다.

4. 문화형식과 문화 의미 구분, 그리고 세계관에 대한 발전을 연구할 필요성

문화인류학의 중요한 기여는 문화의 형식과 그 의미 간의 관계를 다루고 있다는 점이다. 기독교인과 불신자들 사이에서 사용하는 문화형식들, 즉 의식과 의례들의 성격에 관해 상당한 혼란을 일으켜 왔다. 많은 사람은 세례와 성만찬과 같은 형식, 그리고 심지어는 설교와 다른 교회의 관습들을 그 자체로 거룩하다고 생각한다. 그러나 문화인류학적 관점은 형식과 의식이 거룩하게 되는 것은 그 자체가 거룩하기 때문이 아니라 그 형식을 통해 흐르는 의미가 거룩하기 때문이다. 형식을 통해 하나님이 말씀하시고자 하는 것보다, 형식 자체에 집착하는 것은 우상숭배와 같은 것이다.

그러므로 문화인류학은 문화를 이해하는데 같은 형식에서 같은 의미를 깨닫게 된다. 십자가와 성찬식, 물고기 표시와 같은 것이다. 전혀 기독교적이지 않은 동기에서 기독교적 형식을 취하는 일도 있다. 마리아 숭배는 혼합주의에 불과한 것이다. 따라서 복음을 전파하는 선교사에게 문화인류학의 관점은 우상숭배를 방지할 수 있도록 도움을 제공한다. 세례와 성만찬, 그리고 성가라고 부르는 문화적 형식은 그 자체가 거룩한 것은 아니다. 오직 이러한 형식들이 적절히 사용될 때, 그 형식을 통해 흘러가는 의미만이 거룩한 것이다. 어떤 일정한 문화에서 의미를 적절히 전달해 주는 형식이 다른 문화 속에서 그 의미를 왜곡하여 전달하는 경우가 많다. 문화인류학은 세계관에 많은 관심을 가진다. 그것은 회심에 대한 요구가 제기될 때마다 위험해지는 것은 한 사람, 또는 깊은 차원에서 그들의 세계관적 가정과 가치, 그리고 충성에 대한 변화가 초래되기 때문이다. 따라서 타문화에서 복음을 전하는 선교사는 그러한 개념에 대해 이해하고, 그 이해를 통해 사람들에게 접근하고자 하는 중요성은 과소평가할 수 없다.

5. 문화 발전 방법과 문화적 변화를 연구할 필요성

문화인류학은 선교사에게 도움이 될 만한 현지인들의 행동에 대한 통찰력을 제공하였다. 그래서 문화인류학은 타문화에서 선교사에게 유용한 현지 연구 방법인 참여 관찰을 사용하게 한다. 전통적으로 학문은 도서관에서 연구하거나, 과학의 경우 실험실에서 연구해 왔다. 그러나 문화인류학은 직접 현지에서 사람들을 연구함으로써 현지인들에 대해 배우는 방식을 발전시켰다. 그래서 타문화에서 복음을 전파하는 선교사는 현지인들과 더불어 살아야 한다. 그들의 언어를 습득하고, 그들의 관점에서 세상을 보도록 방법을 배워야 한다.

문화인류학은 성경 번역과 같은 특별한 선교사역에 꼭 필요한 통찰력을 제공해 준다. 초기 문화인류학은 선교사들처럼 문자 형태나 문법 사전이나 선생도 없었기 때문에 새로운 언어를 배워야 했다. 그래서 선교사는 그 현지인을 통해서 빠르고 정확하게 언어를 배워서 한 문화에서 다른 문화로 언어를 번역하는 기술을 개발하였다. 따라서 문화인류학은 타문화 커뮤니케이션의 문제점을 검토해 보았고, 거기서 얻은 통찰력으로 의미의 왜곡이나 손실을 최소화하면서 다른 사회로 메시지를 전하도록 선교사를 도울 수 있다.[29] 문화인류학은 문화의 변화과정을 이해하는 데 도움이 된다. 전통적인 사람들은 자신들의 문화가 변화하지 않는다고 생각해 왔다. 하지만 문화인류학은 수천 년은 고사하고 단 일 년 동안에도 변화되지 않고 남아 있는 사람들은 없다는 것을 알고 있다. 모든 사람은 항상 자신들의 문화를 변화시킨다. 선교사는 자신들이 사역하고 있는 현지인들 사이에서

---

29) Paul G. Hiebert, 『선교와 문화인류학』, 김동화·이종도·이현모·정흥호 역 (서울: 죠이선 교회출판부, 2002), 20-21.

발생하는 일정한 변화들에 대해 알고 싶어진다. 문화인류학 연구는 기독교 전파로 인해 초래될 수도 있는 혼란을 최소화하면서 사역에 임할 수 있다. 이러한 분야에 대해 문화인류학이 제공하는 것을 배움으로써 선교사는 건설적으로 사역할 방법을 찾을 수 있을 것이다.

역사적으로 교회는 선교와 문화인류학을 서로 적대적인 관계로 이해해 왔다. 그래서 폴 히버트는 선교와 문화인류학에 대하여 "사랑과 증오의 관계"라고 하였다. 이러한 분리의 심오한 차이에 가교를 놓을 수 있는 사랑과 신임의 관계를 설정하는 것은 매우 중요하다.[30] 타문화에서 선교사는 문화인류학의 내용을 잘 습득하여 목회 현장과 선교 현장에 임할 때 시행착오를 줄이고 선교를 하는 데 있어 효과적으로 능률을 올릴 수 있다. 선교란 타문화 환경에서 복음을 전하는 것이기에 문화인류학과 선교의 만남에 대하여 훌륭한 선교사는 훌륭한 문화인류학자라고 할 수 있다.[31]

IV. 문화인류학의 통합적인 관점에 따른 실천 방안

문화선교의 논의는 1960년 이후 한국교회가 문화를 선교의 수단으로만 이해했던 경향에 대한 비판적 연구를 시작으로, 1980년 후반에 한국교회의 문화변혁 책무를 촉구하는 연구들이 출현하였다.[32] 선교 현장에서 문화변혁의 책무를 감당하는 선교사의 어려움은 무엇보다 문화의 장벽이다. 본 장에서는 히버트, 나이다, 크래프트, 강

---

30) Paul G. Hiebert, 『선교와 문화인류학』, 19-21.

31) 최정만, 『월드 뷰와 문화이론』, 327-328.

32) 김승호, "한국교회의 문화 이해: 문화신학, 문화선서, 문화목회 개념을 중심으로," 「신학과 실천」 64 (2019), 386-387.

승삼의 이론을 중심으로 문화인류학의 통합적인 관점에 따른 실천 방안에 대하여 제안하고자 한다.

1. 관계성 확립을 통한 방안

선교사에게 있어서 교회는 그 처해 있는 사회의 문화적 환경과 밀접한 연관성을 가지고 있다. 1990년대까지 빠르게 성장한 한국 교회는 정보사회의 발달과 세계화에 기초하여 형성된 포스트모던 문화의 도전에 정체 또는 쇠퇴를 경험하고 있다. 거시적인 차원에서 한국 교회와 한국선교는 성공과 성장에만 집착하는 포스트모던 문화의 부정적 요소를 털어내고 문화인류학의 관점을 통해 교회의 선교적 본질에 기초한 교회 성장을 추구해야 한다.[33]

폴 히버트의 문화인류학의 통합적인 관점은 다음과 같다.[34] 첫째, 타문화 상황에 대한 바른 이해를 갖도록 한다. 선교사가 목회 현장과 선교 현장에서 사회와 문화적인 상황을 제대로 이해하지 못하면 결과적으로 선교사는 중도 탈락으로 이어진다. 선교사는 결국 본국으로 들어와야 하는 상황이 발생한다. 둘째, 현지 그리스도인들이 사회적인 변화를 수용할 수 있도록 한다. 인간은 사회 환경의 역동성에 의해 영향을 받는 사회적 존재이기 때문이다. 선교사가 심리적 조직체와 친근감을 가지는 것은 선교를 발전시키는 데 매우 중요한 것이다. 셋째, 현지인들과 관계를 맺을 수 있도록 해야 한다. 문화인류학은 선교사에게 상황화 과정을 이해하는 데 도움을 준다. 복음은 그

---

33) 최동규, "한국 포스트모던 문화의 도전과 교회성장의 과제," 「신학과 실천」 20 (2009), 349-350.
34) Paul G. Hiebert, 『선교와 문화인류학』, 21-22.

핵심이 오류 없이 듣는 사람들의 상황에서 이해되어야 한다. 선교사 훈련 과정에서부터 현지인들을 이해하고 좋은 관계를 만드는 기초가 되는 문화인류학 교육에 더 많은 시간과 물질의 투자가 필요하다.[35]

문화인류학은 무엇보다 타문화에서 살아가고 있는 사람들의 문화적 차이점을 잘 이해하고 존중한다. 문화인류학은 그들의 친교의 관계를 맺게 할 뿐만 아니라 이러한 관계성의 확립을 통해 기독교의 복음을 더욱 효과적으로 전할 수 있도록 한다. 따라서 선교사는 다른 문화를 이해하고 존중하는 능력을 가져야 한다. 문화인류학적인 시각은 선교사에게 문화적 차이와 관련된 개념, 관행, 가치, 믿음, 행동양식 등을 이해하는 데 도움을 줄 수 있다. 이러한 관계성 확립을 통한 방안 이해는 선교사가 다른 문화와 협력하고 사회적으로 민감한 방식으로 작업할 수 있도록 도울 것이다.

2. 역동적 동등성을 통한 방안

문화인류학이 선교학에 끼친 마지막 공헌은 역동적 동등성이라고 알려진 방식이다. 특히 나이다는 자신의 책과 논문을 통해 이 모델 방법에 대해 전도자가 되었다. 나이다는 역동적 동등성 방식을 개발하고 보편화시켰다. 역동적 동등성에 기초한 성경 번역은 본래의 의미를 손상치 않으면서도 성경 본래의 의미나 단어와 유사한 문화권의 표현으로 바꾸는 것이다.[36] 미국 선교사 후배들에게 필독서로 나이다의 Customs and Culture는 인류학적 관점에서 의사소통 방법

---

35) 김은호, "효율적인 전방개척 전문인 선교훈련을 위한 전략연구: 한국의 전문인 선교사훈련의 현황조사와 분석을 중심으로," 「신학과 실천」 39 (2014), 430.
36) 김승호, 『선교와 문화 강의 교안 3』 (서울: 한국성서대학교, 2018), 8.

론을 다룬, 즉 역동적 동등성의 모델을 제시한 책이며, 그의 또 다른 Message and Mission에서 그는 선교 목적으로 의사소통의 전략과 기술로 역동적 동등성을 사용할 것을 촉구하였다.[37]

그러므로 선교사 훈련 초기부터 문화적 선입견과 편견을 극복하도록 해야 한다. 이를 통해 문화 간의 비교와 대조를 확인하여 자신의 문화적 배경을 비판적으로 살펴보고, 타문화에 대한 열린 자세를 갖게 하기 때문이다. 역동적 동등성은 선교사가 타문화에서 복잡한 문제를 이해하고 효과적인 방법으로 대처할 수 있도록 돕기 때문이다. 문화인류학은 선교사에게 자신의 문화적인 선입견과 편견을 극복하는 데 도움을 줄 수 있다. 문화 간의 비교와 대조를 통해 자신의 문화적 배경을 비판적으로 살펴보고, 타문화에 대한 열린 마음을 가지게 된다. 이는 선교사가 다른 문화에서 복합한 문제를 이해하고 효과적인 방식으로 대처할 수 있도록 도울 것이다.

3. 세계관을 통한 방안

나이다의 문화인류학을 통해 크래프트는 Christianity in Culture를 더욱 발전시켜 나갔다. 그는 문화인류학을 연구하는 데 있어서 제기되는 질문에 하나님은 문화를 어떻게 보시는가에 대한 것이다. 성경은 하나님께서 사람들과 더불어 그들의 문화적 틀 안에서 일하시기를 기뻐하셨다는 것을 주장했다. 하나님은 유대인들의 문화에 들어가셔서 역사하셨다. 또한 하나님은 바울을 통해서 이방인들에게 역사하실 때도 그분이 받으실만한 조건들을 요구하지 않으시고 이방

---

37) Eugene A. Nide, *Message and Mission* (New York: Harper & Brothers, 1960), 166.

인들의 문화적 방식을 그대로 용납하셨다.[38] 바울은 유대인과 헬라인, 그리고 이방인들을 향한 대상자에 따른 복음 전달과 선교를 위해서 문화의 적응은 바울 선교를 이해하는 데 중요한 원리를 보여주고 있다.[39] 그러므로 선교사는 다른 문화를 이해하고 존중하는 능력을 가져야 한다. 문화인류학적인 시각은 선교사에게 문화적 차이와 관련된 개념, 관행, 가치, 믿음, 행동양식 등을 이해하는 데 도움을 줄 수 있다. 이러한 이해는 선교사가 다른 문화와 협력하고 사회적으로 민감한 방식으로 작업할 수 있도록 돕기 때문이다.

이처럼 시간과 공간과 대상에 상관없이 변함이 없는 영원한 하나님의 메시지를 전해야 하는 복음 전도자로서 문화인류학의 가치와 공헌을 인정하지 않을 수 없다. 그 공헌은 성경의 메시지가 그것을 받는 문화 안에서 현장화 상황화 되어야 함을 가르쳐주고 있다. 신학과 문화인류학, 그리고 선교라는 이 세 가지를 하나로 묶기 위해서 선교사는 성경적 세계관부터 가져야 한다. 성경은 인류를 향한 하나님의 자기 계시이기 때문이다. 성경적 세계관은 특별히 신약에 두드러지게 나타나고 있다. 기독교 세계관은 하나님께서 성경과 예수 그리스도를 통해, 그리고 성령의 사역을 통해 교회와 세상에 하나님 자신을 계시하셨다는 사실에서 출발해야 한다.[40] 따라서 문화인류학은 세계관을 통한 현대적인 연구 결과들을 가지고 선교사의 문제를 해결하려고 모색하는 선교와 의미 있게 협력하는 것이 얼마나 중요한 것인가를 언급한 것이다. 선교사는 자신의 국가나 문화에서 벗어나 새로운 문화와 조화롭게 살아가야 한다. 문화인류학적인 시각은

---

38) Charles H. Kraft, *Christianity in Culture* (New York: Orbis, 1979).

39) 전대진·전석재, "바울선교 전략의 현대선교의 적용점," 「선교신학」 66 (2022), 215.

40) 김승호 『선교와 문화 강의 교안 3』, 9.

선교사에게 문화적인 적응력을 향상시키는 데 도움을 줄 수 있다. 다른 문화에서의 사회적 규범, 관습, 의미 체계 등을 이해하고 받아들이는 것은 적응과 적극적인 참여를 촉진할 수 있다.

4. 총체적인 현지 문화의 연구를 통한 방안

위기에 처한 교회 회복은 본질적 측면에서 교회 됨의 의미를 재발견하고, 현대사회와 문화 속에서 그 사명을 온전히 감당할 때 가능할 것이다. 다시 말해 복음을 구체화해야 할 때 가능한 것이다. 포스트모던이라는 사회문화적 환경과 그 환경 속에서 살아가는 사람들을 이해하고자 하는 실천적 고민이 선행되어야 하고, 교회의 본질을 재정립하고 교회가 속한 사회문화적 상황 속에 재정립된 교회의 본질을 적용하고 실천하는 것이 중요하다. 그렇게 하기 위해서는 복음을 구체화할 장인 그 사회의 문화를 살펴봐야 할 것이다.[41] 천지창조후 인간의 타락으로 인해 자연과 문화가 오염되었다. 현재 이 세상은 선교사에게 많은 도전을 하고 있다. 강승삼은 급변하는 정세와 인구의 증가, 그리고 메가 도시의 급증, 종교 다원주의의 확산, 타 종교들의 기독교에 대항하는 호전적 포교 운동, 문화연구 접근법 이해의 필요성 대두, 한국교회의 타문화에 대한 선교적 사명에 응답 등 다양한 문제에 대한 신학적 해석과 문화인류학적 접근이 필요한 때라고 하였다.[42] 문화인류학의 선교 접근은 성령의 역사를 대치시키는 것을 추구하지 않는다. 오히려 성령은 선교 역사를 이루시는 데 있어서 문화인류학을 도구로 사용하도록 하신다. 그래서 선교사는 선교사

---

41) 계재광, "현대문화속에서 영적성숙을 위한 리더십,"「신학과 실천」41 (2014), 802.
42) 강승삼,『선교문화인류학』(서울: 총신대학교 선교대학원, 2016), 2.

역 수행에 있어 각 분야의 전문적인 지식과 기술도 중요하다. 그것은 선교사역을 효과적으로 수행하기 위한 선교정책과 전략을 시행하는 데 사실 인간적인 지식과 기술이 공헌해 왔다. 그리고 문화인류학은 인간적 노력이 필요한 것을 보여준다. [43] 일반적인 문화인류학은 신학과 무관하게 발전해 왔다. 하지만 선교 문화인류학은 선교사를 위한 문화인류학으로 시작한다. 이는 18세기 영국교회 부흥 운동과 갱신 운동에서 비롯되었다. 그것은 인간의 존엄성이 제기되었고, 그 결과 노예제도 폐지 운동이 전개되었다. 이때 원주민 권리 보호 운동이 전개되었는데,[44] 인류는 하나님의 형상대로 지음 받은, 인간의 자질이 아니라 하나님과 피조물이기 때문에 인간 삶의 모든 영역은 하나님과 관계에 있고 신학과 관계가 있고, 인간과 관계가 있다.[45] 따라서 선교사에게 있어서 선교 문화인류학은 신학을 바탕으로 해야 한다. 특히 선교 문화인류학은 성경적 토대로 인간을 바라보아야 할 것이다.[46]

이러한 관점으로 선교사는 현지 문화를 총체적으로 연구해야 한다. [47] 첫째, 그들을 진심으로 사랑하는 태도를 가져야 한다(고전 13장). 둘째, 그 현지 문화 공동체의 지도자 격이 되는 사람을 찾아서 먼저 친구로 삼도록 해야 한다. 셋째, 현지에서 부딪히는 여러 상황 가운데서 어떻게, 왜 처신해야 할지를 현지인 친구에게 질의해야 한다. 현장의 여러 상황이란 출생, 이름 짓는 의식, 이름의 뜻, 성년 의식, 결혼식, 이혼, 장례식, 여러 가지 축제, 신분, 가족 관계, 자녀 훈련 관

---

43) 강승삼, 『선교문화인류학』, 2-3.
44) 강승삼, 『선교문화인류학』, 4.
45) 김정훈, "구약성서의 선교적 해석 고찰: 창조 및 구원신앙과 포로기/포로기 이후 이스라엘의 자기 이해를 중심으로," 「선교신학」 69 (2023), 191.
46) 강승삼, 『선교문화인류학』, 4.
47) 강승삼, "문화와 문화적응," 『선교와 문화인류학』 (서울: CLC, 2022), 102-103.

계 등의 상황이다. 또한 그들의 종교, 기술과 공예품, 직업, 운동, 소일 방법, 미신 행위, 격언, 그들의 결정에 영향을 끼치는 요인을 파악해야 한다. 넷째, 신앙 양심에 거리낌이 없다면 그들의 삶의 방식을 익히도록 성육신적 삶을 시도해야 한다. 그들의 옷을 입고, 청년들과 장년들과의 관계 방법을 모방해야 한다. 그 결과 세 가지 반응을 경험하게 될 것이다. 먼저 현지인들이 당신의 삶의 방식에 대해 별 반응을 보이지 않을 경우 그곳에서는 누구나 다 그렇게 사는 것을 기대한다는 뜻이다. 그다음 경우 그들의 삶의 방식을 모방하는 것을 보고 놀라는 기색을 보이든지 좋아한다면 당신은 그들의 문화를 잘 적응하고 있다는 뜻이다. 또 한 가지 가능성은 당신이 그들의 삶의 방식을 모방하는 것을 좋아하지 않는 경우이다. 이는 그들이 당신의 원래 모습을 그대로 존중하고 좋아한다는 뜻이므로 어색한 모방을 하지 말아야 한다. 다섯째, 선교 현장에서 언어와 문화에 적응하는 과정에서 실수하는 것을 두려워하지 말아야 한다. 인간은 실수를 통해서 더 확실하게 배울 수 있기 때문이다.

하비 칸(Harvie Conn)은 Eternal Word and Changing World에서 '신학'이 그 본연의 과업을 수행하기 위해서는 '선교'와 '인류학'과 더불어 삼자 간의 대화를 거듭해야 한다는 점을 1980년대에 주장했다.[48] 따라서 문화인류학은 인간을 하나님과 올바른 관계 속에 계속 서 있도록 하나님의 뜻에 순종의 성육신적 제자로 선교하는 데 있다.[49] 이러한 그리스도의 주권에 순종하는 삶은 하나님을 사랑하고 이들을

48) Harvie M. Conn, *Eternal Word and Changing World: Theology, Anthropology, and Mission in Trialogue* (Phillipsburg: P&R, 1984). 정성국, "선교적 해석학의 함의들: ACTS 신학 및 신앙 운동과의 연관성을 중심으로," 「ACTS 신학저널」 48 (2021), 119.
49) 임희모, "하나님 나라를 세우는 한국교회의 성육신적 제자도 선교," 「선교신학」 63 (2021), 247-249.

사랑하라는 말로 요약할 수 있는데, 총체적인 현지 문화의 연구를 통해 결국 복음을 받아들여 하나님과 올바른 관계 속에 주 예수 그리스도가 요구한 이중 사랑 계명을 지키며 살도록 하는 것이다. 선교사는 다른 문화 사이에서 중개자 역할을 수행할 수 있다. 문화인류학적인 시각을 통해 선교사는 다른 문화 간의 이해와 소통을 원활하게 할 수 있다. 이를 통해 선교사는 문화 간의 갈등을 예방하고 조정할 수 있으며, 지역 사회와의 관계를 개선하고 협력할 수 있을 것이다.

V. 나가는 말

지금까지 선교사를 위한 문화인류학에 대한 통합적 시각 연구의 필요성에 대하여 고찰하였다. 현재 한국 교회는 변화하고 있는 세계 선교의 중심에 있다. 한국 교회는 서구 교회의 타문화 선교에 동참하였고, 비 서구인으로 세계 선교에 대한 고유한 시각과 사역의 경험에 있어 다수 세계의 교회와 동질감을 공유할 수 있는 중요한 위치에 서 있다.[50] 이러한 위치에 있는 한국 교회의 선교사들은 21세기 선교사역을 위해 문화인류학이 가장 관심 있는 선교 주제 중 하나가 되어야 한다. 선교사에게 있어서 문학 인류학의 통합적인 관점의 정립은 시기적으로 필요하며, 특히 문화인류학자인 히버트와 크래프트, 그리고 강승삼을 중심으로 펼쳐진 선교와 문화인류학은 선교사에게 통합적 시각의 모델이 된다고 할 수 있다.[51] 문화인류학의 통합으로

---

50) 김한성, "타문화권 사역을 위한 통합 영어 훈련 시스템을 위한 예비 연구,"「ACTS 신학저널」 37 (2014), 282.
51) 김성욱, "개혁주의 입장에서 본 이슬람에 대한 교회의 선교적 과제,"「ACTS 신학저널」 48 (2021), 309-310.

선교의 궁극적인 목적은 예수 그리스도의 복음을 비 기독교인들에게 증거해야 하고, 그들을 하나님 나라로 초청해야 한다.[52] 이를 통해 한국 교회는 수많은 믿음의 선배들이 개인 구원과 사회변화를 동시에 잘 감당함으로 모든 민족에게 선한 영향력을 끼치고 어려운 이웃을 섬기는 실천의 모습으로 인하여 전 세계가 좋아하는 건강한 타문화 사회가 되기를 소망해 보아야 한다.[53] 선교사는 다른 문화 사이에서 중개자 역할을 수행해야 한다. 문화인류학적 시각을 통해 선교사는 다른 문화를 이해하고 소통을 원활하게 해야 한다. 이를 통해 선교사는 문화 간의 갈등을 예방하고 조정할 수 있으며, 현지인과 관계를 개선하고 협력할 수 있기 때문이다. 따라서 선교사들이 문화인류학에 대한 통합적인 시각 연구를 추진함으로써 다른 문화와 상호 작용에서 더 나은 이해와 효과적인 사역을 수행할 수 있기 때문이다. 이는 선교사들의 성공적인 선교 수행과 다문화적인 세계에서의 효과적인 봉사를 촉진할 것이다.

---

52) 정승현, "하나님의 선교와 창조신학의 관점에서 본 '은총의 숲' 사역," 「선교신학」 67 (2022), 138.
53) 계재광, "다문화사회 속에서 지역사회를 섬기는 선교적 교회를 위한 리더십연구," 「신학과 실천」 59 (2018), 647.

참고문헌

강승삼. "문화와 문화적응." 『선교와 문화인류학』. 서울: CLC. 2022.

강승삼. 『선교문화인류학』. 서울: 총신대학교 선교대학원, 2016.

계재광. "다문화사회 속에서 지역사회를 섬기는 선교적 교회를 위한 리더십연구." 『신학과실천』 59 (2018), 645-674.

계재광. "현대 문화 속에서 영적성숙을 위한 리더십." 『신학과 실천』 41 (2014), 799-824.

김성욱. "개혁주의 입장에서 본 이슬람에 대한 교회의 선교적 과제." 『ACTS 신학저널』 48 (2021), 281-316.

김승호. 『선교와 문화 강의 교안 3』. 서울: 한국성서대학교, 2018.

김승호. "한국교회의 문화 이해: 문화신학, 문화선서, 문화목회 개념을 중심으로." 『신학과 실천』 64 (2019), 385-406.

김신구. "통전적 선교를 위한 현대교회의 성육신적 모습." 『선교신학』 57 (2020), 37-67.

김은호. "효율적인 전방개척 전문인 선교훈련을 위한 전략연구: 한국의 전문인 선교사훈련의현황조사와 분석을 중심으로." 『신학과 실천』 39 (2014), 413-443.

김정훈. "구약성서의 선교적 해석 고찰: 창조 및 구원신앙과 포로기/포로기 이후 이스라엘의 자기 이해를 중심으로." 『선교신학』 69 (2023), 181-207.

김중기. "한국교회의 성장과 그 요인 분석." 『연세대학교 연신원 목회자 하기 신학세미나 강의집』 3 (1983), 134-160.

김한성. "선교지 예배당 건축에 대한 선교인류학적 이해." 『ACTS 신학저널』 34 (2017), 327-383.

김한성. "1970년대 한국교회의 타문화권 선교와 ACTS." 『ACTS 신학저널』 50 (2021), 508-535.

김한성. "타문화권 사역을 위한 통합 영어 훈련 시스템을 위한 예비 연구." 『ACTS 신학저널』 37 (2014), 247-287.

민장배. "다문화 사회에서 교회 역할." 『신학과 실천』 64 (2019), 339-362.

박영환. 『한 권으로 끝내는 핵심 선교학 개론』. 서울: 도서출판 바울, 2015.

박웅규. "유성 김준곤 목사의 민족복음화운동과 역사신학적 의미." 『ACTS 신학저널」42 (2019), 9-52.

심정연. "문화 세계관 분석 기반의 기독교 인지행동치료의 고찰: 히버트(Hiebert)의 비판적상황화 이론을 기반으로."「신학과 실천」72 (2020), 409-429.

이수환.『한국교회와 선교신학』. 용인: 도서출판 목양, 2013.

이재완.『선교와 문화이해』. 서울: CLC, 2008.

임희모. "하나님 나라를 세우는 한국교회의 성육신적 제자도 선교."「선교신학」63 (2021), 221-262.

전대진·전석재. "바울선교 전략의 현대선교의 적용점."「선교신학」66 (2022), 214-242.

정성국. "선교적 해석학의 함의들: ACTS 신학 및 신앙 운동과의 연관성을 중심으로."「ACTS 신학저널」48 (2021), 97-137.

정승현. "하나님의 선교와 창조신학의 관점에서 본 '은총의 숲' 사역."「선교신학」67 (2022), 121-142.

채은수.『역사와 문화 속에 선교』. 서울: 총신대학교출판부, 1999.

최동규. "한국 포스트모던 문화의 도전과 교회성장의 과제."「신학과 실천」20 (2009), 349-384.

최정만.『월드 뷰와 문화이론』. 서울: 도서출판 이레서원, 2006.

최형근. "선교에 끼친 인류학의 공헌."「신학과 선교」27 (2002), 421-442.

한국문화인류학회.『처음 만나는 문화인류학』. 서울: 일조각, 2004.

한국복음주의선교신학회.『선교를 위한 문화인류학』. 서울: 도서출판 이레서원, 2001.

함영주·고경국. "교리교육이 선교사 자녀(Missionary Kids)의 신앙발달에 미치는 영향."「ACTS 신학저널」42 (2019), 119-156.

Charles H. Kraft,『기독교 문화인류학』. 안영권·이대현 역. 서울: CLC, 2005.

Engen, Charles Van. *Mission on the Way*. Grand Rapids: Baker Books, 1996.

Garbarino, Merwin S.『문화인류학의 역사』. 한경구·임봉길 역. 서울: 일조각, 2011.

Grunlan, Stephen A. & Mayers, Marvin, *Cultural Anthropology*. Grand Rapids: Zondervan, 1988.

Hiebert, Paul G.『선교와 문화인류학』. 김동화·이종도·이현모·정홍호 역. 서울: 죠이선교회 출판부, 2002.

Hiebert, Paul G. *Cultural Anthropology*. Grand Rapids: Baker Books, 1983.

Kraft, Charles H. *Christianity in Culture*. New York: Orbis, 1979.

Luzbetak, Louis J. 『문화인류학』. 채은수 역. 서울: 한국로고스 연구원, 1993.

Nide, Eugene, A. *Message and Mission*. New York: Harper & Brothers, 1960.

Richards, Randolph. & OBrien, Brandon. 『성경과 편견』. 홍병룡 역. 서울: 성서유
니온, 2016.

Tippet, Alan R. *Introduction to Missiology*. Pasadena: William Carey Library,
1987.

제3장
영적전쟁

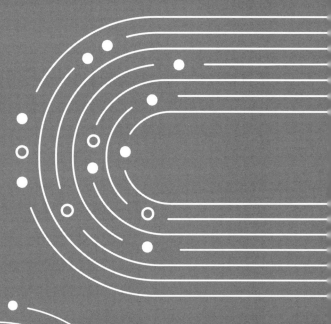

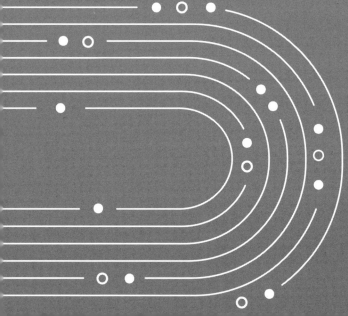

Ⅰ. 들어가는 말

선교적 존재인 그리스도인들은 이 땅에 사는 동안 소위 영적전쟁 (Spiritual Warfare)이 불가피하다. 본질상 선교적 존재로서 그리스도인은 세상에 사는 동안 계속해서 영적전쟁을 통해 자신들의 육적인 자아를 벗어버리고 새사람의 형상을 입어감에 따라 그리스도인의 정체성을 완성 시켜서 간다. 그리하여 그리스도인의 정체성은 채움으로 써가 아니라 잃음으로써 완성되어 간다.[1] 이러한 영적전쟁 논의는 21세기에조차도 여전히 효과적인 선교를 위해 대두되는 중요한 전략 가운데 하나이다. 과테말라 선교사였던 알랜 티펫(Alan Tippet)이 애니미즘 사회에서 그들의 신보다 그리스도의 능력이 더 우월함을 나타내는 것을 능력 대결(power encounter)이라 불렀다. 이를 통해 기독교로 회심이 일어난다고 함으로써 그리스도와 복음을 대적하는 세력들과 맞서 싸우는 영적전투에 대한 논의가 1970년대부터 활발하게 전개되었다.[2]

영적전쟁 측면에서의 전정한 선교란, 지역 귀신과 싸우는 능력대결이나 중보자로서 신비한 전쟁에 참여하는 개인적 전쟁이나 이 땅에서의 전쟁으로 한정될 수 없다. 영적전쟁의 선교란 오직 성경의 권위를 근거로 선교의 주권자이신 하나님이 그분의 계획을 성취하시는 하나님의 선교(Missio Dei)가 되어야 한다. 이 시대 그리스도인은 그분의 말씀을 믿고 십자가의 희생정신을 가지고 복음을 충성스럽게 전파하면서 꾸준히 하나님의 이중 계명에 순종하며 살아가야 한다

---

1) 강아람, "배위량의 선교적 삶에 나타난 영적전쟁,"「복음과 선교」50 (2020), 10-11.
2) 이종우, "영적전투 이해증진을 위한 여호와의 전쟁론 고찰,"「선교신학」35 (2014), 197.

는 것이다.[3] 이처럼 영적전쟁은 선교사역에서 가장 강조되는 영역이다. 만일 목회자와 선교사가 새로운 선교지에 들어갈 때 현지인들의 종교적인 실제와 신념에 대해서 잘 알지 못한 상태로 새로운 문화권으로 들어간다면, 분명히 여러 가지 복잡하고 어려운 문제들이 발생하게 된다. 그것은 신학과 문화, 그리고 실천과 역사의 문제들에 관계된 것이다.[4] 따라서 목회자와 선교사, 그리고 그리스도인은 사역을 위해 무엇을 준비해야 하는지에 대한 균형 잡힌 영적전쟁에 대한 지식이 있어야 하므로 영적전쟁에 대한 체계적인 전(全) 이해에 대하여 살펴보고자 한다.

II. 영적전쟁의 성경적 이해

1. 구약성경에 나타난 영적전쟁

영적전쟁에 관한 출발은 구약성경인 창세기로부터 시작되었다. 마귀와 용, 그리고 옛 뱀은 타락 직후 에덴동산에 평화롭고 죄를 모르고 살고 있던 아담과 하와를 찾아와 속임으로서 하나님의 형상으로 지음받은 인간을 넘어뜨렸다. 이제 하나님께서는 여자의 후손인 사내아이 메시야이신 예수 그리스도와 하나님의 나라와 사단의 나라 사이에 영적전쟁이 있을 것을 선언하신다(계 12장). 이러한 영적전쟁

---

3) 배춘섭, "영적전쟁에 관한 개혁주의 입장에서의 평가: 전략적 차원의 영적전쟁을 중심으로," 「한국개혁신학」 51 (2016), 33-34.
4) A. Scott Moreau, Gary R. Corwin, Gary B. McGee, 『21세기 현대 선교학 총론』, 김성욱 역 (고양: 크리스챤출판사, 2009), 453-454.

의 실상을 구약성경에서 여덟 단계로 정리할 수 있다.[5]

첫째, 셋의 사건에서 홍수 사건까지의 영적전쟁이다. 셋이 태어났을 때 사단은 셋의 가정을 통해 예정된 메시야가 올 것을 알고 셋의 가정을 파멸하기 위하여 할 수 있는 모든 노력을 시도하였다. 메시야에 관한 약속을 무효화시키기 위해 셋의 아들들을 유혹하여 가인의 딸들과 결혼하도록 하였다. 마치 마귀가 승리를 거둔 것처럼 보였으나 전혀 그렇지 않았다. 하나님은 홍수로 모든 인류를 전멸시켰으나 노아의 가정인 셋의 자녀들을 구원하셨다.

둘째, 홍수 사건에서 야곱까지의 영적전쟁이다. 다시 한번 마귀는 아이를 죽이려고 여인의 앞에 섰다. 메시야의 약속은 이제 아브라함에게 달려 있었다. 그의 아내 사라는 경수가 끊어졌으나 하나님의 능력으로 이삭을 낳았다. 이제 뱀의 머리를 상하게 할 후손은 이삭과 리브가에게 돌아갔다. 리브가는 아이를 생산치 못하였으나 다시 한번 하나님의 능력으로 잉태하여 사단의 궤계를 무너뜨리고 약속의 계보는 계속 유지된다. 약속의 하나님은 에서와 야곱 사이의 갈등 속에서 야곱을 구해 내신다.

셋째, 야곱에서 사막에 있는 유다 족속까지의 영적전쟁이다. 다시 마귀(용)는 여자 앞에 선다. 그는 야곱의 자손 유다 족속을 공격한다. 하나님은 이집트의 압박으로부터 그들을 구원하셨지만 그들은 하나님을 거부하고 금송아지 둘레에서 춤을 추며 뛰어놀았다. 그들은 하나님의 진노로 전멸당하여 사단에게 승리를 안겨 줄 뻔하였다. 그러나 중보자인 모세의 간청으로 인해 그 약속은 다시 지속되었다.[6]

넷째, 사막의 유다 족속에서 다윗 왕까지의 영적전쟁이다. 하나님

---

5) 강승삼, 『영적전쟁』(서울: 총신대학교 선교대학원, 1996), 6-7.
6) 강승삼, 『영적전쟁』, 7.

은 유다 족속 가운데 다윗의 가정을 선택하셨다. 약속된 메시야는 다윗의 자손에게서 태어났다(삼하 7:12; 시 89:29, 35-36; 렘 23:5; 행 2:30). 이제 사단은 사울을 통해 다윗을 공격한다. 그러나 하나님께서는 그를 보호하심으로 그의 약속을 지키신다.

다섯째, 다윗 왕에서 아달랴 여왕까지의 영적전쟁이다. 사악한 부모인 아합과 이세벨 사이에 태어난 사악한 여왕 아달랴가 통치했을 때, 사단의 도구인 그녀는 그녀의 아들 아하샤가 죽은 것을 보았다. 그녀는 다윗 왕의 모든 후손을 진멸하였으나 하나님께서 그중 요아스를 구출하셨다(왕하 11:1). 그래서 다윗의 혈통으로부터 그리스도가 태어났고 약속은 보존되었다.

여섯째, 아달랴 여왕에서 아하스 왕까지의 영적전쟁이다.[7] 이스라엘과 시리아의 연합군은 유다를 공격하여 메시야의 혈통인 다윗의 가문을 진멸하고 다브엘의 아들을 왕으로 삼고자 한다(사 7:6). 그러나 하나님은 이사야 선지자를 명하여 유다의 아하스 왕을 격려하라고 하셨다. 그러나 아하스는 하나님의 도움을 통해 징조를 구하라는 말씀을 거절한다. 그러나 사단이 경악할 징조를 하나님께서 주셨는데 "보라 처녀가 잉태하여 아들을 낳을 것이요 그 이름을 임마누엘이라 하리라."고 말씀하셨다(사 7:14). 하나님의 목적은 반드시 이루어진다. 임마누엘 되시는 예수님은 다윗의 혈통으로부터 반드시 태어났다.

일곱째, 아하스 왕에서 에스더까지의 영적전쟁이다. B.C. 5세기 경, 아하수에로 왕이 통치권을 가지고 있었다. 사단의 도구로서 하만의 요구에 따라 아하수에로의 온 나라에 유대인을 전멸하라는 조서를 반포한다(에 3:15). 이 조서는 왕의 반지로 인쳐졌다. 그러나 다윗의

---

7) 강승삼, "영적전쟁의 신학적인 기초와 실재," 「세계선교」 28 (1996), 16.

혈통에서 태어나야 할 대 중보자에 대한 하나님의 약속은 왕 중에 왕의 언약으로 인쳐졌다. 에스더와 모든 유대인은 하나님께 금식기도를 하였는데 하나님은 유대인들을 구원하셨다.

여덟째, 에스더에서 베들레헴까지의 영적전쟁이다. 이제 장엄한 드라마의 마지막 장면을 장식할 순간이다. 무대는 베들레헴이다. 구유에 아기 예수가 누워 계셨다. 예수가 태어나셨음에도 불구하고 용은 그를 죽이려고 시도했다. 요한계시록 12장에 의하면, 사단과 그리스도 사이에 영적전쟁의 전체적 역사가 얼마 안 되는 글로써 기록되어 있지만, 예수 그리스도의 탄생과 관련되어 발생한 사건을 직접적이고 구체적으로 설명하고 있다. 동방박사로부터 보고를 들으려는 헤롯왕의 의도는 그를 경배하려는 것이 아니라 죽이고자 함이었다. 그러나 하나님께서 직접 개입하심으로써 헤롯왕의 계획은 물거품으로 돌아가고 말았다. 그러나 사단은 참패를 인정하지 않았다. 그래서 베들레헴과 그 지경에 두 살 이하의 남자아이를 모두 살해하는 횡포를 자행하였다. 그러나 결국 헤롯왕은 실패하였고, 사단도 실패한 것이다. 아기 예수는 애굽에서 안전하게 거하게 되었다(마 2:13). 베들레헴에서 예수 그리스도의 탄생은 사단에 대한 하나님의 승리였다. 그리고 하나님의 백성들을 위한 구세주의 십자가상에 사망과 부활은 더욱 큰 승리이며, 예수 그리스도의 승천과 보좌에 앉으심은 어둠의 권세와 사단에 대한 최고의 승리였다(계 5:7; 빌 2:9).[8]

---

8) 강승삼, 『영적전쟁』 7.

2. 신약성경에 나타난 영적전쟁

예수님께서는 요단강에서 세례 요한에게 세례를 받고 성령의 충만을 받기까지 비교적 평화로운 삶을 사셨다. 마태복음 3:17에 의하면, "이는 내 사랑하는 아들이요 내 기뻐하는 자."라고 하나님께서 귀에 들리는 소리로 말씀하셨다. 그리고 후에 처음 일어난 일은 예수님께서 성령에게 이끌려 마귀에게 시험을 받으러 광야로 가신 것이다. 예수님의 공생애 사역은 사단의 눈과 눈을 마주 대한 능력대결로 시작되었다. 이것은 역사에 기록된 최고의 전략적 차원의 영적전쟁에 대한 설명이다. 영적전쟁은 이 땅에서뿐만 아니라 예수님께서 세상을 떠나신 후에도, 예수님 전체 사역의 특색과 양태를 띠고 있음을 알 수 있다. 가장 심각하고 치명적인 결정타는 예수님께서 십자가 위에서 죽음으로 사단을 이기셨다는 점이다. 그러나 그것으로 전쟁이 끝난 것은 아니다. 예수님께서 하나님 아버지의 우편에 계시기에 전쟁은 지금도 계속되고 있으며 앞으로도 계속될 것이다.[9]

그리스도인은 광야에서 하나님의 아들과 사단 간의 영적대결로 시작하여 "장차 마귀가 불과 유황 못에 던지우니 거기는 그 짐승과 거짓 선지자도 있어 세세토록 밤낮 괴로움을 받게 될" 저 놀라운 마지막 세대인 중간기간에 살고 있다(계 20:10). 예수 그리스도의 죽음과 부활을 포함한 모든 사역 가운데 선교는 이 같은 중간기간의 틀에서 수행되고 있다. 그래서 복음서에 예수님께서 수행하시는 모든 차원의 영적전쟁을 많이 읽게 된다.

세계 성공회 성령 쇄신 운동을 위한 SOMA의 국제 책임자였던 마

---

9) C. Peter Wagner, 『영적 전투를 통한 교회성장』, 나겸일 역 (서울: 서로사랑, 1997), 137-138.

이클 하퍼(Michael Harper)는 예수님의 사역 가운데 영적전쟁에 대하여, "예수 그리스도의 도래는 사단의 세력들에 대한 정면 대결이다. 예수 님의 사역은 귀신을 쫓아내는 것과 해방이 포함하였다. 예수님의 치 유들은 다른 어떠한 요소보다 사단의 영향과 더 관련되었으며, 이 이 야기들 가운데 몇 가지는 신약성경에서 가장 생생하고 중요한 것들 이다."라고 하였다.[10] 그리고 캐나다 리젠트 대학(Regent College)에서 학장과 신학자로 활동했었던 마이클 그린(Michael Green)도 예수님의 사역 가운데 영적전쟁에 대하여, "성경에서 예수님의 사역은 누구보 다도 마귀에 대하여 말한 것이 더 많다. 복음서 기자들은 십자가에서 절정에 도달하는 예수님의 사역은 사단과의 실제적인 투쟁으로 가 득 차 있다."라고 하였다.[11] 유명한 신약학자 조지 래드(George E. Ladd) 는 예수님 사역의 본질이라고 할 수 있는 영적전쟁에 대하여, "예수 님의 가르침에 나타난 하나님의 나라는 이중적인 현현(顯現), 곧 세대 말에 사단을 멸망시키는 것과 예수님의 사역에서 사단을 결박하는 것이다."라고 하였다.[12]

예수님께서 이 세상에 오신 것을 군사적인 침입과 유사한 것으로 이해하는 것은 잘못된 것이 아니다. 예수님은 공격적으로 오셨고, 전 진기지를 차지하신 것이다. 예수님은 하나님의 나라를 도래시키면 서 오셨고, 그 나라의 복음을 선포하셨다. 그래서 세례 요한은 하나 님의 나라가 곧 온다고 전파하였다(마 3:2). 그리고 예수님께서는 그 의 제자들에게 하나님의 나라를 전파하라고 말씀하셨다(마 10:7). 이것

---

10) Machael Harper, *The Healings of Jesus* (Downers Grove: Inter Varsity Press, 1986), 29-30.

11) Michael Green, *I Believe in Satan's Downfall* (Grand Rapids: Wiilliam B. Eerdmans Publishing Company, 1983), 26-27.

12) George E. Ladd, *A Theology of the New Testament* (Grand Rapids: Eerdmans Publishing Company, 1983), 66-67.

은 인간의 전 역사를 통틀어서 가장 획기적인 전환점이 되었다. 예수님께서 이 땅에 오시기 전에, 사단의 지배는 수천 년 동안 이어져 왔다. 사단이 예수님에게 "세상 나라와 그 영광을" 그대에게 제공하겠다고 한 말은 주목할 만하다(마 4:8). 예수님께서는 세상의 소유권 문제를 놓고 다투지 않았다. 만일 사단이 세상 소유주가 아니었더라면, 세상 소유권과 관련된 사단의 유혹은 광대의 익살일 것이다. 사단은 무서운 능력을 지녔고 여전히 가지고 있다.[13] 그러나 결코 하나님의 능력에는 상대가 될 수 없다. 사단의 나라는 2천 년 동안 후퇴하였고, 하나님의 나라로 대치되었다. 이제 사단은 밀리고 밀려서 10/40 창문 지역이라는 벽에 등을 기대고 있다.[14] 사단은 여전히 많은 사람을 수하에 두고 있기에, 예수님께서는 세상에 계실 때에 마귀에게 행한 것과 같이 오늘날도 그와 영적전쟁을 하도록 천국 군대를 보내고 있다. 예수님께서 12명의 제자에게 그들이 나가서 사역하도록 처음 허락하셨을 때, 예수님께서는 복음 전파 사명을 튼튼히 무장시키기 위해 영적전쟁과 관련된 두 가지 일을 행하셨다. 그것은 예수님께서 제자들에게 "더러운 귀신을 쫓아내며 모든 병과 모든 약한 것을 고치는 권능을 주시니라."라고 말씀하셨다(마 10:1). 예수님께서는 제자들에게 "가면서 전파하여 말하되 천국이 가까이 왔다 하고 병든 자를 고치며 죽은 자를 살리며 문둥이를 깨끗하게 하며 귀신을 쫓아내라."라고 명령하셨다(마 10:7-8).

선교사역을 위한 이러한 영적전쟁의 양식은 십자가나 부활로 중단되지 않았다. 예수님께서는 부활 후 제자들에게 "너희는 가서 모든

---

13) C. Peter Wagner , 『영적 전투 통한 교회성장』, 140-141.
14) 10/40 창문 지역은 적도를 중심으로 북위 10도에서 40도까지의 지역으로 서아프리카에서 일본까지를 의미한다.

민족을 제자로 삼아 아버지와 아들과 성령의 이름으로 세례를 베풀고 내가 너희에게 분부한 모든 것을 가르쳐 지키게 하라."라고 명령하셨다(마 28:19-20). 분명히 예수님께서 제자들에게 명령하신 중요한 임무들 가운데 한 가지는 귀신을 쫓아내는 것이었다. 그리고 나중에 예수님께서 다메섹 도상에서 사도 바울을 개인적으로 만났을 때 그를 열방의 선교사로 보내시면서, 그 눈을 뜨게 하여 어두움에서 빛으로, 사단의 권세에서 하나님께로 돌아가게 하고자 하였다(행 26:18). 15) 마귀는 자신의 권세 아래 있는 누구도 포기하지 않기 때문에, 사도 바울은 평생을 그 마음에 영적전쟁과 관련된 것으로 분명히 인식하고 있었다. 사도 바울은 선교사역을 통하여 많은 불신자가 구원받지 못했기 때문에 좌절하였다. 그는 이것으로 불신자들이 복음을 듣고도 구원을 받지 못하게 하는 사단의 직접적인 역할에 대하여 가장 분명한 성구들을 쓰게 되었다. 이것의 직접적인 의미는 효과적인 선교가 근본적으로 이 세상 신인 마귀에 대한 영적전쟁이라는 데 있다. 16) 그러므로 선교를 위한 영적전쟁은 이 세상 신과의 정면 대결이라기보다 악한 자가 인간 조직망에 할당한 졸개들과의 영적 대결이다. 하나님은 그리스도인에게 영적전쟁의 무기들을 주셨고, 십자가의 피로 강하게 하셨고, 그것을 적절하게 사용하도록 기대하신다.

사도 바울은 에베소를 떠나는 대신에 그의 제자인 디모데가 그곳에서 선교사역을 하였다. 그는 디모데에게 "내가 선한 싸움을 싸우고 나의 달려갈 길을 마치고 믿음을 지켰으니."라고 말하였다(딤후 4:7). 그는 여러 가지 가르침들에서 디모데에게 자신이 행했던 영적전쟁에 대해 계속하라고 부탁하였다. 디모데는 에베소 마술사들의 책들

---

15) C. Peter Wagner, 『영적 전투를 통한 교회성장』, 142-144.
16) C. Peter Wagner, 『영적 전투를 통한 교회성장』, 261-262.

을 불사르는 것을 보았고, 강력한 다이애너의 하수인들인 은장색들이 폭동을 일으킬 정도의 큰 능력을 잃는 것을 보았다.[17] 영적전쟁에 있어서 가장 중요한 원리는 예수 그리스도 중심으로 보아야 한다. 그래서 제자들이나 사도들은 예수님께서 보인 하나님의 초자연적인 역사를 통하여 사단과의 영적전쟁에서 이길 수 있었다. 이러한 성령의 능력으로 복음이 전파되고 많은 사람은 예수 그리스도를 자기의 주인으로 영접하게 될 것이다. 지금도 성령의 역사와 능력은 사람들을 회개시키고 살아 계신 하나님을 만나게 한다. 성령과 함께하는 영적전쟁은 지속적이고 하나님과 지속적인 관계가 계속 유지될 때 사단의 권세로부터 해방될 것이다.

III. 영적전쟁의 역사적 이해

(존 웨슬리 이후, 영적전쟁의 흐름을 중심으로)

역사적으로, 중요한 복음의 진전은 기도 운동을 통해 이루어졌다. 18세기는 인류 역사에 있어서 영적 대각성운동이 일어난 시기이다. 영적 각성이 불붙기 이전에는 암흑의 긴 세월 속에 빠져 있었다. 그때는 사회와 도덕, 그리고 정치적으로 몹시 혼란한 시기였다. 특히 영국은 자연 신론의 영향으로 성경의 권위가 흔들리기 시작했고, 영적인 상태는 무관심과 회의론이 팽배해져 자유가 방종으로 바뀌는 단계에 이르렀다. 그래서 교회는 하나님께 예배드리는 사람이 줄었고 예배가 줄었으며 교회 건물이 황폐해져 갔다.

---

17) C. Peter Wagner, 『영적 전투를 통한 교회성장』, 274.

이러한 영적 무기력함에서 하나님은 역사를 반전시키는 일로 계획하셨다. 그래서 1739년 1월 1일, 존 웨슬리(John Wesley)와 찰스 웨슬리(Charles Wesley), 그리고 조지 휫필드(George Whitefield)와 네 명의 홀리 클럽(Holy Club) 회원들, 7인은 마음을 같이했던 런던에서 함께 모여 기도모임을 하였다.[18] 특히 웨슬리는 평생 귀신 들림의 실재를 굳게 믿었다. 웨슬리가 노바 스코티아에 파송한 선교사들 가운데 한 사람인 윌리엄 블랙은 웨슬리에게 매우 사나운 한 사람을 포함해서 귀신 들린 사람들에 관하여 편지를 써 보냈다. 이에 웨슬리는 영적전쟁의 경험에 대하여 말하기를, "사단이 이런 가련한 귀신 들린 사람들을 통해서 자신을 공공연하게 나타내 보이려는 것은 좋은 현상이다. 그로 인해서 사단은 자신의 왕국을 약화시키고, 우리들이 사단을 더욱 적대시하도록 자극하는 것이다."라고 평가하였다.[19] 이것은 웨슬리가 영적전쟁 속에서 귀신의 영향력을 경험했던 그의 인생 전성기였다. 18세기 영적 각성 운동은 영국에 이어서 20세기 전반에 영적인 제1의 물결, 즉 오순절 운동이 일어났다.[20]

이 운동은 찰스 파함(Charles Parham) 목사로부터 시작되었다.[21] 파함은 토페카(topeka)라는 도시에 "벧엘 치유의 집"(Bethel Healing Home)을 설립하여 사람들에게 봉사하며 대접하는 일에 앞장을 섰다. 1900년 12월 31일, 파함은 벧엘 성경 학교에서 학생들과 함께 성령세례에 대하여 나누다가 다음날 학생들 가운데 아그네스 오즈만(Agnes Ozman)이라

---

18) Howard A. Snyder, 『교회사를 통해 본 성령의 표적』, 명성훈 역 (서울: 도서출판 나단, 1994), 234-235.
19) Luke Tyerman, *The Life and Times of John Wesley, M.A. 3 vols*, (London: Hoodder & Stoughton, 1870), 541.
20) 전용복, "중보기도와 영적전쟁," 「빛과 소금」 (1998, 6), 64.
21) 한세대학교 부설 국제신학연구원 편저, 『하나님의 성회 교회사』 (서울: 서울말씀사, 1993), 73.

는 30세 여성도가 성령께서 기도 중에 자기의 머리에 손을 얹으라는 지시에 따라 그대로 행함으로써 방언을 받게 되었다.[22] 방언은 우리의 영으로 기도하는 것이다. 자신도 모르는 비밀, 우리의 영이 가지고 있는 비밀을 하나님께 알려 드리는 것이다. 그때 하나님은 성령으로 우리의 마음에 부은 바 되어 기쁨의 열매, 소망의 열매를 주셔서 우리의 신앙생활에 믿음을 불어넣어 주신다.[23] 이것이 하나님의 응답이다.

오순절 운동은 1950년까지 멸시를 받으면서 성장하였다. 그 이유는 오순절 운동을 하는 사람들 가운데 지식층 사람들이 많지 않기 때문이다. 그러나 분명한 것은 이 모든 것에서 하나님의 역사하심이 나타났기 때문이다. 오순절 운동이 있기까지는 중보자들의 신실한 기도가 있었다. 예를 들면, 18세기의 영적 각성 운동과 20세기에 접어들기 전 13세 소년 이반 로버츠(Evan Roberts)에 의해 시작된 미국의 웨일즈 운동과 시카고의 무디 성경 학교(Moody Bible Institute), 매주 토요일마다 열렸던 영국 케직사경회의 연합 기도회는 모두 각 나라와 온 세계에 하나님의 영광이 충만하기를 원하는 영적전쟁의 중보기도 모임이었다.[24] 이러한 영적전쟁의 모임을 통해 하나님은 그들에게 응답하셨다. 그리고 오순절 운동을 일으키는 위대한 역사를 이루게 되었다.

오순절 운동을 뒤로하고 20세기 중반에는 제2의 물결, 즉 은사주의 운동이 일어났다. 이 운동은 1960년으로 넘어가기 전, 미국 캘리포니아 벳나이스의 성 마가 감독교회(St. Mark's Episcopal Church)의 데니스 베

---

22) 전용복, "중보기도와 영적전쟁," 65.
23) Michael Welker, 『하나님의 영』, 신준호 역 (서울: 대한기독교서회, 1995), 367-369.
24) 전용복, "중보기도와 영적전쟁," 64.

넷(Dennis Bennett) 목사의 방언에서 비롯된다. 그는 오순절 주의자들을 전혀 인정하지 않는 성공회의 목사였다. 그러나 베넷은 방언을 받게 되었고, 극심한 갈등에 빠지게 되었다. 1960년 4월, 그는 주일 1부 예배 시간에 자신이 방언하는 것을 회중들에게 공포하였다. 예배가 끝나고 부목사가 찾아와서 자신은 방언하는 목사 밑에서 사역할 수 없다고 이야기한 후 사표를 내고 교회를 떠났다. 그래서 오순절의 별명을 가지고 있는 데이빗 플레시스(David Plessis) 목사에게 전화를 걸어 현재 자신의 처지를 이야기 했다. 그때 플래시스 목사는 "거기 머무르시오, 나오지 마시오."(Stay there, Don't come out)라고 말해 주었다. 용기를 얻은 베넷은 성도들에게 자신이 방언을 받은 사실을 이야기했다. 그러자 교인들은 불평하기 시작했고, 베넷의 사임을 요구하였다.[25] 이러한 소동은 전 미국 언론의 관심을 끌게 되었으며, 이에 대하여 주간지 『Time』은 다음과 같이 말하기를, "이제 방언은 미국 교회에서 다시 회복되고 있는 것처럼 보인다. 이것은 비단 자유분방한 오순절 교회에서만 나타나는 현상이 아니라 '얼어붙은 사람들'(Frozen People)이라 불리는 성공회에서도 방언이 나타났다."라고 보도하였다.[26]

그러나 당시 성공회 주교는, 베넷을 출교시키지 않고, 워싱턴주 시애틀에 있는 성 누가교회(St. Luke's Church)에서 계속 목회할 수 있도록 협력하였다. 이렇게 해서 오순절 주의자들만 오순절을 체험하던 역사가 기성교회로 넘어가게 되었다. 이것을 "은사주의"(Charismatic Movement) 또는 "새 오순절 운동"(Neo Pentecostal Movement)이라 한다. 베넷은 성령세례와 방언에 관한 책 『오전 9시 정각』(Nine O'clock in the morning)을 저술하여 성도들이 성령세례와 방언에 대해 새롭게 정립

---

25) 전용복, 『생명력 있는 기도 중보기도』(서울: 도서출판 두란노, 1999), 15.
26) 전용복, "중보기도와 영적전쟁," 66.

하는 데 계기가 되었다. 특히 1970년대 은사주의 운동에 힘입어 개척된 교회들은 급성장하여 대형 교회로 등장하였다. 복음을 위해 허락하신 선물을 제대로 사용치 못한 사람들이 있게 되자, 하나님은 순수한 목적으로 은사를 사용하는 사람들을 세우기 시작하셨다. 이것이 바로 "제3의 물결"이다.[27]

제3의 물결은 은사와 능력으로 사역함을 강조한다. 은사주의에서는 분열이 많이 일어났지만, 제3의 물결에서는 결코 분열이 일어나서는 안 된다고 보고, 분열은 어떠한 대가를 치르더라도 피해야 한다는 것을 강조하였다. 은사주의 운동에서 축사 사역과 치유 사역은 은사를 가진 사람이나 지도자가 하였다. 그러나 제3의 물결에서의 축사 사역과 치유 사역은 특정한 층을 구분하지 않고 예수 믿고 교회의 지체된 사람은 누구나 축사 사역과 치유 사역을 할 수 있다는 내용을 강조하였다.[28] 여기서 축사 사역과 치유 사역은 오늘날 교회를 세우는 데 있어서 큰 역할을 하며, 영적전쟁의 현장인 선교 현장에서도 현지인이 귀신에게 사로잡혀 있을 때 선교사에게 필요한 능력 사역이다. 그리고 제3의 물결은 예배에 있어서 성령의 기름 부으심 가운데 찬양과 기도에 성령의 임재가 있어야 하고, 말씀도 성령의 임재가 있어야 함을 강조하였다. 모든 예배의 시종은 성령의 임재와 기름 부으심 가운데 이루어져야 한다. 그래서 예배를 드릴 때 성령께서 임재하시고 하나님의 나라가 임하며 치유와 구원의 역사가 일어난다.[29] 이러한 제3의 물결은 미국의 수많은 교회를 부흥시켰을 뿐 아니라 현재 세계 선교에서도 그 부흥은 계속 이어져 가는 것이다

---

27) 전용복, "중보기도와 영적전쟁," 66-67.
28) 전용복, 『생명력 있는 기도 중보기도』, 18.
29) 전용복, 『생명력 있는 기도 중보기도』, 19.

IV. 영적전쟁에 대한 선교적 이해

1. 영적전쟁과 능력대결

능력대결(Power Encounter), 또는 능력 전도(Power Evangelism) 등 하나님의 현존하는 통치와 이에 따른 영적 능력의 현실성에 대한 강조는 미국의 경우 80년 초부터 머리를 들기 시작하였다.[30] 80년대 초까지만 해도 선교사들이 이 분야에 대해서 신학대학에서 공부하고 선교 현장으로 나가는 경우가 거의 없었다. 그러나 지금은 이 과목을 공부하지 않고서는 선교 현장을 위한 준비가 되지 않는다고 믿는 것이 현실이다. 따라서 한국에서 훈련받고 나가는 선교사들은 영적전쟁과 능력대결에 대한 과목을 간과해서 안 될 것이다.[31] 능력대결(Power Encounter)은 우리가 귀신을 쫓아내는 것만으로 제한하기가 쉬운데 그와는 달리 티모씨 워너(Timothy M. Warner)는 영적전쟁의 본질에 대하여 말하기를, "영적전쟁은 구원에 관한 진리의 문제이다."라고 하였다.[32] 그리고 닐 앤더슨(Neil T. Anderson)은 상담자나 협조자가 한 개인과 함께 사역하여 그 개인으로 하여 스스로 진리를 깨닫게 해서 그 진리를 통해서 자신을 악의 영으로부터 해방하는 모델을 개발하였다. 이것을 진리 대결(Truth Encounter)모델이라고 부른다. 또 그는 "영적 갈등과 상담"(Spiritual Confict and Counseling)이라는 제목으로 세미나를 열기도 하였다. 이것은 상담받는 사람이 궁극적으로 자기 속에 귀신의

---

30) 이태웅, "능력대결에 대한 소고," 「현대선교」 6 (1994), 8. 능력대결(Power Encounter)이라는 단어는 먼저 알렌 티펫(Alen Tippett)이 남태평양 제도에 있었던 집단 개종 운동을 설명한 책에서 사용하기 시작했다. 그 후 이 개념은 다른 여러 선교학자를 통해 보강되었다.
31) 이태웅, "능력대결에 대한 소고," 3-4.
32) 안점식, 『세계관과 영적전쟁』 (서울: 죠이선교회 출판부, 1995), 365.

세력을 떠나도록 명하는 모델이다. 33)

영적전쟁과 능력대결 운동은 지금 세계적으로 일어나고 있는 비기독교인 영적 운동에 대한 대항이라 볼 수 있다. 미국의 경우, 90년대에 들어와서 능력에 대한 관심도가 극대화되었다. 초자연적인 능력이 TV 프로그램이나 소설, 그리고 매스컴 등 어디를 보아도 나타나고 있으며, 뉴에이지(New Age)운동이 한 구체적인 사례라고 볼 수 있다. 34) 그리고 사단에 대한 숭배와 미신도 허다하다. 심지어 레이건 대통령 가정의 경우, 특히 낸시 레이건이 60년대부터 계속 점성가에게 영향받은 것을 볼 수 있다. 낸시는 레이건 대통령이 암살을 모면한 때부터 점성술에 더 심취되었다. 이것은 지적인 계층이나 비 지식층이나 상관없이 일어나고 있는 현상들이다. 실제로 선교계를 보면 더 심각하다. 35)

필 파샬(Phil Parshall)은 모든 이슬람의 70%가 토속 이슬람(Folk Islam)이라고 보고 단지 30%만이 정통적인 이슬람이라고 보는데 바로 이 토속 이슬람은 정령숭배 사상이 그 기초가 된다. 이는 온갖 미신과 신들의 지배를 받을 수밖에 없는 것이다. 티모씨 워너(Timothy M. Warner)는 대부분 미전도 세계가 정령숭배 주의자들이라고 말했다. 스티븐 닐(Stephen Neil) 또한 세계 인구의 40%가 정령 숭배자라고 주장하였다. 36) 이런 상황에서 사역하는 선교사들이 영적전쟁과 능력대결에 대한 지식을 가지고 선교 현장으로 나간다는 것이 매우 중요하다. 이것이 없다면 이들이 단순히 논리적으로, 또는 지적으로만 대하려고

---

33) C. Peter Wagner & F. Douglas Pennoyer, *Wrestling with Dark Angels* (Ventura: Regal Books, 1990), 344.
34) 안점식, 『세계관과 영적전쟁』, 199-202.
35) 이태웅, "능력대결에 대한 소고," 9.
36) Gailyn Van Rheenen, *Communcating Christ in Animistic Context* (Grand Rapids: Baker, 1991), 25-27.

할 때 서구 선교사들이 경험했던 패배감을 이들도 역시 답습할 수밖에 없는 것이다.

특히 한국교회는 1960년부터 1970년까지 겪은 영적 부흥 운동 때문에 보편적으로 능력대결에 대한 상식은 다 가지고 있다. 그러나 아쉬운 것은 더 조직적으로 이것을 배워서 준비된 상태로 선교 현장으로 나갈 필요성이 있다. 능력대결은 또한 위험성을 가질 가능성도 있다.[37) 능력대결을 잘못 강조하다 보면, 말씀을 통해서 영혼들이 거듭나거나 치유되는 내적인 변화에 대한 능력의 표현을 소홀히 할 가능성이 있다. 더 나아가 모든 가시적인 능력이 나타나야 정상적인 것으로 착각하기 쉽다. 지금은 하나님의 섭리에 따라서 어떤 때는 하나님이 그 능력을 보이실 때도 있으며, 어떤 때에는 그것이 나타나지 않을 때도 있는데, 마치 내가 능력을 아무 때나 사용할 수 있는 것이라는 생각은 잘못이다.

이것에 대비하여 티모씨 워너(Timothy M. Warner)는 이 능력대결을 가르칠 때 제일 먼저 "균형"(Balance)을 강조한다.[38) 즉, 균형 속에서 이것이 강조되지 않으면 우리가 본래 의도하지 않은 "패러다임의 전환"(Paradigm Shift)을 가져와서 지금까지 성경에서 강조했던 모든 덕을 정적(Static: 靜的)으로 매도하고 가시적으로 나타나는 힘의 모습으로만 선호하는 사상으로 바뀔 가능성이 있다.[39) 능력대결에 대해 자칫 잘못 강조하다 보면, 능력을 행하는 그 자체와 귀신을 쫓아내는 것만이 가장 크고 가장 귀한 사역으로 착각하게 하는 가능성이 있다. 따라서 목회자와 선교사, 그리고 그리스도인은 성경 속에서 균형을 이루며

---

37) 이태웅, "능력대결에 대한 소고," 10-11.
38) 이태웅, 『한국교회의 해외선교 그 이론과 실제』 (서울: 죠이선교회 출판부, 1994), 195.
39) 이태웅, "능력대결에 대한 소고," 11.

살아가는 것처럼, 능력대결도 균형을 잡고 다른 기존의 교리와 진리를 무시하지 않는 가운데서 적절히 사용한다면, 영적전쟁은 그리스도인이 귀하게 사용할 수 있는 중요한 도구가 될 것이다. 그래서 선교사들은 성경에 나타난 진리의 균형 잡힌 능력대결을 배워서 선교 현장으로 나간다면, 하나님의 거룩한 사역은 더욱더 효과적으로 전달할 수 있다.

2. 영적전쟁과 교회 성장

1980년대 교회 성장운동의 동향을 살펴보면, 종전에 사회적 차원과 문화적 차원, 그리고 인류적 차원에서 영적인 차원을 중요시하게 된 경향을 발견할 수 있다. 예를 들면, 1980년대 미국은 대형 교회가 우후죽순처럼 생겨났는데, 대부분 주요 도시에서는 지금까지 보지 못했던 초대형 교회가 세워졌다. 그래서 수많은 교회 성장 세미나와 자료들이 공개되었고, 기독교 기관과 학교, 그리고 매스미디어의 증가도 굉장하였다. 그러나 겉으로는 미국 기독교가 크게 부흥한 것처럼 보였지만 실제로 그렇지 못했다. 역시 1980년대 말에도 교회 출석 성도는 1980년대 초와 다를 바 없었다. 오히려 기독교 교회의 성도 수는 감소한 상태였다.[40] 이러한 일들은 기독교에 있어서 가장 큰 위기였으며, 교회가 성장하기 위해서 진정한 싸움은 영적전쟁이라는 사실을 깨닫게 되었을 때 비로소 가능하게 된 것이다.

피터 와그너(C. Peter Wagner)는 미래의 교회 성장운동에 대하여, "1980년대의 10년 동안 나의 연구 목표 중 하나는 초자연적인 표적

---

40) C. Peter Wagner, 『기도는 전투다』 명성훈 역 (서울: 서로사랑, 2017), 42-43.

과 기사들을 과거의 교회 성장과 연결시키는 방법과 미래의 교회에 어떻게 영향을 주는가를 밝히는 것이다."라고 언급하였다.[41] 성령의 초자연적인 표적과 기사에 대한 교회 성장의 강조는 영국에서 미국으로 옮겨 온 풀러 신학교 교수직을 담당했었던 에디 깁스(Eddie Gibbs)의 주장에서도 발견된다. 깁스는 교회 성장에 대하여, "교회 성장에 대한 원리들이 적절히 적용하기 위해 영적인 능력의 역사가 있어야 하며, 성령께서 임재하시어 선포하는 말씀을 적절한 표적과 기사들로 확인해 주어야 한다."라고 하였다.[42] 이와 같이 교회 성장운동의 변화들은 인류 구원의 사명인 선교 운동에서 영적전쟁으로 성령의 능력과 그 은사를 힘입어 추진해야 한다.[43] 최근 교회 성장은 영적 차원에 대해 새로운 강조를 하기 시작하였는데, 그것은 오순절 주의, 성령 운동, 기도 운동, 성령의 은사, 기사와 표적 등에 대한 영적전쟁을 말한다.[44] 교회는 이러한 힘의 대결 추수를 통해 각 사람은 하나님의 계시 된 예수 그리스도를 통하여 수천 명의 사람이 인격적 회심으로 성장하게 된다.[45] 명성훈은 교회 성장이 영적전쟁의 한 표현이라는 전제하에서 그 중요성을 네 가지 이유로 주장하였다.[46] 첫째, 영적전쟁은 세계 복음화에 절대적이다. 둘째, 영적전쟁은 하나님께서 강조한 것이다. 셋째, 그리스도인이 된다는 것은 바로 영적전쟁에 돌입하는 것이다. 넷째, 영적성장이나 교회 성장이 바로 영적전쟁에서 승리한 결과인 것이다.

따라서 영적전쟁에서 승리하기 위해서는 먼저 기도가 최우선이 되

---

41) C. Peter Wagner, *Your Church Can Grow* (California: Regal Books, 1979), 37.
42) C. Peter Wagner, 『교회성장전략』, 이재범 역 (서울: 도서출판 나단, 1990), 230.
43) 이수환, "타문화권에서의 영적전쟁 전략," 「학술논단」 4 (1998), 152.
44) 명성훈, 『당신의 교회도 성장할 수 있다』 (서울: 국민일보사, 1994), 172.
45) 박문옥, 『오순절신학의 이해』 (서울: 도서출판 한글, 1999), 257.
46) 명성훈, 『당신의 교회도 성장할 수 있다』, 173-175.

어야 한다. 실제로 기도는 성경에서 나타난 교회 성장의 능력적 원천으로, 초대교회의 성장에 근본적인 원인을 기도로 인한 성령의 능력임을 알 수가 있다. 오늘날 역시 연약한 교회가 영적전쟁에서 대항할 수 있는 유일한 무기가 있다면 바로 중보기도이다. 교회를 반대하고 핍박하고 힘에 철퇴를 가한 것도 기도의 능력이다. 이러한 기도의 능력 때문에 교회는 지금까지 성장과 발전을 거듭할 수 있었다. 그러므로 영적전쟁 속에서 교회 성장을 원한다면, 모든 성도는 교회와 목회자를 위해 기도해야 할 것이다.

3. 영적전쟁과 중보기도

현대 사회는 예전과 비교하여 그리스도인의 삶 속에 죄악이 더 팽배해지고 있다. 이것을 이길 수 있는 하나님의 능력은 과거보다 더 많이 요청되는 시기이다. 악한 영들의 세력과 공중 권세 잡은 자들의 실상을 알고 있는 그리스도인들은 그것들과 보이지 않는 영적전쟁을 해야 한다. 그리스도인의 싸움은 혈과 육에 대한 것이 아니라 공중 권세 잡은 자들과의 싸움이요, 보이지 않는 영들과의 영적인 싸움이다. 그러므로 그리스도인의 몸 된 지체들은 교회가 서로 협력하여 영적인 능력을 형성해 밀고 나가면 승리할 수 있다.[47] 이것이 바로 중보기도(Intercession Prayer)이다. 중보기도란 하나님 앞에 어떤 사람을 대신해 내가 나아가는 것을 의미한다. 그래서 영적전쟁에서 기쁨으로 승리하려면 반드시 중보기도를 해야 할 것이다.

이러한 중보기도의 중요성을 다섯 가지 이유로 살펴보고자 한

---

47) 홍영기, 『중보기도 군사들아』 (서울: 교회성장연구소, 2005), 14-15. C. Peter Wagner, 『방패기도』, 명성훈 역 (서울: 서로사랑, 1997), 28.

다.[48] 첫째, 중보기도는 성도의 특권이자 의무이다. 중보기도가 성도의 특권이 되는 것은 전능하신 하나님의 손을 움직일 수 있기 때문이다. 둘째, 하나님께서는 중보 기도자를 찾으신다. 하나님은 그 계획하신 일을 진행하실 때, 중보 기도자를 찾으실 뿐 아니라 중보 기도자를 통해서 일을 하신다. 기도의 사람 이 엠 바운즈(E. M. Bounds)는 중보기도에 대하여, "교회는 더 좋은 계획과 방법을 추구하나 하나님은 더 좋은 사람을 찾으신다. 성령의 역사는 어떤 방법이 아니라 기도의 사람을 통해 이뤄진다."라고 하였다.[49] 셋째, 중보기도는 예수님이 강조하셨고, 직접 본을 보이셨다. 넷째, 중보기도는 기적과 문제 응답을 가져오는 열쇠이다. 마지막으로 다섯째, 중보기도는 교회 성장을 가져다준다.

이처럼 중보기도는 사단을 대적하고 교회를 부흥시키는 힘의 원동력이 된다. 아울러 선교 현장에서도 한국교회의 지속적인 중보기도가 요구된다. 예수님은 겟세마네 동산에서 중보기도로 영적인 싸움을 한 것을 볼 수 있다. 이러한 성경적 사례는 영적전쟁을 위한 교과서이기도 하지만 하나님께서 어떻게 중보 기도자들을 사용하시는지를 보여주는 사례이기도 하다. 출애굽기 17장에 의하면, 여호수아가 아말렉 사람들을 물리친 르비딤의 전쟁의 기록이 나온다. 여호수아는 르비딤 전투를 승리로 이끈 위대한 장군으로 전쟁사에서 그 이름이 기억되고 있다. 그것은 여호수아가 군대를 이끌고 싸우는 동안 모세는 산에 올라가서 여호수아를 위하여 기도하는 것이었다. 언덕 아래를 내려다보며 모세가 손을 들고 기도하면 여호수아가 이기고, 반

---

48) 홍영기, 『중보기도 군사들아』, 16-30.
49) Ben Patterson, 『목회자의 기도는 어떻게 응답되나?』, 김창대 역 (서울: 작은행복, 2000), 41.

대로 손을 내리면 여호수아가 밀리는 일이 일어났다. 모세는 계속 손을 올려야 했고 이를 위해 아론과 훌이 모세의 손을 계속 지탱해 주었다. [50] 그 결과 여호수아는 전쟁에서 이길 수 있었으며, 모세가 기도하는 동안 싸웠다(출 17:8-13). 물론 여호수아가 전쟁에서 이겼지만 실제로는 하나님의 능력이었다. 그러나 하나님의 능력을 받은 통로는 장군 여호수아가 아니라 모세의 중보기도를 통해서 하나님께서 일하신 것이다.

감리교의 창시자 존 웨슬리(John Wesley)는 중보기도에 대하여, "믿음의 기도에 대한 응답 없이 이 세상에서 하나님이 행하시는 것은 아무것도 없다."라고 하였다. [51] 종교개혁자 존 칼빈(John Calvin)도 그의 책 『기독교 강요』에서 중보기도에 대하여, "기도가 얼마나 필요한지는 말로 설명할 수 없다. 그리고 하나님의 섭리는 인간의 믿음을 배제하지 않는다. 이스라엘 하나님은 졸지도 주무시지도 않으신다. 그러나 하나님은 우리가 게으르고 나태하면 마치 우리를 잊으신 것처럼 잠잠하실 것이다."라고 하였다. [52] 기도는 전능하신 하나님께서 세상을 움직이시고 그리스도인과 관계를 형성하시는 하나님의 방법이다.

인도네시아 선교사이었던 에드윈 스투브(Edwin Stube)는 중보기도에 대하여, "중보기도는 전쟁이다. 그리고 이 전쟁을 수행하는 데에는 원칙이 있다. 영적전쟁은 먼저 기도로 이기고 그다음에 행동으로 실천되어야 한다."라고 하였다. [53] 그리스도인의 삶은 영적전쟁이다. 그리스도인들은 원하든 원치 않던 원수 마귀는 넘어뜨리려고 온갖

---

50) Clinton E. Arnold, *3 Crucial Questions about Spiritual Warfare* (Michigan: Baker Books, 1997), 48.
51) 홍영기, 『중보기도 군사들아』, 28.
52) John Calvin, *Institutes of the Christian Religion, Book Ⅲ* (Grand Rapids: Eerdmands Publishing Company, 1983), 2-3.
53) C. Peter Wagner, 『방패기도』, 39-40.

수단을 동원하여 공격해 올 것이다. 특히 목회자와 선교사는 영적전쟁의 최전선에서 적과 싸우기 때문에 더욱 강력한 공격을 받게 된다. 이러한 영적전쟁의 현장에서 중보기도는 하나님의 강력한 방패 역할을 하게 될 것이다.

4. 영적전쟁과 영적도해

영적도해(Spiritual Mapping)라는 용어가 처음으로 사용된 것은 선교 연구가 죠지 오티스 2세(George Otis, Jr)의 책『마지막 대적』(The Last of the Giants)에서이다. 그는 영적도해에 대하여, "세계를 보이는 대로가 아니라 있는 그대로 보아야 한다."라고 하였다.[54] 현재 영적도해 이론을 주장하는 사람들은 이 말을 그들의 관점에서 가장 간결하게 압축한 것으로 말한다. 영적도해 이론은 피터 와그너(C. Peter Wagner)가 편집하여 1993년 출판된『지역사회에서 마귀의 진을 헐라』(Breaking Strongholds in Your City)라는 책에서 체계화된 형태로 제시되었다. 그리고 이 책에 기고한 사람들 가운데 신디 제이콥스(Cindy Jacobs)를 비롯한 8명은 개인적인 영적 경험을 통해 얻은 실제적인 면들을 다루고 있으며, 이론적으로 정리하는 작업은 피터 와그너(C. Peter Wagner)의 주도 아래 이루어졌다. 이 운동은 먼저 이론이 제시된 다음 전개되기보다 영적전쟁에 비슷한 견해와 성향을 가진 사람들의 실제적인 영적 경험과 그로부터 제기된 것들을 통합하는 과정을 거쳐 온 것이다.[55] 주목할 만한 사실은, 이 운동이 A.D. 2000운동의 연합기도위원회를 하나

---

54) George Otis Jr, *The Last of the Giants: Lifting the Veil on Islam and the End Times* (Grand Rapids: Chosen Books, 1991), 85.
55) 문상철, "영분별도 이론의 신학적 문제,"「현대선교」6 (1994), 31-32.

의 공식화된 장으로 활용하면서 전 세계적인 선교 기도 운동에 중요한 영향력을 행사하였다. 이러한 사실은 영적도해의 이론이 신학대학 일각에서만 논의되는 이론이 아니라, 실제적으로 교회나 선교에 영향을 미치는 운동으로 발전하고 있다는 것을 말해주고 있다.[56]

영적도해(Spiritual Mapping) 이론은 지역 악령에 기초하여 각 지역에 어두운 세력들의 요새가 있으며, 이를 파괴해야만 복음 전파가 활발하게 진행될 수 있다고 보는 것이다. 그래서 그 지역의 겉모습만이 아니라 그 지역의 영적 실체를 파악해서 그 지역에서 하나님께 영광받으시는 것을 방해하는 어둠의 세력들을 분별하여 드러내어 선교를 위한 기도에 활용하는 전략이다.[57] 영적도해 이론에서 분별하고자 하는 것은 악령들의 요새로 하나님에 대한 지식을 가로막고, 하나님의 구속에 대한 계획을 방해하는 가운데 자신을 높이기 위해 사단이 구축한 진지이다. 그리고 기억해야 할 것은, 사단은 이런 요새의 존재를 숨기려고 하며, 문화라는 분장 술 속에 스스로를 가리려고 한다는 것이다. 그런데 문제는 오늘날 선교사들은 문화를 분석할 줄 알면서도, 많은 경우에 문화의 형성 뒤에 작용하고 있는 악령들의 힘을 분별해야 하는 필요성을 깨닫지 못하는 데 있다.[58]

피터 와그너(C. Peter Wagner)는 영적도해 작성의 과정을 요약하면서, 정보를 수집하는 단계와 정보에 바탕을 두고 행동하는 단계로 나누고 있다. 정보를 수집하는 단계는 결국 조사 과정인데, 이것은 역사적 조사, 지리적 조사, 영적 조사 등으로 세분화하고 있다. 이 가운데서 역사 연구, 특별히 종교 역사에 관한 연구는 죠지 오티스를 비롯

---

56) 문상철, "영분별도 이론의 신학적 문제," 32-32.
57) 문상철, "영분별도 이론의 신학적 문제," 34.
58) 문상철, "영분별도 이론의 신학적 문제," 34-35.

한 여타 영 분별 이론을 주장하는 사람들이 한결같이 강조하는 분야이다. [59] 와그너는 영적도해에 관한 책 서문에서 영적도해에 대하여, "공동체 복음화를 위해 기도하는 데 더 구체적이고, 더 능력 있게 기도하기 위한 도구일 뿐이다."라고 밝혔다. [60] 그리고 그는 지역 악령의 존재에 대해 설명하면서도 이것이 효과적인 복음화를 염원하는 동기에서 나온 것임을 강조하고 있다. 영적도해 이론은 이와 같은 긍정적인 면들을 가지고 있지만, 충분한 신학적인 논의를 거치지 않고 경험주의적으로 전개되어 왔기 때문에 많은 위험성을 안고 있는 것이 사실이다. 그러나 이 운동의 본래 선한 취지를 살리기 위해서는 신학적인 검증 작업이 계속되어야 할 것이다.

영적도해 이론은 결국 세계 선교를 위한 기도 운동이며, 기도를 전략적으로 하는 것으로 이해하면 그 동기를 존중하게 되지만, 중요한 것은 예수 그리스도의 주권과 능력이 우선이고 그다음이 기도이다. 즉, 기도는 기계적이고 공식적으로 들어맞게 이해해서 그의 능력을 의지하기보다 우리가 지역 악령들에 대처하기 위해서 분별해야 한다. 그리고 우리가 기도해서 그 권세를 묶어야 한다는 것은 결국 성령의 능력만을 빌어 인본주의적으로 접근하는 방식으로 오해될 소지를 안고 있다. [61] 따라서 이것을 우리는 계속 능력대결의 구도로만 볼 것이 아니라 진리대결의 구도로 보아야 한다. 왜냐하면 예수 그리스도께서는 완전한 주권과 통치와 능력을 가지고 계시기 때문이다.

---

59) 문상철, "영분별도 이론의 신학적 문제," 35-36.
60) C. Peter Wagner, "*Introduction*," In Breaking Strongholds in Your City: How to Use Spiritual Mapping to Make Your Prayers More Strategic, Effective and Targeted, Edited by C. Peter Wagner (California: Regal Books, 1993), 18.
61) 문상철, "영분별도 이론의 신학적 문제," 49-50.

5. 영적전쟁과 교회개척

교회는 만민에게 복음을 전파하라는 주님의 명령을 실행하는 공동체이다. "모든 민족을 제자로 삼아"라는 주님의 명령은 모든 민족에게 필요한 교회를 세움으로 세례를 주고 양육하여 또 다른 교회를 재생산하라는 명령으로 이해되어야 하며, 그 어떤 사역도 교회개척보다 우선될 수 없다(마 28:18-20). 도날드 맥가브란(Donald A. McGavran)은 교회개척에 대하여, "교회가 없는 새로운 종족집단 안에 하나의 단일한 회중을 시작하는 것은 일반적으로 그리 어렵지 않다."라는 놀라운 진술을 하였다. 정말 어렵지만 필수적인 것은, 사회의 문화적 정신을 반영하는 성장하는 교회를 하나가 아니라 집단으로 개척하는 것이다. 이러한 선교학적 돌파는 영적전쟁에 있어서 매우 중요한 것이다. 그래서 맥가브란은 선교의 목표에 대하여, "인류 중 교회가 없는 곳에 성장하는 회중들을 집단적으로 세우는 것이다"라고 하였다.[62]

데이빗 헤쎌그레이브(David J. Hesselgrave)도 기독교 선교의 핵심인 교회개척에 대하여, "주님은 지상 사역을 하시는 동안 그가 자기의 교회를 세우실 것이며 음부의 권세가 교회를 이기지 못하리라고 예언하셨다."라고 강조하였다. 그가 십자가 위에서 죽으셨을 때 교회가 태어나 성장하도록 자신을 죽음에 내어주시면서 교회를 준비하셨다(엡 5:25). 지금은 하늘에 계시며 교회를 거룩하게 하시거나 "불러내고 계시고" 마지막에 나타내시기 위해 준비하고 계신다(엡 5:26-27). 그가 다시 오실 때 하나님 앞에 영광스러운 교회로 세우실 것이다(살전 4:13-18; 계 4:6). 그러므로 교회는 하나님께서 영원 전에 계획하셨고, 그의

---

62) Ralph D. Winter & Steven C. Hawthorne,『미션 퍼스펙티브』, 정옥배 역 (서울: 도서출판 예수전도단, 2000), 452.

아들의 죽음과 부활로 마련하셨다(엡 1:19-23). 성자께서 사명을 위해 제자들을 가르치시고 성령으로 그들에게 능력을 주시므로 교회의 형성과 발전을 준비하셨다(행 1:4-8). 교회개척은 하나님이 가장 기뻐하나 사단이 가장 두려워하는 일이다. 사단은 선교지를 통해서 여러 가지 방법을 통해 교회개척을 방해할 것이다.[63] 영적전쟁의 현장인 선교지에서 교회개척은 그야말로 시간이 걸리고 어려움이 따르는 작업이다. 영적전쟁이 치열한 선교지에서 교회개척은 하나님의 능력을 기대해야 한다. 이른바 영적전쟁에 대한 능력 전도를 의미한다. 그래서 선교지에서 강력한 능력전도가 복음의 접촉점이 될 것이다.[64]

피터 와그너(C. Peter Wagner)는 교회개척에 대하여, "하늘 아래 가장 효과적인 단일 전도 방법은 새로운 교회들을 설립하는 것이다."라고 하였다. 모든 사람이 그의 말에 동의하지 않았지만 지난 20년에서 30년간 연구조사에 의해 입증된 것이다.[65] 따라서 효과적으로 복음을 전하기 위해서는 선교지에서 새로운 교회들을 개척해야 한다. 새로운 교회개척은 이 땅 위에 있는 교회를 향하신 하나님의 뜻이라는 사실과 세계 선교를 효과적으로 이룩하기 위한 영적전쟁의 사역임을 알 수 있다.

6. 영적전쟁과 신유

신유(Divine Healing)는 하나님의 섭리이며, 그 주체는 하나님이시다. 신유는 예수 그리스도께서 이 땅에서 사역하신 영적전쟁의 주요 행

---

63) GMP 개척선교회, "선교정보와 자료," http://www.gmp.or.kr.
64) 김스데반, "하나님의 교회를 개척하라," 「개척정보」 199호 (2004, 9월), 3.
65) 바울선교회, "타문화권 교회 설립," http://www.bauri.org.

위는 틀림없는 사실이다.[66] 앨버트 심슨(Albert B. Simpson)은 신유에 대하여, "하나님의 초자연적인 능력이 인간의 육체 속에 주입(infused into human bodies)됨으로써 원기가 회복되는 것이며 육체의 연약하고 아픈 부분이 하나님의 생명과 능력을 통해서 회복되는 것이다."라고 정의하였다.[67] 루벤 토레이(Reuben A. Torrey)는 신유에 대하여, "신유에 대한 문제가 세계 도처에서 많은 사람의 관심 대상이 된다."라고 하였다.[68] 특히 복음서의 중심 되는 교리인 신유는 중생, 성결, 신유, 재림 중에 한 주제로 한국 교회사안에서도 1907년부터 오늘날까지 강조되었다.

신유는 성결교회에서 특히 강조하는 중심 복음 중의 하나로 신유의 공통되는 설명은 예수교대한성결교회 헌장 '제2장 신조 제6절 신유'에서 반복되어 나타나 있다.[69] 존 웨슬리(John Wesley)도 신유의 은혜를 믿었으며, 이를 교회에 정착시켜야 한다고 강조하였다.[70] 따라서 선교를 위해 신유가 영적전쟁에서 있어서 중요한 역할을 한다. 이것은 가난한 사람들, 연약한 사람들, 귀신 들린 사람들, 상처받은 사람들, 억압받은 사람들, 그리고 무엇보다도 영적으로 버림받은 사람들을 위해 효과적인 선교사역이 될 수 있다. 그것뿐만 아니라 영적전쟁에 있어서 예수교대한성결교회의 교리인 신유는 21세기 선교사역

---

66) 홍기영, "인간의 치유와 예수의 선교," 「선교신학」 4 (2000), 20. 박영환, "성결교 선교신학과 사중복음의 관계성에서 나타난 과제와 방향에 관한 고찰," 「신학과 선교」 29 (2004), 224.

67) Albert. B. Simpson, *The Four-Fold Gospel* (Herrisburg Pennsylvania: Christian Publication Inc, 1956), 60.

68) Reuben A. Torrey, *Divine Healing* (Grand Rapids, Michigan: Baker Book House, 1974), 12.

69) 헌장개정위원회, 『예수교대한성결교회 헌장』 (서울: 성청사, 1984), 30.

70) 이성주, 『조직신학 제3권』 (서울: 문서선교 성지원, 1989), 159. 한국성결교회연합회 신학분과위원회 편, 『이명직·김응조 목사 생애와 신학사상』 (서울: 도서출판 바울서신, 2002), 160.

에 새롭게 강조되어야 할 것이다.

7. 영적전쟁과 도시선교

아놀드 토인비(Arnold Toynbee)는 도시에 대하여, "미래는 세계가 하나의 거대한 도시가 될 것이다."라고 하였다.[71] 지금 전 세계는 도시화 되어 가고 있다. 1800년에 세계 인구 5%가 도시에 살았다.[72] 1900년에는 그 수치가 14%로 증가하였다. 1950년에는 28%로 증가했으며, 2002년에는 세계 인구의 48%에 달하는 30억 인구가 도시에 살고 있다. 이런 현상으로 현재에 도시화와 함께 도시빈민들이 증가하고 있으며, 농촌과 오지에서 도시로 이주해 온 사람들은 도시빈민가나 슬럼에 정착하게 된다. 그들은 필요한 수입을 올릴 수 있는 기술이나 능력이 없기 때문이다. 2002년 도시빈민 인구는 30억 인구 가운데 거의 50%에 육박하여 14억 9천만 명이며, 2025년에는 도시 인구 46억 가운데 3분의 2에 해당하는 30억 명이 도시빈민이 되었다.[73] 오늘날 영적전쟁 터는 시간과 공간을 초월해서 이루어지고 있다. 산업이 발달하면서 사람들은 도시로 집중하기 시작했다. 부와 명예를 얻기 위해 급증하는 도시 인구는 많은 범죄와 타락을 초래하게 되었다.

선교를 위해 도시에 들어가면 하나님의 나라와 사단의 나라 간에 강력한 충돌이 일어난다. 사단과 그의 부하들인 어둠의 천사들은 본질적으로 우는 사자와 같이 두루 다니며 삼킬 자를 찾는 파괴자이다

---

71) 신세원, "한국교회의 도시 선교론," http://kcm.co.kr/mission/2000/ 2000-11.htm.
72) 이광순 · 이향순, "도시의 발달과 도시 선교," 「선교와 신학」 10 (2002), 18-21.
73) David B. Barret & Todd M. Johnson, "*Annual Statistical Table on Global Mission: 2002*," IBMR (January 2002), 23.

(벧전 5:8). 그들은 억압과 가난으로 이미 고통을 받는 도시들을 더욱 불행하게 만들려고 한다.[74] 찰스 크래프트(Charles H. Kraft)는 귀신에 대하여, "귀신들이 하는 일은 무슨 수를 써서라도 선을 방해하는 것이다. 귀신들의 기본 전략은 약점을 찾아서 공격하는 것이다. 귀신들은 공정하게 행동하지 않는다. 어떤 사람의 약점이 크면 클수록 귀신들은 바로 그 약점을 더욱 자주 공격할 가능성이 높다. 귀신들은 상처 입은 피해자의 피 냄새를 맡고 그를 끝까지 추적해 잡아내는 악랄한 약탈자와 같다."라고 지적하였다.[75] 도시선교를 하면 이런 일들이 일어나는 것을 목격한다. 따라서 선교를 위해 도시로 들어가서 복음을 전하는 것은 사탄의 나라에 도전장을 던지는 것이다. 그러므로 도시에서 사역하는 선교사들은 귀신들의 공격에 대항해 싸워 이길 수 있도록 영적전쟁을 준비해야 할 것이다.

누가복음 4:33-35와 누가복음 5:12-15, 그리고 누가복음 6:6-10에 의하면, 실제로 예수님은 새로운 지역에 들어간 후 신유와 축사와 같은 능력을 나타내 보이셨다. 또 예수님은 제자들을 파송하면서 그들에게 말씀 선포와 함께 능력 사역을 병행하셨다(행 3:1-10, 5:15-16, 9:23-42). 그러므로 도시선교에 참여하는 자들은 가능한 영적전쟁에 대해 많은 것을 배우고 경험하는 것이 필요하다. 그것은 영적전쟁에 대한 지식과 경험이 없이 효과적인 도시선교를 하기란 어렵기 때문이다. 사실 가난과 고통이 극심한 도시에서 성령의 능력이 계속 부음이 없으면 사역하는 것은 불가능하다. 따라서 도시를 위해 기도할 때, 악한 영들의 궤계를 무너뜨릴 때, 하나님께서는 이 세대에 "적은 무리여 무서워 말라 너희 아버지께서 그 나라를 너희에게 주시기를 기뻐

---

74) 한화룡, "도시빈민 선교와 능력 대결," 「기독신학저널」 4 (1998), 277.
75) Charles H. Kraft, *Defeating Dark Angels* (Ann Arbor: Servant, 1992), 107.

하시느니라."라고 말씀하셨다(눅 12:32).

세계적인 인류학자인 폴 히버트(Paul G. Hiebert)는 21세기 초, 세계 선교의 주요 추세는 도시화, 글로벌화, 서구의 기독교 쇠퇴, 한국과 중국을 비롯한 아시아와 아프리카, 라틴 아메리카 지역의 급속한 기독교 성장 등을 들었다. 또 후기 현대주의와 후기 현대주의 이후에 대해서도 많은 관심을 기울였다. 따라서 세계 선교학계는 복음과 상황 간의 관계를 다루는 상황화, 그리고 글로벌 교회와 선교의 관계를 다루는 에큐메니즘, 타 문화권 지도력과 리더십 훈련, 종교다원주의, 영적전쟁, 미전도 종족 선교와 10/40창, 세계관 변형, 선교 파트너십, 도시화, 세계화와 지역화 등에 대해서 활발하게 논의 중이다. 최근 선교 신학은 다양한 영역의 주제를 다루면서 보다 다변화되고 총체적으로 발전하고 있다.[76]

V. 나가는 말

결론적으로, 영적전쟁에 대한 전 이해에 대하여 살펴보았다. 지금까지 세계 선교에 있어서 선교 정책과 전략은 복음의 선포 측면을 강조하는 경향성을 짙게 나타내고 있다. 특히 피터 와그너(C. Peter Wagner)에 의해 시도되었던 선교 방식인 영적전쟁은 능력 치유의 측면이 부각 되었다. 그러나 이러한 경향은 선교 현장에서 효과적인 사역을 뚜렷하게 제시하지 못함으로써 선교사들의 사역에 맹점을 보인다. 현재 세계 선교를 통해서 하나님께로 돌아오는 숫자를 보면,

---

76) 국민일보 2005년 1월 10일자.

세계 인구 성장률과 비교해 볼 때 점차 간격이 벌어지는 상태이다. 이것은 선교의 어두운 상황을 직시하게 하며 세계 선교의 가속화를 위해서 새로운 운동이 일어나야 할 필요성을 느끼게 한다.

티모씨 워너(Timothy M. Warner)는 미래의 선교 전략을 수립하는 데 있어서 심각하게 고려해야 할 문제로 "영적전쟁"을 언급하였다. 워너는 복음에 대해서 가장 저항적인 종족들에게 복음을 전하기 위한 열쇠로 영적전쟁에 대하여, "예수 그리스도의 능력이 과시되기까지는 어떤 사람들은 복음을 듣지 않는다."라고 주장하였다.[77] 허버트 케인(J. Herbert Kane)은 선교 정책가인 로버트 글로버(Robert H. Glover)의 말을 인용하면서 영적전쟁에 대하여, "선교는 인간의 일이 아니라 하나님께서 초자연적으로 지도하시고 능력을 공급해 주시는 하나님의 일이다."라고 하였다.[78] 즉, 세계 선교는 초자연적인 능력이 필요하다. 효과적인 선교를 위해 우선의 내용을 전달하는 것이 필요하지만 동시에 회심의 시기가 있어야 한다. 선교는 사람들을 사단의 권세에서 하나님에게로 옮긴다는 점에서 항상 능력을 병행한다(행 26:18). 그래서 그리스도인의 삶 전체가 영적전쟁이라고 말할 수 있다.

삶으로서의 영적전쟁은 진정한 성령 운동으로 개인과 지역, 그리고 국가와 세계를 변화시킨다.[79] 그래서 실질적으로 선교사는 더욱 치밀하고 완벽한 영적전쟁의 전략과 무기가 준비되어야 한다. 이러한 연구는 교회와 선교사들이 직면하고 있는 영적전쟁의 현장에서 일반적 이해, 성경적 이해, 역사적 이해, 선교 신학적 이해와 함께 영적전

---

77) Robert E. Coleman, 『오늘의 전도 어떻게 볼 것인가?』, 임태순 역 (서울: 죠이선교회 출판부, 1993), 104.

78) J. Herbert Kane, *Wanted: World Christian* (Grand Rapids: Baker Book House, 1986), 212.

79) 명성훈, 『부흥뱅크』 (서울: 규장문화사, 1999), 179.

쟁의 관점에서 선교를 준비하는 데 그 목적이 있으며, 선교를 위한 영적전쟁에 대한 지침서가 될 것이다. 선교에 있어서 교회와 선교사는 치밀하고 완벽하게 영적전쟁을 준비해야 한다. 그래서 선교 신학적 연구 방법과 영적전쟁의 모델, 그리고 적용 방법이 필요하다. 필자는 선교와 영적전쟁에 관한 연구를 준비하면서 다음과 같은 내용을 그 목적을 두었다. 한국교회는 21세기의 효과적인 세계 선교를 위해서 교회의 선교적 사명에 대한 올바른 이해가 절실하다. 더 나아가 교회는 지금보다 활동적인 선교사역을 위해서 교회와 선교의 관계성을 강조해야 한다고 본다.[80] 그리고 오늘날 교회 안에서 혹은 선교 현장에서 일어나고 있는 영적전쟁에 관한 많은 연구가 필요하다. 영적전쟁을 적용하고 훈련시키는 교회들과 신학대학의 모델들을 제시함으로써 선교사들이 영적전쟁을 올바로 이해하고 선교 현장으로 나간다면 하나님의 사역을 효과적으로 증거될 수 있을 것이다.

---

80) 김성욱, 『하나님의 백성과 선교』 (서울: CLC, 1998), 15.

참고문헌

강승삼. 『영적전쟁』. 서울: 총신대학교 선교대학원, 1996.

강승삼. "영적전쟁의 신학적인 기초와 실재." 「세계선교」 28 (1996).

강아람. "배위량의 선교적 삶에 나타난 영적전쟁." 「복음과 선교」 50 (2020), 9-45.

국민일보 2005년 1월 10일자.

김성욱. 『하나님의 백성과 선교』. 서울: CLC, 1998.

명성훈. 『당신의 교회도 성장할 수 있다』. 서울: 국민일보사, 1994.

명성훈. 『부흥뱅크』. 서울: 규장문화사, 1999.

문상철. "영분별도 이론의 신학적 문제." 「현대선교」 6 (1994).

바울선교회. "타문화권 교회 설립". http://www.bauri.org.

박문옥. 『오순절신학의 이해』. 서울: 도서출판 한글, 1999.

박영환. "성결교 선교신학과 사중복음의 관계성에서 나타난 과제와 방향에 관한 고
　　　찰." 「신학과 선교」 29 (2004), 207-228.

배춘섭. "영적전쟁에 관한 개혁주의 입장에서의 평가: 전략적 차원의 영적전쟁을 중
　　　심으로." 「한국개혁신학」 51 (2016), 88-128.

신세원. "한국교회의 도시 선교론." http://kcm.co.kr/mission/2000/ 2000-11.htm.

안점식. 『세계관과 영적전쟁』. 서울: 죠이선교회 출판부, 1995.

이광순 · 이향순. "도시의 발달과 도시 선교." 「선교와 신학」 10 (2002), 13-39.

이성주. 『조직신학 제3권』. 서울: 문서선교 성지원, 1989.

이수환. "타문화권에서의 영적전쟁 전략." 「학술논단」 4 (1998).

이종우. "영적전투 이해증진을 위한 여호와의 전쟁론 고찰." 「선교신학」 35 (2014),
　　　197-227.

이태웅. "능력대결에 대한 소고." 「현대선교」 6 (1994).

이태웅. 『한국교회의 해외선교 그 이론과 실제』. 서울: 죠이선교회 출판부, 1994.

전용복. 『생명력 있는 기도 중보기도』. 서울: 도서출판 두란노, 1999.

전용복. "중보기도와 영적전쟁." 「빛과 소금 6월호」 (1998).

한국성결교회연합회 신학분과위원회 편. 『이명직 · 김응조 목사 생애와 신학사상』.
　　　서울: 도서출판 바울서신, 2002.

한세대학교 부설 국제신학연구원 편저. 『하나님의 성회 교회사』. 서울: 서울말씀사,

1993.

한화룡. "도시빈민 선교와 능력 대결." 「기독신학저널」 4 (1998), 275-290.

헌장개정위원회. 『예수교대한성결교회 헌장』. 서울: 성청사, 1984.

홍기영. "인간의 치유와 예수의 선교." 「선교신학」 4 (2000), 11-37.

홍영기. 『중보기도 군사들아』. 서울: 교회성장연구소, 2005.

Arnold, Clinton E. *3 Crucial Questions about Spiritual Warfare*. Michigan: Baker Books, 1997.

Barret, David B. & Johnson, Todd M. *"Annual Statistical Table on Global Mission: 2002."* IBMR (2002).

Calvin, John. *Institutes of the Christian Religion, Book III*. Grand Rapids: Eerdmands, 1983.

Coleman, Robert E. 『오늘의 전도 어떻게 볼 것인가?』. 임태순 역. 서울: 죠이선교회 출판부, 1993.

GMP 개척선교회. "선교정보와 자료". http://www.gmp.or.kr.

Green, Michael. *I Believe in Satan's Downfall*. Grand Rapids: Wiilliam B. Eerdmans Publishing Company, 1983.

Harper, Machael. *The Healings of Jesus*. Downers Grove: Inter Varsity Press, 1986.

Kane, J. Herbert. *Wanted: World Christian*. Grand Rapids: Baker Book House, 1986.

Kraft, Charles H. *Defeating Dark Angels*. Ann Arbor: Servant, 1992.

Ladd, George E. *A Theology of the New Testament*. Grand Rapids: Eerdmans Publishing Company, 1983.

Otis Jr, George. *The Last of the Giants: Lifting the Veil on Islam and the End Times*. Grand Rapids: Chosen Books, 1991.

Patterson, Ben. 『목회자의 기도는 어떻게 응답되나?』. 김창대 역. 서울: 작은행복, 2000.

Moreau, A. Scott. Corwin, Gary R. McGee, Gary B. 『21세기 현대 선교학 총론』. 김성욱 역. 고양: 크리스챤출판사, 2009.

Rheenen, Gailyn Van. *Communcating Christ in Animistic Context*. Grand Rapids: Baker, 1991.

Simpson, Albert. B. *The Four-Fold Gospel*. Herrisburg Pennsylvania: Christian
　　　Publication Inc, 1956.

Spiritual Mapping to Make Your Prayers More Strategic, Effective and Targeted,
　　　Edited by C. Peter Wagner. California: Regal Books, 1993.

Snyder, Howard A. 『교회사를 통해 본 성령의 표적』. 명성훈 역. 서울: 도서출판 나
　　　단, 1994.

Torrey, Reuben A. *Divine Healing*. Grand Rapids, Michigan: Baker Book House,
　　　1974.

Tyerman, Luke. *The Life and Times of John Wesley, M. A. 3 vols*, London:
　　　Hoodder & Stoughton, 1870.

Wagner, C. Peter. 『기도는 전투다』. 명성훈 역. 서울: 서로사랑, 2017.

Wagner, C. Peter. 『교회성장전략』. 이재범 역. 서울: 도서출판 나단, 1990.

Wagner, C. Peter. 『방패기도』. 명성훈 역. 서울: 서로사랑, 1997.

Wagner, C. Peter. 『영적 전투를 통한 교회성장』. 나겸일 역. 서울: 도서출판 서로사
　　　랑,1997.

Wagner, C. Peter. & Pennoyer, F. Douglas. *Wrestling with Dark Angels*,
　　　Ventura:Regal Books, 1990.

Wagner, C. Peter. *Your Church Can Grow*. California: Regal Books, 1979.

Welker, Michael. 『하나님의 영』. 신준호 역. 서울: 대한기독교서회, 1995.

Winter, Ralph D. & Hawthorne, Steven C. 『미션 퍼스펙티브』. 정옥배 역. 서울: 도
　　　서출판예수전도단, 2000.

제4장
영적 종교현상

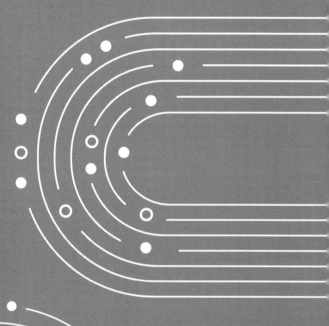

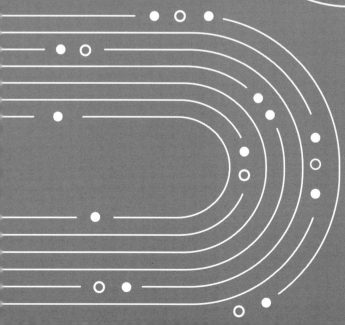

I. 들어가는 말

종교 현상학은 학문 분야에 있어서 종교현상의 객관적 이해를 돕는 데 그 목적을 둔다. 이러한 영적 종교 현상학적 연구가 매우 필요하며, 성경 선교 신학에서 종교 현상학의 연구는 매우 유용한 방법론으로 선택되고 있다.[1] 풀러 신학교(Fuller Theological Seminary)에 선교 신학 교수 딘 길리랜드(Dean S. Gilliland)는 종교 현상학 방법론을 선교 신학 방법론으로 채택해야 한다는 주장을 이미 오래전 『선교 방법론으로서 현상학』(Phenomenology as Mission Method)이라는 그의 논문을 통해 세계 기독교 선교학계에 제안한 적이 있었다.[2]

그래서 제II장에서는 영적 종교현상의 형태론을 관찰하여 그들이 무엇을 믿고 있는지, 어떻게 신앙생활을 표현하고 있는지에 대한 객관성을 기술하였다. 이러한 영적 종교 현상학적 연구를 통하여 그들에게 복음이 전파될 때, 그들에게 효과적으로 적합하고 의미 있는 복음의 전달이 가능하게 될 것이다.[3] 그뿐 아니라 영적 종교현상의 형태론을 위해 성경 선교 신학적으로 평가하는 것이 필요하다. 왜냐하면 선교는 사람들을 사단의 권세에서 하나님에게로 옮긴다는 점에서 항상 능력을 병행하기 때문이다(행 26:18). 그래서 그리스도인의 삶 전체가 영적 종교현상의 형태론으로 나타나기 때문에 그것은 개인과 지역, 그리고 국가와 세계를 변화시킨다.[4] 이러한 영적 종교현상이 나타나고 있는 현장에서 선교에 있어 영적 종교현상의 구체적인

---

1) 노윤식, "기독교 선교의 영적전쟁 연구 방법론," 「聖潔神學硏究」 19 (2009), 162.
2) Dean S. Gilliland, "Phenomenology as Mission Method," *Missiology: An International Review*, Vol. VII, No. 4 (Oct. 1979), 451-459.
3) 노윤식, "기독교 선교의 영적전쟁 연구 방법론," 162-163.
4) 명성훈, 『부흥뱅크』 (서울: 규장문화사, 1999), 179.

사례 연구와 분석, 그리고 이해와 전략이 준비되어야 할 것이다. 따라서 한국 기독교에서 이단 종교로 논란이 되는 변승우와 큰믿음교회(현 사랑하는교회), 이초석과 예수중심교회, 이재록과 만민중앙교회 등에 나타난 영적 종교현상을 문헌과 케이스 중심으로 살펴보고, 제Ⅲ장에서는 성경 선교 신학으로 평가하고자 한다.

Ⅱ. 영적 종교현상의 형태론

본 연구에서는 기독교 신학자이자 종교 현상학자인 프리드리히 하일러(Friedrich Heiler)의 종교 현상학적인 연구 방법론, 즉 영적 종교현상의 형태론을 적용하여 영적 종교현상의 시간, 영적 종교현상의 장소, 영적 종교현상의 대상, 영적 종교현상의 행동, 영적 종교현상의 말과 글, 영적 종교현상의 사람과 공동체, 영적 종교현상의 경험 등에 관해 서술하고, 그에 대한 사례들을 제시하고자 한다. 이러한 사례를 통하여 영적 종교현상을 분석하고 연구하면 영적 종교현상의 그릇된 이해뿐만 아니라 선교 현지 상황에 어렵고 애매한 영적 종교현상의 문제에 대한 상황 속에서 성경 선교 신학이 무엇을 해야 하는지를 결정하게 되는 것이다.

1. 영적 종교현상의 시간

영적 종교현상의 시간은 종교에 있어서 깊은 관련을 맺고 있다. 종교학에서 영적 종교현상의 시간은 거룩한 시간과 세속적인 시간으

로 구분하고 있다.[5]

첫째, 새벽과 밤이다. 새벽과 밤은 한국교회에 전통적인 영적 종교 현상의 시간이다. 그것은 3일, 21일, 40일, 100일, 새벽과 밤, 그리고 기독교가 적용하고 있는 각종 기도회와 특별예배로 구분한 새벽기 도회, 금요 심야 기도회, 특별 작정 기도회 등이다. 그리고 예수님이 부활하신 주의 날로 일요일은 예배하는 날로 지킨다.[6] 전통 종교에 서는 새벽이 신령한 존재와 영적 교류를 할 수 있는 거룩한 시간으로 알려져 왔다.[7] 그러면 영적 종교현상의 시간에서 특히 "새벽, 밤"에 대한 사례를 살펴보고자 한다. 서울 큰믿음교회 한 성도는 영적인 시 간에 대하여 말하기를, "오늘 새벽기도 때 이상한 경험을 해서 질문 합니다. 어떤 자매님이 기도하는 데 한이 맺혀 죽은 처녀 귀신이 한 밤중에 내는 소리를 내는 겁니다. 처음에는 조그맣게 들리더니 점점 소리가 커져서 급기야는 온 예배당에 울릴 정도로 크게 곡하는 또는 흐느끼는 소리를 내면서 기도를 하는 거예요. 얼마나 기분 나쁘고 소 름이 끼치던지 혼났습니다. 방언은 주로 입술과 혀를 움직여서 내는 반면 이 소리는 순전히 높은 여성 톤의 '흐흐흐흐'하는 목으로 내는 소리더라구요. 제가 실수 한 건지는 몰라도 오죽 오싹했으면 제 기도 하다말구 '예수 이름으로 명하노니 그 자매로부터 귀신은 물러 갈 지 어다!'라고 다 선포를 했습니다. 어둠 속에서 기도 중에 얼굴을 들고 확인 할 수는 없고 그냥 참고 기도를 계속 했습니다만 도대체 그 여 성분이 한 기도가 뭐죠? 방언 기도 같지가 않던데 참 희한하고 오싹

5) Peter MacKenzie, *The Christians: Their Practices and Beliefs* (Nashville: Abingdon Press, 1988), 1.

6) 노윤식, 『종교현상학 이론과 실제』 (서울: 한울림, 2000), 145.

7) 강명국, "1907년 대부흥운동이 한국교회의 신앙양태 형성에 끼친 영향," (성결대학교 신학 전문대학원 박사학위 논문, 2007), 102-103.

한 경험을 다 했네요."라고 하였다.[8] 이와 같이 "새벽, 밤"에 대한 사례를 종합해 보면, 새벽과 밤을 중심으로 해서 방언을 받은 것으로 나타났다.

둘째, 절기이다. 절기는 모든 공동체와 모든 삶의 측면을 갱신하는 힘을 가지고 있다.[9] 성경에서는 이스라엘인이 제칠 일째 되던 날을 안식일로 지키고 있으며, 일 년 중 세 차례의 절기인 무교절과 맥추절, 그리고 수장절을 하나님께 드린다. 이러한 세 절기는 이스라엘이 유목민 사회에서 가나안 농경사회로 넘어가면서 채택한 것인데, 각각 출애굽 사건과 연결되어 출애굽 원년을 기념하는 유월절과 시내 산에서 하나님의 율법을 받은 오순절, 그리고 광야의 유랑생활을 기억하기 위한 장막절로 재해석하여 상황화가 이루어졌다.[10] 이러한 절기들은 한국교회의 상황 속에서 예수 그리스도의 구원사 차례와 농경사회의 자연적 순환 질서를 모두 채택하여 성탄절, 부활절, 성령강림절, 맥추절, 추수감사절 등으로 지키고 있다. 그러면 영적 종교현상의 시간에서 "절기, 축제"에 대한 사례를 살펴보고자 한다. 민민중앙교회는 절기인 '2010년 만민하계수련회축제'에 대하여 말하기를, "본격적인 휴가철이 다가오는데 만민의 성도들은 특별한 은혜의 시간을 기다리고 있다. 바로 만민 하계수련회는 하나님께서 만드신 대자연 속에서 성경 상의 기사를 체험하며 영성을 키우고 기도와 말씀으로 성령의 충만함을 입을 수 있는 절호의 기회이다. 매년 8월, 연합회별로 특색 있게 개최하여 새 예루살렘에 대한 뜨거운 소망과 확신을 주는 교육의 현장, 하나님의 사랑과 권능을 체험하는 믿음의

---

8) 서울 큰믿음교회 카페, "방언인가, 마귀의 음성인가?," http://cafe.daum.net/Bigchurch.
9) William E. Paden, 『비교의 시선으로 바라본 종교의 세계』, 이진구 역 (서울: 청년사, 2004), 137-138.
10) 노윤식, 『종교현상학 이론과 실제』, 145.

현장, 주 안에서 친목을 도모하며 사랑을 나누는 축복의 현장으로 자리매김했다. 초교파적으로 국내는 물론 해외 성도들의 참여가 해를 더할수록 증가하는 가운데, 올해에는 미국, 캐나다, 벨기에, 카자흐스탄, 이스라엘, 볼리비아, 싱가포르, 일본, 필리핀, 인도네시아, 말레이시아, 대만, 중국 총 13개국에서 약 300명의 목회자 및 성도들이 대거 동참한다...... 성경 출애굽기에 이스라엘 백성이 만나와 메추라기를 경험했던 것처럼, 수련회 장소에 모기와 나방을 근접하지 못하게 하는 잠자리 떼를 볼 수 있음은 물론 성도들의 손과 몸에 살포시 날아와 앉는 신기한 잠자리 체험이다. 또한 열 재앙에서도 이스라엘 백성이 거하는 고센 땅은 지킴 받은 것같이 주변 장소에는 장맛비가 쏟아져도 수련회 장소에는 비가 오지 않는 것과 무지개, 별의 이동, 다양한 구름의 형상 등 풍성한 기사를 볼 수 있다. 성도들은 이를 통해 섬세하신 하나님 사랑을 느끼는 것이다. 해외에서 온 성도들은 8월 4일, 바다의 짠물이 단물이 된 무안 단물 터를 방문하여 하나님 권능의 현장을 목도할 수 있는 일정도 마련돼 행복을 더해 줄 것이다.”라고 하였다.[11] 이와같이 사례를 종합해 보면, “절기, 축제”를 중심으로 하여 특별한 은혜와 잠자리와 무안 단물의 기사를 통해 하나님의 사랑을 체험한 것으로 나타났다.

2. 영적 종교현상의 장소

네덜란드의 기독교 신학자였던 샹뜨삐 드 라 쏘쌔이(Chantepie de la Saussaye)는 오래전에 성스러운 장소에 대하여 말하기를, “모든 종교

---

11) 만민뉴스 2010년 7월 18일자 신문.

전통에는 공통적으로 성스러운 장소가 있으며, 종교적 인간에게 공간은 다 같은 것이 아니라 다른 부분과 다른 거룩한 공간이 존재한다. 거룩한 공간 혹은 성스러운 장소는 세상의 중심을 축으로 해서 질적으로 다른 현상을 경험하도록 한다."라고 지적하였다.[12] 이러한 영적 종교현상의 장소는 열린 공간(the open space)과 집이나 성전 등 닫힌 공간(the covered space)으로 나눌 수 있다.

첫째, 열린 장소이다. 열린 장소는 가장 오래된 영적 종교현상의 성스러운 장소라고 하겠다. 이 장소는 산과 돌, 그리고 나무를 이용한 제단과 연결되어 있어 돌무더기로 원을 만들거나 나무에 여러 색깔의 천을 걸어서 세속적인 장소와 구분을 짓기도 한다.[13] 특히 종교 현상학에서 산(mountain)은 신의 거처로 여기며, 기도나 명상하는 곳으로 유명하다.[14] 이러한 영적 종교현상의 장소인 산은 성경에서도 하나님을 만나는 곳으로 나타나는 데 대표적인 영적인 장소가 엘리야의 갈멜산과 모세의 시내산, 그리고 예수님은 겟세마네 동산에서 하나님께 기도하셨다(출 19:3; 왕상 19:11; 마 26:36). 따라서 산은 한국교회 성도들에게 하나님과 만나는 가장 중요한 자연물이 되고 있다.

그러면 영적 종교현상의 장소인 "산"에 대한 사례를 살펴보고자 한다. 예수중심교회 대학부를 담당하는 전도사는 하나님의 음성을 들은 산에 대하여 말하기를, "3일 작정으로 청계산에 기도하러 떠날 때도 교구 승합차를 빌려 저의 승용차와 교환한 후 차에서 잘 마음을 가지고 떠났습니다. 청계산에서 기도할 때마다 저에게는 늘 하나님

---

12) Mircea Eliade, *The Sacred and the Profane: The Nature of Religion* (New York: Harper, 1956), 20.
13) Peter MacKenzie, *The Christians: Their Practices and Beliefs*, 48.
14) Friedrich. Heiler, *Erscheinungsformen und Wesen der Religion* (Stuttgart: W. Kohlhammer Verlag, 1961), 36-37.

의 세밀한 터치가 있었습니다. 그런데 이번에는 너무나 큰 믿음의 음성을 들었습니다. 3일째 되는 마지막 날 새벽 꿈속에서 하나님의 음성을 들은 것입니다. '너희 대학부에 15인승 승합차를 주겠다. 무(無)에서 유(有)를 창조해 줄 테니 너는 믿음을 가지고 기도하라. 내가 이루겠다' 저는 소름이 끼칠 정도의 생생한 하나님의 음성을 듣고 어찌할 바를 몰랐습니다. 현실은 아무것도 없었습니다. 저는 그 자리에서 '주님, 저는 많은 은행 부채도 있는데 제가 할 수 있는 것이 무엇입니까?'라고 물었습니다. 하나님께서는 제가 선두에서 진두지휘할 것을 지시해 주셨습니다."라고 하였다. [15] 이와 같이 사례를 종합해 보면, "산"을 중심으로 하여 하나님의 음성과 깨달음을 경험한 것으로 나타났다.

둘째, 닫힌 장소이다. 선사시대 이후로 닫힌 장소는 인류에게 있어서 성스러운 장소이었다. 로마 기독교가 박해당했을 때, 그리스도인들은 카타콤이라는 지하 동굴인 무덤에서 하나님을 예배하였다. [16] 한국교회의 경우, 닫힌 장소라고 할 수 있는 기도 굴과 기도원에서 하나님과 깊은 만남을 시도한다.

그러면 영적 종교현상의 장소인 "굴"에 대한 사례를 살펴보고자 한다. 진주 갈릴리교회 양인구 장로는 기도 굴에서 체험한 것에 대하여 말하기를, "저는 1974년, 나이 40세 때 하나님의 은혜와 성령님의 강권적인 역사로 주님의 손에 붙들려 변화를 받았습니다. 40년 동안 '오직 돈을 벌어야 된다.'라는 목적 하나로 세상을 살아왔습니다. 퍼마시는 술, 하루 2~3갑 피워대는 담배로 인해 간경화(간암), 간디스토

---

15) 예수중심교회, "믿음은 바라는 것의 실상이었습니다," http://www.jcc.tv/html/paper.html?sec=confession&no=244&search=산에서 기도.

16) Peter MacKenzie, *The Christians: Their Practices and Beliefs*, 49.

마, 위산과다, 위궤양, 십이장 충, 배 복수로 얼굴 색깔이 까맣게 변하여 체중 40kg로 의사 진단에 의해 살 수 없다는 사형선고를 받은 상태였습니다. 살려고 백방으로 노력했지만 백약이 무효였습니다. 심지어 죽은 사람의 해골 가루도 먹었습니다. 살길이 없었습니다. 어느 날 복음 전도를 받았습니다…… 하나님을 찾아 만나봐야겠다고 기도원을 갔습니다. 기도원에 3일간 있었는데 담배 피고 싶은 생각이 나서 못 견디겠기에 기도 굴에 들어갔습니다…… 밤새도록 기도 굴 안에서 기도하였습니다. 기적의 역사가 일어났습니다. 깨어나서 아침식사 후에 그렇게 피우고 싶었던 담배도 피우고 싶은 생각 없도록 끊어 주셨습니다. 낮 설교 때 내 입술을 성령의 불로 태워 세상 말도 하지 않고 세상 소리도 듣지 않고 오직 예수만 말할 수 있도록 고쳐 주셨습니다. 이튿 날 새벽예배 때 강대상 위에 해 같은 불덩어리가 많은 사람을 헤치고 와 내 가슴을 쳤습니다. 그래서 저는 '왁!' 하고 넘어졌습니다. 깨어보니 속이 시원하고 마음이 너무 기뻤습니다. 그 후에 병원에서 종합 친찰을 받았습니다. 의사 말에 의하면 간은 새것으로 고쳐졌고 간염 예방 주사가 놓아져서 '평생 간병으로 죽을 염려 없습니다.'라고 하였습니다. 너무나 기쁘고 감사했습니다. 오장육부 전부 새것으로 바꾸어 새사람으로 만들어 주셨습니다."라고 하였다.[17] 이와 같이 사례를 종합해 보면, "굴"을 중심으로 하나님께 기도함으로 굴에서 소망의 축복과 병 고침을 받았으며, 금식 기도를 통해 회개를 경험한 것으로 나타났다.

그러면 영적 종교현상의 장소인 "기도원"에 대한 사례를 살펴보고자 한다. 영주 예수중심교회를 담임하고 있는 이 목사는 얼마 전까지

---

17) 진주 갈릴리교회, "덤으로 사는 생명: 양인구 장로," http://galileech.org/bbs/zboard. php?id=freeboard&no=438.

만 해도 휠체어에 앉아 걷지도 못하고 있던 환자였는 데 기도원에서 치료 받았던 것에 대하여 말하기를 "이번 하계 산상 집회 참석을 위해 기도원에 와서 저 스스로도 놀라고 있었습니다. 지팡이를 짚고 걷는 저에게 이시대 목사님께서 '지팡이 버리고 그냥 걸어 봐요' 하시는데 정말 걸어지는 것이 아니겠습니까? 저 스스로도 이토록 빠른 진전은 기대 이상이었거든요."라고 하였다.[18] 이와 같이 "기도원"에 대한 사례를 종합해 보면, 기도원에서 기도를 받고 혹은 집회에 참석하여 걷지도 못했던 환자가 치료받은 것으로 나타났다.

3. 영적 종교현상의 대상

인간은 감각의 형태를 통해 사람의 눈으로 볼 수 없는 종교적인 초월자 혹은 신과 의사 소통(communication)을 한다. 이러한 종교적인 삶은 사람들의 몸의 감각과 매우 밀접한 관계를 이루고 있다. 그래서 성경에서는 영(spirit)을 인간이 느낄 수 있는 바람(pneuma)의 운동으로 설명하기도 한다.[19] 예수님은 사람이 느낄 수 있는 침을 사용하거나 자기의 손으로 안수하여 병자를 고치셨다. 예수 그리스도의 현존은 떡과 포도주로 임했으며, 물을 사용하여 하나님과의 화해와 예수 그리스도의 죽으심, 그리고 부활에 참여하기도 한다. 이러한 자연물은 종교현상에서 거룩하게 만드는 중요한 도구인 매개체가 되었다.

첫째, 물이다. 물은 거룩함의 상징으로 세계 종교의 일반적인 신념이다. 그리고 종교현상에 있어서 삶과 재생, 그리고 치유와 연결되어

---

18) 예수중심교회 2008년 8월 17일자 신문.
19) 노윤식,『종교현상학 이론과 실제』, 37.

있다.[20] 한국교회는 영적 종교현상의 대상을 일반 종교들처럼 그 대상인 산이나 물 등에 대하여 그 자체가 신적인 현현의 대상으로 숭배하지 않고, 그 종교 대상들의 상징성에 더 중요성을 두고 있다.[21] 그러면 영적 종교현상의 대상인 "물"에 대한 사례를 살펴보고자 한다. 영국 런던 만민교회 폴 로저스는 무안 단물의 간증에 대하여 말하기를, "저의 가족은 유전적으로 청력에 문제가 있었습니다. 친할머니께서는 귀머거리였고, 아버지도 한 쪽 귀의 청력을 상실한 채 살아오셨지요. 저 역시 이러한 유전적 영향 때문에 3살쯤 되었을 때 이미 청력이 심각할 정도로 감퇴되었습니다. 16세가 되기 이전에 이미 다섯 차례나 청력회복 수술을 받았지요. 세월이 흘러 50대 후반이 되었을 때 왼쪽 귀 청력이 급속히 떨어지기 시작했습니다. 그냥 평소대로 보청기를 착용하고 사는 것이 제가 할 수 있는 전부였습니다. 그런데 몇 개월 전 어느 주일 아침, 아내가 제게 말하는 것이었습니다. '여보! 기적의 물, 무안 단물이에요. 이 물로 귓속을 닦아 줄게요' 아내가 면봉에 무안 단물을 묻혀 귓속을 소제한 다음 날 아침, 귓속에서 '팝' 하는 소리와 함께 소리가 잘 들리는 것이 아닙니까. 수십 년 동안 희미하게 들렸던 소리가 보청기를 착용하지 않은 상태에서 점점 크게 들려오니 놀라지 않을 수 없었습니다. 며칠 후 병원에 갔을 때 의사 선생님은 '귓속 감염된 부위가 깨끗해졌고, 청력이 현저히 회복되었습니다'하며 놀라워했습니다."라고 하였다.[22] 이와 같이 "물"에 대한 사례를 종합해 보면, 무안단물을 통해 하나님의 임재를 경험하였으며, 물을 통해 통증과 청력, 그리고 시력까지 치료받는 것으로 나

---

20) Friedrich, Heiler, *Erscheinungsformen und Wesen der Religion*, 39.
21) 노윤식, 『종교현상학 이론과 실제』, 136-137.
22) 만민뉴스 2010년 6월 13일자 신문.

타났다.

둘째, 하늘이다. 하늘에 대한 믿음은 세계 모든 종교에서 보편적으로 일어나고 있는 종교현상이다. 이러한 종교현상은 최고의 신 혹은 신의 표상과 연결되어 있다.[23] 한국인에게 하늘은 "최고의 신"을 의미하는 명칭으로 이러한 하나님의 명칭이 기독교 전례에 있어서 기독교의 "여호와 하나님"이라는 이름으로 사용되었다. 물론 그 내용은 같지는 않지만 그 형태상으로 최고의 신이라는 의미로 "하나님"이라는 신의 명칭을 토착화한 것이다.[24] 중국 사람들은 기독교의 하나님을 상제(上帝, Shang Ti)라고 하여 '하늘의 주인'이라고 부른다.[25] 그러면 영적 종교현상의 대상인 "하늘"에 대한 사례를 살펴보고자 한다. 손 에스더의 『내가 본 하늘나라』라는 책에서 하늘에 대한 체험에 대하여 말하기를, "저는 생명의 빛으로 오신 왕 중의 왕 예수 그리스도의 은혜로, 아름다운 하늘나라와 참혹한 지옥을 보게 되었습니다. 70일 작정으로 기도 중이던 저와(초등학교 6학년) 중 학생 언니 두 명에게 그 놀라운 일이 일어났고, 그 이후로도 저는 여러 번 하늘을 보게 되었습니다. 이 간증에 나오는 지옥과 천국의 일부분은 3명이 동시에 체험한 내용입니다."라고 하였다.[26] 이와 같이 "하늘"에 대한 사례를 종합해 보면, 하늘나라와 지옥을 보게 된 것으로 나타났다.

4. 영적 종교현상의 행동

영적 종교현상의 행동은 다양한 종교에서 나타나는데 부정한 것을

23) Friedrich. Heiler, *Erscheinungsformen und Wesen der Religion*, 62.
24) 노윤식, 『종교현상학 이론과 실제』, 137.
25) Don Richardson, *Eternity in Their Hearts* (Ventura: Regal Books, 1984), 62-63.
26) 손에스더, 『내가 본 하늘나라』 (서울: 큰믿음출판사, 2010), 5-6.

정결케 하는 정화(purification)와 신과 하나가 되는 통합(unification) 등의 두 가지 행동으로 나눌 수 있다.[27]

첫째, 정화 행동이다. 기독교의 정화 행동은 다른 종교와 마찬가지로 악한 세력을 내쫓는 의식과 연관되어 있다. 그래서 전통적으로 악한 영을 쫓기 위해서 악기인 드럼이나 종을 치고, 물이나 피를 뿌리고 향을 불사르며, 손을 들어 축사하기도 한다.[28] 정화 행동에 있어서 불은 외적인 수단에 의해 불순물이나 죄악을 태우거나 씻어내는 경우를 말한다. 구약성경의 경우, 민수기 13장에서 모세는 미디안에게서 노획한 부정한 철의 기물들을 정화하였다. 그리고 신약성경의 경우, 고린도전서 3장에서는 사도 바울이 마지막 심판을 정결케 하는 불로 묘사하고 있다. 또한 세례 요한은 모든 죄를 사하는 불세례를 말하고 있다(요 3:11).[29] 그러면 영적 종교현상의 정화 행동인 "악기, 불"에 대한 사례를 살펴보고자 한다. 변승우는 『다림줄』이라는 책에서 한 아이가 경험한 불에 대하여 말하기를, "박 목사님 댁에서 새벽 2시가 넘도록 다림줄에 관한 얘기를 나누었습니다. 그런데 같은 시각 박 목사님의 자녀들과 교회의 아이들에게 갑자기 성령이 역사하셔서 아이들이 입신을 하는 일이 일어났습니다. 불신자 가정에서 나오는 한 아이가 처음으로 입신을 했는데, 그 아이의 영이 몸에서 빠져나오는 것을 박 목사님의 아들 시온이가 볼 수 있었습니다. 입신에서 깨어났을 때 그 아이는 책장에 꽂혀 있는 책들이 불에 타는 것을 보았습니다. 그 순간 갑자기 시온이가 일어나더니 책장에서 한 권의 책을 집어 들고 캐나다로 가게 될 전도사님에게 주면서 '전도사님 이 책을

---

27) Friedrich. Heiler, *Erscheinungsformen und Wesen der Religion*, 186.
28) Peter MacKenzie, *The Christians: Their Practices and Beliefs*, 77-78.
29) 노윤식, 『종교현상학 이론과 실제』, 67.

잃어 보세요. 그러면 말씀을 이해하는 눈이 열릴 것입니다'라고 하더라는 것입니다."라고 하였다.[30] 이와 같이 "악기와 불"에 대한 사례를 종합해 보면, 말씀을 이해하는 눈이 열리는 것으로 나타났다.

둘째, 통합행동이다. 신과의 하나 됨을 추구하는 거룩한 통합행동은 모든 종교에서 나타나는 하나의 신비적인 표현의 형태이다.[31] 그래서 한국교회의 경우, 목사와 장로 임직식에 안수하며, 부흥회에서도 성도들에게 안수가 강조되고 있다. 안수(laying on of hands)는 신의 능력이나 거룩함이 전달되도록 하는 중요한 종교적인 행위이다. 이러한 안수는 구약성경의 이스라엘 민족과 신약성경의 교회에서 축복이나 직분 이양, 그리고 치유의 수단으로 사용되었다.[32] 그러면 영적 종교현상의 통합행동인 "안수"에 대한 사례를 살펴보고자 한다. 변승우는 『특별히 예언을 하려고 하라!(개정판)』라는 책에서 안수기도에 대하여 말하기를, "양수리 수양관에서 찰스 프란시스 헌터의 신유집회 도중 저는 그로부터 안수기도를 받았습니다. 저만 해 준 것은 아니고 집회에 참석한 모든 사람에게 해 준 기도였습니다. 그 후 교회에 돌아와 새벽예배를 인도했는데 그 당시 교회도 작았지만 새벽예배에 나온 사람이 어머니와 사모 두 사람뿐이었습니다. 겨울이라 사택을 빼면 20평 정도밖에 되지 않는 교회에 난로를 피워 놓았는데 저는 아무 생각 없이 저희 집사람을 난로 앞에 세워 두고 안수하며 기도했습니다. 그런데 전혀 생각지 못한 일이 일어났습니다. 집사람이 갑자기 뒤로 쓰러진 것입니다. 그 후 신기해서 저희 어머니를 위해 기도했는데 어머니 역시 뒤로 쓰러지셨습니다. 그때 이후로 지

---

30) 변승우, 『다림줄』 (서울: 큰믿음출판사, 2007), 20.

31) Peter MacKenzie, *The Christians: Their Practices and Beliefs*, 106.

32) Peter MacKenzie, *The Christians: Their Practices and Beliefs*, 111-112.

금까지 성도들을 안수할 때 쓰러지는 현상이 계속해서 일어나고 있습니다."라고 하였다.[33] 이와 같이 "안수"에 대한 사례를 종합해 보면, 안수할 때 쓰러지는 현상이 나타났다.

5. 영적 종교현상의 말과 글

성스러운 말과 글은 영적 종교현상의 형태에 있어서 매우 밀접한 관계로 연결되어 있다. 말과 글은 시간과 장소에 따라 행해지는 여러 가지 성스러운 행동과 연결될 때 비로소 거룩하게 된다. 성스러운 말의 범위에는 폭 넓은 성스러운 행동에서 나타나는 여러 가지 소리뿐 아니라 말 없는 것도 여기에 포함이 된다. 그리고 성스러운 글은 부적이나 상징에 사용된 문자로부터 경전에 이르기까지 그 범주가 매우 다양하다는 것이다.[34]

첫째, 말과 언어의 여러 형태가 있다. 첫째는 기도이다. 한국 기독교에서 말과 언어는 영적 종교현상의 한 형태로 볼 때, 일상적인 시장이나 거리에서 사용되는 언어와 다르다. 이처럼 성스러운 말에는 여러 종류의 기도의 내용들이 이 범주에 속한다. 기도는 한국교회의 지대한 성장을 이루는 데 특징적인 부분으로서 현대어보다는 "믿사옵니다", "주시옵소서" 등 고어체로 사용하고 있다. 특히, 축사나 병든 자를 위해 기도할 때, "나사렛 이름으로 떠나갈찌어다."라는 옛말의 명령법을 사용하기도 한다. 그리고 "할렐루야"와 "아멘", 그리고 "여호와" 혹은 "방언" 등은 그 용어와 의미가 낯설지만 그만큼 성스러

---

33) 변승우, 『특별히 예언을 하려고 하라!(개정판)』 (서울: 큰믿음출판사, 2010), 241-242.
34) 노윤식, 『종교현상학 이론과 실제』, 81.

움의 의미를 잘 지니면서 사용하고 있다.[35] 그러면 영적 종교현상의 행동인 "기도"에 대한 사례를 살펴보고자 한다. 만민중앙교회 이재록 목사는 기도에 대하여 말하기를, "손수건을 아픈 곳에 대고 기도하면 치료된다고 말합니다. 정통 교회에서는 볼 수도 들을 수도 없지만, 이 교회에서는 손수건 기도와 손수건 집회를 통해 기적적인 일들이 일어난다고 믿는 것입니다. 특히 질병으로 고통당하는 신도들이 손수건 기도를 통해 치료되기를 갈망합니다. 만민중앙교회는 손수건 집회에 대해 사도행전 19:11-12의 말씀을 근거로 초대교회 당시에 사람들이 사도 바울의 몸에서 손수건이나 앞치마를 가져다가 병든 사람들에게 얹으면 그 병이 떠나고 악귀도 나갔던 것처럼 이재록 목사가 기도해 준 손수건을 가져다가 병자에게 얹고 기도하면 각색 질병이 치료되고 악귀가 나가며 소경이 눈을 뜨고 병어리가 말하는 등 놀라운 권능의 역사가 국내외서 크게 나타나고 있습니다."라고 설명한다.[36] 이와 같이 "기도"에 대한 사례를 종합해 보면, 기도할 때, 머리에 손을 얹고 혹은 기도한 손수건을 병자에게 얹고 기도하였더니 병자가 치유된 것으로 나타났다.

둘째는 방언이다. 성령의 은사로서의 방언은 내가 배워서 습득하게 되는 언어가 아니라 하늘로부터 값없이 주어지는 언어이다.[37] 이것은 공식 종교(formal religion)에서 강한 지도자들에게서 발견되는 특징을 가지며, 그들의 권위를 뒷받침하기 위하여 사용되기도 한다. 또한 삶의 부담감을 느끼게 만들고, 위압감을 느끼게 하여 보통 사람들 가운데서 민간 종교 차원에서 발견된다. 그래서 방언은 공적 의식 중

35) 노윤식, 『종교현상학 이론과 실제』, 150.
36) 김정수, "이단, 이것이 알고 싶다!: 만민중앙교회 손수건 집회," 「현대종교」 415 (2009), 55.
37) 라준석, 『좋으신 성령님』 (서울: 도서출판 두란노, 2007), 144-146.

에 사람들에게 그들의 조상과 신들의 임박감을 제공한다.[38] 방언은 1970년에서 1980년까지 한국교회의 큰 이슈였다.

그러면 영적 종교현상의 말과 언어의 형태인 "방언"에 대한 사례를 살펴보고자 한다. 서울 큰믿음교회 한 성도는 방언에 대하여 말하기를, "단순 음절의 방언으로 기도한 지 몇 년만에 선지자학교에서 구체적 방언과 아름다운 방언으로 변화시켜 주셨는데 불과 몇 개월만에 또 새로운 방언으로 변화시켜 주셨다. '전도사가 새 방언이 임할찌어다' 기도하면서 입술을 열어 선포하고 받으라 말했을 때 그동안 기도하던 방언이 아니고 또 다른 새로운 방언이 임하였다."라고 하였다.[39] 이와 같이 "방언"에 대한 사례를 종합해 보면, 목회자가 방언을 선포할 때 새 방언이 임한 것으로 나타났다.

셋째는 설교이다. 목회자의 설교는 강단에서 선포되는데 성스러운 언어의 범주에 속한다. 그래서 신자들은 설교를 평범한 연설이 아니라 하나님의 말씀으로 받아드려진다. 때로는 하나님의 말씀을 듣는 중에 사람들에게 역사하여 병을 고치기도 한다. 이러한 삶의 현장에서 말씀을 실천해 나가는 신자들에게는 살아갈 힘을 얻게 되고, 용기를 제공하여 여러 가지 문제들이 해결되는 운동력이 된다.[40] 그러면 영적 종교현상의 말과 언어의 형태인 "설교"에 대한 사례를 살펴보고자 한다. 변승우는 『지혜와 계시의 영』이라는 책에서 설교에 대하여 말하기를, "설교가 깊이가 있고 꼭 전해져야 할 가치가 있는 설교가 되려면 지식만 가지고는 안 됩니다. 계시가 필요합니다. 사도 바울이 '또 나를 위하여 구할 것은 내게 말씀을 주사 나로 입을 벌려 복

---

38) Paul G. Hiebert, R. Daniel Shaw, Tite Tienou, *Understanding Folk Religion* (Grand Rapids: Baker Books, 1999), 182.

39) 서울 큰믿음교회 카페, "새방언을 주셨어요," http://cafe.daum.net/Bigchurch.

40) 노윤식, 『종교현상학 이론과 실제』, 150.

음의 비밀을 담대히 알게 하옵소서 할 것이니'(엡 6:19)라고 중보기도를 요청했던 것처럼 위로부터 메시지가 계시적으로 주어져야 합니다. 설교자가 계시적인 설교를 해야 청중들의 심령 속에 있는 영적인 기갈을 해갈시킬 수 있습니다. 계시적인 설교를 해야 영혼의 굶주림이 채워지고 그 영혼이 자랍니다. 계시적인 설교를 해야 청중들이 찜을 받고 회개의 영을 받아 회개하게 됩니다. 계시적인 설교를 해야 보다 많은 사람이 구원받고 그리스도의 신부로 변화됩니다."라고 하였다.[41] 이와 같이 "설교"에 대한 사례를 종합해 보면, 계시적 설교가 구원받을 뿐만 아니라 그리스도의 신부로 변하는 것으로 나타났다.

둘째, 글의 여러 형태가 있다. 성스러운 글들 가운데 부적 등의 책들이 있다. 이것은 일반적인 책보다는 악과 질병으로부터 보호해 주는 신령한 책과 글로 여긴다는 것이다.[42] 고대 게르만족의 경우, 루나(runa) 글자는 북유럽에서 마법의 글자로 신성시되었다. 그리고 히브리어와 아랍어, 그리고 그리스어에서 알파벳은 동시에 신성시된 숫자로 여겼다. 그리스어의 모음 "아, 에, 이, 오, 우"는 신비적 단어로 취급되었다. 알파와 오메가는 신약성경에서 예수 그리스도의 상징으로 사용되었다. 또한 그리스 문자들은 종에 새겨지기도 하였고, 악령의 힘을 내쫓는 의미가 있었다.[43] 이러한 고대 문자들은 종과 벽, 그리고 나무와 돌 등에 써진 부적(amulets)으로 사용되었다. 부적은 기독교에 전이되어 그 위에 성경 구절이 써진 것도 있고, 악을 내쫓고 복이 들여오는 기능으로 믿어졌다. 이러한 기독교 부적은 아프리카 에티오피아 교회에서는 보편적이었고, 서아프리카에서는 시

---

41) 변승우, 『지혜와 계시의 영』 (서울: 큰믿음출판사, 2007), 7-10.
42) 노윤식, "한국 토착종교와 기독교 선교전략," 「선교신학」 13 (2006), 25.
43) 노윤식, 『종교현상학 이론과 실제』, 86-87.

편 23편 등의 성구들을 자동차와 마차 등에 붙여 사용하기도 하였다. 이것은 단순한 글이 아니라 초월적인 힘이 담긴 성물로 취급하고 있다.[44] 이러한 상징의 개념은 어려운 상황에서 처할 때 초자연적인 능력이 필요함을 인정하며, 영적 세계와 접촉하는 누군가를 찾고 있다는 것을 의미한다. 그러면 영적 종교현상의 글의 여러 형태인 "부적"에 대한 사례를 살펴보고자 한다. 서울 큰믿음교회 한 성도는 부적에 대하여 말하기를, "얼마 전 5월에 어버이날도 있고 해서 어머니랑 친할머니댁에 다녀왔거든요. 그런데 밤에 잠을 자는데 제가 날이 더워서 거실에서 잤거든요? 거실에서 제 동생이랑 할머니랑 셋이 자고 있고 큰아버지는 방에서 주무시고, 잠을 자려고 노력하고 있는데 방울소리가 들리는 거예요. 그래서 누가 방울 가지고 노나 곧 그치겠지 하는 생각으로 계속 누워있었는데 진짜 연속해서 방울 소리가 나는 거예요. 왜 무당들이 굿할 때 들고 흔드는 그 방울 소리 있죠? 결국 잠을 못 잤어요. 근데 방울 소리가 또렷하게 신경에 거슬릴 정도로 났는데요. 다들 잘 주무시는 거 있죠. 제가 일어나서 동생한테만 너 어제 잘 때 방울소리 못 들었냐고 물었더니 못 들었데요. 그리고 이상한 소리 들은 것이 이번이 처음이 아니거든요. 근데 거의 저만 이런 소리를 잘 들어요. 예전에 어렸을 때 갔을 때는 틱틱하고 손톱 깎는 소리가 계속 나서 밤에 잠 못 잔적이... 가전제품 소리랑은 틀렸거든요. 암튼 이번에 방울 소리 건이 좀 이상해서 며칠 전에 어머니께 말씀드렸더니 그런 건 말해 줘야 된다면서 기도하자고 그러셨어요(저밖에 들은 사람이 없더라고요. 이게 무슨 일인지 참). 근데 제가 들은 이상한 소리가 도대체 뭔가요? 마귀들이 장난치는 것인가요? 아! 그리고 이

---

44) 노윤식, 『종교현상학 이론과 실제』, 87.

번에 가서 알았던 건데 큰집에 부적이 있더군요."라고 하였다.[45] 이
와 같이 "부적"에 대한 사례를 종합해 보면, 부적의 원인으로 인하여
방울 소리와 같은 이상한 소리를 들었으며, 질병에 걸리는 것으로 나
타났다.

6. 영적 종교현상의 사람과 공동체

첫째, 사람이다. 인간은 사람을 성스러운 존재로 생각해서 그 특정
부위와 관련된 머리털, 손톱, 침, 오줌, 피, 숨, 얼굴 등과 성스러운 사
람의 옷, 무기나 도구들을 성스럽게 여겨졌다. 예를 들면, 예수님은
침으로 신유의 기적을 행하셨고(막 7:33), 호흡의 숨은 영혼의 힘을 가
지고 있다고 믿어서 로마 세례 의식에 숨을 불기도 했다고 한다. 인
도 요가에서는 숨 혹은 기에 대하여 강조하고 있기도 하다. 이집트의
경우, "카"(ka)나 인디아의 "푸르샤"(purusha)는 잠자는 영혼(the dream soul)
이었다. 그리스에서 "다이몬"(daimon)은 출생으로부터 평생을 인간 속
에 거한다고 믿었다.[46] 이슬람교에 무함마드의 경우, 예언자 아담,
노아, 아브라함, 모세, 예수보다 더 위대하게 섬긴다. 그래서 이슬람
은 그 어떤 예언자에 대해서도 신성을 인정하지 않는다.[47] 현대 한
국교회의 성도들에게 목회자에 대한 이미지는 어느 정도 성스러움
을 지닌 모습으로 이해되고 있다. 특히, 목사는 하나님으로부터 소명
을 받아 기독교 신학 교육을 받았으며, 하나님의 말씀을 선포하고 성
례를 집례하며, 각종 통과의례를 담당하고 축도의 권한을 갖는다. 그

---

45) 서울 큰믿음교회 카페, "이상한 소리는 마귀들이 내는 건가요?," http://cafe.daum.net/
Bigchurch.
46) 노윤식, 『종교현상학 이론과 실제』, 89.
47) 양창삼, 『세계종교와 기독교』 (파주: 한국학술정보, 2008), 188.

리고 한국교회는 부흥회를 통해 목사의 권위를 높이는 데, 대부분 부흥회 강사는 하나님으로부터 복을 받는 비결로서 하나님의 종 목회자를 섬기는 일을 강조하고 있다. 그리고 성도들은 하나님의 종 목사로부터 병 고침의 안수기도와 축복 기도를 받기 원하며, 심방을 통해 위로받기를 원한다.[48]

그러면 영적 종교현상인 "사람"에 대한 사례를 살펴보고자 한다. 변승우는 『사도와 선지자들을 잡는 위조 영 분별』이라는 책에서 함께 목회하고 있는 김옥경 목사에 대하여 말하기를, "그는 아프리카에서 7,000 교회를 감독하고 있고, 하나님의 능력으로 3명의 죽은 자를 살렸고, 오병이어의 기적과 각종 치유 기적을 일으키고, 4번 이상 환상이 아니라 아브라함에게 나타난 것처럼 사람의 모양으로 나타난 천사의 방문을 받았으며, 여러 차례 천국에 이끌려 올라가는 체험을 했습니다. 그리고 영어를 비롯한 13개 나라의 언어를 은사로 받아 자신이 배우지 않은 언어로 초자연적인 복음을 전하고 있습니다."라고 하였다.[49] 이와 같이 "사람"에 대한 사례를 종합해 보면, 축복 기도를 해 주고, 죽은 자를 살리고, 각종 치유의 기적을 일으키는 것으로 나타났다.

둘째, 공동체이다. 인간은 영적 종교현상의 공동체를 성스럽게 여겨왔다. 성스러운 공동체는 작은 범위의 가족이나 친족을 의미하며, 크게는 사회와 종교단체, 그리고 교회나 국가에 이르기까지 다양하다.[50] 특히 가족과 친족은 문화인류학에 있어서 가장 오래된 연구 분야 가운데 하나이다. 오늘날 이러한 가족과 친족은 성스러운 공동

---

48) 노윤식, 『종교현상학 이론과 실제』, 151.
49) 변승우, 『사도와 선지자들을 잡는 위조 영 분별』 (서울: 큰믿음출판사, 2008), 73.
50) 노윤식, 『종교현상학 이론과 실제』, 94-96.

체로써 성스러운 예식인 결혼식을 통해 이루어진다. 성경은 결혼을 예수 그리스도와 교회의 성스러운 신비적 결합을 의미하였다(엡 5:23).

그러면 영적 종교현상인 공동체에서 "가족과 친족"에 대한 사례를 살펴보고자 한다. 창원만민교회 김순기 집사는 가정 예배에 대하여 말하기를, "몇 년 전 골다공증으로 넘어져 엉치뼈가 부러지고 거의 죽음 직전까지 가셨으나, 가정 예배를 드리고 당회장 이재록 목사님의 환자 기도를 매주 받아 지금은 4층 계단도 잘 오르내릴 정도로 건강한 몸이 되었습니다."라고 하였다.[51] 이와 같이 "가족과 친족"에 대한 사례를 종합해 보면, 가정에서 가족과 함께 가정 예배를 하며, 치유 기도를 하는 것으로 나타났다.

7. 영적 종교현상의 경험

현대의 특징 가운데 하나가 경험을 강조하는 문화적 성격이다.[52] 신학 분야에서도 경험을 강조하는 것은 일반적인 현상이다. 이러한 종교 경험을 강조하는 것은 자유주의나 복음주의 외에도 이단 종파나 사교 집단에서 흔히 발견되는 현상이다.[53] 따라서 영적 종교현상에서 경험은 피할 수 없는 주제이기 때문에 그에 대한 형태들을 이해하는 것은 매우 중요하다.

첫째, 기본적 형태들이 있다. 대부분의 다양한 종교들과 다양한 인종과 사람들, 그리고 문화와 역사가 다르다 할지라도 종교 경험은 유

---

51) 만민뉴스 2001년 12월 16일자 신문.
52) John J. Davis, *Foundations of Evangelical Theology* (Grand Rapids: Baker Book House, 1984), 145.
53) 목창균, 『현대 복음주의』 (서울: 황금부엉이, 2005), 312-313.

사한 것을 볼 수 있다.[54] 첫째는 놀라움이다. 종교 경험의 기본적인 형태는 놀라움(awe)이다. 이러한 경험은 두려움, 존경, 고대, 자기 헌신 등의 느낌과 연결된다. 이것은 보통 성스러운 장소에 들어갔을 때 경험하게 된다. 그러면 영적 종교현상의 경험인 "놀라움"에 대한 사례를 살펴보고자 한다. 오사카 예수중심교회에서 신앙 생활하는 히로세 기요조 성도는 놀라움에 대하여 말하기를, "처참한 생활은 계속됐고 너무나 배가 고팠던 저는 2002년 11월 어느 날 오사카 예수중심교회에서 무료 식사를 제공해 준다는 이야기를 듣고 참석하게 됐습니다. 카레라이스, 사라다, 우동 등을 정성껏 대접하는 손길에 감격하여 눈물을 흘렸습니다. 그러나 그것보다도 더욱 감사한 것은 오사카 예수중심교회 서범석 목사님으로부터 듣는 하나님의 말씀을 통해 천국과 지옥이 있으며 예수님을 영접해야 천국에 갈 수 있다는 사실이 확실히 믿어진 사실이었습니다. 저는 그 구원의 확신으로 인해 그때부터 동료들을 열심히 전도할 수 있었습니다. 네 군데 공원에서 열리는 모임에 일찍 가서 목사님 일행을 기다렸다가 함께 예배를 준비하고 항상 맨 앞자리에 앉아 하나님의 말씀을 한 말씀도 놓치지 않겠다는 심정으로 듣습니다. 목사님의 설교를 통해 은혜를 받은 저는 좋은 직장을 잡아 돈을 벌어 저처럼 어려운 사람들을 도우며 목사님을 도와 전도하고 싶다는 꿈을 꾸고 있습니다. 또한 믿음이 좋은 자매와 결혼하여 행복한 가정을 꾸미고 싶은 소망도 갖고 있습니다. 하나님은 이런 꿈을 꾸고 있는 저에게 찾아오셨습니다. 태어나면서부터 가졌던 43년 된 악성 아토피성 피부병이 목사님께서 귀신을 쫓으셔서 깨끗하게 나았습니다. 저뿐 아니라 많은 사람이 병 고침을 받

---

54) Peter MacKenzie, *The Christians: Their Practices and Beliefs*, 295.

는 것을 보고 놀라움을 금치 못했습니다."하고 하였다.[55] 이와 같이 "놀라움"에 대한 사례를 종합해 보면, 귀신을 쫓은 것과 병 고침을 보고 놀란 것으로 나타났다. 둘째는 두려움이다. 두려움(fear)은 종교 경험의 기본적인 형태로 경외심과 연결된다. 원시적 종교에서는 타부, 마녀, 마법사, 죽은 자의 영혼 등을 두려워했다. 고대의 신들은 두려운 대상들이었고, 본래 산과 폭풍, 그리고 화산의 신으로 묘사되어 무시무시한 면이 있었다.[56] 그러나 구약성경은 두려움을 가지고 하나님을 섬기라고 말했고(욥 28:28; 시 110:10, 2:11), 신약성경은 두렵고 떨림으로 너희 구원을 이루라고 말했다(빌 2:12).

그러면 영적 종교현상의 경험인 "두려움"에 대한 사례를 살펴보고자 한다. 만민중앙교회 최 성도는 두려움에 대하여 말하기를, "1951년, 참혹했던 한국 전쟁 때입니다. 당시 저는 16세의 나이로 충북 제천에서 국군을 돕던 중 북한군에 포로로 잡혀갔습니다. 소년 간첩으로 오해받아 심한 고문과 집단 구타를 당하면서 양쪽 귀 고막이 크게 손상을 입어 거의 듣지 못하게 되었지요. 2003년, 탈북해 새터민이 되었지만 귀가 들리지 않으니 매사에 두려움이 엄습했고, 신앙생활도 흥미를 잃어 작년에는 몇 개월 동안 교회를 안 나온 적도 있었습니다. 최근에는 겨우 교회만 왔다 갔다 했지요. 지난 1월 29일, 국가유공자로서 보훈 혜택을 받고자 주사랑선교회 회원들과 함께 당회장님 기도를 받았습니다. 그런데 이게 웬일입니까? 1월 31일 주일 대예배를 드리던 중 당회장님 설교가 또렷이 들리는 게 아닙니까?"라고 하였다.[57] 이와 같이 "두려움"에 대한 사례를 종합해 보면, 귀가 들리지

---

55) 예수중심교회, "노숙자에게 삶의 소망을 주신 하나님," http://www.jcc.tv/html/paper.html?sec=confession&no=172&search =놀라움.

56) Peter MacKenzie, *The Christians: Their Practices and Beliefs*, 296.

57) 만민뉴스 2010년 2월 14일자 신문.

않고, 우울증과 미혹하는 자들로 인해 두려운 것으로 나타났다.

셋째는 기쁨이다. 기쁨(joy)은 종교 경험의 기본적인 한 형태이다. 이러한 기쁨은 모든 종교에 있어서 공통된 것이며, 이 세상의 모든 것을 부정해도 기쁨은 부정하지는 않는다. 힌두교 문헌에 우파니샤 드는 모든 생물은 기쁨을 가지고 태어났기 때문에 기쁨으로 살아가야 한다고 말한다. 이렇듯 기쁨은 구원받은 자들의 상태를 말하는데 특히 힌두교는 명상을 통해 기쁨을 누린다고 한다.58) 특히 기독교에 나타난 기쁨은 구원의 표시로 보며, 의로운 자들이 하나님 앞과 성전 안에서 기쁨을 누린다고 본다(시 68:3, 84:2).

그러면 영적 종교현상의 경험인 "기쁨"에 대한 사례를 살펴보고자 한다. 서울 큰믿음교회 영상집회에 참여한 조성민 어린이의 어머니가 기쁨에 대한 간증에 대하여 말하기를, "2008년 2월경 한국에서 떠나오기 3~4일전에 치과에 들러서 썩은 니 2개를 뽑고 난 후에, 의사 선생님께서 충치 8개가 더 있는데 이것은 때우거나 뽑고 다시 해 넣으려면 한국 돈으로 한 오백 만 원 정도 든다고 하셨습니다. 그때 저희 가족은 며칠 후에 미국행 비행기를 타야 했고 또 치료비가 부담되어 나중에 치료하자고 하였습니다. 미국에 와서도 밥을 먹다가도 가끔씩 이가 아프다고 할 때면 밥을 먹다가도 이를 닦거나, 그만 먹어야 할 때가 있었습니다. 그런데 오늘 찰리 로빈슨 목사님 영상집회에서 혹시나 하는 마음으로 '성민아 우리도 한번 보자' 했더니 글쎄, 덧니는 그대로인데 그 많던 썩은 이들이 다 하얗게 변해 있지 않겠습니까? 뿐만 아니라 앞니까지 모두 하얗게 변해 있었습니다. 순간 온 몸에 말로 표현할 수 없는 전기가 머리부터 발끝까지 찌릿찌릿했습니

---

58) Peter MacKenzie, *The Christians: Their Practices and Beliefs*, 299.

다. 너무 놀라고 놀라 와서 저도 모르게 '성민아 너 썩은 이 다 없어졌어!'라고 큰소리를 지르게 되었습니다. 그리고 성민이를 와락 끌어안았는데 성민이가 울면서 몸에 전류가 흐르듯 떨고 있었습니다. 저 또한 주체할 수 없는 이 기쁨을 어떻게 해야 할지 몰라 아들을 꼭 끼어안고 주님께 영광 돌렸습니다."라고 하였다.[59] 이와 같이 "기쁨"에 대한 사례를 종합해 보면, 치유로 인한 기쁨, 귀신과 질병에서의 해방, 썩은 이가 하얗게 되어 기쁜 것으로 나타났다.

둘째, 초월적 형태들이 있다. 기본적인 종교 경험은 특별한 종교적 은사를 지닌 사람들에게 주어진 초월적인 종교 경험들이다. 이러한 경우는 정신병적인 현상과 비슷한 양상을 가지고 나타난다. 그리고 다른 점이 있다면 초월적인 종교 경험에서 비롯된다는 것이다.[60] 첫째는 영감이다. 영감(inspiration)은 신에게 헌신한 사람들을 통해 발견되는 초월적 형태의 종교 경험인데 갑자기 신과 구원, 그리고 미래에 대하여 직감할 수 있는 능력이 주어진다. 이러한 영감의 경험은 영감된 글과 말의 형태로 표현되는데 영감받은 사람은 어떠한 말을 해야 할지 예상하지 않아도 말은 그 자체로 나오게 되어있다.[61] 그러면 영적 종교현상의 경험인 "영감"에 대한 사례를 살펴보고자 한다. 변승우는 『다림줄』이라는 책에서 영적 경험을 통한 저술에 대하여 말하기를, "자신은 미국 사역자인 샨 볼츠의 예언을 빌려서 저술을 한다. 그래서 산 볼츠가 변승우에 대해 말하기를, '이 시간 기록을 담당하고 있는 천사 중 직위가 높은 강력한 천사가 변승우 목사 곁에 와 있습니다. 사도 바울이 서신서들을 저술할 때 바울과 함께 서 있었

---

59) 서울 큰믿음교회 카페, "할렐루야! 충치 8개가 치료되었습니다," http://cafe.daum.net/Bigchurch.

60) Peter MacKenzie, *The Christians: Their Practices and Beliefs*, 303.

61) Peter MacKenzie, *The Christians: Their Practices and Beliefs*, 303.

던 역할을 감당하기에 합당했던 바로 그 천사입니다. 바로 이 천사가 바울이 로마교회 성도들과 갈라디아교회 성도들에게 서신서를 썼을 때 바울과 함께 있었습니다.'라고 예언했다. 변 씨는 산 볼츠의 예언을 듣고 그 천사가 자신과 함께 있음을 느낄 수 있었다."라고 주장하였다.[62] 이와 같이 "영감"에 대한 사례를 종합해 보면, 다른 사람의 꿈과 환상, 그리고 예언을 통해 영감받는 것으로 나타났다.

둘째는 환상과 환청이다. 영감은 마음으로 연결되지만 환상(visions)과 환청(auditions)은 현재 존재하지 않은 대상에 대한 감각적인 받아들임과 연결되어 있다. 이러한 종교 경험은 보이지 않은 신적 실재와 실제적인 대화의 형태를 띠게 된다.[63] 히브리 예언자들에 대한 소명의 경험도 환상과 환청의 경험과 매우 밀접하게 연결되어 있다. 사도 바울은 다메섹으로 가는 도중에 빛을 보고 예수 그리스도의 음성을 들었으며, 예수 그리스도의 사도가 되었다(행 9:1, 23:3).[64] 그러면 영적 종교현상의 경험인 "환상과 환청"에 대한 사례를 살펴보고자 한다. 변승우는『그 시에 주시는 그 말을 하라』라는 책에서 환상에 대하여 말하기를, "성령은 내적 증거를 통해서, 영의 증거를 통해서 주로 인도하시지만 때로는 꿈과 환상과 예언을 통해서 인도하십니다. 여러 가지 계시적인 것들을 통해서 인도하십니다. 교회가 지적되고 종교화되면서 근래 말씀하는 병적 신앙이 유해하고 있습니다. 물론 우리는 말씀을 사랑하고 말씀을 알아야 하고 말씀 위에 서야 합니다. 그러나 종교적이 되어서는 안 됩니다. 우리에게는 말씀뿐만 아니라 성령님이 필요하고 성경 진리뿐만 아니라 하나님의 계

---

62) 변승우, 『다림줄』, 6-7.
63) Peter MacKenzie, *The Christians: Their Practices and Beliefs*, 303.
64) Peter MacKenzie, *The Christians: Their Practices and Beliefs*, 303-304.

시가 필요합니다."라고 주장하였다.[65) 이와 같이 "환상과 환청"에 대한 사례를 종합해 보면, 환상과 환청을 통해 하나님의 계시를 받는 것으로 나타났다.

셋째는 회심이다. 회심(conversion)은 종교 경험에 있어서 가장 중요한 위치를 차지한다. 그것은 회심이 인간의 대부분의 종교 체험에서 중요한 역할을 하기 때문이다.[66) 그리고 회심은 영감이나 환상 혹은 환청 경험과 함께 일어나기도 한다. 회심과 더불어 내적 평화와 확신이 주어지고 종교적인 전도 활동이 본격적으로 시작된다. 그러나 회심이 비도덕적인 생활이나 비 영적인 생활 후에도 올 수 있으며, 한 종교에서 다른 종교로 회심이 일어날 수도 있다.[67) 그러면 영적 종교현상의 경험인 "회심"에 대한 사례를 살펴보고자 한다. 예수중심교회 박 권사는 회심의 경험에 대하여 말하기를, "저는 시집을 가면서 하나님을 떠났습니다. 그 대가는 정말 혹독했습니다. 지금으로부터 약 30년 전인 1979년, 저는 자궁암에 걸려 사망선고를 받았습니다. 그때서야 저는 다시 하나님을 찾았습니다. 자비로우신 하나님은 저의 회개를 받아주시고 제 생명을 다시 돌려 주셨습니다."라고 하였다.[68) 이와 같이 "회심"에 대한 사례를 종합해 보면, 질병을 통해서 회심하는 것으로 나타났다.

넷째는 입신이다. 입신(trance)은 샤머니즘의 종교 경험의 한 형태로 초월적 존재를 만나 실신하거나 실신을 통해 다른 영적 세계를 여행하는 것을 말한다. 즉, 입신을 통해 죽음의 건너편으로 넘어가기도

---

65) 변승우, 『그 시에 주시는 그 말을 하라』, 82.
66) Gerardus van der Leeuw, 『종교현상학 입문』, 손봉호 역 (왜관: 분도출판사, 2007), 238.
67) Peter MacKenzie, *The Christians: Their Practices and Beliefs*, 304-305.
68) 예수중심교회, "제 3의 삶을 주셨습니다," http://www.jcc.tv/html/paper.html?sec=confession&no=486&search=회개.

하며, 신들로부터 지시와 명령, 그리고 소명을 받기도 한다. 이러한 종교 경험은 인간을 우주와 일치시킬 뿐만 아니라 신과의 합일을 이룬다.

그러면 영적 종교현상의 경험인 "입신"에 대한 사례를 살펴보고자 한다. 변승우는『특별히 예언을 하려고 하라!』라는 책에서 입신에 대하여 말하기를, "현재 요엘이 예언한대로 꿈과 환상과 예언이 전 세계적으로 급증하고 있다. 꿈과 환상, 그리고 예언의 증가와 더불어 반드시 입신의 증가를 보게 될 것이다. 또한 입신을 통해 첫째, 예수님을 직접 만나고 교제할 수 있다. 둘째, 앞서간 성도들과 만나고 교제할 수 있다. 셋째, 성경 진리에 대한 큰 이해력을 얻을 수 있다. 넷째, 미래에 대한 놀라운 계시들을 받을 수가 있다. 마지막으로 다섯째, 위엣 것을 찾는 자로 변화될 수 있다."라고 주장하였다.[69] 이와 같이 "입신"에 대한 사례를 종합해 보면, 입신을 통해 예수님과 앞서간 성도들을 직접 만날 수 있으며, 성경의 큰 이해력과 미래에 대한 계시를 받을 수가 있고, 쓰러짐으로 인해 더욱 더 주님의 임재를 경험하는 것으로 나타났다.

---

69) 변승우,『특별히 예언을 하려고 하라!』(서울: 은혜출판사, 2006), 297-320. 이러한 신비주의적인 신앙은 하나님의 계시의 방편이 직통계시라고 주장하며, 지금도 선지자학교를 세워 예언을 가르치고 각 개인의 신상에 대해 예언을 해 주고 있다. 이것은 성경의 근거보다 개인적인 종교 체험과 다른 사람들의 예언에다 두는 경우라고 볼 수 있다. 이승연, "바로알자 큰믿음교회,"「현대종교」423 (2010), 53.

III. 영적 종교현상에 대한 성경 선교 신학적 평가

1. 성경 선교 신학적 문화 상황화의 원리를 통한 평가

성경 선교 신학적 문화 상황화의 원리란 문화에 대한 성경의 이해로 하나님과 문화와의 관계성을 발견하여 모든 사람이 그의 메시지를 이해하도록 하는 것을 말한다.

하나님은 결코 인간의 문화를 떠나서 하나님의 나라에서 혼자 활동하시는 분이 아니시다. 하나님은 그 당시 인간들이 당면하고 있는 영적 종교현상의 상황과 문화, 그리고 역사의 현장에서 우상숭배와 비인간적인 문화를 개혁하셨다.[70] 이처럼 영적 종교현상에서 문화 상황화의 원리가 얼마나 중요한지를 성경 선교 신학을 구성하고 있는 성경적 평가를 통해 알 수가 있다.

영적 종교현상의 시간과 장소에 관한 사례를 평가해 보자면, 시간의 경우는 주로 3일, 5일, 7일, 15일, 21일, 새벽과 밤에 기도하는 시간을 가졌다. 그리고 절기의 경우는 성탄절과 축제를 통하여 영성을 강화했던 것으로 나타났다. 물론 영적 종교현상에 대한 거룩한 시간은 다 일치하는 것은 아니지만 이런 거룩한 시간을 통해 영성을 강화했던 사례를 볼 때, 한국교회는 영적 종교현상의 시간을 더욱더 강화해야 한다. 거룩한 장소의 경우는 산, 영의 공간, 굴, 기도원, 가정, 성전 등으로 구분하여 그에 따른 사례의 현상들을 살펴볼 때, 이러한 영적인 장소가 성스럽게 여긴다고 해서 성스러운 장소는 아니다. 예수 그리스도의 성령이 어떤 장소에 함께 하시든지 그곳이 영적 종교

---

70) 노윤식, 『종교현상학 이론과 실제』, 107.

현상의 장소가 될 수 있다. 물론 이러한 장소를 무리한 숭배의 대상
으로 보는 입장은 매우 적절하지 못하다. 그러나 어떠한 장소라도 예
수 그리스도 보혈의 피로 말미암아 깨끗하게 씻은 후에 사용하여 영
적 종교현상의 장소로 의미 있게 활용해야 한다. 거룩한 상징인 물
의 경우는 사례 현상을 통하여 평가해 볼 때, 무안 단물은 두드러진
현상으로 질병을 치료해 준다고 주장한다. 또한 성수는 타락한 인간
이 거룩한 혈통에 참여할 수 있다고 한다. 그러나 성경은 물과 성수
가 치료하는 것이 아니라 "나사렛 예수 그리스도의 이름으로 일어나
라"라고 선포할 때 질병을 고치는 것이다(행 3:6). 그리고 하늘에 대한
지나친 신비주의 강조는 기독교의 진리를 근본적으로 훼손하는 위
험성을 가지게 된다. 물론 체험적인 신앙은 필요하지만 성경에 근거
한 체험이어야 한다. 성경 말씀보다 인간의 체험을 더 중시하거나 의
존하게 되면 우상화에 빠질 수 있다. 성경을 능가하거나 하나님의 역
사를 외면하는 신비주의 체험은 위험하고 공허할 뿐일 것이다. 따라
서 과거나 현재, 그리고 미래에도 선교사와 목회자들이 직면한 도전
은 자신들이 활동하고 있는 지역 주민들의 마음과 문화 상황화에 잘
어울릴 수 있도록 생각하는 원리를 배워야 한다. 예수님도 자신의 생
애와 활동에서 그 예로 보여진다. 이미 예수님은 당시의 문화 상황화
속에서 성장하였고, 주변 사람들에게 공통되는 모든 학습과 사회적
활동에 참여했다는 점이다.[71] 예수님은 이러한 관점에서 너무나 평
범했기 때문에 주변 사람들로부터 그의 가르침과 사역을 받아들이
기를 거부했던 것으로 보여 졌다(마 13:54-58).

---

71) Sherwood G. Lingenfelter & Marvin K. Mayers, *Ministering Cross-Culturally: An
    Incarnational Model for Personal Relationships* (Grand Rapids: Baker Book House,
    1986), 61-62.

2. 성경 선교 신학적 계시의 원리를 통한 평가

성경 선교 신학적 계시의 원리란 성경을 유일한 하나님의 계시로 보고, 예수 그리스도가 곧 하나님의 계시 실현으로 보는 것을 말한다.

성경에서 계시란 어떤 일련의 비밀적인 진리를 뜻하는 하나님의 사역이 아니라 하나님의 자기 노출을 의미한다. 기독교 신학은 모든 계시를 처음부터 하나님의 최초 노출로 자기 자신이라는 사실로 보았다.[72] 초기 이스라엘 민족의 전통은 하나님의 출현에 대해 언급하고 있는데, 하나님의 출현은 그들을 예배 장소가 될 만한 곳으로 인도하거나 어떤 중요한 소식을 전하는 것이다. 그러나 출현했다고 해서 결코 하나님의 본질이 계시 된 것은 아니다. 따라서 구약성경에서 보도하는 하나님의 출현은 그 자신을 계시하는 것으로 해석해서는 안 될 것이다. 이렇게 성경에서 하나님의 자기 계시에 관한 용어상의 표현을 쓸 수 없다는 사실을 확인할 수 있다.[73] 따라서 영적 종교현상에 있어서 계시는 예수 그리스도의 선포된 메시지를 통해서 완성되었다. 기독교는 예수 그리스도를 통해서 하나님의 계시가 완성되었기 때문에 더 이상 계시가 필요 없다고 믿고 있다(히 1:1-2). 영적 종교현상의 경험에 관한 사례를 평가해 보자면, 놀라움과 두려움, 그리고 기쁨과 전도 열정, 영감, 환상과 환청, 회심, 입신 등으로 구분할 수 있는데 이러한 경험들을 계시와 연결하고 있다. 물론 경험적인 계시가 중요하지만 예수 그리스도가 곧 계시이다. 환상의 경우에 무

---

72) Wolfhart Pannenberg, 『역사로서 나타난 계시』, 전경연 · 이상점 역 (서울: 대한기독교서회, 1979), 10.
73) Wolfhart Pannenberg, 『역사로서 나타난 계시』, 16.

엇을 보았는지가 중요하나 환상의 내용이 무엇인지가 더 중요하다. 즉, 그 의미가 무엇이며, 환상의 목적이 무엇인지가 중요하기 때문이다. 성경에서 하나님이 보여주신 이러한 환상들의 특징을 살펴보면, 분명한 목적이 있는데, 그것은 예수 그리스도를 통한 인간 구원에 있다.[74] 이러한 영적 종교현상의 형태론을 통해 살펴 본 사례 연구에서 영적인 체험은 경험할 수 있지만 신비주의로 나가서는 안 될 것이다.[75] 따라서 사례 연구의 경우에 환상을 통한 치료는 사람을 치료하는 하나님의 능력의 표현이다. 그래서 사례 연구를 통해 예수 그리스도에게 해당하는 용어보다 능가하는 것처럼 보이기 때문에 신비주의로 분류할 수밖에 없다.

3. 성경 선교 신학적 진리의 원리를 통한 평가

성경 선교 신학적 진리의 원리란 성경의 기준을 가지고 참된 진리가 무엇인지, 거짓된 진리가 무엇인지를 정확하게 구별하는 방법을 말한다.

사람들은 보통 많은 사람이 모이는 교회가 좋은 곳, 즉 진리라고 생각하는 경향이 있다. 그만큼 인정한다고 보기 때문에 믿을 만한 곳이라고 생각한다. 물론 사람들이 많이 모이는 교회도 있지만 반드시 그런 것만은 아니다. 이것은 매우 위험한 생각으로, 교회는 사람의 수가 중요한 것이 아니라 예수님의 진리가 전파되고 있는지가 더 중요한 것이다.[76] 따라서 영적 종교현상의 형태론에 있어 진리에 대한

---

74) 소윤정, 『꾸란과 성령』 (서울: CLC, 2009), 127.
75) 신비주의란 성경 말씀보다 환상이나 예언, 입신, 쓰러짐, 천국과 지옥의 경험 등 영계의 초월적인 신비체험에 더 비중을 두거나 확신을 갖는 태도를 말한다.
76) 국제종교문제연구소, "큰믿음교회 대처 노하우," 「현대종교」 423 (2010), 65-66.

성경적 개념을 통해 그러한 형태들이 하나님의 말씀인 진리로 객관적이고 절대적인지를 물어보아야 한다.

진리를 표현하는 말과 글에 관한 사례 현상을 평가해 보자면, 기도의 경우에 "오 주 예수여!"를 주문처럼 반복해서 외우며, 이것을 부르면 구원을 받는다고 한다. 또한 국내외에서 손수건을 얹고 기도한다든지 안수받은 손수건을 가지고 기도하면 질병이 치료되고, 귀신이 나간다고 한다. 방언의 경우, 사람이 사람에게 줄 수 있다고 말하며, 가장 위대한 직분이 방언을 받는 것으로 보았다. 방언은 연습으로 가능하며, 방언을 통해 각색 질병도 치료된다고 말한다. 그리고 방언을 받지 못한 목회자는 가짜라고 말하였다. 설교의 경우, 전혀 원고가 준비되지 않고 준비 없이 하는 새로운 패러다임이 즉흥 설교라고 말하며, 이것이 하나님이 주신 은사와 일종의 예언으로 본다는 것이다. 이런 즉흥 설교를 들을 때, 하나님의 강한 임재를 느낀다고 한다. 또한 설교를 들을 때 질병이 치료받는다고 말한다. 부적의 경우, 이러한 부적들을 떼어낸 후에 눈의 통증이 사라졌으며, 이것을 제거한 후 질병이 사라졌다고 한다.

이러한 경우들을 통하여 목회자는 성도들에게 주시는 하나님의 말씀을 말이나 글로 전달할 필요가 있다. 그러한 전달에 있어서 주의할 것은 말과 글 자체가 성스러운 것이 아니다. 그것은 하나님의 진리 말씀과 글이 하나님의 진리 말씀을 포함하기 때문에 성스럽다는 것을 인식시켜야 한다. 그래서 말과 글에 관한 사례를 통해 말과 글, 그 자체를 숭배하는 우상숭배를 배격해야 한다.[77] 기독교의 참된 진리의 권위는 존 웨슬리(John Wesley)가 진술한 대로 성경에 두어야 하며,

---

77) 노윤식, "한국 토착종교와 기독교 선교전략," 31.

성경에 쓰인 말씀 외에는 어떤 권위도 인정하지 않아야 한다.[78] 이러한 복음주의 입장에서 성경 선교 신학은 종교 경험을 강조하지만 성경 외에 계시의 경험은 용납하지 않는다. 왜냐하면 진리는 성경을 통해서 이루어지고 경험을 통해 확인되어야 하기 때문이다.

4. 성경 선교 신학적 해석학의 원리를 통한 평가

성경 선교 신학적 해석학의 원리란 성경 안에 있는 다양한 문화적 상황들을 인식할 뿐만 아니라 성경해석의 과정에 해석자의 상황들을 매우 중요하게 고려하는 접근방법을 말한다.

따라서 많은 선교사와 목회자들, 그리고 평신도 사역자들이 어떤 문제든지 해석학적 관점 없이 영적으로만 판단하려는 경우가 있다. 이러한 문제 때문에 문화적 차원을 간과하는 잘못을 범하는 경향이 있는데, 그것은 자신들의 견해를 주관적으로 쉽게 성경을 인용할 수 있다. 그러나 다른 방식에 대한 성경의 선례가 있다는 것과 성경의 지지를 받을 수 있다는 성경에 대한 증거에는 눈이 어둡다는 것이다.[79] 성경 선교 신학적 영적 종교현상의 실제 전략에서 다루어질 내용은 먼저 해석학이 요구된다. 그것은 과거의 성경 본문을 오늘날 성경 선교적인 삶과 연결시키는 과제를 갖기 때문이다.[80] 최근 성경에 대한 선교 신학적 접근이 보다 심도 있게 진행되고 있어서 선교적인 해석학(missional hermeneutics)이라는 표현이 등장하였다. 이러한 성경 선교 신학적 해석학은 본문의 뜻을 정확하게 해석하려는 석의

---

78) 목창균, 『현대 복음주의』, 321.

79) Sherwood G. Lingenfelter & Marvin K. Mayers, *Ministering Cross-Culturally: An Incarnational Model for Personal Relationships*, 79.

80) 박종석, 『성서적 신앙공동체 교육』 (파주: 한국학술정보, 2010), 25.

(exegesis)만으로 만족하지 않고, 의도적으로 성경 본문과 하나님의 선교 안에서 신앙공동체로서 교회의 사명과 사명에 대한 분별력이 교회의 목적에 자리 잡게 하는 데 있다.[81]

사람과 공동체의 사례에서 성경 선교 신학적 해석학의 평가를 해보자면, 너무 인간을 신성화시키고, 너무 영적으로 판단하여 신성화시키는 문제를 해석학 관점에서 바로들 잡아야 할 것이다. 따라서 영적 종교현상의 형태론에 나타난 사람과 공동체의 사례에서 목회자와 공동체는 바예수처럼 신비주의 체험이나 환상과 계시, 그리고 꿈을 통해서 하나님의 뜻을 해석할 수 있다. 또한 자신들의 기도를 하나님의 말씀과 하나님의 섭리보다도 더 우위로 여긴다. 이것은 영적 종교현상에 대한 무지로 자신들이 영적 종교현상의 한복판에 있음을 알지 못하고, 공격받고 있다는 것조차 의식하지 못하고 있다. 이것을 비판할 수 있는 영적 종교현상의 무기가 성경 선교 신학이다. 공동체의 경우, 가정에서 가정 예배와 성찬식을 통해 치유 받은 영적인 경험들이다. 한국교회는 가정 예배를 장려하기도 하며, 구역예배를 돌아가면서 가정에서 드린다. 이것은 가정이 의식주를 하는 곳이 아니라 하나님이 거하는 공동체가 되고, 하나님을 예배하는 공동체가 될 수 있다는 종교 현상학적 의미를 부정할 수 없는 것이다.[82] 그래서 교회와 그리스도인들은 베드로전서 5:8-9에서 지적한 대로 영적 종교현상에서 믿음의 선한 싸움을 싸워야 할 것이다.

---

81) Michael Barram, "*The Bible, Mission, and Social Location: Toward a Missional Mermeneutic*," (January, 2007), 57-58.

82) 노윤식, 『새천년 성결선교신학』 (안양: 성결대학교 출판부, 2001), 90-91.

5. 성경 선교 신학적 성령의 원리를 통한 평가

성경 선교 신학적 성령의 원리란 다양한 역사와 문화의 상황 속에서 성경을 해석할 뿐만 아니라 해석자가 진리와 오류를 똑바로 분별하여 적용하도록 지속적인 역할을 수행토록 하는 방법을 말한다.

하나님의 계시를 수여하는 데 있어서 성령은 본질적인 역할을 수행토록 한다. 이러한 성령의 행위를 영감(靈感)이라고 부른다.[83] 성령은 다양한 역사와 문화의 상황 속에서 성경을 해석하고 적용하도록 지속적인 역할을 수행토록 한다.[84] 따라서 영적 종교현상에 있어서 성령은 해석자가 진리와 오류를 바로 분별하도록 진리를 왜곡하고 분열시키려는 치명적인 문화적 영향을 피하도록 인도하신다. 그리고 성령은 해석자인 자신의 사회적 상황 속에서 성경의 의미를 바르게 적용하도록 인도하신다. 성령은 해석학적 다리를 위한 필수 불가결한 부벽(扶壁)이며, 그 다리를 통해서 전달된 진리를 보전하고, 그 메시지가 현대의 문화적 상황 속에서 작용할 수 있는 방법을 보여주는 중요한 역할을 한다는 것이다.[85] 불과 안수의 사례에서 성경 선교 신학적 성령의 원리로 평가해 보자면, 거룩한 행동인 불의 경험에 대한 경우, 뜨거운 불이 들어오는 경험을 통해 시력을 되찾았고, 어떤 경우는 성령의 불이라고 말하면서 쥐를 죽였다는 경험도 했다고 한다. 또 불의 경험을 통해 입신한 아이의 몸에서 영이 빠져나왔다든지 혹은 지옥을 경험했다는 것이다.

---

83) William J. Larkin, *Culture and Biblical Hermeneutics: Interpreting and Applying the Authoritative Word in a Relativistic Age* (Grand Rapids: Baker Book House, 1988), 287.

84) William J. Larkin, *Culture and Biblical Hermeneutics: Interpreting and Applying the Authoritative Word in a Relativistic Age*, 287-289.

85) William J. Larkin, *Culture and Biblical Hermeneutics: Interpreting and Applying the Authoritative Word in a Relativistic Age*, 303.

물론 기독교는 불의 사용보다는 성령의 불이라는 표현으로 사용되고 있다. 그래서 부정적인 영성을 예수 그리스도의 보혈로 제거하여 적극적으로 기독교가 수용하여 죄를 태우는 정화 행위나 촛불을 켜는 희생 예배 등으로 적용할 필요가 있을 것이다.[86] 안수의 경우, 무안의 짠물이 단물로 변한 것과, 대표적인 안수로 사우나 안수, 십자가 안수, 생기 안수, 코 안수, 기관지 안수, 기름 안수 등을 통해 각종 질병이 치료된다고 한다. 그리고 안수할 때 사람들이 쓰러지는 현상들도 있으며, 배와 눈을 찌르며, 소금을 넣은 밀가루로 안수하는 등 여러 종류의 안수들의 사례 현상을 보았다.

안수는 하나님의 능력과 성령의 은혜가 전달되는 중요한 종교적 행동이다. 이러한 종교적 행동은 구약의 이스라엘 민족과 신약의 교회들에게 있어서 일반적인 행동이었다.[87] 모세의 경우, 여호수아에게 안수함으로 그의 직임식을 통해 이양하였다(민 27:18). 예수님과 열두 제자들은 안수하여 병든 자를 고쳤다(막 5:23). 이러한 성경 선교 신학적 성령의 원리를 통해서 평가에 있어 긍정적인 면과 부정적인 면에 성령의 역사가 왜곡된 경우가 많다. 따라서 영적 종교현상에 대한 것을 성령의 원리로 바로 잡아야 할 것이다.

V. 나가는 말

지금까지 본 연구자는 영적 종교현상의 형태론과 그에 관한 사례를 중심으로 해서 성경 선교 신학적인 평가에 대하여 다섯 가지로 살

---

86) 노윤식, "한국 토착종교와 기독교 선교전략," 29.
87) 노윤식, 『새천년 성결선교신학』, 98.

펴보았다. 첫째, 성경 선교 신학적 문화 상황화의 원리를 통한 평가에서는 영적 종교현상의 시간과 장소, 그리고 물에 대하여 살펴보았다. 어떤 시간과 장소 대상이라도 예수 그리스도 보혈의 피로 말미암아 깨끗하게 씻은 후에 정결하게 사용하여 영적 종교현상에 의미 있게 활용해야 할 필요가 있다. 그런데 이들에 대한 지나친 신비주의 강조는 기독교의 진리를 근본적으로 훼손하는 위험성을 가지게 된다. 물론 체험적인 신앙은 필요하나 성경에 근거한 체험이어야 한다. 성경 말씀보다 인간의 체험을 더 중시하거나 의존하게 되면 우상화에 빠질 수 있다. 둘째, 성경 선교 신학적 계시의 원리를 통한 평가에서는 영적 종교현상의 경험에 대하여 살펴보았다. 사례를 통하여 나타난 놀라움과 두려움, 그리고 기쁨과 전도 열정, 영감, 환상과 환청, 회심, 입신 등으로 구분하였는데 이러한 경험들을 계시와 연결하고 있었다. 물론 영적 경험도 중요하나 그것을 계시 자체인 예수 그리스도와 동일시해서는 안 될 것이다. 셋째, 성경 선교 신학적 진리의 원리를 통한 평가에서는 진리를 표현하는 말과 글에 대하여 살펴보았다. 목회자는 성도들에게 주시는 하나님의 말씀을 말이나 글로 전달할 필요가 있다. 그러나 주의할 것은 말과 글 자체가 성스러운 것이 아닌 하나님의 진리 말씀과 글이 하나님의 진리 말씀을 포함하기 때문에 성스럽다는 것을 인식시킬 필요가 있다. 아울러 말과 글에 대한 그 자체를 숭배하는 우상숭배를 배격해야 할 것이다. 넷째, 성경 선교 신학적 해석학의 원리를 통한 평가에서는 사람과 공동체에 대하여 살펴보았다. 너무 인간이나 공동체를 신성화시키고, 너무 영적으로 판단하는 문제를 해석학 관점에서 바로잡아야 한다. 마지막으로 다섯째, 성경 선교 신학적 성령의 원리를 통한 평가에서는 불과 안수에 대하여 살펴보았다. 성경 선교 신학적 성령의 원리를 통해 영적 종교현상의 사례를 평가해 보면, 긍정적인 면과 부정적인 면에 성령의 역사가 왜곡된 경우가 많았다. 따라서 영적 종교현상에 대한 것을 성경 선교 신학적인 성령의 원리로 바로 잡아야 할 것이다.

그리하여 영적 종교현상의 형태론과 성경 선교 신학적 평가에 대한 논문을 마치면서 몇 가지 제언을 하고자 한다. 첫째, 영적 종교현상의 형태론에 대한 바른 이해는 신비주의로 나가면 안 될 것이다. 신비주의자들은 환상과 묵시, 그리고 그 외에 신비주의에 관한 내용들을 예수 그리스도와의 신비로운 연합의 가시적인 경험으로 보는 경우가 있다. 따라서 신앙의 영적 체험은 인정하나 신비주의로 나가면 안 된다는 사실이다. 둘째, 영적 종교현상의 형태론은 성경과 계시, 그리고 진리가 중심이 되어야 할 것이다. 성경은 영적 종교현상의 형태론에 원천이요 규범이며, 영적 종교현상에 있어서 신앙의 척도요 표준이다. 오늘날 지역 교회나 선교 현장은 성경의 권위가 심각한 도전을 받는 것이 사실이다. 이러한 영적 종교현상은 성경 선교 신학적 관점에서 강조할 뿐만 아니라 바른 이해로 선교 현장을 통해 전파하여 영적 종교현상에서 승리해야 할 것이다. 셋째, 교회는 예언이나 입신 등 영적 현상에 대하여 지도 방법론을 제시해야 할 것이다. 교회는 변승우와 큰믿음교회, 이초석과 예수중심교회, 이재록과 만민중앙교회 등에서 나타나는 종교적 현상을 영적 종교현상의 형태론을 통하여 객관적으로 분석하고, 성경 선교 신학적 평가를 통하여 성도들을 지도해야 할 것이다. 그래서 성도들에게 복음의 본질과 능력이 현상적인 감정주의보다는 성경에 근거할 수 있도록 지도해야 할 것이다. 즉, 성도들에게 예언과 입신은 단순히 어떤 현상적

인 것만을 가지고 판단하는 것이 아니라 삶 가운데서 예수 그리스도
와의 지속적인 관계 속에서 추구해야 함을 가르쳐야 한다. 그래서 믿
음의 사람들은 성령의 역사를 통하여 갈라디아 5:22-23에 나타난 성
령의 아홉 가지 열매가 있어야 한다. 그리고 이 영적인 결과물로 성
도 간의 교제와 연합으로 이어져야 한다. 하나님의 진정한 예언과 입
신은 어떤 방법론이나 현상론으로 사람을 모으는 것에 집중하는 것
이 아니라 예수 그리스도의 권세와 성령의 능력을 통하여 다른 사
람들을 섬기는 모습으로 나타나야 할 것이다. 넷째, 교회는 영적 체
험을 한 사람들에게 성결의 복음을 삶의 자리와 세계로 전하는 선교
로 연결할 수 있도록 지도해야 할 것이다. 따라서 교회는 영적 체험
을 한 성도들을 하나님께서 명령하신 온전한 구원의 삶을 체험적으
로 살도록 기도하여야 하며, 성결의 신앙을 고백하도록 성경을 가리
켜 구체적으로 성결하신 예수님을 닮아 갈 수 있도록 훈련해야 한다.
21세기 영적 종교현상에서 세계를 향해 선교하는 한국교회가 이러
한 성경 선교 신학적인 평가로 기독교의 영성, 곧 성결의 복음을 온
세계로 전파해야 할 것이다.

참고문헌

강명국. "1907년 대부흥운동이 한국교회의 신앙양태 형성에 끼친 영향." 성결대학
  교 신학전문대학원 박사학위 논문, 2007.

김정수. "이단, 이것이 알고 싶다!: 만민중앙교회 손수건 집회." 「현대종교」 415
  (2009).

국제종교문제연구소. "큰믿음교회 대처 노하우." 「현대종교」 423 (2010).

노윤식. "기독교 선교의 영적전쟁 연구 방법론." 「聖潔神學硏究」 19 (2009).

노윤식. 『새천년 성결선교신학』. 안양: 성결대학교 출판부, 2001.

노윤식. 『종교현상학 이론과 실제』. 서울: 한울림, 2000.

노윤식. "한국 토착종교와 기독교 선교전략." 「선교신학」 13 (2006), 11-38.

만민뉴스 2001년 12월 16일자 신문.

만민뉴스 2010년 2월 14일자 신문.

만민뉴스 2010년 6월 13일자 신문.

명성훈. 『부흥뱅크』. 서울: 규장문화사, 1999.

목창균. 『현대 복음주의』. 서울: 황금부엉이, 2005.

박종석. 『성서적 신앙공동체 교육』. 파주: 한국학술정보, 2010.

변승우. 『그 시에 주시는 그 말을 하라』. 서울: 큰믿음출판사, 2009.

변승우. 『다림줄』. 서울: 큰믿음출판사, 2007.

변승우. 『대 부흥이 오고 있다!』. 서울: 은혜출판사, 2006.

변승우. 『사도와 선지자들을 잡는 위조 영분별』. 서울: 큰믿음출판사, 2008.

변승우. 『지혜와 계시의 영』. 서울: 큰믿음출판사, 2007.

변승우. 『특별히 예언을 하려고 하라!』. 서울: 은혜출판사, 2006.

변승우. 『특별히 예언을 하려고 하라!(개정판)』. 서울: 큰믿음출판사, 2010.

서울 큰믿음교회 카페. "새방언을 주셨어요." http://cafe.daum.net/Bigchurch.

서울 큰믿음의교회 카페. "할렐루야! 충치 8개가 치료되었습니다." http://cafe.
  daum.net/Bigchurch.

서울 큰믿음교회 카페. "새방언을 주셨어요." http://cafe.daum.net/Bigchurch.

서울 큰믿음교회 카페. "할렐루야! 충치 8개가 치료되었습니다." http://cafe.daum.
  net/Bigchurch.

서정범.『무녀별곡 1』. 서울: 한나라, 1992.

소윤정.『꾸란과 성령』. 서울: CLC, 2009.

손에스더.『내가 본 하늘나라』. 서울: 큰믿음출판사, 2010.

양창삼.『세계종교와 기독교』. 파주: 한국학술정보, 2008.

예수중심교회 2008년 8월 17일자 신문.

예수중심교회. "노숙자에게 삶의 소망을 주신 하나님." http://www.jcc.tv/html/
　　　paper.html?sec=confession&no=172&search=놀라움.

예수중심교회. "믿음은 바라는 것의 실상이었습니다". http://www.jcc.tv/html/
　　　paper.html? sec=confession&no=244&search=산에서 기도.

예수중심교회. "제 3의 삶을 주셨습니다." http://www.jcc.tv/html/paper.html?sec
　　　=confession&no=486&search=회개.

이승연. "바로알자 큰믿음교회."「현대종교」423 (2010).

진주 갈릴리교회. "덤으로 사는 생명: 양인구 장로." http://galileech.org/bbs/
　　　zboard.php?id=freeboard&no=438.

Davis, John J. *Foundations of Evangelical Theology*. Grand Rapids: Baker Book
　　　House, 1984.

Dean S. Gilliland, "Phenomenology as Mission Method." *Missiology: An
　　　International Review*, Vol. VII, No.4. Oct. 1979.

Eliad, Mircea. *The Sacred and the Profane: The Nature of Religion*. New York:
　　　Harper, 1956.

Heiler, Friedrich. *Erscheinungsformen und Wesen der Religion*. Stuttgart: W.
　　　Kohlhammer Verlag, 1961.

Hiebert, Paul G. Shaw, R. Daniel. Tienou, Tite. *Understanding Folk Religion*.
　　　Grand Rapids: BakerBooks, 1999.

Larkin, William J. *Culture and Biblical Hermeneutics: Interpreting and Applying
　　　the Authoritative Word in a Relativistic Age*. Grand Rapids: Baker Book
　　　House, 1988.

Leeuw, Gerardus van der.『종교현상학 입문』. 손봉호 역. 왜관: 분도출판사, 2007.

Lingenfelter Sherwood G. & Mayers, Marvin K. *Ministering Cross-Culturally:
　　　An Incarnational Model forPersonal Relationships*. Grand Rapids: Baker
　　　Book House, 1986.

MacKenzie, Peter. *The Christians: Their Practices and Beliefs*. Nashville: Abingdon Press, 1988.

Pannenberg, Wolfhart. 『역사로서 나타난 계시』. 전경연 · 이상점 역. 서울: 대한기독교서회, 1979.

Richardson, Don. *Eternity in Their Hearts*. Ventura: Regal Books, 1984.

제5장
선교적 영성

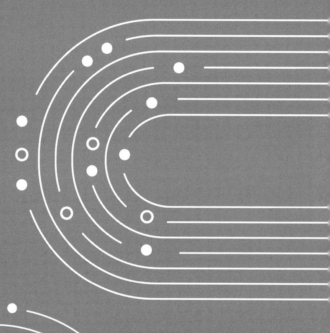

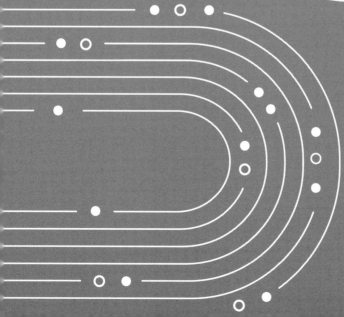

Ⅰ. 들어가는 말

한국교회는 복음을 받아들인 지가 얼마 되지 않아 전 세계에 선교사를 파송한 저력을 갖고 있다. 일제 억압에서도 한국교회는 선교사(Missionary)를 파송했으며, 특히 한국전쟁 이후, 급격한 경제성장(economic growth)과 아울러 교회 성장(church growth)과 함께 선교에 대한 열정과 성장도 폭발적으로 증가하였다.[1] 2014년 말, 한국 선교사의 파송 숫자는 이미 2만 6천 명을 넘어섰다.[2] 바야흐로 21세기는 한국 선교 운동의 시대가 될 것이다.[3] 이러한 상황 속에서 세계 선교(World Mission)의 중심에 우뚝 선 한국선교(Korea Mission)는 이제 선교사에게 단지 복음을 전하기 위해 동기부여로 사명감을 고취 시키는 것만이 능사가 아니다. 아무리 선교사가 오랫동안 선교하고 그에 대한 정보를 알고 선교 신학(Theology of Mission)을 잘 공부했어도 선교 현장에서 무례하거나 우월주의(Chauvinism) 의식에 사로잡혀 있다면 선교의 좋은 결실을 기대하기란 매우 어렵다. 최근 선교사들의 윤리 문제가 사회 문제로 비화 되기도 하였다.[4] 이러한 요인들 가운데 선교사의 자질 문제가 대두되어 선교의 걸림돌이 되는 것은 선교사 영성(Missionary Spirituality)의 위기라 할 수 있을 것이다.[5]

이와 관련하여 장훈태는 선교사의 영성 문제에 대하여 말하기를,

---

1) 황병배, "성공적인 평신도 전문인 선교를 위한 선교학적 통찰 및 제언," 「복음과 선교」 22 (2013), 313-314.
2) 조은식, "선교신학의 흐름과 영성문제," 「선교타임즈」 (2015년 10월 6일), http://missiontimes.co.kr/?p=2238.
3) 김상복 외 16인, 『한민족 디아스포라의 세계선교 비전』 (서울: 기독교선교횃불재단, 2014), 7.
4) 조은식, "선교신학의 흐름과 영성문제," 「선교타임즈」 (2015년 10월 6일), http://missiontimes.co.kr/?p=2238.
5) 김수천, "통전적 영성형성을 위한 목회자의 영적 독서," 「신학과 실천」 47 (2015), 209.

"선교사의 위기와 관리는 첫 단추부터 잘 꿰는 데서 시작된다."라고 하였다.[6] 현재 한국교회가 선교사들에게 기대하는 것은 선교사가 갖추어야 할 기본적인 자격의 영성이다.[7] 이러한 영성에 대하여 조용기는 "성경을 통해서 사람이 육신적인 생각보다는 영적인 생각을 하고 사는 것이 얼마나 중요한지를 가르쳐 주고 있다."라고 하였다.[8] 그래서 로마서 8:5-7에 의하면, "육신을 따르는 자는 육신의 일을, 영을 따르는 자는 영의 일을 생각하나니 육신의 생각은 사망이요 영의 생각은 생명과 평안이니라 육신의 생각은 하나님과 원수가 되나니 이는 하나님의 법에 굴복하지 아니할 뿐 아니라 할 수도 없음이라."라고 하였다. 이렇듯 선교사에게 있어서 영적인 삶과 사역을 결정짓는 것은 바로 선교적 영성(Missional Spirituality)에 달려있다. 선교사의 선교적 영성은 매일 하나님과의 교제를 통해 현실 속에서 삶을 규정하는 일상 영성(everyday spirituality)으로 하나님 앞에서 총체적(holistic) 삶의 실체가 되어야 할 것이다.

과거 신학교는 영성이 그리 중요하게 다루어지지 않았던 것으로 보인다. 요즘 신학교에서는 영성 관련된 과목과 영성 훈련 커리큘럼이 만들어지고 있다. 하지만 아직도 영성의 중요성에 대한 인식은 약해 보인다. 그만큼 영성은 신학에 있어 매우 중요한 부분이지만 선교신학(Theology of Mission)에 있어서도 예외가 될 수 없다.[9] 따라서 오늘

---

6) 장훈태, 『최근 이슬람의 상황과 선교의 이슈』 (서울: 도서출판 대서, 2011), 183.

7) 성남용, 『선교현장 리포트』 (서울: 생명의말씀사, 2006), 158. 성남용은 그의 책에서 영성, 사명감, 성경지식, 일반 지적수준, 희생정신, 협력정신, 독립성, 성숙한 인격, 언어 구사 능력, 문화 적응 능력, 국제적 지도력 중에 사명감 다음으로 영성이 선교사에게 가장 중요한 품성이라고 하였다.

8) 조용기, 『4차원의 영성』 (서울: 교회성장연구소, 2005), 57.

9) 조은식, "선교신학의 흐름과 영성문제," 「선교타임즈」 (2015년 10월 6일), http://missiontimes.co.kr/?p=2238.

날 타 문화권에서의 하나님 나라(the Kingdom of God)를 건설하는 데 있어 가장 중요한 역할을 할 선교사를 위한 선교적 영성에 대해 살펴보고자 한다.

II. 선교적 영성의 이해

오늘날 영성(spirituality)[10]에 대한 이해는 기독교나 종교에만 국한된 용어가 아니다. 영성은 이제 일반적인 용어로 문학, 철학, 심리학, 교육학, 경제학, 정치학 등에서 이해된다.[11] 영성이라는 용어는 그 주제가 확장되었을 뿐만 아니라 전통적인 의미를 훨씬 뛰어넘어 사용되고 있다.[12] 이러한 영성은 인간이 현재 처해 있는 공간과 시간을 넘어서 무한하고 영원한 세계와 관련성을 맺으려는 인간의 욕구가 그에 기초한 행동으로 자아나 자의식에 초점이 맞춰져 있다.[13] 그러

---

10) 영성은 4세기에 제롬(Jerome)이 처음 사용한 라틴어 '스피리투알리타스'(Spiritualitas)라는 용어에서 시작되었다. 사실 기독교에서는 지금까지 영성의 단어를 회의적인 시각에서 바라보았다. 그것은 영성을 로마 가톨릭의 전유물이라고 생각하는 편견 때문이다. 기독교 영성은 초대 기독교 시대부터 시작한 사도 바울과 어거스틴이 하나님을 만나기 위한 신앙 활동의 영성을 높이 평가하고 있다. 구대일, 『거룩한 몸부림』(서울: 도서출판 멘토, 2005), 75-79. 영성의 흐름은 1960년대부터 본격적으로 영성과 영성신학(Spiritual Theology)에 관심을 갖게 되었다. 특히 요즘 영성에 대한 관심이 고조되고 있는데, 그 이유는 현대 도시 문화와 과학 기술 시대의 가치관에 대한 반작용 때문이다. 아울러 구미 교회들과 한국교회들의 영적인 침체와 교회성장의 둔화도 그 한 예라고 볼 수 있다. 홍성주, 『21세기 영성신학』(서울: 도서출판 은성, 1995), 21-22. 영성은 경건이라는 단어보다 포괄적인 용어로 성령에 의해 변화된 경건한 삶을 통해 하나님과 인격적인 관계를 갖고 지속적으로 하나님과 동행하며 예수 그리스도를 닮아가는 것을 말한다. 김대식, 『영성, 우매한 세계에 대한 저항』(서울: 모시는 사람들, 2012), 27.

11) Simon C. Holt, *God Next Door* (Melbourne Victoria: Fuller Theological Seminary, 1999), 6-7.

12) 유해룡, "한국적 상황에서의 영성의 연구동향,"「신학과 실천」 47 (2015), 177.

13) 김찬규, "기독교 영성과 정신건강의 관계성,"「신학과 실천」 46 (2015), 194.

나 종교학 관점에서의 영성에 대한 이해는 종교적 신념과 특성에 따라 다양하다. 그 의미도 여러 가지로 이해되고 있으며, 그 핵심은 인간의 초월적인 삶을 추구하는데 초점이 있다.[14]

영성의 이해는 은혜보다 인간의 공로나 행위를 강조하는 특징을 보인다. 즉 인간의 노력을 통해 신이나 초월자에게 이르는 과정, 또는 어떤 신비적 체험을 목표로 하는 경향이 강하다. 그러나 선교적 영성은 인간의 자의식이나 인간의 공로에 의한 영성을 거부하고 철저히 하나님의 은혜와 주권에 초점을 두고 있다.[15] 그래서 선교사는 하나님의 뜻을 실현하기 위해 살아있는 선교적 영성을 가져야 한다. 따라서 하나님의 사랑으로 충만해야 할 선교사는 영성에 달려있기에 선교적 영성의 이해를 통한 선교적 영성의 중요성과 선교적 영성의 모델에 대해서 살펴보고자 한다.

1. 선교적 영성의 이해와 중요성

세계 선교의 중심에 서 있는 한국교회와 가장 많은 나라에 흩어져 있는 선교사의 협력(partnership)은 무엇보다도 중요하다.[16] 선교사의 자격 구비 중 가장 중요한 것은 영성이다. 선교사의 영적 자질은 기본 자질이요 자격이 되기 때문이다. 선교적 영성은 끊임없는 훈련과 지속성을 통해 유지된다.[17] 특히 선교사에게 있어 현지 사역에 따른 다양한 고충으로 인해 선교적 영성은 매우 중요한 것이다.

찰스 쿡(Charles A. Cook)은 선교적 영성의 중요성에 대하여 말하기를,

---

14) 최창국,『영성형성과 돌봄을 위한 기독교 영성신학』(서울: 도서출판 대서, 2010), 5-6.

15) 최창국,『영성형성과 돌봄을 위한 기독교 영성신학』, 6.

16) 김상복 외 16인,『한민족 디아스포라의 세계선교 비전』, 16.

17) 김종성,『선교사의 생활과 사역』(서울: 도서출판 두란노, 2014), 49.

"선교사들이 중도에 탈락하는 가장 큰 요인은 영성의 힘을 잃기 때문이다."라고 하였다.[18] 선교사는 항상 하나님과의 수직적인 관계성을 갖고 선교적 영성이 깨어 있어야 한다. 타 문화권에서 복음을 전하는 선교사가 영적인 딜레마에 빠지면 사역을 접게 되며, 선교지에서 허송세월을 보낼 수 있다.[19] 그래서 선교적 영성은 경건이라는 단어보다 포괄적인 용어로 성령에 의해 변화된 경건한 삶을 통해 하나님과 인격적인 관계를 갖고 지속적으로 하나님과 동행하며 예수 그리스도를 닮아가는 것을 말한다.[20]

존 스토트(John R. W. Stott)는 예수님을 닮아가는 가는 기독교 영성, 즉 선교적 영성에 대하여 말하기를, "첫째, 성육신하신 그리스도를 닮아가야 한다. 둘째, 섬김의 삶을 사신 그리스도를 닮아가야 한다. 셋째, 사랑의 삶을 사신 그리스도를 닮아가야 한다. 넷째, 오래 참으신 그리스도를 닮아가야 한다. 다섯째, 선교의 사명을 감당하신 그리스도를 닮아가야 한다."라고 하였다.[21] 선교적 영성의 본질은 예수님을 닮아가는 사랑에 있다. 진정한 선교적 영성은 모두 성육신(incarnation)이어야 한다. 그래서 선교사는 선교의 사명을 감당하신 예수 그리스도를 닮아가야 한다. 스토트가 예수 그리스도를 닮는 다섯 가지 핵심

---

18) 한국선교연구원, "선교사 영성, 파송 교회 · 단체 지속적 돌봄 필요," 「기독교 타임즈」 (2010. 02. 11). 찰스 쿡은 추가적으로 선교사 영성의 중요성에 대하여 말하기를, "선교사가 신앙이 좋아 선교하는 것이 아니다. 모든 이들이 성화 단계로 향하듯 선교사 역시 신앙여정 위에 있다. 무엇보다 선교 현장은 치열한 삶의 각축장이자 광야와 같다. 그러기에 교회는 선교사 영성에 관심을 가져야 한다. 게다가 선교사역은 특성상 온갖 스트레스로 가득하다. 그것은 일의 부담, 문화장벽, 말씀 연구와 기도 시간 부족 등이 주요 스트레스이다. 선교사의 삶과 영성이 현장에서 열매로 나타나기에 선교사의 영성이 건강할 때 성공적인 선교도 가능하다."라고 하였다. 최종인, "성령과 선교(25): 선교사의 영성," 「들소리신문」 (2011. 08. 08).
19) 김종성, 『선교사의 생활과 사역』, 50.
20) 조은식, 『삶에서 찾는 문화선교』 (서울: 숭실대학교 출판부, 2009), 30-31.
21) John R. W. Stott, 『제자도』, 김명희 역 (서울: IVP, 2013), 38-42.

적인 방법을 통해 선교사는 그분의 성육신, 그분의 섬김, 그분의 사랑, 그분의 오래 참음, 그분의 선교를 닮아가야 할 것이다. [22] 선교사가 예수 그리스도를 본받아 살아갈 때 하나님은 기뻐하신다(갈 1:10). 예수님은 제자들을 선택하시고 땅끝까지 복음을 전파하라고 명령하셨다. 그러나 제자들은 오순절 성령강림 후에야 비로소 복음을 전 세계에 전하는 것이 교회의 사명이라는 사실을 알게 되었다. 예수님은 열두 제자들을 선택하신 이유는 선교의 목적이었다(마 10:5-7). 선교는 사도들이 성령의 능력, 즉 성령의 영성을 받은 후에야 가능하게 되었다. [23] 그러므로 선교사가 성령의 능력을 받지 않고 선교하는 것은 불가능한 것이다.

선교사의 선교적 영성은 개인 내면의 변화뿐만 아니라 성숙을 바탕으로 하여 이웃과의 관계를 통해 사회변혁을 지향하는 데 있다. 선교사는 하나님과의 수직적 관계와 이웃과의 수평적 관계를 동시에 가져야 한다. 다시 말해, 하나님과의 바른 관계를 통해 이웃과 바른 관계를 형성하고 하나님의 창조와 바른 관계를 갖는 데 있다. [24] 따라서 선교사에게 있어서 선교적 영성의 문제는 아무리 강조해도 지나치지 않다. 오늘날 선교사의 선교적 영성이 왜 중요한가? 그것은 선교사의 삶과 신앙이 선교현장에 고스란히 투영되기 때문일 것이다.

2. 선교적 영성의 모델

한국교회는 초기 내한 선교사들에 의해 말씀 중심, 복음 중심, 교

---

22) John R. W. Stott, 『제자도』, 42.
23) 이성주, 『영성신학』 (서울: 문서선교 성지원, 1998), 22-23.
24) 조은식, "선교신학의 흐름과 영성문제," 「선교타임즈」 (2015년 10월 6일), http://missiontimes.co.kr/?p=2238.

회 중심, 선교 중심의 영성을 갖고 성장하였다. 이러한 영적 유산을 지닌 한국교회가 새벽기도라는 세계 선교 역사에서도 그 유래를 찾아볼 수 없는 독자적인 영성으로 선교사를 통해 한국의 선교적 영성의 모델을 타 문화권에 심어주었다.[25] 선교적 영성으로 선교사는 긴급한 결정을 내려야 할 상황에서 가장 중요한 것은 성령의 음성을 듣기 위해서 열심히 기도하고 말씀을 묵상하여 영성을 기르는 것이다.[26] 선교적 영성의 모델은 다음과 같이 세 가지로 정리할 수 있다.

첫째, 세례 요한의 선교적 영성이다. 그는 우선 선교적 열정과 노력에서 당시 사람에게 전파하고 설득하는 데에는 별로 관심이 없었던 에센파(The Essenes)[27]와 달리 공동체(community) 중심으로 세례를 통하여 사람들을 불러들였다. 그는 임박한 종말론적인 영성을 가지고 있었으며, 이러한 영성은 그를 금욕적인 영성으로 기울 게 만들었다. 하나님의 심판 앞에서 인간의 마땅한 태도는 근신이며, 근신의 가장 좋은 표현은 금욕적인 삶이다. 또한 그는 유대인들을 대상으로 회계의 세례를 베풀었다. 그는 이스라엘의 선민사상이 이제 무효라고 선언하면서 종말의 구원은 선민에 속해 있다는 사실에 의해서 보장되는 것이 아니라 회개의 좋은 열매를 맺느냐의 여부에 달려있다는 회개의 영성을 강조하였다.[28] 따라서 세례 요한의 선교적 영성은 임박한 종말 앞에서 이스라엘 백성들을 모아 회개시킴으로써 영적 재난을 극복하고 구원을 얻게 하려는데 목적을 두었다. 예수님도 역시 하나님의 선교하시는 종말론적인 행동이 임박했으며, 그 앞에서 선민

---

25) 김상복 외 16인, 『한민족 디아스포라의 세계선교 비전』, 109.
26) 장훈태, 『최근 이슬람의 상황과 선교의 이슈』, 350.
27) 에센파는 사해 근처의 황량한 사막에 위치한 종파로서 마치 중세 때의 수도원과 같이 외부 세계에 절단된 채 금욕주의적인 수행을 하는 유대 수도승들을 말한다.
28) 김영봉, 『예수의 영성』, 50-53.

은 무의미하고 회개만이 유일한 방책이라는 신념에 동의하였다. [29] 이렇게 세례 요한이 얼마나 임박한 종말을 기대했는지를 알 수 있는 것처럼 오늘날 선교사는 임박한 종말의 영성과 금욕의 영성, 회개의 영성 등의 균형 있는 선교적 영성을 가져야 할 것이다.

둘째, 예수님의 선교적 영성이다. 예수님은 40일 동안 금식하며 배가 몹시 고팠을 때 마귀는 예수님이 갖고 있는 무한한 힘을 사용하도록 종용하였다. 그러나 예수님은 자신의 필요를 위해 사용하지 않으셨다. 예수님은 하나님의 옷을 입고 이 땅에 온 것이 아니라 인간의 옷을 입고 오셨다. [30] 우리와 동일시(identification)되신 예수님의 선교적 영성은 소위 말하는 성공의 영성이 아니다. 예수님의 선교적 영성은 자신의 낮아짐과 자기를 비우심, 그리고 자기를 부인하고 십자가를 지셨다. 예수님이 이 땅에서 행하신 것은 성공하는 데 있지 않고, 오직 하나님의 뜻대로 죽는 데 있었다. [31] 빌립보서 9:11에 의하면, "이러므로 하나님이 그를 지극히 높여 모든 이름 위에 뛰어난 이름을 주사 하늘에 있는 자들과 땅에 있는 자들과 땅 아래에 있는 자들로 모든 무릎을 예수의 이름에 꿇게 하시고 모든 입으로 예수 그리스도를 주라 시인하여 하나님 아버지께 영광을 돌리게 하셨느니라."고 말씀했는데, 예수님은 이 세상의 구원자가 되어 하나님 아버지께 영광 돌리는 데 있었다. 이러한 예수님의 선교적 영성은 이 세상 사람들의 아픔을 초능력으로 단번에 해결하는 데 있지 않고, 우리와 함께 웃고 우는 일에 있었다. [32] 성경에서 말하는 선교적 영성의 핵심적인 모델은 예수 그리스도의 모습과 삶 자체이고, 그것은 본질적으로 선교적

---

29) 김영봉, 『예수의 영성』, 53-55.
30) 구대일, 『거룩한 몸부림』, 231.
31) 구대일, 『거룩한 몸부림』, 235-236.
32) 구대일, 『거룩한 몸부림』, 236.

영성이다. 선교적 영성이란 곧 성경적 영성을 기초로 하고 있으며, 성경적 영성의 핵심에 자리 잡고 있다.[33] 따라서 예수님이 보여주신 선교적 영성을 통해 선교사는 인간에 대한 한없는 예수님의 긍휼과 용서를 따라 하면 될 것이다.

셋째, 초대 기독교 공동체의 선교적 영성이다. 예수님의 선교적 영성은 믿는 자들이 예수님의 거룩한 몸부림을 본받은 그대로 기독교 공동체 안에서 행할 때 실현되었다.[34] 특히 사도행전에 나타난 초대 기독교 공동체의 선교적 영성은 예수님의 최후 지상명령(행 1:8)과 부활 이후에 약속된 성령이 오순절에 강림하심으로 시작되었다. 이처럼 하나님과의 관계만이 아니라 하나님 나라와 관련하여 전개되면서 선교적 영성이 확장됨을 확인 할 수 있다. 초대 기독교 공동체의 영성은 근본적으로 예수님이 보여주신 복음서의 영성과 연속선상에 있다. 선교사는 성령이 임한 초대 기독교 공동체의 영성을 통해 말씀과 기도의 균형, 그리고 순환 관계를 통한 은사의 조화를 확인하여 총체적인 삶의 체계를 형성하는 선교적 영성을 갖추어야 한다.[35] 따라서 위에서 언급한 것처럼 선교적 영성의 모델인 세례 요한의 선교적 영성, 예수님의 선교적 영성, 초대 기독교 공동체의 선교적 영성 등 이러한 선교적 영성에 바탕으로 선교사가 건강해야 선교도 역동적으로 발전해 간다. 그렇기 때문에 선교사는 단지 그리스도의 정체성을 표현해 주는 상징이 아니라 실천적으로 성령 안에서 사랑의 삶을 구현하는 선교적 영성이 충만한 지도자가 되어야 할 것이다.

---

33) 신경규, "선교적 영성의 성경적 모형," 「복음과 선교」 5 (2005), 165.
34) 구대일, 『거룩한 몸부림』, 236-238.
35) 신현수, 『개혁주의 영성』 (용인: 도서출판 목양, 2011), 35-37.

III. 선교사를 위한 선교적 영성에 대한 적용

선교사에 대한 일반적인 오해 중 하나는 문화가 다른 세계에서 어렵게 살면서 무릎을 꿇고 기도한 결과 대단히 영적인 사람이 되었다고 추정한다. 하지만 선교사는 인간이며, 그들도 복잡한 심경 가운데 선교지로 나갔다. 사실 파송교회(Sending Church)는 선교사를 그들의 신앙에 있어서 슈퍼맨이라고 생각한다.[36] 그래서 선교사를 파송한 한국교회는 그들의 선교적 영성에 관해 관심이 없는 경우가 많다.[37] 사실 영적인 사역으로 선교사는 한국교회에서 파송 받기 이전뿐만 아니라 이후에도 여전히 선교적 영성이 필요하다. 세계 선교에 첫걸음을 내딛는 선교의 성패는 다름아닌 선교사의 선교적 영성에 달려 있다.[38]

특히 한국교회의 독특한 영성은 세계 신학계에서 주목받고 있는 선교적 영성이다. 새벽 운동과 같은 한국교회의 고유한 기독교 공동체의 영성과 목회자 영성은 세계 어느 곳에 가든지 개발시킬 필요가 있다.[39] 이처럼 타 문화권에서 선교사의 역할은 문화적 충격과 경제적 어려움 등 수많은 역경 가운데서 위로와 격려로 다시 일어설 수 있도록 선교적 영성을 제공해 주는 것이다.[40] 따라서 선교사가 선교지에서 얼마든지 영적 전쟁(Spiritual Warfare)을 수행해야 하기에 초대

---

36) A. Scott Moreau, Gary R. Corwin, Gary B. Mcgee, 『21세기 현대 선교학 총론』, 김성욱 역 (일산: 크리스챤출판사, 2009), 25-26.

37) 찰스 쿡, "한국선교연구원 설립 20주년 세미나서, 고군분투 선교사 영적 돌봄 시급," 「국민일보」 (2015. 10. 06).

38) 조귀삼, 『전략이 있는 선교』, 28-33.

39) 재영한인교회연합회 연구출판분과위원회, 『디아스포라 영국』 (London: 재영한인교회연합회, 2004), 24.

40) 재영한인교회연합회 연구출판분과위원회, 『디아스포라 영국』, 16.

기독교 공동체를 통한 선교적 영성과 진젠도르프와 헤른후트 공동체를 통한 선교적 영성, 윌리암 캐리를 통한 선교적 영성, 허드슨 테일러를 통한 선교적 영성, 한국교회의 새벽기도를 통한 선교적 영성의 접근에 대하여 살펴보고자 한다.

1. 초대 기독교 공동체를 통한 선교적 영성의 접근

인간은 수많은 세계관(worldview)과 사상(idea)이 난무하는 시대에 살고 있다. 하지만 어떤 세계관이 참된 진리인지 어떤 사상이 거짓된 가르침인지를 종잡을 수가 없다. 선교하는 교회가 선교를 수행함에 가장 큰 장애물은 세계관을 바라보는 눈, 혹은 관점인 세계관이다.[41] 세상을 이러한 관점으로 보는 교회의 역할이 선교라 할 수 있다. 더 나아가 교회의 위치는 부활하신 예수 그리스도께서 이 땅에 분부하신 지상명령(the Great Commission)에 포함되어 있다. 선교 역사에서도 교회가 곧 선교하는 교회의 발원지였다. 그래서 교회는 본질적인 사명으로서 선교의 주체인 것이다.[42]

이러한 선교적 차원에서 초대 기독교 공동체는 당시 선교사에게 어떤 선교적 영성의 역할을 했는지 신약성경에서 몇 가지 사례들을 찾아 볼 수 있다.[43] 첫째, 예루살렘 교회를 통한 선교적 영성이다. 예루살렘은 선교적 모 교회의 공동체로서 사도들의 설교 권능과 최초 그리스도인들의 영적교제, 사회적 공동체, 경제적 온정심이 결합 되어 놀랄 만한 영적 성장을 이루었다. 그러나 예루살렘은 교회가 확

---

41) 이수환,『선교와 영적 전쟁』(파주: 한국학술정보, 2011), 99.
42) 선교대구, "지역교회와 선교단체의 역할,"「선교대구」(2010년 2월 11일), http://missiondaegu.org/xe/331.
43) Christopher J. H Wright,『하나님 백성의 선교』, 한화룡 역 (서울: IVP, 2012), 323-324.

산되는 데 있어서 유일한 중심지는 아니었다(행 1:1-6:7). 둘째, 안디옥 교회를 통한 선교적 영성이다. 안디옥은 북서 지역의 선교 중심지였다. 선교적 확장의 근거는 하나 됨같이 인종적으로 잘 섞이고, 선교사 바울과 바나바에 의해 가르침을 잘 받았다. 그리고 성령과 예언, 가르침, 분별의 은사를 행사하는 것에 마음이 열려 있는 사람들의 인도를 잘 받았던 선교하는 교회였다(행 11:19-26, 13:1-3). 셋째, 빌립보 교회를 통한 선교적 영성이다. 당시 유럽에서 최초의 복음 거점이었던 빌립보 교회는 더 먼 서쪽 지역에서 이루어진 선교사 바울의 사역을 후원하는 중심지가 되었다. 바울은 인근 데살로니가 교회로부터 전파된 복음의 메시지에 대해 따뜻하게 말했다(살전 1:7-8). 그는 빌립보의 성도들만이 거듭해서 재정적 후원을 보냄으로써 또한 그와 함께 복음 안에서 선교적 영성의 코이노니아를 나누었던 것이다(빌 4:14-20). 넷째, 요한3서를 받은 공동체를 통한 선교적 영성이다. 선교사를 보내고 후원하며 선교하는 교회로 상당히 도외시되었던 사례는 성경 마지막에 숨겨져 있었던 요한삼서를 받은 선교하는 공동체였다. 그 교회는 에베소나 인근에 있는 선교하는 교회 중에 하나일 수 있다. 그것은 요한과 관계된 선교하는 교회로서 요한이 전달자인 형제들을 보냈지만 그들은 가서 엇갈린 반응을 받았다. 요한3서 1-8에 의하면, 가이오는 그들을 환영하고 후원하였다. 하지만 요한3서 9-10에 의하면, 디오드레베는 그들을 방해하고 내쫓았다. 요한은 가이오에게 유용한 정보를 주었다. 이러한 경우, 선교사를 보내고 후원하며 선교하는 교회의 역할이 무엇인지를 보여주는 좋은 모델이 된다. 선교사를 파송한 교회는 모두가 진리를 위해 함께 일하는 것으로 이것은 기독교 선교의 책임과 특권이다. 또한 선교사의 영성과 관련해 지속적이고 끊임없이 관심의 돌봄으로서 도와야 할 것이다.

선교사는 이러한 신약성경에 나타난 선교적 영성을 바탕으로 선교해야 한다. 그렇게 함으로써 선교사는 기독교 공동체를 통한 선교적 영성의 돌봄이 얼마나 중요함을 경험상 멍에가 얼마나 쉬운지, 또한 그 짐이 얼마나 가벼운지를 당연히 알게 될 것이다.[44] 그리고 선교사는 선교지에서의 경계를 극복하기 위해서 기독교 공동체의 선교적 영성의 역할을 통해 반드시 성숙하고 성장해야 한다. 여기에는 이상하고 새로운 환경에서 하나님을 신뢰하는 것과 사역과 양육을 위해 성경을 사용할 줄 아는 것과 건강한 영적 생활을 유지하는 것을 포함하고 있다.[45] 선교사는 하나님의 위대한 선교 명령을 선교지에서 직접 수행하는 하나님의 대사이다. 그러한 영적 전쟁의 최전방에 서 있기에 선교사는 누구보다도 자신의 선교적 영성이 중요하다. 선교사가 선교적 영성을 잃어버리면 아무런 사역도 할 수 없게 된다.[46] 따라서 선교사는 초대 기독교 공동체에 나타난 선교적 영성을 바탕으로 선교의 필요성에 대해 인식하고 하나님의 선교를 극대화시켜야 할 것이다.

2. 진젠도르프와 헤른후트 공동체를 통한 선교적 영성의 접근

세계 선교 역사를 보면, 선교적 영성으로 기독교 공동체의 삶을 꽃피운 18세기 경건주의자 니콜라스 진젠도르프(Nikolaus L. Zinzendorf)는 자신의 땅에 헤른후트(Herrnut)[47] 공동체를 세웠다. 이 공동체는 다시

---

44) Dallas Willard, *The Spirit of the Disciplines* (San Francisco: Harper & Row, 1988), 7-8.
45) A. Scott Moreau, Gary R. Corwin, Gary B. Mcgee, 『21세기 현대 선교학 총론』, 272.
46) 조귀삼, 『전략이 있는 선교』, 101.
47) 헤른후트는 '주님의 파수꾼'이라는 뜻이다.

오실 주님을 기다리는 것과는 달리, 구세주와 더불어 직접적인 인격적 교제 가운데 있음을 확인하는 독특한 모습을 보여준다.[48] 그들은 기독교의 본질을 개인과 하나님 사이의 인격적 관계로 이해했으며, 복잡한 교리와 제도보다 하나님과의 개인적인 관계성을 맺는 체험을 강조하였다. 또한 그들은 칭의를 중생과 성화의 개념을 통해 보완하고, 더 높은 영적 성숙의 추구는 사회의 다양한 문제에 대하여 개혁과 강력한 선교의 열정으로 표현하였다. 끊임없는 그들의 선교 열정은 매일 성경 읽기에 근거한 삶의 강조와 만인 제사장의 개념으로 많은 자립 평신도 선교사들을 파송하게 하였다.[49] 헤른후트 공동체의 선교에 대한 의식은 독일 기독교 안에서 가장 먼저 자발적인 선교 운동으로서 추첨제[50]를 통해서 파송될 사람과 장소를 결정하였으며,[51] 많은 순교의 피를 흘렸던 헤른후트 출신의 선교사들은 세계 각국에 보냄을 받아 선교의 사명을 완수하게 되었다.[52] 경건주의 선교적 영성은 감리교 선교 운동을 통해 미국으로 전파되었고, 이후 미국의 선교적 영성은 한국에까지 전파된 것이다.[53]

1725년, 진젠도르프는 헤른후트 공동체에서 회의를 소집하여 공동

---

48) 주도홍, 『독일의 경건주의』 (서울: CLC, 1996), 31-34.
49) 민경배, 『한국기독교회사』 (서울: 연세대학교 출판부, 1993), 144.
50) 추첨제는 헤른후트 공동체를 제외하고 교회 역사상 다른 단체에서 보기 힘든 것이다. 교회의 중요한 결정은 추첨으로 결정하였다. 추첨제에는 보통 세 가지로 찬성과 반대, 백지 투표였다. 그러나 이 추첨제는 율법적으로 운용된 것이 아니라 자유로운 정신으로 수행되었다. 예를 들면, 어떤 어려운 소명을 결정할 때 추첨하였으며, 당사자가 이를 기쁨으로 수락하지 않을 경우에는 무효로 간주하였다. 이는 개인의 양심을 강요해서는 안 된다는 교회의 기본 정신에 입각한 것이다. 선교사들이 임지로 떠나기 전 자기들에게 맞는 아내를 고를 때에도 추첨이 행해졌다. 그러나 추첨된 것을 수용하느냐 거부하느냐의 최종 결정권은 당사자에게 주어졌다. 한인수, 『경건신학과 경건운동』 (서울: 경건, 1995), 155.
51) 주도홍, 『독일의 경건주의』, 34-35.
52) 한정애, 『교회사를 통해 본 작은 공동체 운동』 (천안: 한국신학연구소, 1997), 162.
53) 민경배, 『한국기독교회사』, 144.

체의 규약과 규칙을 정하여 지방 루터교회에 대해 충성한다는 것과 공동생활을 하기로 결정하였다.[54] 헤른후트 공동체는 전체가 찬송과 기도를 위해 겨울에는 새벽 5시, 여름에는 새벽 4시에 매일 같이 새벽기도로 모였다. 그리고 찬양과 예배와 가르침을 위한 일반적인 모임은 보통 일주일에 세 번씩 열리곤 했으며, 어린이들과 노약자들을 위한 특별 모임이 있었다. 베텔스도르프(Bethelsdorf)에서의 예배 의식과 오후 3시의 방문객 예배를 포함하여, 주일에는 여러 차례의 예배가 새벽 5시부터 밤 9시까지 열리곤 하였다.[55] 헤른후트 공동체에 나타난 선교적 영성은 현대 교회의 선교의 본질적 요소이며, 선교적인 삶을 살고자 하는 선교사의 선교적 영성에 필요한 원동력이 될 것이다.

김영동은 과거 역사적으로 바람직한 선교를 감당했던 선교사들의 선교적 영성의 4가지 특징에 대하여 말하기를, "첫째, 하나님과 그리스도에 대한 사랑의 매혹됨이다. 둘째, 하나님과의 합일로, 개인의 거룩성을 얻을 뿐만 아니라 그리스도인으로서 삶의 증거가 가능하다. 셋째, 하나님에 대한 절대적인 신뢰이다. 넷째, 사랑과 겸손과 섬김의 영성이다."라고 하였다.[56] 선교사가 선교적 준비와 전략, 후원 등이 아무리 좋아도 선교적 영성이 바르지 못하면 선교는 실패할 수밖에 없다. 선교사는 이것이 밑바탕이 되지 않으면 외로운 선교지에서 견뎌내기란 힘들 것이다. 따라서 선교사는 진젠도르프와 헤른후트 공동체에 나타난 선교적 영성의 접근을 통해 십자가의 영성과 공동체의 영성, 말씀의 영성과 새벽기도의 영성으로 선교사가 영적으

---

54) 김현진, 『공동체 신학』 (서울: 예영커뮤니케이션, 1998), 180.

55) 김현진, 『공동체 신학』, 182.

56) 김영동, 『교회를 살리는 선교학』 (서울: 장로회신학대학교 출판부, 2003), 205.

로 회복하는 것은 매우 중요한 일일 것이다.

3. 윌리엄 캐리를 통한 선교적 영성의 접근

종교개혁에서 마틴 루터가 차지하고 있는 비중만큼이나 기독교 선교 운동에 있어 현대 선교의 아버지라 불리는 윌리엄 캐리(William Carey, 1761~1834)가 전 생애를 하나님 앞에 헌신하기로 결단한 것은 신앙의 영성이 뒷받침되었기 때문이다.[57] 캐리의 선교적 영성의 동기는 1779년 2월 10일 수요일에 일어난 회심에서 비롯되었다.[58] 당시 1779년 영국은 국가적으로 큰 위기로 미국의 독립전쟁 외에도 영국이 지배하고 있었던 식민지 곳곳에서 영국에 불리한 상황들이 계속 전개되었다. 그리고 프랑스와 스페인은 영국을 대항하여 전쟁을 선포하고, 그들의 전함이 영국 해협까지 배치되어 침략을 노리고 있었다. 인도에서는 현지인 폭도들이 영국 함대를 습격하는가 하면, 서인도에서도 프랑스가 영국 해군을 상대로 해상 전투를 벌였다. 국왕은 2월 10일을 국가적인 기도와 금식일로 선포하였다.[59] 이때, 존 워르는 캐리에게 샤클톤에서 열리는 기도 모임에 참석을 제안하였다. 마침내 국가 기도 모임에 참석한 두 사람은 거기에 참석한 한 사람이 확신에 찬 목소리로 히브리서 13장의 "그러므로 예수도 자기 피로 써 백성을 거룩하게 하려고 성문 밖에서 고난을 받으셨느니라."는 성경 말씀을 낭독했는데, 그가 익히 알고 있었던 말씀이지만 그날 캐리의

---

57) J. Herbert Kane, *A Concise History of the Christian World Mission* (Michigan: Baker House, 1898), 83.

58) Kelsey Finnie, 『윌리엄 캐리』, 김명희 역 (서울: 죠이선교회 출판부, 1995), 18.

59) Janet & Geoff Benge, 『윌리엄 캐리』, 안정임 역 (서울: 도서출판 예수전도단, 2012), 45.

마음에 깊은 감동을 받았다.[60]

이후, 그는 설교자와 목사, 선교사로서의 하나님의 부르심에 확실한 소명감을 가지게 되었고, 이것이 그의 위대한 선교적 영성을 이루어 낸 선교적 목회의 동기가 되었다.[61] 그가 인도 땅을 밟고 선교사로서 큰 선교 업적을 이루었던 영성의 배경은 진젠도르프의 헤른후트 공동체의 바탕을 둔 모라비안 선교회에서 많은 도전을 받았는데 그의 회심과 원칙, 사상에서 볼 수 있다.[62] 모라비안 선교사들의 영향을 받은 캐리는 그들의 선교정신을 수용하고 선교사역에 적극 활용하여 자비량 선교와 구속의 은혜 속에 선교사역을 감당하였다.[63] 그리고 그는 성장 과정에서 구두 수선공으로 일했던 노동에 대해 성경적 의미를 찾았고, 항상 성경을 묵상하며 기도하는 것을 게을리하지 않았다.[64] 또한 그는 조나단 애드워즈(Jonathan Edwards)가 편집한 미국 인디언들에게 복음을 전한 『데이비드 브레이너드의 생애와 일기』(The Life and Diary of David Brainerd)를 읽고 복음 전파자의 영성과 경건, 선교에 대한 적극적인 자세와 열정을 배우게 되었다.[65]

캐리의 선교적 영성은 이런 것을 바탕으로 전적인 하나님의 은혜와 불타는 분명한 소명 의식, 복음을 전파하려는 설교의 열정, 하루의 일과를 통한 성경 묵상과 기도 생활, 그리고 그의 인격을 통해서

---

60) Janet & Geoff Benge, 『윌리엄 캐리』, 46-48.

61) Kelsey Finnie, 『윌리암 캐리』, 25-31.

62) 최수일, 『간추린 기독교 선교 역사』(서울: 예영커뮤니케이션, 2003), 138-145. 모라비안 선교회의 선교사 활동을 요약하면 다음과 같다. 첫째, 선교사 훈련학교를 세워 선교하였다. 둘째, 소그룹을 통한 자비량 선교를 하였다. 셋째, 성육신적인 선교 원리를 가지고 선교하였다.

63) 최수일, 『간추린 기독교 선교 역사』, 145.

64) F. Deaville Walker, 『근대 선교의 아버지 윌리암 캐리』, UBF교재연구부 역 (서울: 대학생 성경읽기선교회, 1992), 172.

65) Kelsey Finnie, 『윌리암 캐리』, 22.

엿 볼 수 있다.[66] 따라서 선교사는 윌리엄 케리의 선교적 영성의 접근을 통해 하나님의 전적인 은혜와 부르심에 대한 분명한 소명과 순종하는 자세, 그리고 인격으로 그리스도를 위해 끊임없이 노력하고 희생하는 열린 선교적 마인드를 지녀야 할 것이다.[67]

4. 허드슨 테일러를 통한 선교적 영성의 접근

중국선교를 열망했던 경건한 감리교의 가정에서 성장한 허드슨 테일러(J. Hudson Taylor, 1832~1905)는 부모의 가르침에 따라 중국 선교사의 꿈을 키웠다. 이것은 그의 부모가 하나님께서 아들을 주시면 중국 선교사로 사역하도록 서원기도를 했기 때문이다.[68] 청소년기에 테일러는 하나님의 존재와 구원에 대해 영적인 방황을 하였다. 그러나 17세에 그는 아버지의 서재에서 『그리스도의 완성된 사역』(The Finished Work of Christ)이라는 책을 통해 복음에 관한 내용을 읽고, 그리스도의 속죄 완전성을 믿게 되어 예수 그리스도를 영접하게 되었다.[69] 이후 회심으로 허드슨은 중국선교를 위해 의학 공부를 시작하였고, 1854년 이른 봄에 상해에 도착하였다.[70] 테일러는 복음이 전해지지 않은 중국의 내지 사람들을 복음화하는 것인데, 하나님이 베풀어 주신 구원의 은총을 위해 자신의 영혼을 선교사역에 전적으로 헌신하였

---

66) Basil Miller, 『현대 선교의 아버지 윌리엄 케리』, 임종원 역 (서울: 기독신문사, 2003), 42-65. Basil Miller, 『현대 선교의 아버지 윌리엄 케리』, 116.
67) 김동선 편, 『초기 개신교 선교사들』 (서울: 한들출판사, 2001), 51-53.
68) 김동선 편, 『초기 개신교 선교사들』, 83.
69) Dr. Taylor & Mrs. Howard Taylor, *Hudson Taylor's Spiritual Secret* (London: China Inland Mission, 1955), 13-15.
70) 최수일, 『간추린 기독교 선교 역사』, 160.

다.[71] 허드슨 테일러의 선교적 영성은 개인적인 체험을 넘어 하나님과 동행하는 삶을 통하여 인간의 고난에 대한 깊은 이해 속에서 그 사역에 선교적인 차원에서의 참여였다.[72] 테일러는 기도의 사람으로 철저한 자기 부인의 삶이었고, 성경에 기초하여 하나님이 반드시 응답하신다는 것을 믿는 기도를 하였으며, 선교사로서 삶의 고난을 기꺼이 수용했다.[73]

허드슨 테일러의 선교적 영성을 총체적으로 살펴보면 다음과 같다. 첫째, 사도적 선교의 실천을 통한 영혼 구령의 뜨거운 선교적 영성이다. 그의 주요 사역은 중국의 잃어버린 영혼들에게 죄 사함의 복음을 전하여 그들로 하여금 예수 그리스도를 믿고 하나님의 자녀가 되도록 하는 것이다.[74] 둘째, 토착화 원칙의 고수를 통한 복음 전도의 선교적 영성이다. 그는 중국의 옷을 입고 머리를 변발하고, 중국 내륙의 집에서 살며, 중국 언어로 복음을 전하며 사역하였다. 그

---

71) Roger Steer, 『허드슨 테일러(상)』, 윤종석 역 (서울: 도서출판 두란노, 1990), 20-22. 노윤식은 테일러의 생애와 사역에 대해 간략하게 다음과 같이 정리하였다. ① 출생과 그리고 온전한 성화. ② 중국선교 준비와 선교사역 제1기(1854-1860): 상해와 닝보에서의 사역. ③ 영국에서의 제1차 선교 동원 사역(1860-1866)과 중국내지선교회(CIM) 설립. ④ 중국 선교사역 제2기(1866-1870): 중국 내륙 항주, 양주에서의 사역. ⑤ 영국에서의 제2차 선교 동원 사역(1871-1872)과 제3기 중국 선교사역(1872-1874). ⑥ 영국에서의 제3차 선교 동원 사역(1874-1876)과 제4기 중국 선교사역(1876-1877). ⑦ 영국에서의 제4차 선교 동원 사역(1877-1879)과 제5기 중국 선교사역(1879-1883). ⑧ 영국에서의 제5차 선교 동원 사역(1883-1885)과 제6기 중국 선교사역(1885-1887). ⑨ 영국에서의 제6차 선교 동원 사역(1887-1888)과 제7기 중국 선교사역(1888-1889). ⑩ 영국에서의 제7차 선교 동원 사역(1889-1890)과 제8기 중국 선교사역(1890-1892). ⑪ 영국에서의 제8차 선교 동원 사역(1892-1894)과 제9기 중국 선교사역(1894-1896). ⑫ 영국에서의 제9차 선교 동원 사역(1896-1898)과 제10기 중국 선교사역(1898-1901). ⑬ 영국에서의 제10차 선교 동원 사역(1901-1905)과 제11기 중국 선교사역(1905-1905.6.3.). 김동선 편, 『초기 개신교 선교사들』, 83-101.

72) 김동선 편, 『초기 개신교 선교사들』, 111.

73) 김동선 편, 『초기 개신교 선교사들』, 108.

74) Roger Steer, 『허드슨 테일러에게서 배우는 100가지 교훈』, 안보현 역 (서울: 생명의말씀사, 1998), 137-139.

가 토착화 원칙을 고수했던 이유는 그리스도의 복음을 중국 내륙에 가장 효과적으로 전달할 수 있는 수단이 되었기 때문이다. 그에게 토착화 원칙은 그 자체가 목적이 아닌 복음 전도의 수단이 되었던 것이다.[75] 셋째, 복음을 위한 에큐메니칼 협력을 통한 선교적 영성이다. 선교사가 보통 편협한 분리주의자로 오해를 받기 때문에 테일러는 선교사역을 위하여 교파 간의 벽을 무너뜨리는 협력 선교를 하였다.[76] 그는 영국 국교회, 침례교, 감리교, 장로교, 형제교회 등 많은 교파의 초청에 응했다. 이러한 그의 협력 사역은 선교지에서 다양한 선교회 선교사들과 함께 일했던 에큐메니칼 정신에서 비롯된다.[77] 따라서 선교사는 허드슨 테일러의 총체적인 선교적 영성을 통해 한국교회의 선교를 새롭게 할 뿐 아니라 앞으로 선교 현장에서 다시 한번 기독교 본질로서의 회복과 전략을 위한 새로운 통찰력을 발휘해야 할 것이다.

5. 한국교회의 새벽기도를 통한 선교적 영성의 접근

세계 기독교 선교 역사상 영성에 공헌을 남긴 것은 한국교회의 새벽 기도 운동이다. 새벽기도는 성경을 공부하며 깨달은 하나님의 은혜에 감사하며 통감하여 드리는 기도였다. 한국교회의 새벽기도 운동의 전통은 오랜 역사가 있는 것으로서 하나님의 뜻이 이 땅에도 이루어지게 해 달라는 예수님의 새벽기도에서 찾아볼 수 있다.[78] 마

---

75) Kenneth S. Latourette, *The Great Century* (Grand Rapids: Zondervan, 1970), 329. 김동선 편, 『초기 개신교 선교사들』, 112.
76) Stephen Neill, *A History of Christian Missions* (New York: Penguin Books, 1986), 282-283.
77) 김동선 편, 『초기 개신교 선교사들』, 113-114.
78) 김준상, "한국교회 회복을 위한 개혁주의 선교적 영성," (백석대학교 대학원 박사학위논문,

가복음 1:35에 의하면, "새벽 아직도 밝기 전에 예수께서 일어나 나가 한적한 곳으로 가사 거기서 기도하시더니."라는 말씀은 예수님의 새벽기도로 기도한 뒤에 제자들을 택하셨고, 기도한 뒤에 이적과 기사를 행하셨을 뿐만 아니라 기도한 뒤에 십자가를 지셨다. 예수님은 어떤 일을 하시기 전에 맨 먼저 기도부터 하셨다.[79] 데살로니가전서 5:17에 의하면, "쉬지 말고 기도하라."는 말씀은 문자 그대로 먹고 자는 시간을 제외하고 나머지 모든 시간을 기도하는 시간으로 사용하는 것으로, 초대교회 이후로도 아침과 저녁기도회를 중요시하였다.[80] 이것은 예수님의 새벽기도와 초대교회의 새벽기도가 선교라는 의미에서 선교의 출발과 결단을 알려주는 선교적 영성으로 볼 수 있다.

한국교회의 새벽 기도 운동은 외국인 선교사들에게 영향을 받은 것이 아닌 한국에서 이루어진 기독교인들의 독특한 신앙 체험과 부흥 운동을 배경으로 하고 있다. 원산 부흥 운동의 주역이었던 로버트 하디(Robert A. Hardie, 1865~1949) 선교사는 1904년 9월 이화학당 개학을 맞아 배제 학당과 연합으로 학생 부흥회를 열었다.[81] 이 학생 부흥회를 위해 준비하던 중 이화학당 학생들은 하나님의 은혜를 받아 이른 아침에 예배실에 모여 기도한 것이 새벽기도회의 시작이 되었다. 이 새벽기도회는 선교사나 교사들에 의해 시작한 것이 아니라 학생들이 자발적으로 시작한 것이다. 그리고 이화학당 교사와 학생들은 1905년 을사늑약(乙巳勒約) 체결 이후 매일 정오에 구국기도회를 열기

2012), 83-84.

79) 김준상, "한국교회 회복을 위한 개혁주의 선교적 영성," 84.

80) 김준상, "한국교회 회복을 위한 개혁주의 선교적 영성," 84.

81) 이덕주, "한국교회의 새벽기도 전통," 「세계의신학」 38 (1998), 111.

도 하였다.[82] 이후 장대현교회 조사로 있었던 길선주(吉善宙, 1869~1935)의 주도적인 역할로 교회의 당회 결의를 통해 전 교인이 참여하는 새벽기도회가 시작되었다. 이로써 새벽기도회가 교회 단위의 정기적인 집회로 자리 잡게 되었으며, 사도행전 이후 가장 강력한 성령의 역사로 평가받는 1907년 평양대부흥운동(平壤大復興運動)을 촉발시킨 요인의 하나가 되었다.[83]

조귀삼은 이러한 대부흥 운동 정신이 한국교회 성장에 영적 토대가 되었다고 보았다.[84] 더 나아가 대부흥 운동을 통한 새벽 기도 운동은 오늘날 새벽기도회, 철야 기도회, 수요기도회, 금요기도회, 특별기도회, 구국기도회, 산 기도회 등 다양한 형태로 나타나고 있으며, 교회가 영적인 구심점을 가지고 그것을 지속시키는데 새벽 기도가 공헌하였다.[85] 평신도가 1년 365일 매일 새벽마다 기도하는 신앙의 전통이 여기서 출발한다. 불교에서도 3시에서 5시 사이의 새벽예불이 있으나 이는 승려들에게 국한된 것이고, 가톨릭에서 성무일과(聖務日課)에 따라 새벽기도(lauds)가 있으나 이는 성직자인 사제나 수사들에게만 해당되는 종교의식이다. 그러나 한국 기독교는 세계 종교사의 유례가 없는 모든 성도의 새벽기도라는 새로운 신앙의 전통을 세운 것이라고 평가할 수 있다.[86]

선교적 영성중에 새벽기도의 예를 들면, 기도하면 마음이 편안해지고 위로가 되고 치료에 도움이 되는 것은 과학적으로 증명되었고, 치유하는 기도의 능력은 의학적으로도 인정된 것이다.[87] 1996년 2

---

82) 김준상, "한국교회 회복을 위한 개혁주의 선교적 영성," 85.
83) 김준상, "한국교회 회복을 위한 개혁주의 선교적 영성," 85.
84) 조귀삼, "한국교회 성장 동력의 회복을 위한 소고,"「복음과 선교」29 (2015), 292.
85) 김준상, "한국교회 회복을 위한 개혁주의 선교적 영성," 85.
86) 허호익,『길선주 목사의 목회와 신학사상』(서울: 대한기독교서회, 2009).
87) 김찬규, "기독교 영성과 정신건강의 관계성," 199.

월호 뉴스위크앤드의 통계에 의하면, 79%의 사람들이 기도가 병이나 사고로부터 우리를 회복 시켜주는 데 도움을 주는 것으로 믿는다고 답했다. 또한 56%의 사람들은 자신들이 직접 그런 경험을 한 것으로 나타났다. 그러나 63%의 사람들은 의사가 자신들에게 영적인 문제들에 대해서 조언을 해주기를 바란다고 대답했다. 그러나 10%의 의사들만이 환자들에게 치료에 있어 기도의 중요성에 이야기하는 것으로 나타났다.[88] 한국교회의 새벽 기도 운동에 영향을 받은 선교사는 진정한 선교적 영성을 개발하여 그리스도를 본받는 선교적 영성의 방향과 선교적 영성의 원천인 하나님과 깊은 관계성, 그리스도인의 선교적 삶을 통한 자신의 성품과 삶이 변할 수 있다.[89] 따라서 선교사는 한국교회의 새벽기도를 통한 선교적 영성의 접근을 통해 세속화로 인한 사회적 지도력과 정체성의 상실을 회복하고, 선교사역에서의 삶과 실천, 훈련을 개발하는 전인적인 선교가 필요할 것이다.

V. 나가는 말

결론적으로, 지금까지 선교사를 위한 선교적 영성에 관한 연구에 대해 살펴보았다. 급변하고 있는 세계 속에서 선교사의 선교적 영성은 선교사의 선발과 배치에서부터 시작하여 선교사 자녀까지 모든 사역의 시스템에 적용될 수 있다. 이러한 선교사의 삶과 사역이 선교로 나타나는 것은 무엇보다 개인이 가진 선교적 영성의 깊음에서부

---

88) 유은호, "누가복음에 나타난 기도의 영성,"「신학과 실천」32 (2013), 579-584.
89) 신경규, "선교적 영성의 개념과 의미,"「선교와 신학」1(2003), 189.

터 나온다.

허버트 케인(J. Herbert Kane)은 이러한 선교적 영성의 깊이에 대하여 말하기를, "선교는 교회가 세상과 갖는 관계와 행동 방식으로 볼 수 있으며, 이 행동 방식은 개인이나 교회가 예수 그리스도와 갖는 관계성에 의해 좌우된다. 이러한 관계성은 영성으로 정의될 수 있는데, 영성이 건전하면 선교의 정신과 형태와 방법을 결정하는 기초를 세울 수 있게 된다."라고 하였다.[90] 이처럼 선교사의 선교적 영성은 개인과 교회, 예수 그리스도와의 관계성을 통한 선교적 영성일 때 하나님 나라의 능력을 나타내는 영성이 된다. 그래서 선교 현장에서의 선교사들은 자신을 드린 헌신의 철저함에서 비롯된 총체적인 선교적 영성을 바탕으로 향상될 때 성령의 능력으로 날마다 하나님의 말씀을 통제되고 기도로 성령의 은혜 안에 살면서 위대한 하나님 나라의 사역은 아름답게 이루어질 것이다.[91] 하나님을 향한 선교사의 기도와 갈망은 능동적이면서도 수동적이다. 하나님 나라를 위한 탄식하는 영성의 자리를 통해서 선교사는 세상에서 하나님과 함께 일하도록 부르심을 받았다.[92] 이것은 선교적 영성의 근원이신 성령의 움직임에 민감해지는 것을 의미하며, 선교사가 성령과 함께 선교적 영성의 여정을 걸어가면서 하나님의 부르심에 어떻게 반응하는가와 관련된다. 성령 안에서 선교사의 분별의 삶은 선교지에서 성숙한 그리스도인의 삶, 제자의 삶을 살게 하는 통로가 된다.[93]

선교사는 선교의 열정만 가지고 사역하는 것이 아니다. 선교사는

---

90) J. Herbert Kane, 『선교사의 생활과 사역』, 백인숙 역 (서울: 도서출판 두란노, 1986), 171.
91) 이강춘, 『마지막 세기 마지막 주자』, 187.
92) 윤성민, "독일에서 본 한국사회와 한국교회: '녹색 성장' 안에서의 한국교회의 영성," 「신학과 실천」 44 (2015), 315.
93) 김경은, "일상과 영성의 통합의 관점에서 본 영성지도," 「신학과 실천」 44 (2015), 292.

성령의 역사 가운데 하나님의 전적인 은혜와 부르심에 대한 확신, 그리고 담대함과 끊임없는 하나님과 깊은 교재를 통해 선교는 가능하다. 그리고 선교사는 자신의 인격과 열린 선교적 마인드, 복음을 효과적으로 전하고자 하는 선교 방법과 전략이 조화가 이루어져야 가능하다. 또한 선교사는 과거와 현재, 미래의 선교적 영성까지도 자신을 관리할 수 있어야 한다. 따라서 선교사는 선교적 영성의 지속적인 관리를 위해 초대 기독교 공동체를 통한 선교적 영성, 진젠도르프와 헤른후트 공동체를 통한 선교적 영성, 윌리암 캐리를 통한 선교적 영성, 허드슨 테일러를 통한 선교적 영성, 한국교회의 새벽기도를 통한 선교적 영성의 접근이 필요하다. 이제 선교적 영성을 보완함으로써 선교사는 영적인 사태를 미리 방지하도록 지속적으로 기도하며 건강한 기독교 공동체를 든든히 세우기 위한 원동력이 되어야 할 것이다.

참고문헌

구대일.『거룩한 몸부림』. 서울: 도서출판 멘토, 2005.

김경은. "일상과 영성의 통합의 관점에서 본 영성지도."「신학과 실천」 44 (2015), 279-301.

김대식.『영성, 우매한 세계에 대한 저항』. 서울: 모시는 사람들, 2012.

김동선 편.『초기 개신교 선교사들』. 서울: 한들출판사, 2001.

김상복 외 16인.『한민족 디아스포라의 세계선교 비전』. 서울: 기독교선교횃불재단, 2014.

김수천. "통전적 영성형성을 위한 목회자의 영적 독서."「신학과 실천」 47 (2015), 207-236.

김영동.『교회를 살리는 선교학』. 서울: 장로회신학대학교 출판부, 2003.

김영봉.『예수의 영성』. 서울: 도서출판 은성, 1997.

김종성.『선교사의 생활과 사역』. 서울: 도서출판 두란노, 2014.

김준상. "한국교회 회복을 위한 개혁주의 선교적 영성." 백석대학교 대학원 박사학위논문, 2012.

김찬규. "기독교 영성과 정신건강의 관계성."「신학과 실천」 46 (2015), 191-212.

김현진.『공동체 신학』. 서울: 예영커뮤니케이션, 1998.

민경배.『한국기독교회사』. 서울: 연세대학교 출판부, 1993.

선교대구. "지역교회와 선교단체의 역할."「선교대구」 (2010년 2월 11일). http:// missiondaegu.org/xe/331.

성남용.『선교현장 리포트』. 서울: 생명의말씀사, 2006.

신경규. "선교적 영성의 개념과 의미."「선교와 신학」 1 (2003), 183-218.

신경규. "선교적 영성의 성경적 모형."「복음과 선교」 5 (2005), 144-169.

신현수.『개혁주의 영성』. 용인: 도서출판 목양, 2011.

유은호. "누가복음에 나타난 기도의 영성."「신학과 실천」 32 (2013), 571-606.

유해룡. "한국적 상황에서의 영성의 연구동향."「신학과 실천」 47 (2015), 177-206.

윤성민. "독일에서 본 한국사회와 한국교회: '녹색 성장' 안에서의 한국교회의 영성."「신학과 실천」 44 (2015), 303-327.

이강춘.『마지막 세기 마지막 주자』. 안양: 호산나출판사, 2012.

이덕주. "한국교회의 새벽기도 전통." 「세계의신학」 38 (1998).

이성주. 『영성신학』. 서울: 문서선교 성지원, 1998.

이수환. 『선교와 영적전쟁』. 파주: 한국학술정보, 2011.

장훈태. 『최근 이슬람의 상황과 선교의 이슈』. 서울: 도서출판 대서, 2011.

재영한인교회연합회 연구출판분과위원회. 『디아스포라 영국』. London: 재영한인교
회연합회, 2004.

주도홍. 『독일의 경건주의』. 서울: CLC, 1996.

조귀삼. 『전략이 있는 선교』. 안양: 세계로미디어, 2014.

조귀삼. "한국교회 성장 동력의 회복을 위한 소고." 「복음과 선교」 29 (2015), 281-319.

조용기. 『4차원의 영성』. 서울: 교회성장연구소, 2005.

조은식. 『삶에서 찾는 문화선교』. 서울: 숭실대학교 출판부, 2009.

조은식. "선교신학의 흐름과 영성문제." 「선교타임즈」 (2015년 10월 6일), http://
missiontimes.co.kr/?p=2238.

최수일. 『간추린 기독교 선교 역사』. 서울: 예영커뮤니케이션, 2003.

최종인. "성령과 선교(25): 선교사의 영성." 「들소리신문」 (2011. 08. 08).

최창국. 『영성형성과 돌봄을 위한 기독교 영성신학』. 서울: 도서출판 대서, 2010.

쿡, 찰스. "한국선교연구원 설립 20주년 세미나서, 고군분투 선교사 영적 돌봄 시
급." 「국민일보」 (2015. 10. 06.).

한국선교연구원. "선교사 영성, 파송 교회·단체 지속적 돌봄 필요." 「기독교 타임
즈」 (2010. 02. 11).

한인수. 『경건신학과 경건운동』. 서울: 경건, 1995.

한정애. 『교회사를 통해 본 작은 공동체 운동』. 천안: 한국신학연구소, 1997.

허호익. 『길선주 목사의 목회와 신학사상』. 서울: 대한기독교서회, 2009.

홍성주. 『21세기 영성신학』. 서울: 도서출판 은성, 1995.

황병배. "성공적인 평신도 전문인 선교를 위한 선교학적 통찰 및 제언." 「복음과 선
교」 22 (2013), 459-492.

Finnie, Kelsey. 『윌리암 캐리』. 김명희 역. 서울: 죠이선교회 출판부, 1995.

Holt, Simon C. *God Next Door*. Melbourne Victoria: Fuller Theological Seminary,
1999.

Janet, & Benge, Geoff. 『윌리엄 캐리』. 안정임 역. 서울: 도서출판 예수전도단,
2012.

Kane, J. Herbert. 『선교사의 생활과 사역』. 백인숙 역. 서울: 도서출판 두란노, 1986.

Kane, J. Herbert. *A Concise History of the Christian World Mission*. Michigan: Baker House, 1898.

Latourette, Kenneth S. *The Great Century*. Grand Rapids: Zondervan, 1970.

Miller, Basil. 『현대 선교의 아버지 윌리엄 캐리』. 임종원 역. 서울: 기독신문사, 2003.

Moreau, A. Scott. Corwin, Gary R. Mcgee, Gary B. 『21세기 현대 선교학 총론』. 김성욱 역. 일산: 크리스챤출판사, 2009.

Neill, Stephen. *A History of Christian Missions*. New York: Penguin Books, 1986.

Steer, Roger. 『허드슨 테일러에게서 배우는 100가지 교훈』. 안보현 역. 서울: 생명의 말씀사, 1998.

Steer, Roger. 『허드슨 테일러(상)』. 윤종석 역. 서울: 도서출판 두란노, 1990.

Stott, John R. W. 『제자도』. 김명희 역. 서울: IVP, 2013.

Taylor, Dr. & Taylor, Mrs. Howard Hudson. *Taylor's Spiritual Secret*. London: China Inland Mission, 1955.

Thompson, Marjorie J. *Soul Feast*. Louisville: John Knox Press, 1995.

Walke, F. Deaviller. 『근대 선교의 아버지 윌리엄 캐리』. UBF교재연구부 역. 서울: 대학생성경읽기선교회, 1992.

Willard, Dallas. 『영성훈련』. 엄성옥 역. 서울: 도서출판 은성, 2008.

    The Spirit of the Disciplines. San Francisco: Harper & Row, 1988.

Wright, Christopher J. H. 『하나님 백성의 선교』. 한화룡 역. 서울: 한국기독학생회 출판부, 2012.

제6장
선교적 멘토링 리더십

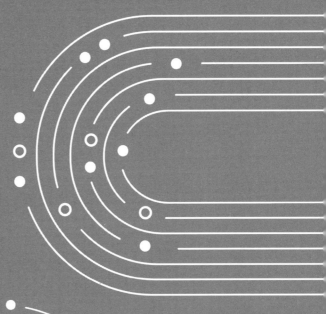
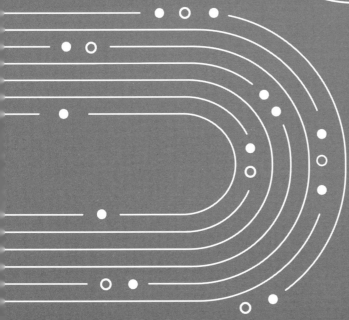

Ⅰ. 들어가는 말

〈2015년 한국갤럽〉이 발표한 한국인의 종교에 따르면, 불교 22%, 기독교 21%, 가톨릭 7% 순으로 나타났다. 그러나 기독교에 대한 신뢰도의 경우는 종교인구 비율과 다르게 나타나고 있다. 2014년 기독교윤리실천운동본부가 발표한 〈2013 한국교회 신뢰도 여론조사 결과〉에 따르면, 신뢰하는 종교는 가톨릭 29.2%, 불교 28%, 기독교는 21.3%였다. 한국 기독교가 신뢰성을 상실한 이유는 '언행 불일치'로 24.8%, '교회 부정부패'가 21.4%, '한국교회 목회자와 성도의 부도덕성'은 65.6%에 이르렀다. 이러한 상황에서 포스트모던 시대의 리더십(Leadership)은 교회 확장이 아닌 세상 속에서 일하시는 하나님 나라를 실현하기 위해 한국교회가 어떤 리더십이 필요한지를 고민해 보아야 한다.[1] 오늘날 많은 사람이 리더십에 관심들은 있으나 리더십의 관심을 성공학(成功學)으로 이해하는 경향이 있다. 무엇보다 리더십은 지도자로 인해 더 효과적이고 생산적인 사역을 돕는 데 있다.[2] 이에 최근 선교학계에서는 선교적 리더십(Missional Leadership)에 대한 연구가 활발하게 진행되고 있다. 과거 지도자는 태어나는 것이고, 시대가 만들어가는 것으로 생각하였다. 현대는 누구나 지도자가 될 수 있고, 삶의 현장에서 크고 작은 지도자의 역할을 요구하고 있는 시대가 되었다. 그러므로 리더십의 주제는 보통 사람들의 관심 영역이 된다.[3] 지도자는 태어나는 것이 아니라 배움과 훈련, 그리고 개발로 되는 것이기 때문에 모든 사람의 도전이라 할 수 있다.

---

1) 계재광, "다문화사회 적합한 교회리더십에 대한 연구2," 「신학과 실천」 46 (2015), 540-542.
2) 신성주, 『타문화 선교 리더십』 (서울: 도서출판 생명의 양식, 2009), 29-30.
3) 신성주, 『타문화 선교 리더십』 35.

사전적 의미에서 리더십이란 집단의 목표나 내부 구조의 유지를 위해 구성원들이 자발적으로 집단 활동에 참여하여 이를 달성하도록 유도하는 능력을 가리킨다. 진정한 리더십은 수평적이면서도 쌍방향적인 의사소통을 강조하는 포스트모던 시대에 리더십이다. 이러한 리더십의 형태는 일방적으로 앞에서 이끌어 가려고만 해서는 안 되며, 때로는 구성원들과 어깨를 나란히 하기도 하고, 또한 그들을 뒤에서 떠받치면서 섬기는 정신이야말로 진정한 리더십이다.[4] 구약성경에서 하나님은 이스라엘 공동체 안에서 리더십을 발휘하던 많은 사람을 사용하셨다. 그들은 이스라엘 공동체를 이끌어 가거나 지도하는 많은 신앙과 종교, 그리고 정치 지도자들이었다.[5] 신약성경에서 예수님은 리더십의 혁명을 가져오신 분이시다. 세상은 힘 있는 자와 직위 있는 자, 그리고 전문성이 있는 자를 지도자로 알지만 예수님은 이와 다른 관점에서 섬기는 자와 희생하는 자, 그리고 이 세상과 다른 무엇이 있는 참 지도자임을 알리셨다.[6] 이처럼, 하나님은 리더십에 관해서 가공되지 않은 원자재 같은 미숙한 사람을 취하셔서 독특한 은사와 능력을 더하시고, 그분이 사용할 수 있는 지도자로 세워 가신다.[7] 이러한 관점에서 타문화 환경에서의 가장 중요한 리더십은 사람들을 자신들의 다양한 은사에 맞춰서 하나님이 그들에게 주신 비전을 이루게 하고, 그들에게 힘을 부여하여 하나님 나라의 일을 하도록 하는 것이다.[8] 선교적 리더십은 하나님 나라에 대한 성경적 가르침과 현재와 미래에 하나님 나라를 이루게 하는 성령의

4) 강성열, "구약성경에 나타난 리더십," 「그말씀」 289 (2013), 7.
5) 강성열, "구약성경에 나타난 리더십," 7.
6) 박수암, "신약성경에 나타난 리더십," 「그말씀」 289 (2013), 30.
7) 국제제자훈련원, "전방향 리더십 세미나," http://www.disciplen.com/seminar/2013/cbc_leader/cbcleader.asp.
8) Sherwood G. Lingenfelter, 『타문화 사역과 리더십』, 김만태 역 (서울: CLC, 2011), 8.

권능을 의지하는 비전에 기초를 두어야 한다.[9] 따라서 오늘날 포스트모던 시대에 한국교회의 선교에 대한 보다 깊은 이해를 실행하기 위해서, 그리고 선교 발전을 위한 필요한 리더십을 이해한 뒤 선교적 리더십과 선교적 멘토링 리더십의 변화 모델에 대하여 살펴보고자 한다.

II. 포스트모던 시대에 필요한 리더십 이해

포스트모던(Postmodern)[10]은 모더니즘(Modernism)의 연속선상에 있으며, 동시에 그에 대한 비판적 반작용으로 비 역사성, 비 정치성, 주변적인 것의 부상, 주체 및 경계의 해체, 탈 장르화 등의 특성을 갖는 예술상의 경향과 태도, 그리고 기존의 틀을 따르지 않는 새로운 것을 말한다.[11] 이러한 포스트모던 현상에 있어서 가장 위협적이고 두드러진 것은 다음과 같이 정리할 수 있다. 첫째, 그동안 인생의 바른 해

---

9) Sherwood G. Lingenfelter, 『타문화 사역과 리더십』, 43.

10) 포스트모던이란 용어는 1940년대에 새로운 형태의 건축(architecture)과 시(poetry)를 묘사하는 말로 사용되었다. 1960년대 이후에는 그 용어를 역사상 새로운 시대를 지칭하는 단어로 사용하는 책들이 등장하였다. 포스트모던의 철학의 뿌리는 프리드리히 니체(Friedrich Nietzsche)와 마르틴 하이데거(Martin Heidegger), 자크 데리다(JacquesDerrida), 미셸 푸코(Michel Foucault), 장 프랑수아 리오타르(Jean Francois Lyotard) 등에게서 찾을 수 있다. 하지만 문화인류학에서의 뿌리는 1930년까지 거슬러 올라간 다. 말리노프스키(Malinowski)와 래드클리프 브라운(A. R. Radcliffe-Brown)이 인류학자들에게 근대의 분석적 이론을 수입하지 말고, 연구 대상인 그 사람들의 눈으로 세계를 보라고 촉구했을 때부터 시작된 것이다. 이러한 접근은 문화적 상대주의의 개념을 소개하였고, 시간이 흐른 뒤에 전 세계 여러 민족의 관점에서 근대성을 연구하는 방식도 새롭게 도입되었다. Paul G. Hiebert, *Transforming Worldviews: An Anthropological Understanding of How People Change* (Grand Rapids: BakerBook, 2008), 211-212.

11) 한국어 위키백과, "포스트모던," http://dic.daum.net/word/view.do?wordid=kkw000278565&q=%ED%8F%AC%EC%8A%A4%ED%8A%B8%EB%AA%A8%EB%8D%98.

답을 주는 것으로 여겨왔던 과거의 모든 통념은 더는 힘을 쓰지 못하게 된다. 둘째, 자기의 삶을 해석하고 바른길을 결정하는 데 있어서 최종적인 권위를 가지는 자는 각 개인이다. 셋째, 모든 가능성을 완전히 열어 놓은 것이다. 넷째, 비록 주관주의와 상대주의를 중요하게 여기지만 관계를 또한 중요시한다.[12] 포스트모던 현상을 통해 목회자와 선교사는 사회와 문화, 그리고 환경 속에서 살아가는 사람들을 이해하고자 하는 실천적 고민이 선행되어야 하고, 교회의 본질을 재정립하고, 교회가 속한 사회문화적 상황 속에서 재정립된 교회의 본질을 적용하고 실천하는 것이 중요하다. 그래서 목회자와 선교사는 복음을 구체화할 현장인 그 사회의 문화를 살펴보고 리더십을 발휘해야 한다.[13] 무엇보다 세계에서 복음을 효과적으로 전하기 위해 선교하는 교회가 아니라 선교적 교회로서의 목회자와 선교사는 제도적이고 전통적인 과거의 리더십 방식에서 벗어나 탈출해야 하는 상황에서 여섯 가지의 리더십이 필요할 것이다.

1. 공유하는 리더십

공유하는 리더십(Shared Leadership)은 다양한 위기에서 나름대로 리더십을 발휘하고 있는 많은 사람을 효과적인 의사 결정에 창조적으로 이바지하도록 동참하게 하는 리더십을 말한다. 리더십은 지도자가 혼자 결정하여 지시하는 것이 아니라 목적과 비전을 공유하는 많은 사람들과 함께 결정하여 나누는 것이다.[14] 특히, 이러한 리더십은

---

12) 신성주, 『타문화 선교 리더십』, 66-70.
13) 계재광, "현대문화 속에서 영적성숙을 위한 리더십," 「신학과 실천」 42 (2014), 802-803.
14) 신성주, 『타문화 선교 리더십』, 70.

리더의 통제 아래에서 일하는 것보다는 리더와 파트너가 되어 함께 일할 때 더 의미를 찾는 신세대들에게 어필하는 유형이다. 이런 경우, 팀 중심적인 사역 구조나 조직, 그리고 기관이 두 개 이상 통합할 때, 또한 다문화와 다인종이 참여하는 곳에서도 필수적이다.[15] 그러므로 지도자는 선교단체와 선교사의 관계, 파송교회와 선교사의 관계, 선교사와 현지인과의 관계로서 고용주와 고용인의 관계가 아니라 목적과 비전을 함께 공유하는 파트너의 관계를 지향해야 한다.

2. 다세대 리더십

다세대 리더십(Multi-Generational Leadership)은 자기 세대를 뛰어넘어서 의사소통을 효과적으로 할 수 있는 리더십을 말한다. 이러한 리더십은 사고가 열려 있어야 하고, 힘을 나누어 가질 줄 알아야 하며, 따르는 자를 부하로 보지 않고 파트너로 삼을 수 있어야 한다. 또한 그들에게 삶과 사역에서 의미를 찾을 수 있도록 하는 능력을 말하는 것이다.[16] 그러므로 지도자는 리더십의 문화를 통해 포스트모던 시대에서 발생하는 저항 사이의 긴장은 사라지고, 한 몸을 이루는 능동적인 효과를 발휘하는 역할이 될 수 있다.

3. 다문화 글로벌 리더십

다문화 글로벌 리더십(Multicultural Global Leadership)은 오늘날 다양한 문

---

15) 신성주, 『타문화 선교 리더십』, 70-71.
16) Mary J. Hatch, *Organization Theory: Modern, Symbolic, and Postmodern Perspectives* (England: Oxford University Press, 2006), 368.

화가 공존하는 포스트모던 시대의 상황에서 발휘하는 유능한 리더십을 말한다. 이러한 리더십은 다양한 사람과 인종, 풍습, 가치, 언어, 세계관, 그리고 다양한 문화 속에서도 지도자의 역량을 드러낼 수 있는 필요적인 리더십이다.[17] 그러므로 지도자는 어떠한 선교적 환경에서도 위축되지 않고 언제나 배우면서 리더십을 발휘해야 한다.

4. 여성과 소수 그룹 리더십

여성과 소수 그룹 리더십(Woman & Minority Groups Leadership)은 여성과 가난한 계층, 그리고 사회적 소수 그룹의 의견을 세상에 알리고, 그들의 가치를 찾게 할 뿐만 아니라 그들을 위한 문화와 환경을 조성하고, 그들도 지도자로 받아들일 수 있도록 하는 리더십을 말한다.[18] 그러므로 지도자는 오늘날 포스트모던 시대에 자기가 섬기는 소수 그룹의 소리를 들으며 섬기는 리더십을 보여 주어야 한다.

5. 윤리적인 리더십

윤리적 리더십(Ethical Leadership)은 따르는 자들의 노동력만 이용하는 것이 아니라 그들을 향한 지도자의 책무를 다하는 리더십을 말한다. 즉 따르는 자를 오히려 돌보고, 섬기며, 성장하도록 힘을 주는 돕는 리더십인 것이다. 그렇지 않으면 포스트모던 시대에는 견디지 못하며 미련 없이 떠나버린다.[19] 그러므로 지도자는 따르는 자들에게 영

---

17) 신성주, 『타문화 선교 리더십』, 72-73.
18) 신성주, 『타문화 선교 리더십』, 73.
19) 신성주, 『타문화 선교 리더십』, 74-75.

향력을 미치는 리더십이기 때문에 악영향을 끼치지 않도록 윤리적이고·도덕적인 모습의 정체성을 가져야 한다.

6. 스토리텔링 리더십

최근 스토리텔링[20] 리더십(Storytelling Leadership)의 중요성이 크게 부각 되고 있다. 21세기 디지털시대에 도래하면서 다양한 전달 매체들이 등장하게 되어 스토리텔링이 새롭게 주목받고 있다. 스토리텔링은 과거만 해도 문예학에 국한되었으나 최근에는 정치, 경제, 사회, 문화, 예술, 과학, 종교, 교육, 스포츠, 리더십 등 전 분야에 걸쳐 사용되고 있다.[21] 스토리텔링의 대가라 할 수 있는 스티브 데닝(Steve Denning)은 스토리텔링에 대하여 말하기를, "사람들은 스토리를 통해 생각하고, 말하고, 이해한다. 심지어 꿈마저도 스토리의 방식으로 꾸고 있다. 따라서 조직에서 무언가를 하려고 한다면 사람들을 움직일 수 있는 스토리로 이야기하는 방법을 활용해야 한다"라고 하였다.[22] 리더십은 단순히 사람들을 변화시키는 것에서 그치는 것이 아니라 한 발자국 더 나아가 사람들이 스스로 변화하길 원하도록 고무하고 격려하는 것이다. 이를 위해 리더들의 언행일치뿐만 아니라, 리더들이 무엇을 말하는지 그 내용도 매우 중요하다. 이처럼 내용전달의 효

---

20) 스토리텔링은 이야기(story)와 말하기(telling)의 합성어로서 청중들의 생각이나 행동의 변화를 목적으로 이야기를 전달하되, 가장 효과적인 표현 방법까지 고려한 전략적 커뮤니케이션 기법이다. 스토리텔링은 현재 기업조직의 성공적인 소통을 위한 새로운 도구로 많이 사용되고 있다.

21) 정창권, 『문화콘텐츠 스토리텔링』 (서울: 북코리아, 2010), 36.

22) snow, "스토리텔링 리더십(Leadership Storytelling)," http://www.snow.or.kr/lecture/humanities/psychology/14035.html.

과적인 방법이 스토리텔링이다.[23] 스토리텔링 리더십은 의사 전달을 이야기 방식으로 메시지를 전하는 데 팔로워(follower)는 지도자의 이야기를 통하여 인격적인 교감의 관계가 형성하게 만드는 리더십을 말한다. 그래서 오늘날 경영학과 리더십 분야에서는 이야기 형태를 통해 회사의 사명과 비전을 전달하는 연구를 많이 하고 있다.[24] 그러므로 지도자는 사람을 설득시킬 수 있는 파워 있는 신앙적 자기 이야기가 있는 지도자로 복음으로 남을 설득하기 전에 자신의 스토리를 감동적으로 풀어 놓을 수 있는 지도자이어야 한다. 성경의 본문을 설명할 때, 주제에 따라 쪼개기보다 이야기식을 풀어 영상을 심어 감동 있게 전하며, 한 사람 한 사람의 개인적인 이야기를 중요하게 여길 줄 알고 들어야 한다.[25] 사무엘상 21:1-14와 요한복음 1:42에 의하면, 논리적 지도자보다 이야기적인 지도자가 훨씬 더 감동적이고 변화시키는 힘이 있음을 알 수 있다.

III. 포스트모던 시대에 선교 발전을 위한 선교적 리더십 이해

한국 근현대사를 살펴보면, 국가적인 차원에서 변혁적인 특수한 상황들이 지속성으로 발생한 경우마다 리더십의 순기능과 역기능의 여러 가지 사례들이 나타난 것을 알 수 있다. 다시 말해, 변혁적 상황을 유발하고 촉진하고 관리하는 리더십의 영향력들이 어떤 결과

---

23) snow, "스토리텔링 리더십(Leadership Storytelling)," http://www.snow.or.kr/lecture/humanities/psychology/14035.html.

24) 신성주, 『타문화 선교 리더십』, 77.

25) 신성주, 『타문화 선교 리더십』, 77-78.

로서든지 개입해 왔다는 것을 의미한다.[26] 모든 분야 일의 시작에는 언제나 리더십이 있었다. 리더십이 없는 나라와 사회, 그리고 정치는 존재하지 않는다.[27] 그래서 문화인류학자들은 원시사회처럼 공동체가 공식적인 지도자를 선출하지 않았음에도 여전히 그 속에는 보이지 않는 리더십이 존재했다고 말한다. 성경에도 하나님이 새로운 역사를 시작하실 때마다 항상 새로운 지도자를 부르셔서 일하게 하신 것을 알 수 있다. 역사적으로 이러한 리더십은 19세기 초 영국 의회에서 정치적 영향과 통제력에 대한 글들에서 나타나기 시작하였다. 또한 리더십을 하나의 학문으로서의 연구는 불과 20세기 후반에 와서 시작되었다.[28]

인간은 누구나 미래에 대한 불확실성과 불안감을 갖고 있다. 인간은 자기를 인도해 줄 지도자를 필요로 하며, 누군가를 다루고자 하는 본능을 갖게 된다. 지그문트 프로이드(Sigmund Freud, 1856~1939)는 이것을 가리켜 인간의 본능적 '복종 욕구' 때문이라고 말한다. 이렇게 인간은 외부적인 환경이 완벽하지 않기 때문에 지도자를 필요로 하는 것이다. 모든 리더십의 궁극적인 목적은 소속된 조직과 공동체, 그리고 더 나아가 그를 따르는 자들과 그 사회의 샬롬을 지도자인 자신을 발전시키는 것이다.[29] 히브리서 13:7-8에 의하면, 하나님은 모든 하나님 나라 사역자들이 훌륭한 지도자가 되기를 소원하신다. 일반적으로 리더십에 관한 많은 이론이 있겠지만 타문화 환경에서 사역하는 선교사는 성경에 나타난 위대한 하나님의 지도자들을 배워서 그

---

26) 김광건, "한반도 통일 상황에서의 단계별 리더십 유형에 대한 고찰," 「신학과 실천」 46 (2015), 674.
27) 교수신문 2013년 10월 28일자.
28) 신성주, 『타문화 선교 리더십』, 35-38.
29) 신성주, 『타문화 선교 리더십』, 36-46.

와 동일한 리더십을 발휘해야 한다. 또한 한국적 리더십과 한국교회 목회 리더십을 이해한 뒤에는 타문화에서의 선교적 리더십에 대해서 잘 이해해야 한다. 진재혁은 이러한 선교적 리더십에 대해여 말하기를, "리더십의 기본 원칙이 같더라도 한국적 리더십을 타문화에서 그대로 발휘하는 것은 효과적이지 않으며, 문화인류학적 접근을 통해 타문화 리더십을 이해하고 존중하며 효과적인 선교적 리더십 모델을 개발해야 한다."라고 하였다.[30]

목회자와 선교사가 현지 사역을 준비할 때 이러한 상황을 진지하게 고려하는 것이 중요하다. 물론 하나님은 자신의 지도자를 직접 선택하신다. 또한 성령님은 교회를 위해 지도자들을 선발하신다. 하지만 교회와 성숙한 지도자들은 하나님이 선발하신 사람들을 확인해 준다. 하나님은 새로운 지도자를 선발하실 때 기존 성숙한 지도자를 도구로 사용하신다. 그래서 성령님이 지도자들을 선발하지만 교회는 무책임하게 방관하지 말아야 하며, 지도자를 모집하고 훈련하는 일에 더 큰 책임을 져야 한다.[31] 따라서 선교사는 선교지에서 전략적인 사역과 열매를 위해 선교적 리더십의 이해에 있어서 필요한 네 가지를 살펴보면 다음과 같다.[32]

첫째, 선교사는 선교지에서 효과적인 리더십을 발휘하기 위해서는 선교지의 문화적 리더십 모델에 관한 바른 이해가 필요하다. 선교사는 자기 모국의 문화적 리더십을 가지고 선교지에서 리더십의 영향력을 발휘하기 때문에 얼마나 많은 시행착오와 문화적 오해를 낳는

---

30) 크리스천투데이 2009년 6월 20일자.
31) Harvie M. Conn & Manuel Ortiz, 『도시목회와 선교』, 한화룡 역 (서울: CLC, 2006), 494-495.
32) 진재혁, "한국 문화적 리더십의 모델과 한국 선교사 리더십," http://kcm.kr/dic_view.php?nid=40990.

지 모른다. 한국의 리더십 모델로는 선교지에서 이해되고 필요한 문화적 리더십의 역량과 영향력을 다 발휘할 수 없기에 타문화 리더십에 관한 문화인류학적 이해와 리더십 교육이 준비되어야 한다.

둘째, 선교사는 자기의 리더십 개발을 위하여 리더십의 이해와 훈련이 필요하다. 선교지에서는 설교를 자주 할 수 없고, 원하는 책이나 자료들을 마음껏 구할 수 없다. 어떤 선교지에서는 인터넷도 겨우 쓸 수 있을 정도로 사역들은 많지만 실제로 선교사 자신의 발전은 미약할 수밖에 없다. 그러므로 리더십의 이해와 교육을 통하여 비록 선교지에 있으나 꾸준히 자기의 은사를 개발하고 계속해서 성장하기를 노력하는 모습이 필요하다. 지속적인 장기사역의 열매를 위해서는 선교 사역의 범위가 넓어질수록, 그리고 그에 따른 영향력이 커질수록 선교사 자신에 대한 자기 발전과 리더십 개발이 더욱 절실해진다.

셋째, 선교사는 리더십 팀 사역의 추세를 생각해야 한다. 선교지에서 사역을 오래 할수록 자신의 사역 범위가 점점 넓어지는 것을 경험하게 된다. 사역이 성장하면서 같은 선교기관이나 사역을 돕기 위해 또 다른 선교사들이 팀원으로 들어오기도 하고, 후원교회에서 단기 선교 팀을 보내기도 한다. 많은 선교사는 자기를 도와줄 사람들이 늘 필요하다고 생각하고 더 많은 선교사가 자기와 함께 사역을 더 펼쳐 나가기를 원하는 마음은 간절하다. 그러나 막상 그런 일들이 이루어질 때 지도자로서 그 팀을 어떻게 인도해야 할지 뚜렷하지 않을 경우가 있다. 그러므로 선교사에게는 팀 리더십에 대한 이해와 훈련이 꼭 필요하다.

넷째, 선교사는 선교지에서 리더십을 통해 결국 사람을 키우는 사역이다. 현지인들에게 복음을 증거하고 제자로 삼아 현지교회를 통하여 그들이 하나님의 사람들을 계속 길러 내기 위한 사역이다. 그러므로 리더십 훈련을 통하여 다른 사람들의 리더십을 어떻게 키워주고 개발해 주는가에 대한 이해가 없다면 제자 삼는 사역이나 장기적으로 효과적인 사역을 감당할 수 없다. 무엇이 지도자를 지도자가되게 만드는가를 이해하고 가능성이 있는 사람들을 훈련하고 코칭(coaching) 하는 리더십의 이해가 장기사역을 위해 필요하다.

선교지에서 필요한 교육과 훈련의 사역은 시작할 수 있으나 과거의 경험에만 의존하여 문화적 상황을 고려하지 않고 리더십 개발과커리큘럼 디자인에 대한 전체 그림이 없이 주먹구구식으로 실시되는 교육 체재와 훈련프로그램, 그리고 학교 운영은 문화적 충돌과 밑빠진 독에 물을 붓듯이 생활비를 제공해야만 겨우 가능한 학교 교육프로그램 등으로 전락하며, 진정한 리더를 키우는 장기적인 사역으로 성장할 수 없게 된다. 따라서 포스트모던 시대에 선교 발전은 리더십에 있어서 개인이 뛰어나고 헌신 되어있다 할지라도 하나님께서 원하시는 사역을 이루기 위해 포스트모던 시대에 여섯 가지의 리더십을 배경으로 신뢰성 있는 선교적 리더십과 영향력을 끼치는 선교적 리더십, 그리고 성경적인 선교적 리더십에 대하여 살펴보고자한다.

1. 신뢰성 있는 선교적 리더십

임진왜란의 영웅 이순신(李舜臣, 1545~1598) 장군은 청렴결백(淸廉潔白)과 공평무사(公平無私), 그리고 정직(正直)을 몸으로 실천했기 때문에 백성과 군사들의 두터운 신뢰를 얻었다. 이순신이 나타났다는 말에 도

주했던 패잔병들이 모여들 정도였다. 이처럼 오늘날 군대도 마찬가지로 선임은 항상 후임에게 신뢰를 주고, 후임이 저절로 따르게 만들어야 한다. 이러한 신뢰 관계가 깨지는 순간 서로의 군 생활은 불편할 뿐만 아니라 추억이 될 수 있는 순간을 기억하고 싶지 않은 2년이 될 수도 있다.[33] 신뢰 관계의 문제는 서로 간의 차이를 인정하고 서로 존중하지 않는다면 문화적 차이를 극복할 수 있는 규칙을 결코 구성하지 못한다. 신뢰하는 관계를 잘 이루려면 서로가 자기의 고정문화 편견을 버리고 그리스도 안에서 선교적 공동체의 팀워크를 위해 힘써야 한다.[34]

이러한 신앙적인 리더십의 원리를 팀 사역에 적용하기 위해서는 서로에게 귀를 기울이고 서로 사랑하고 서로 용서해야 하는데, 유감스럽게도 성경의 원리와 무관하게 사역을 하는 경우가 많다. 성경에서는 하나님이 사람들의 경험과 생활방식을 도전하지만 그러한 음성을 듣지 못하는 경우의 사례가 많이 나온다. 특히 예수님과 함께 지냈던 제자들이 그분의 가르침을 잘 이해하지 못했다. 마태복음 16:16-17에 의하면, 베드로가 좋은 사례로 하나님은 베드로에게 예수님이 그리스도라고 알려 주시지만 베드로는 예수님이 승리의 왕이 되셔야 한다고 예수님이 말씀하신 고통과 죽음을 거부한다. 그러자 예수님은 베드로의 생각을 사탄에게서 온 것이라고 단호하게 말씀하셨다(마 16:23).[35] 얼마 후, 야고보와 요한의 어머니는 예수님에게 아들들을 예수님 보좌 우편과 좌편에 앉혀 달라고 부탁한다. 마태복음 20:22에 의하면, 예수님은 그들에게 내가 마시려는 잔을 너희가

---

33) 지용희, 『경제전쟁시대, 이순신을 만나다』 (서울: 디자인하우스, 2003).
34) Sherwood G. Lingenfelter, 『타문화 사역과 리더십』, 110-112.
35) Sherwood G. Lingenfelter, 『타문화 사역과 리더십』, 112.

마실 수 있느냐며 물으셨고, 그들은 왕의 잔이라고 생각하고는 마실 수 있다고 대답하였다. 그러나 그들은 예수님의 말씀을 알아듣지 못한 것이다. 이러한 교만은 눈을 더 멀게 할 뿐만 아니라 더 불순종토록 만들고, 결국 그리스도의 몸이 되고자 하는 시도는 하지만 자문화 우월주의(Ethnocentrism)가 개입된다.[36] 따라서 신뢰성 있는 선교적 리더십은 자신의 라이프스타일과 문화적 편견을 양보할 때 비로소 그리스도의 몸 된 교회를 온전히 섬기게 될 뿐 아니라 아울러 모든 팀원은 새로운 구조와 선교적 비전을 이루기 위해 가장 효과적인 방식으로 헌신한다. 이처럼 선교적 공동체는 연합하여 그리스도의 몸으로서 올바른 방향을 이해하기 시작하고, 그 방향으로 전진하기 위해 함께 선교 사역을 감당해야 할 것이다.

2. 영향력을 끼치는 선교적 리더십

일하기 좋은 미국 100대 기업에 선정되었던 사무용 가구회사 허먼 밀러(Herman Miller)의 전 회장 맥스 디플리(Max DePree)는 그의 책 『리더십은 예술이다』(Leadership is an Art)에서 리더십에 대하여 말하기를, "구조나 사회적 과정을 통해서 성취되지 않는 것이 리더십이다."라고 하였다.[37] 오히려 리더십은 구조 속에서 살아갈 뿐만 아니라 더 나아가 사람들을 존중하고, 서로가 다르다는 것을 인정하고, 서로 신뢰를 증진하고 관계와 구조를 지탱하면서 변화시키는 것이다. 그래서 지도자는 자신을 따르는 사람들을 공동체의 참여자로서 보아야 하며

---

36) Sherwood G. Lingenfelter, 『타문화 사역과 리더십』, 112-113
37) Max DePree, *Leadership is an Art* (New York: Currency, 2004).

서로에게 헌신하고 서로에게 힘이 되려고 노력해야 한다.[38] 특히, 팀의 지도자는 하나님이 보내 주신 사람들을 사랑하고 공동체 관계가 팀 안에서 형성되도록 이끌어갈 책임이 있다. 이것은 타문화에서의 팀에게 가장 중요한 요소로 사람들은 서로 다른 민족 정체성과 문화적 배경, 그리고 가치관을 가지고 팀 속에 들어온다. 서로 다른 점에 관해 대화를 나누고 그리스도 안에 있는 정체성에 우선권을 두지 않는다면 함께 일하기는 불가능할 것이다. 그래서 공동체의 관계를 이루기 위해서 대화하는 것은 가장 중요한 일이며, 이것이 없는 팀은 존재하지 못하는 것이다.[39]

공동체적 관계는 책임성이나 생산성, 산출을 무시하지 않는다. 팀원들은 책임을 지켜야 하고, 훌륭한 지도자는 팀원들이 미약할 때 알려주고 개선할 방향을 제시해야 한다. 효과적인 팀워크는 민주주의나 합의에 달려있는 것은 아니다. 지도자는 팀의 유익과 팀원들의 복지, 그리고 효과적인 사역을 위해 결정을 내려야 한다. 이러한 리더십은 권력 중심이거나 합의에 치중해야 할 필요가 없다. 오히려 지도자는 그리스도의 몸 안에서의 포용성과 하나님 나라 사역에의 헌신, 상호존중, 자신의 연약함, 서로에 대한 용서를 추구하는 효과적인 커뮤니케이션이 이루어질 수 있도록 바람직한 규칙을 세우려고 해야 한다.[40] 따라서 영향력을 끼치는 선교적 리더십은 포스트모던 시대에 결과 지향적인 것보다 사람들과 함께 협력해서 효과적으로 선교와 사역에 헌신하여 최상의 영향력을 미치도록 하는 데 있는 것이다.

---

38) Sherwood G. Lingenfelter, 『타문화 사역과 리더십』, 117.
39) Sherwood G. Lingenfelter, 『타문화 사역과 리더십』, 117.
40) Sherwood G. Lingenfelter, 『타문화 사역과 리더십』, 118.

3. 성경적인 선교적 리더십

포스트모던 시대에 리더십의 핵심은 성경적인 리더십으로 서로 사랑하고 서로 신뢰하고 예수 그리스도께 순종하여 따르고 그의 제자가 되는 것이다. 즉, 그리스도 중심적인 배움과 신뢰하는 공동체 리더십이다. 그래서 성육신하신 예수님은 30년간 사람들 속에서 사시면서 먼저 가족과 공동체, 일과 예배의 규칙들을 배우신 후에 하나님 나라의 복음을 전하셨다. 그렇게 완전하신 하나님이셨던 예수님은 완전한 인간이 되셨던 것처럼 목회자와 선교사는 역시 자신의 민족적 문화 가치로부터 나와 현지인을 섬기고자 하는 사람들 속에 들어가 그들처럼 되어야 한다. 물론 현지인들처럼 될 수는 없지만 다른 사람들에게 아픔을 주는 자신의 문화와 가치를 포기하고, 그들의 현지인의 문화 중 상호신뢰와 헌신을 생성하는 요소들을 취해야 한다.[41] 따라서 성경적 선교 리더십은 포스트모던 시대에 팀워크를 이루는 데 있어서 필수적인 리더십의 성격을 알려주며, 성경적인 선교적 리더십으로 공동체와의 관계와 포용성, 그리고 그리스도에 대한 순종, 팀원들과의 의사소통을 통해 신뢰를 증진하여 성령 안에서 한 몸 되고 서로 용서하고 서로 사랑하여 하나님 나라를 꿈꾸며 선교를 위한 목적과 행동이 일치되게 하는 것이다.

---

41) Sherwood G. Lingenfelter & Mavin K. Mayers, *Ministering Cross-Culturally*, 24-25.

III. 포스트모던 시대에 선교 발전을 위한 선교적 멘토링 리더십의 변화 모델

인간은 태어날 때부터 죽을 때까지 관계에 대한 필요성과 욕망을 느끼는 존재이다. 이것은 성인이 되었음에도 여전히 사라지지 않는다. 물론 지도자의 관계에서 특성과 환경은 변할 수는 있으나 그것은 또한 다른 관계를 요구한다. 다시 말해, 사람이 사는 어느 곳에는 의미 있는 관계인 부모와 자녀, 스승과 제자, 선배와 후배, 코치와 훈련생, 지도자와 따르는 자가 있다.[42] 하지만 한국교회는 유교 문화 속에서 유교적인 권위주의가 한국교회의 리더십에 영향을 끼쳤다. 이로써 목회자와 선교사는 사역의 주체로써 많은 일을 감당해 오면서 한국교회의 새로운 경향이 일어나고 있는 현실은 불가피하다. 이를 위해서 목회자와 선교사, 그리고 성도들이 자기성찰의 기반으로 하여 새로운 영적 리더십(Spiritual Leadership)을 발휘해야 한다.

특히, 교회 조직이 보유하고 있는 인적자원인 성도들을 효율적으로 양육하고 영적으로 무장시키는 것은 목회자와 선교사의 효과적인 리더십의 발휘가 절대 변수라고 할 수 있다. 사실 한국교회와 성도들에 대한 사회적인 비난이 가중되며, 사회 환경이 변화하는 상황속에서 접근성을 가질 수 있는 리더십이 요구된다.[43] 그래서 선교 공동체인 교회에서 멘토(Mentor)로서 제자들을 양육하신 예수 그리스도를 본받아 멘토링 리더십을 개발하여 하나님께서 모든 목회자와 선교사, 그리고 성도들에게 주신 삶의 의미와 목적을 성취하여 하나

---

42) 문병하, 『크리스천 리더십』 (용인: 도서출판 목양, 2011), 97.
43) 김순안 · 홍성길, "목회자의 상황적 리더십이 교인의 충성도에 미치는 영향," 『신학과 실천』 31 (2012), 33.

님의 선교(Missio Dei)가 활성화되도록 해야 한다.

멘토는 비교적 경험이나 연륜이 많은 사람으로서 상대방의 잠재력을 내다볼 줄 알며, 상대방이 가지고 있는 꿈과 비전을 이루도록 도전과 격려, 그리고 도움을 주면서 그 정한 궤도를 이탈하지 않고 균형 있게 성숙하도록 돕는 사람이다.[44] 멘토링은 비록 성경에서 발견할 수 있는 단어는 아니나 그 원리는 성경 전체를 통해 발견하게 된다. 어떤 면에서 성경은 멘토링 리더십의 교과서라고 할 수 있다.[45] 따라서 포스트모던 시대에 선교 발전을 위한 리더십의 교과서인 성경을 통해 선교적 멘토링 리더십의 변화 모델과 선교적 교회론에서의 선교적 멘토링 리더십의 변화 모델에 대하여 살펴보고자 한다.

1. 구약성경에서의 선교적 멘토링 리더십의 변화 모델

선교적 멘토링 리더십의 역사는 구약성경에서 그 모델을 발견할 수 있다. 구약성경의 선교적 멘토링 리더십에서 발견하는 가장 본질적인 멘토는 하나님이시다. 하나님은 사람을 자기의 형상대로 만드시고, 그에게 끊임없는 개인적인 관계를 요구하셨다. 하나님과 아브라함의 관계, 하나님과 모세의 관계, 하나님과 다윗의 관계는 멘토링

---

44) 멘토라는 말의 유래는 고대 그리스 신화인 호머의 서사시 오디세이에서 처음 등장한다. 기원전 1200년경 트로이 전쟁에 출정하기 전에 이타카 왕국의 오디세우스 왕이 친구에게 자기의 가족을 보호하여 줄 것을 부탁하였는데 이 친구의 이름이 멘토였다. 왕의 친구였던 멘토는 왕실의 후견인으로서 왕자 텔레마쿠스에게 스승(teacher)이자, 조언자(adviser)요, 친구(friend)로서 아버지 대리(surrogate father)의 역할을 하였다. Margo Mirray, *Beyond the Myths and Magic of Mentoring* (San Francisco: Jossey-bass Press, 1991), 31. 웹스터 사전에 의하면, 멘토는 믿을 수 있는 조언자 또는 안내자, 개인 교수, 코치(a trusted counselor or a guide, a tutor, a coach)로 풀이한다. thefreedictionary, "Mentor," http://www.thefreedictionary.com/Mentor.

45) Howard G. Hendricks, 『사람을 세우는 사람』, 박경범 역 (서울: 도서출판 디모데, 1997), 119.

의 관계라고 할 수 있다. 이렇게 하나님은 성경을 통해서 위대한 인물들을 세우시고 양육하시고 그들의 인생 가운데서 멘토가 되어 주셨다.[46] 구약성경에 나타난 선교적 멘토링 리더십의 변화 모델을 살펴보면 다음과 같다. 첫째, 사무엘과 사울의 멘토링 관계이다. 선지자들은 하나님이 그들에게 주신 기한만큼 왕들에게 신실하게 훈련자와 코치, 그리고 교사 등의 기능으로 멘토링을 하였다. 사울의 일생을 볼 때, 사무엘의 멘토링은 실패로 끝났지만 분명 사무엘과 사울은 멘토링의 관계였다. 하나님은 사무엘을 통해서 기름 부음을 받은 사울에게 언제든지 하나님의 음성을 듣고 행동하게 하셨다.[47] 사무엘상 10:1에 의하면, 사울은 왕위에 등극할 때부터 사무엘과 자연스럽게 멘토링 관계를 갖게 되었다. 하지만 사무엘이 사울에게 적국의 왕과 육축을 죽이라는 하나님의 뜻을 전했을 때, 사울은 사무엘의 조언대로 행동하지 않았다. 하나님의 명령을 어긴 행동은 사무엘과의 멘토링 리더십의 관계를 파기시키는 결과를 초래하고 말았다. 둘째, 엘리사와 엘리야의 멘토링 관계이다. 열왕기상 19:16에 의하면, 이 관계는 또 하나의 좋은 모델로 상세하게 알려 주지 않으나 엘리야의 사역이 끝날 무렵 하나님은 엘리야에게 엘리사를 소개해 주고 그에게 기름을 부어 선지자가 되게 하라고 명령하셨다.[48] 하워드 헨드릭슨(Howard G. Hendricks)은 이러한 엘리사에 대한 엘리야의 멘토링 리더십의 원리에 대하여 말하기를, "첫째, 엘리야가 먼저 멘토로서 엘리사를 찾아갔다는 것이다. 엘리사는 자기에게 오기를 기다린 것이 아니라 멘토가 먼저 멘토가 될 상대자를 찾았던 것이다. 둘째, 엘리

---

46) 김상성, "사례분석을 통한 타문화권 멘토링의 전망에 관한 연구," (총신대학교 선교대학원 석사학위논문, 1998), 11.
47) 김상성, "사례분석을 통한 타문화권 멘토링의 전망에 관한 연구," 11-12.
48) Howard G. Hendricks, 『사람을 세우는 사람』, 119.

야는 자신의 모든 것을 엘리사에게 공개했던 것이다. 엘리사는 엘리야의 관계 훈련을 통해 모든 것을 보았다. 셋째, 엘리야는 엘리사에게 영향을 끼치기 위해 표본이 되어 주었던 것이다"라고 하였다.[49] 따라서 이러한 구약성경에서의 선교적 멘토링 리더십의 변화 모델은 현대목회 사역뿐만 아니라 타문화 선교사역에 있어서 무엇보다도 균형 잡힌 리더십이 필요할 것이다.

2. 신약성경에서의 선교적 멘토링 리더십의 변화 모델

신약성경은 구약성경보다 다양하고 구체적인 선교적 멘토링 리더십의 원리들을 소개하고 있다. 성경에 등장하는 가장 훌륭한 선교적 멘토링 리더십의 변화 모델은 예수님과 제자들이다. 예수님의 사역을 살펴보면, 열두 제자들과 함께 동거동락하셨으며, 밤을 새워 기도하면서 제자들을 선택하셨고, 그들을 일일이 멘토링하셨다. 그것뿐만 아니라 예수님은 오늘날 멘토와는 달리 섬김의 본을 제자들에게 보이셨고, 제자들을 섬기는 것으로 그치는 것이 아니라 그들을 진리로 인도하여 참된 제자의 길이 무엇인지를 깨닫게 하셨다.[50]

이렇게 예수님의 선교적 멘토링 리더십은 지도자로서 얼마나 모범을 보이느냐에 대한 것으로 인류 역사상에서 가장 정확한 대답이 되고 있다. 예수님은 자기 능력을 마음대로 사용하지 않고 절대로 과시하지 않으셨다.[51] 이러한 예수님의 선교적 멘토링 리더십을 목회자와 선교사, 그리고 성도들은 본받아 벤치마킹해서 예수님처럼 섬김

---

49) Howard G. Hendricks, 『사람을 세우는 사람』, 128.
50) 문병하, 『크리스천 리더십』, 98-104.
51) 김성규, "예수님의 리더십," 「설교뱅크」 245 (2013), 8-12.

과 헌신으로 행동해야 할 것이다.

사도 바울도 마찬가지로 선교사 멘토링 리더십을 중요시하였다. 디모데후서 2:2에 의하면, 사도 바울은 디모데를 어떻게 멘토링을 했는지 멘토링의 재생산이 얼마나 중요하게 생각하고 있는지 멘토링의 중요한 원리를 잘 나타내주고 있다.[52] 이렇게 사도 바울은 디모데에게 충성된 사람이 또 다른 사람에게로 이어지는 이러한 멘토링의 연결은 땅끝까지 다른 사람들에게 이어지는 성격을 가진다. 디모데는 사도 바울이 2차 선교여행 시 루스드라에서 만난 사람이었다.[53] 사도행전 16:1-3에 의하면, 사도 바울은 디모데를 실제적인 복음의 사역자로 양성시킨다. 그는 디모데에게 친밀한 애정을 가지고 개인적인 관계로 발전시켰다. 고린도전서 4:17과 6:10, 그리고 데살로니가전서 3:1-5와 디모데전서 1:3에 의하면, 사도 바울은 디모데를 그의 복음의 전달자와 지도자로 훈련 시켰다. 또한 사도 바울은 디모데, 실라, 디도, 누가, 빌레몬, 오네시모로, 브리스길라와 아굴라, 그리고 그의 선교여행을 통하여 개척한 각 교회의 지도자들과 멘토링을 관계하였다. 그는 대중 전도와 교회 개척에만 머물러 있지 않고 가는 곳마다 예수 그리스도의 복음을 제시하여 소수의 확실한 회심자들을 만들었다. 또한 그는 그들과 일정한 시간 동안 동거하거나 선교 사역에 동참시키면서 공동체 생활을 하는 방법을 통하여 지속적인 멘토링 관계를 유지하였다.[54]

따라서 신약성경에서의 선교적 멘토링 리더십의 변화 모델을 언급할 때, 가장 급진적인 리더십의 패러다임을 보여 주신 모델은 바로

---

52) 문병하, 『크리스천 리더십』, 104.
53) 김상성, "사례분석을 통한 타문화권 멘토링의 전망에 관한 연구," 17-18.
54) 김상성, "사례분석을 통한 타문화권 멘토링의 전망에 관한 연구," 18.

예수님이셨다. 예수님은 오랜 전통과 기득권을 누려왔던 많은 종교와 정치 지도자들의 리더십의 틀(paradigm)을 깨뜨리고, 하나님이 원하시는 리더십의 모습에 삶을 통해 실제로 보여 주신 분이시기 때문이다. 성경에서 많은 지도자를 모두 언급할 수는 없지만, 선교적 멘토링 리더십 변화 모델을 연구하는 데 있어서 예수님 외에 인간으로서 하나님의 백성들을 어떻게 인도하였는지에 대한 롤 모델(role model)로서 사도 바울과 그의 선교 동역자들을 다루는 것이 오늘날 선교적 리더십의 성경적 접촉점을 찾기에 가장 적합한 인물일 것이다.[55]

3. 선교적 교회론에서의 선교적 멘토링 리더십의 변화 모델

선교적 교회론(Missional Ecclesiology)은 인도에서 35년 동안 선교사 활동을 마치고 영국에 돌아와 선교적 교회에 대한 개념의 주장을 펼쳤던 선교학자 레슬리 뉴비긴(Lesslie Newbigin, 1909~1998)에 의해서 시작되었다. 뉴비긴은 인도 마드라스의 빈민촌에서도 찾아볼 수 있었던 희망을 기독교 국가인 영국에서는 더는 찾을 수 없다는 희망의 소멸과 기독교 세계의 붕괴라고 비판하였다.[56] 뉴비긴은 기독교 세계에 속한 서구사회를 선교사적인 시작으로 분석하였고, 서구사회가 스스로 선교의 대상으로 생각하는 것을 잃어버리면서 교회의 본질을 잃었다고 지적하였다. 그래서 뉴비긴은 서구교회의 회복은 바로 교회

---

55) 정홍호, "성경의 리더십을 통한 선교적 리더십에 관한 고찰," 「ACTS 신학저널」 37 (2013), 119.
56) Lesslie Newbigin, 『교회란 무엇인가?』, 홍병룡 역 (서울: IVP, 2010), 15. 뉴비긴은 세계선교협의회(World Council of Churches)와 국제선교협의회(International Missionary Council)가 통합되는 데 중요한 역할을 하였으므로 복음주의 진영과 에큐메니컬 진영의 가교역할을 한 인물로 평가받고 있다. 박보경, "복음주의 진영의 선교적 회중 (Missional Congregation) 모색," 「선교신학」 32 (2013), 204.

의 선교적 본질을 회복하는 운동이라고 강조하였다.[57]

뉴비긴은 선교적 교회의 본질에 대하여 말하기를, "그리스도의 초림과 재림 사이에 존재하는 교회에게 현재의 시간은 세상에 대한 중인으로서 교회의 사도적 사명을 수행하는 데에 그 의미와 목적이 있다."라고 하였다.[58] 뉴비긴은 교회와 세상의 관계를 선교적 관점에서 바라보며, 교회를 세상, 즉 지역사회로 파송된 선교 공동체로 이해하고 있다.[59] 이처럼 선교적 교회론에서의 선교적 멘토링 리더십은 무엇보다 과거의 지도력 빈곤과 권위주의적 리더십, 그리고 계승되지 못한 리더십 등이 낳은 아픔을 더는 반복하지 않도록 성경적이며, 예수님의 뒤를 따르는 리더십을 개발하고 세워서 후계자를 양성하는 일을 위해 파송 전후와 지속적인 리더십 훈련을 통해 하나님께 영광을 돌리는 선교에 최선을 다해야 한다.[60] 예수님은 사울과 베드로를 변화시켰다. 이것이 주는 교훈은 선교적 교회가 되려면 우선 전통적 교회 리더들의 의식이 변해야 한다는 것이다. 이 땅에 선교사로 오신 예수님(Missionary Jesus)을 새롭게 경험하고 인식하는 변화는 필요하며, 성과 속, 거룩한 것과 불결한 것, 교회와 세상을 구분하는 이원론적 사상의 담을 허물어야 한다.[61] 이러한 리더십의 문제를 극복할 때 선교적 교회론을 적용할 수 있다. 선교적 교회론에서의 선교적 멘토링 리더십은 세 가지로 정리할 수 있다.[62]

첫째, 성육신적 리더십이다. 에베소서 2:14에 의하면, 그리스도를

---

57) 박원길, "선교적 교회를 위한 목회 리더십 연구," 「한국실천신학회 정기학술세미나」 제60회 한국실천신학회 정기학술대회 (2016), 102.

58) Lesslie Newbigin, 『교회란 무엇인가?』, 169.

59) 한국선교신학회, 『선교적 교회론과 한국교회』 (서울: 대한기독교서회, 2015), 386.

60) GP선교회, 『2016 GP 선교사역 백서』 (서울: GP선교회, 2016), 15-17.

61) 신성주, 『타문화 선교 리더십』, 145-173.

62) 박원길, "선교적 교회를 위한 목회 리더십 연구," 108-110.

둘로 하나를 만드사 중간에 막힌 담을 허신 분으로 소개한다. 다시 말해, 성육신하신 그리스도는 단절되고 막힌 관계를 회복하시는 분이시며, 수직적인 관계로는 하나님과의 관계를 회복하고, 수평적인 관계로는 사람과 사람 사이의 관계를 회복하고 막힌 관계를 이어주는 분이시다. 이것은 동일한 원리로 교회와 지역사회에 보이지 않는 문화적인 담을 허무는 리더십의 필요성을 선교적 교회론에서의 선교적 멘토링 리더십에서 발견할 수 있다. 예수님은 사마리아 여인에게 물을 달라고 할 때 사마리아 여인조차도 의아했으나 유대인과 사마리아인이라고 하는 역사적, 문화적, 민족적 경계와 울타리를 넘어 생수를 전달하는 그리스도의 행위가 바로 성육신하신 예수님의 선교적 멘토링 리더십이라 하겠다. 선교적 교회론은 바로 교회와 지역사회의 경계를 넘어 복음이라고 하는 생수를 전달하는 교회요, 선교적 교회론은 성육신적인 멘토링 리더십을 필요로 한다.

둘째, 사도적 리더십이다. 이러한 리더십은 그리스도 예수로부터 땅끝까지 이르러 내 증인이 되리라고 하신 명령을 위임받는 사람들로부터 말미암은 리더십이다. 사도들의 선교적 멘토링 리더십은 권한위임이 특징인데, 다시 말해 소통의 리더십이라고 할 수 있다. 예수님이 승천하신 후, 사도들은 직접적으로 이방인으로 불리는 로마인 헬라인들을 접촉하였고, 그들을 전도대상자로 삼아 이방인 지역에 교회를 세우는 일을 적극적으로 감당한 것을 볼 수 있다. 이것은 초대교회가 선교적 교회로서 가져야 하는 선교적 문화에 동참하게 만드는 일에 변혁적 사건이었다. 이런 의미에서 뉴비긴은 예수 그리스도의 교회인 우리로 인해 우리가 살아가는 우리 자신의 사회와 문화 속에서 선교적 교회가 되도록 부르시고 파송한다고 하였다. 이것은 사도적 교회에서의 리더십의 성격을 잘 대변해 준다.

마지막으로 셋째, 섬김의 리더십이다. 건강한 교회 성장에 관한 실천적인 고찰에서 양적으로 측정하고 평가하는 것은 여전히 멈추지 않는 교회의 아픈 현실에 경종을 울리고 있어 교회 본질적 가치를 회복하는 것은 중요한 것이다. 이에 섬김의 리더십은 그리스도께서 종의 형상을 입고 오셨다는 성경의 진술이 출발점이라 하겠다. 이처럼 리더십의 변화는 목회 패러다임의 변화인 것처럼 선교적 교회론에서의 선교적 멘토링 리더십은 성육신적 리더십(Incarnation Leadership)과 사도적 리더십(Apostolic Leadership), 그리고 섬김의 리더십(Servant Leadership)이 필요할 것이다.

IV. 나가는 말

결론적으로, 지금까지 포스트모던 시대에 선교 발전을 위한 선교적 멘토링 리더십 연구에 대하여 살펴보았다. 신학의 열매라고 할 수 있는 선교는 21세기 교회의 존재와 그 중요성을 깊이 인식해야 할 상황이다. 그래서 목회자와 선교사의 영향력 있는 리더십은 급변하는 포스트모던 시대에서 교회의 본질을 회복하고 복음을 지켜나가야 하는 중요한 주제이다. 세계에서 복음을 효과적으로 전하기 위해 선교하는 교회가 아니라 선교적 교회로서의 목회자와 선교사는 제도적이고 전통적인 과거의 리더십 방식에서 탈출해야 하는 상황에서 공유하는 리더십(Shared Leadership), 다세대 리더십(Multi-Generational Leadership), 다문화 글로벌 리더십(Multicultural Global Leadership), 여성과 소수 그룹 리더십(Woman & Minority Groups Leadership), 윤리적 리더십(Ethical Leadership), 스토리텔링 리더십(Storytelling Leadership)을 배경으로 신뢰성 있는 선교적 리더십, 영향력을 끼치는 선교적 리더십, 성경적인 선교적 리더십을 구체화해야 한다. 그래서 미국 풀러 신학교의 선교문화인류학 교수인 셔우드 링겐펠터(Sherwood G. Lingenfelter)는 이러한 총체적인 선교적 리더십에 대하여 말하기를, "첫째, 사명과 비전, 그리고 가치를 새롭게 하라. 타문화에서 효과적인 사역을 하고자 하는 모든 지도자는 하나님 나라의 사명과 비전, 그리고 가치를 끊임없이 주목해야 한다. 그렇지 않으면 사명과 비전은 일상적인 일에 묻혀서 상실되고 만다. 둘째, 새롭게 하는 사역을 의도적으로 하라. 이러한 작업을 거부한다면 선교를 위한 핵심가치를 구현하는 책임을 소홀히 하게 되는 것이다. 셋째, 제자가 되면서 제자들을 만들라. 지도자가 그리스도를 따르지 않으면서 하나님 나라의 사역을 효과적으로 할 수 없다. 세상에 변화를 이루려면 지도자가 먼저 제자가 되어야 한다. 넷째, 십자가에서 시작하라. 십자가는 예수님이 말씀하신 리더십의 비유라고 볼 수 있다. 다섯째, 십자가 앞에서 예배하라. 십자가를 지는 것은 예배의 행위이다. 지도자는 본인의 뜻을 하나님에게 내어 드리고 권력 추구와 통제를 버리고 성과를 내고자 하는 욕망을 버려야 한다. 지도자는 하나님의 은혜 없이는 어떤 한 사람도 변화시킬 수 없고 어떤 일도 이룰 수 없음을 인정해야 한다."라고 하였다.[63] 그러므로 선교적 멘토링 리더십은 사람들이 그의 인내를 따르게 하고, 강한 멘토링은 어떻게 살아야 하는지 모범을 보여주어 사람들에게 삶의 방향을 제시해 주고, 사람들로 인해 어떤 절망으로 인해 포기할

---

63) 박원길, "선교적 교회를 위한 목회 리더십 연구," 186-187.

때 계속 노력할 수 있도록 희망과 격려를 해 주어야 한다.[64] 포스트모던 시대에 하나님의 선교에 동참하여 세상에 나가 하나님 나라를 확장하며, 선교 발전을 위해서는 선교적 멘토링 리더십의 원리를 이해하고 실천할 목회자와 선교사가 필요하다. 그래서 선교적 멘토링 리더십은 그리스도를 따르게 하는 것과 다른 사람들이 그리스도를 따를 수 있도록 이끌어 준다. 다시 말해, 예수 그리스도와 동행하고 성장하도록 도와준다.

따라서 구약성경과 신약성경, 그리고 선교적 교회론에서의 선교적 멘토링 리더십의 변화 모델을 통하여 목회자와 선교사는 하나님께서 명령하신 하나님 나라의 일을 하도록 사람들을 준비시키는 책임을 갖고 포기하지 않고 끝까지 인내하면서 하나님의 일을 계속해야 한다. 이제 목회자와 선교사는 선교 발전을 위해 자신의 약점들을 선교적 멘토링 리더십을 통해 변화해 나가야 한다. 뿐만 아니라 선교적 멘토링 리더십의 변화 모델은 계속해서 개발되고 다루어져 목회 현장과 선교 현장에 접목할 수 있도록 연구가 계속되어야 할 것이다.

---

64) 문병하, "목회와 리더십에 관한 연구," 「신학과 실천」 48 (2016), 27.

참고문헌

강성열. "구약성경에 나타난 리더십."「그말씀」289 (2013), 7.

계재광. "다문화사회 적합한 교회리더십에 대한 연구2."「신학과 실천」46 (2015), 539-577.

계재광. "현대문화 속에서 영적성숙을 위한 리더십."「신학과 실천」42 (2014), 799-824.

국제제자훈련원. "전방향 리더십 세미나." http://www.disciplen.com/seminar/2013/cbc_leader/cbcleader.asp.

김광건. "한반도 통일 상황에서의 단계별 리더십 유형에 대한 고찰."「신학과 실천」46 (2015), 673-699.

김상성. "사례분석을 통한 타문화권 멘토링의 전망에 관한 연구." 총신대학교 선교대학원 석사학위논문, 1998.

김성규. "예수님의 리더십."「설교뱅크」245 (2013), 8-12.

김순안 · 홍성길. "목회자의 상황적 리더십이 교인의 충성도에 미치는 영향."「신학과 실천」31 (2012), 31-65.

교수신문 2013년 10월 28일자.

문병하. "목회와 리더십에 관한 연구."「신학과 실천」48 (2016), 7-34.

문병하. 『크리스천 리더십』. 용인: 도서출판 목양, 2011.

박보경. "복음주의 진영의 선교적 회중(Missional Congregation) 모색."「선교신학」32 (2013), 201-234.

박수암. "신약성경에 나타난 리더십."「그말씀」289 (2013), 30.

박원길. "선교적 교회를 위한 목회 리더십 연구."「한국실천신학회 정기학술세미나」제60회 한국실천신학회 정기학술대회 (2016), 99-124.

신성주. 『타문화 선교 리더십』. 서울: 도서출판 생명의 양식, 2009.

정창권. 『문화콘텐츠 스토리텔링』. 서울: 북코리아, 2010.

정홍호. "성경의 리더십을 통한 선교적 리더십에 관한 고찰."「ACTS 신학저널」37 (2013), 117-143.

지용희. 『경제전쟁시대, 이순신을 만나다』. 서울: 디자인하우스, 2003.

진재혁. "한국 문화적 리더십의 모델과 한국 선교사 리더십." http://kcm.kr/dic_

view.php?nid=40990.

GP선교회. 『2016 GP 선교사역 백서』. 서울: GP선교회, 2016.

크리스천투데이 2009년 6월 20일자.

한국선교신학회. 『선교적 교회론과 한국교회』. 서울: 대한기독교서회, 2015.

한국어 위키백과. "포스트모던." http://dic.daum.net/word/view.do?wordid=kkw
　　　000278565&q=%ED%8F%AC%EC%8A%A4%ED%8A%B8%EB%AA%A8%
　　　EB%8D%98.

Conn, Harvie M. & Ortiz, Manuel. 『도시목회와 선교』. 한화룡 역. 서울: CLC, 2006.

DePree, Max. *Leadership Is an Art*. New York: Currency, 2004.

Hatch, Mary J. *Organization Theory: Modern, Symbolic, and Postmodern
　　　Perspectives*. England: Oxford University Press, 2006.

Hendricks, Howard G. 『사람을 세우는 사람』. 박경범 역. 서울: 도서출판 디모데,
　　　1997.

Hiebert, Paul G. *Transforming Worldviews: An Anthropological Understanding
　　　of How People Change*. Grand Rapids: Baker Book, 2008.

Lingenfelter, Sherwood G. 『타문화 사역과 리더십』. 김만태 역. 서울: CLC, 2011.

Lingenfelter, Sherwood G. & Mayers, Mavin K. *Ministering Cross-Culturally*.
　　　Grand Rapids: Baker Academic, 2003.

Mirray, Margo. *Beyond the Myths and Magic of Mentoring*. San Francisco:
　　　Jossey-bassPress, 1991.

Newbigin, Lesslie. 『교회란 무엇인가?』. 홍병룡 역. 서울: IVP, 2010.

snow. "스토리텔링 리더십(Leadership Storytelling)." http://www.snow.or.kr/
　　　lecture/humanities/psychology/14035.html.

thefreedictionary. "Mentor." http://www.thefreedictionary.com/Mentor.

제7장
상황화 선교

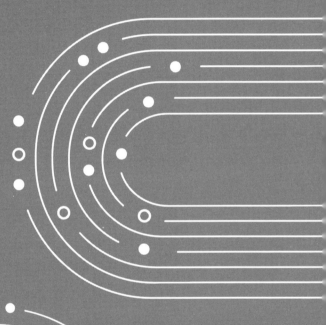

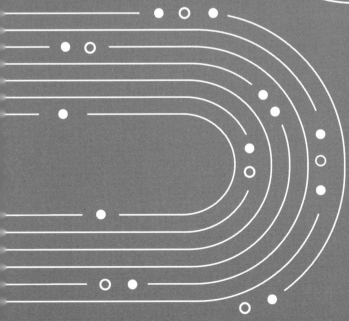

Ⅰ. 들어가는 말

　이미 익숙한 과거의 문화적 관습들에 대해 선교사는 어떤 반응을 보여야 하는가는 복음을 전달하는 데 있어서 간과할 수 없다. 선교사는 복음이 전해지지 않은 타문화에 갈 때 결코 종교와 문화의 진공상태(眞空狀態)로 들어가는 것이 아니다. 선교사는 타문화에서 그들의 필요를 공급해 주며, 인간의 삶을 가능하게 해 줄 수 있는 자신의 발달된 문화를 가지고 있음을 발견하게 된다.[1] 이에 복음을 상황화하려는 시도는 타문화에서의 선교적 과제로 보아야 한다.[2] 복음의 전달자 입장인 선교사는 복음의 대상자인 수용자가 복음을 듣도록 상황화를 해야 한다. 2004년 개봉되었던 미국 영화《더 패션 오브 더 크라이스트》(The Passion of the Christ)를 중동 국가들은 보고 많은 무슬림이 울었다. 이것은 선교사가 상황화의 과정을 이해하는 데 필수적이다. 상황화의 과정은 타문화에서 복음을 전하는 선교사의 모든 사역에 필수적으로 적용된다. 더욱이 상황화 이론이 선교 신학의 한 분야만 다루어진 것은 신학과 목회, 그리고 선교에 있어서 큰 손실이 아닐 수 없다.[3]

　현대선교는 지구촌 문화의 교류에 따라 지역 문화의 동질성이 약화 되고 있다. 이에 다문화가 되어 가는 현상을 염두하지 않으면 안 된다. 따라서 선교사는 이러한 문화적 변화에 주목하며 타문화에서의 사역에 주로 적용되었던 상황화 이론들을 중심으로 도움을 받아야 한다. 선교적인 상황 속에서 선교사는 적절한 방법으로 적응하여

---

1) Paul G. Hiebert, 『선교와 문화인류학』, 김동화 외 3인 역 (서울: 죠이북스, 2018), 243.
2) Bruce J. Nicholls, 『상황화: 복음과 문화의 신학』, 김성웅 역 (서울: 생명의말씀사, 1992), 73.
3) 문상철, "도시 목회를 위한 복음의 상황화," 「목회와신학 3월호」(2002), 107.

효과적으로 복음을 전하려는 노력을 다해야 하므로 상황화에 대한 전 이해에 대하여 살펴보아야 할 것이다.

II. 상황화란 무엇인가?

상황화(contextualization)는 토착화의 많은 것을 포함한다. 그것은 토착화의 성취 위에 편승 되어 그것의 오류와 편견, 그리고 틈을 메우기 위한 시도라고 볼 수 있다.[4] 상황화의 용어는 선교 신학과 제 3세계 신학 분야, 그리고 문화인류학 등에서 이미 익숙해진 개념이다.[5] 상황화의 영어 단어 'contextualization'은 단어 'context'에서 나왔다.[6] 상황화는 특수한 상황으로 지역, 문화, 성별, 나이, 직업 등 여러 가지 상황에 있는 사람들에게 말씀을 정확하게, 그리고 그들이 잘 이해할 수 있도록 적절하게 전하려고 하는 신학적 작업이다. 때로는 'contextualization'(상황화)이란 용어 대신 'indigenization'(토착화)이란 용어를 쓰기도 하지만, 토착화는 주로 문화적 형식(cultural form)을 통해 복음을 전하려는 시도라고 할 수 있다.

상황화는 선교 신학계에서 주목받고 있는 중요한 선교 주제들 가운데 하나이다. 하나님의 말씀을 전달하는 것은 상황과 전혀 분리될 수 없기에 현지에서 상황화 작업은 필수적으로 요구되며, 사실 위

---

4) Don M. McCurry, *The Gospel and Islam* (California: MARC, 1979), 107.
5) 이현모, "설교의 상황화, 어떻게 할 것인가," 「그말씀 1월호」(1998), 52.
6) 상황(context)이란 말은 라틴어의 'contextus'에서 온 말로 '함께 엮다'(weaving together)라는 뜻을 가지고 있다. 'contex'는 'text'를 동반하고 둘러싸인 모든 것을 지시한다. 또 다른 정의는 그것은 한 단어나 구절을 둘러싸고 있는 어떤 의견이나 그것들의 의미에 빛을 던지는 것, 그리고 주변에서 존재하고 일어나고 관계된 조건들을 지시한다. Orlando E. Costas, *Christ Outside the Gate* (New York: Orbis Books, 1984), 4.

험한 신학적인 작업이기도 하다. 상황화 작업은 문화적인 측면과 사회적인 측면, 그리고 정치적인 측면, 신학적인 측면을 함께 포괄한다. 즉, 문화와 사회, 그리고 정치 안에서 기독교 진리의 전달은 본질적인 성경의 의미에 변화를 가하지 않고 토착문화의 형태와 사고를 빌려야 효과적이라 할 수 있다. 상황화가 되지 않거나 부족할 경우, 하나님의 말씀은 특정한 상황에 제대로 뿌리를 내릴 수 없게 된다. 과도할 경우 본래 의도했던 하나님의 말씀에서 벗어나 혼합주의(Syncretism)로 빠질 위험성이 있다.[7] 잘못된 상황화로 인해 하나님의 말씀이 훼손시킬 수 있기에 선교사는 본래 말씀의 순수성을 지켜야 한다. 선교사는 현지 수용자들이 하나님의 말씀을 쉽게 이해할 수 있도록 상황화에 대한 총체적인 이해가 필수적일 것이다.

1. 찰스 테이버(Charles Taber)의 주장

미국 복음주의 선교학자 테이버는 상황화에 대하여 말하기를, "모든 인간 공동체와 각 사람을 그 사람의 언어와 문화적, 종교적, 사회적, 정치적, 경제적 모든 차원에서 구체적인 상황을 심각하게 생각하고 이해하며, 복음이 그 상황에 있는 사람들에게 무엇이라 말하는지를 분별하고자 하는 노력이다. 여기에는 고정관념에 사로잡힌 성급한 판단보다는 실험 관찰하며 상황을 깊이 분석하는 것이 필요하다. 상황화는 하나님께서 이 사람들에게 뭐라고 말씀하시는지 성경에서 발견하고자 하는 것이다. 즉, 상황화란 예수님께서 복음을 전하실 때 민감하고 조심스럽게 각 사람의 상황에 맞게 전하신 그분이 예를 매

---

7) 김승호, 『복음주의 선교신학에 대한 이해』 (서울: 예영B&P, 2008), 209.

우 진지하게 취급하는 것이다."라고 하였다. [8]

2. 브루스 니콜스(Bruce J. Nicholls)의 주장

세계복음주의협의회(World Evangelical Fellowship) 신학위원회 총무를 역
임한 니콜스는 상황화에 대하여 말하기를, "변하지 않는 하나님 나라
복음의 내용을 특정한 문화나 그 문화에서 사는 사람들의 삶의 상황
에 맞게 의미 있는 구두적 형태로 바꾸는 것이다."라고 하였다. [9]

3. 쇼키 코(Shoki Coe) & 아론 삽세지안(Aharon Sapsezian)의 주장

1972년 상황화라는 용어를 최초로 사용했던 대만 신학자 코와 삽
세지안은 상황화에 대하여 말하기를, "특정 상황에 있는 사람들이 복
음에 대해 의미 있게 반응하는 능력이다. 상황화는 단순히 일시적인
유행이나 슬로건이 아니라 말씀의 성육신적인 성격에 의해 필연적
으로 요구되는 신학 작업이다. 상황화는 토착화가 추구하는 모든 것
을 포함하면서도 그 이상을 향해 나아가는데 특별히 제 3세계가 처
한 특수성 및 역사적 현실을 중요하게 고려한다."라고 하였다. [10]

4. 데이비드 헤셀그레이브 & 에드워드 롬멘(David J. Hesselgrave & Edward Rommen)의 주장

---

8) Stephen Neill, *Christian Missions* (Baltimore: Penguin Books, 1964), 179.
9) David J. Hesselgrave & Edward Rommen, *Contextualization: Meaning, Methods and Models* (Grand Rapids: Baker, 1989), 149.
10) Theological Education Fund, *Ministry in Context* (London: Theological Education Fund, 1972), 19.

헤셀그레이브와 롬멘은 상황화에 대하여 말하기를, "복음의 해석적 주장들을 하나님의 백성들에게 의식화시키는 과정이다."라고 하였다.[11]

5. 비양 카토(Byang H. Kato)의 주장

아프리카의 유명한 복음주의 지도자며, 아프리카 & 마다가스카르 복음주의협회(Association of Evangelicals of Africa and Madagascar)의 사무총장이었던 카토는 상황화에 대하여 말하기를, "시대와 대상, 그리고 문화에 따라 변화는 방식으로 불변의 하나님 말씀을 적합하게 표현하고자 하는 노력이다. 하나님의 말씀은 영감 되었으나 그 표현 방식은 그렇지 않기에 표현 방식의 상황화란 옳은 것일 뿐만 아니라 필요한 것이다."라고 하였다.[12]

6. 하비 칸(Harvie M. Conn)의 주장

미국 웨스트민스터 신학교(Westminster Theological Seminary) 선교학 교수였던 칸은 상황화에 대하여 말하기를, "문화 및 인간이 처한 모든 상황 전반을 고려하며, 특히 제3 세계의 문화와 모든 상황 전반을 고려하는 신학적 작업이다."라고 하였다.[13]

---

11) David J. Hesselgrave & Edward Rommen, *Contextualization: Meaning, Methods and Models*, 31-34. 상황화는 복음에 대한 본질의 불변성을 강조하면서 복음을 전해야 할 사람들의 사회문화적 상황을 변혁할 가능성에 더 많이 주목한다.
12) 김승호, 『선교와 상황화』 (서울: 도서출판 토라, 2007), 20.
13) Harvie M. Conn, *Evangelicals and Liberation* (NJ: Presbyterian and Reformed, 1977), 93.

7. 조지 피터스(George W. Peters)의 주장

미국 달라스 신학교(Dallas Theological Seminary) 선교학 교수인 피터스는 상황화에 대하여 말하기를, "주어진 상황 속에서 복음의 적법한 의미를 발견하는 것으로 규정하면서 상황화가 적용의 단계 이전에 성경 석의(exegesis)의 단계를 포함하는 것이다."라고 하였다.[14]

8. 마이클 프로스트(Michael Frost)와 앨런 허쉬(Alan Hirsch)의 주장

호주 몰링 칼리지(Morling College)의 선교 전략개발 교수인 프로스트와 풀러 신학교와 조지폭스 신학대학원(George Fox Seminary), 휘튼 대학(Wheaton College)의 객원교수인 허쉬는 상황화에 대하여 말하기를, "자신들이 소속되어 있는 지역 공동체의 언어와 필요와 생활양식과 세계관을 이해하는 것을 말한다. 또한 복음을 타협하지 않고 실천 방식을 적절히 바꾸는 것을 의미한다."라고 하였다.[15] 이처럼, 상황화

---

14) George W. Peters, *Evangelical Missions, Tomorrow* (Pasadena: William Carey Library, 1977), 169. David J. Hesselgrave & Edward Rommen, *Contextualization: Meaning, Methods and Models*, 149. 상황화의 중심은 복음을 새로운 상황으로 가지고 가서 해당 상황의 종족이 이해할 수 있도록 소통하기에 적절한 방식을 찾는 것이다. 상황화란 단지 신학에만 머무르는 것이 아니라 성경적으로 신실하고 문화적으로 적절한 교회 생활과 사역을 개별 하는 일도 포함된다. Michael Pocock, Gailyn Van Rheenen, Douglas McConnell, 『변화하는 내일의 세계선교』, 박영환 · 백종윤 · 전석재 · 김영남 역 (인천: 도서출판 바울, 2008), 16.

15) Michael Frost & Alan Hirsch, 『새로운 교회가 온다』, 지성근 역 (서울: 한국기독학생회 출판부, 2009), 161-163. 많은 교회가 자신들이 속한 지역 공동체에 관해 연구하지 않고, 주일예배의 형식만을 바꾸고 있다. 이러한 상황 속에서 일어나는 문제를 타문화 선교의 지식을 통해 열망하지도 않고, 스스로 변화를 원하지 않기 때문에 이것저것 바꾸는 것이다. 이러한 관점을 통해 지역 교회는 성경적인 상황화 과정에 동참해야 한다. 그것은 자신의 유산에도 부합할 뿐만 아니라 자신이 속한 지역 교회에서 복음화를 앞당기는 데 훨씬 효과적인 일이 될 것이다. 새로운 급진주의자들이 복음을 상황에 맞게 전달하는데 하나님의 일하심이 세계 속에서 일어날 것이다. 또한 하나님의 말씀을 지역 교회에 상황화 할 때, 그것이

란 말과 행위로 복음에 대한 커뮤니케이션을 이루기 위한 시도이다. 그리고 그 지역 문화권 내부에 있는 사람들에게 타당한 방법인 사람들의 가장 깊은 필요를 채워주고, 그 세계관을 관통하여 그들로 인해 예수 그리스도를 따르게 하되 자신들의 문화권에서 머물러 있도록 하는 방법이다.[16] 따라서 선교사는 상황화 작업을 통해 기독교가 드러나도록 현지에 교회를 세우는 것이다.

III. 상황화의 필요성

상황화의 필요성은 선교학계에 갑자기 등장한 것은 아니다. 오래 전부터 선교 신학의 변천 과정과 서구 주도형의 선교가 벽에 부딪히기 시작하면서, 소위 제2/3세계에서 자신의 상황과 문화에 대한 자각으로부터 나오게 된 자연적인 현상이었다. 타문화에 대한 이해의 변화가 일어나며 인류학의 관점에 폭이 넓어지면서 선교학계에서는 이에 대한 변화가 반영되어 특히 선교 신학에서 그 변화가 일어나게 된 것이다.[17]

1. 딘 길리랜드(Dean S. Gilliland)의 주장

미국 풀러 신학교(Fuller Theological Seminary) 선교학 교수인 길리랜드

하나님을 영화롭게 하는 일일 뿐만 아니라 사역의 대상인 그들을 사랑하여 그 메시지를 효과적으로 전달할 수 있도록 모든 최선을 다하는 것을 보여주는 태도이기 때문이다.

16) Charles H. Kraft, 『말씀과 문화에 적합한 기독교』, 김요한 역 (서울: 생명의말씀사, 2007), 100-101.

17) 정흥호, 『복음과 상황화』, 47.

는 상황화가 현재와 미래의 선교 사역에 매우 필요한 여섯 가지 이유에 대하여 말하기를, "첫째, 상황화는 신학이 제국주의화가 되는 것을 막는다. 둘째, 상황화는 성령 안에서 신학적 훈련을 제공한다. 셋째, 상황화는 선교 의식(missions conscious)적인 교회가 되도록 촉진한다. 넷째, 상황화는 교회의 성장과 증식을 촉진 시킨다. 다섯째, 상황화는 인간이 가지고 있는 다차원적(multidimensional)인 필요에 대처하게해 준다. 마지막으로 여섯째, 성육신적인 증거의 길을 열어준다."라고 하였다. [18]

2. 찰스 크래프트(Charles H. Kraft)의 주장

서구신학자들이 중요하게 여기는 이슈들은 아프리카와 아시아, 그리고 라틴아메리카 사람들이 중요하게 생각하는 이슈들과 다르기에 상황화는 절대적으로 필요하다. [19] 크래프트는 물고기가 물에 있는 것처럼 인간은 문화에 잠겨있다는 관점을 통해 문화가 인간 상황의 가장 기본적인 측면을 구성한다는 점을 지적하였다. [20] 복음주의 신학자들은 복음이 모든 인간 문화 상황의 외부에 계시는 하나님의 마음으로부터 나온 것이기 때문에 어떤 중대한 의미에서 복음은 자신의 문화적 맥락 바깥에서는 진리에 도달할 수 없는 인간을 위한 좋은 소식이다. 그러므로 크래프트와 또 다른 사람들은 하나님은 문화를 넘어 계시지만 그분의 목적을 이루시기 위해 문화 속에서 일하기로

---

18) Dean S. Gilliland, *The Word Among Us* (Dallas: Word Publishing, 1989), 13.
19) Charles H. Kraft, "The Contextualization of Theology," *Evangelical Missions Quarterly* 14 (1978), 33.
20) Charles H. Kraft, *Christianity in Culture*, 46.

작정하셨다는 기본적인 전제를 가진다.[21]

3. 조지 피터스(George W. Peters)의 주장

현재 아프리카에서는 아프리카화(Africanization)가 크게 유행하고 있
다. 그것은 아프리카화에 매우 긍정적인 면이 있기 때문이다. 서구
인들은 기독교를 표준화(standardize)하는 권리를 마치 자신들만이 가
지고 있는 것처럼 착각해서는 안 된다. 또한 자신들이 예수 그리스도
안에 있는 모든 부유를 발견해 왔다고 믿어도 안 된다. 지금까지, 서
구인들은 잘못 생각해 왔던 것을 수정할 필요가 있다. 아프리카의 교
회는 분명 서구의 교회와는 달라야 한다. 그것은 문화가 다를 뿐만
아니라 살아가는 삶의 환경과 삶의 정신이 다르기 때문이다. 이러한
현실과 필요를 두려워할 필요가 없고 기꺼이 인정해야만 한다. 아프
리카화는 계속 진행되어야 한다.[22] 피터스의 이러한 상황화의 필요
성은 크래프트와 비슷하고 볼 수 있다. 예를 들어, 각 문화와 사회는
안고 있는 문제성이 다름과 문화마다 독특성과 탁월성이 각각 다름
에 있다. 라틴아메리카의 고뇌는 하나님의 존재 규명과 같은 철학적
인 문제에 있는 것보다 착취와 억압, 그리고 정의 등과 같은 사회적
인 문제에 두고 있다. 아프리카에서는 역시 철학적 사변의 문제에 대
한 것보다 영적 존재들과 악령을 극복하는 정령숭배 사상에 대한 바
른 신학 정립이 신학의 중요한 문제점이다.[23]

---

21) Michael Frost & Alan Hirsch, 『새로운 교회가 온다』, 163.
22) George W. Peters, "Current Theological Issues in World Missions," *Bibliotheca Sacra 135*
    (1978), 162-163.
23) Dean S. Gilliland and Charles H. Kraft, *The Contextualized Theology* (California:Fuller,
    1980), 32.

상황화 신학의 필요성은 종래의 교리적 신학과 구별되는 독특성 때문이다. 양자 모두가 필요한 것은 양자의 기본적 차이에서 찾을 수 있다. 따라서 브루스 프레밍(Bruce C. E. Fleming)은 그것을 다음과 같이 말한다.[24] 첫째, 갈라짐의 관점에서 보면, 교리적 신학은 계시로부터 현재의 세계로 움직이고, 상황화 신학은 현재 상황에서부터 계시로 움직인다. 둘째, 계속성의 선상에서 보면, 교리적 신학은 우주적으로 타당하고 거기에는 기본적 원리와 공개적인 윤곽이 있다. 상황화 신학은 특별한 상황을 취급한다. 셋째, 시간 개념으로 말하면, 교리적 신학은 시간적인 전체로서 과거와 현재, 그리고 미래를 고려하고 상황화 신학은 현재에 집중한다. 넷째, 존재론적이고 기능론적으로 말하면, 교리적 신학은 존재의 지식을 인식론적으로 취급하고, 상황화 신학은 존재를 기능적으로 취급한다. 다섯째, 통일성 대 다수성에 대해 말하면, 교리적 신학은 통일성을 강조하고, 상황화 신학은 다수성을 강조한다. 여섯째, 수용적 그리고 행동적 선상에서 보면, 교리적 신학은 하나님의 행동을 인정하나 인간은 그것을 수용하는 자로서 인정한다. 상황화 신학은 인간 편의 스스로 확신적 행동을 강조한다. 마지막으로 일곱째, 귀납적 대 연역적 접근으로 보면, 교리적 신학은 귀납적이고 교회에 언급함이다. 상황화 신학은 연역적이고 세상에 관계된다. 지금까지 서구신학은 높은 특권을 향유 하며, 어떤 시대나 장소, 그리고 모든 사람에게 적절한 것으로 여겨져 왔다. 오늘날 여전히 그렇게 고집한다면 문화 제국주의적이고 자문화중심주의의 복음을 타문화와 사회, 그리고 정치적 환경에 적용하기

---

24) Bruce C. E. Fleming, *Contextualization of Theology* (California: William Carey Library, 1980), 11-12.

를 거부하는 바리새인적인 비난을 모면하기 어려울 것이다.[25]

IV. 상황화 신학의 문제점

상황화 신학을 다룸에 있어 신학적인 적용의 문제점은 대체로 성경과 하나님 나라, 그리고 구원관과 해방(하나님의 선교) 및 죄의 문제에 대하여 다음과 같이 요약할 수 있을 것이다.[26]

1. 성경

성경을 하나님의 말씀으로 믿는 사람은 성경을 통해 가장 분명하고도 오류 없는 하나님에 관한 계시를 발견한다. 성경은 기적과 예언, 그리고 예수 그리스도와 영적 체험과 하나님의 교훈 등이 기록되어 있다. 그다음은 인간의 믿음에 대한 원칙과 구원의 완성에 대하여 세밀하게 계시해 주고 있다.[27] 성경을 어떤 형태로 해석해 나가느냐에 따라 성경에 대한 관점의 견해는 크다고 할 수 있다. 만일 성경 구절들이 항상 사회과학적 방법으로 해석되어 진다면 사회 안에서의 계급적 갈등과 사회구조의 모순으로 인하여 빚어지는 역사적 사건에만 관심을 가지지 않을 수 없게 된다. 그렇게 될 때, 행동 신학을 위한 해석학적 기준을 제공하는 데 있어서 상황은 너무 중시된 나머지 성경의 본질이 희석되고, 사회학적 분석이 우선하게 되는 위험을

---

25) 채은수, "선교에 있어서 상황화," 「신학지남」 253 (1997), 20.

26) 정흥호, 『복음과 상황화』, 88-105.

27) 이성주, 『조직신학 (1)』 (안양: 성지원, 1989), 53-54.

안게 된다.[28] 다시 말해, 프린스턴 신학교(Princeton Theological Seminary) 교수인 맥스 스택하우스(Max L. Stackhouse)가 지적한 대로 상황주의에 빠지게 된다. 그 결과 성경 자체나 기독교의 전통은 사라지고 오직 현재 상황 안에서 일어나는 '삶의 자리'(Sitz im Leben)에만 관심을 갖게 된다. 그리고 성경은 '정경'(Canon)으로서 기준과 원칙을 제공해 주는 것이 아니라 단지 하나의 '참고 서적'(reference) 정도로 전락하게 되는 것이다. 즉, 성경은 더 이상 절대적인 계시도 못 되며 신학을 위한 규범도 아닌, 단지 참고할 수 있는 접촉점을 제공하는 데 불과한 것으로 되어 버린다.[29]

사람들은 성경 자체에서 신학적 근거의 원칙을 찾아내지 못한다면 역사적인 사건이나 그 공동체의 민속적 전통에서 근거를 발견해 보려고 시도하게 된다. 다시 말해, 문화 자체가 혹은 역사적 사건 자체가 성경화 되는 위험성이 도사리고 있다는 것이다.[30] 따라서 성경에는 분명히 절대적으로 타협할 수 없는 참된 진리가 있다. 그것은 유일하신 하나님, 동정녀 탄생, 예수 그리스도의 대속의 죽음, 회개, 지속적인 회개의 필요성, 은혜와 믿음으로 말미암아 의롭게 되는 것 등결코 사람들의 문화에 따라서 변화될 수 있는 것이 아니다.

2. 하나님 나라

전통적으로, 하나님 나라는 예수 그리스도가 다시 오실 때를 통해서 건설될 미래의 완성으로 이해한다. 기독교 사회주의자들은 하나

---

28) 정홍호, 『복음과 상황화』, 88.
29) 정홍호, 『복음과 상황화』, 88-89
30) 정홍호, 『복음과 상황화』, 89.

님 나라 현재의 성격을 강조한다. 다시 말해, 사회적, 경제적 진보라는 개념에서 정치적인 주제에 관심을 기울이는 것이다.[31] 이러한 주장들은 각자 기독교인들의 삶의 형태나 윤리에 대한 기준을 제공해 왔을 뿐만 아니라 삶을 적용하는 데 있어서 그 행동 근거를 제시해 온 것이 사실이다. 이러한 이해 속에서는 사회질서의 지속적인 개혁이 하나님 나라의 실제적 의미이며, 유일한 본보기가 된다고 주장하는 사람들이 생기기도 하였다. 또한, 하나님 나라는 역사와 분리된 영적인 분야가 아니며 가난한 자들과 억눌린 자들의 세상과 동일시한 것으로써 이 세상에서 실현되어야 할 역사의 목표라고 이해하기도 하였다.[32]

따라서 그들에게는 정치적인 억압과 경제적인 착취로부터의 해방과 하나님 나라에 대한 갈망은 불가분리의 관계성을 가지고 있다고 보았다. 그러므로 역사적 의식을 갖고 사회 개혁적 차원에서 기독교의 믿음을 해석하려고 했기 때문에 자연히 하나님 나라에 대한 의미는 달라질 수밖에 없었다. 후자를 지지하는 사람들은 다소 이상주의적이고 유토피아적 사상을 가지게 되었다. 그리고 하나님 나라는 생명이 끊어진 후에 갈 수 있는 곳이 아니라 스스로 노력으로 확장되며, 이 세상에서 완성 시킬 수 있다고 생각한다.[33]

3. 구원관과 해방(하나님의 선교)

상황화의 진행 과정에서 신학적 주제와 연관된 구원의 의미는 하

---

31) Milliard J. Erickson, *Christian Theology* (Grand Rapids: Baker, 1985), 1156.
32) 정홍호, 『복음과 상황화』, 93.
33) Robert Handy, *New 20th-century encyclopedia of religious knowledge* (Grand Rapids: Baker, 1991), 764.

나님 나라에 대한 해석과 관련된다. 그러나 많은 신학적인 논란을 일으켜 왔다. 특히, 실천적 모델에서는 이 주제가 중요한 신학적 기초를 제공하고 있다. 그리고 이에 대한 서로 다른 해석 때문에 자유주의와 복음주의 진영은 첨예한 대립이 빚어지기도 하였다. 예를 들어, 출애굽 사건의 해석을 가지고 현실적인 상황에 집착하는 자세에서는 구원이 개인 구원이나 영적 구원이 아니라 역사적 현실로부터의 해방이라고 본다.[34]

이 역사적 현실이란 주로 정치적인 상황으로 해석되어 출애굽의 사건이 오늘날 현실 속에서 적용되어야 할 정치적, 사회적, 경제적 사건들에 대한 원형, 즉 하나의 패러다임을 제공하고 있다고 보는 것이다. 따라서 인간의 자유와 권리와 정의를 위해 투쟁해야 하는 해석적 근거를 출애굽의 재해석을 통하여 해방의 의미와 연결 지어 이끌고 있다. 이것은 곧 억압으로부터의 해방이라고 하는 사회적이고 정치적인 맥락에서 해방의 의미를 한정 짓게 되는 것이다. 아울러 하나님의 선교 개념과 관련하여 고통받는 자들의 현실로부터 탈출하고 기존의 사회 체제를 개혁하는 것이 그에 대한 적용이라고 주장하는 사람들이 있게 된 것이다.[35] 따라서 이러한 행동을 보이는 것이 곧 하나님의 선교를 행하고 있는 것처럼 그들 나름대로 상황화 신학을 전개해 나가고 있다. 만일 이러한 신학적 전제가 없이 행동 신학을 전개해 나간다면 어떠한 사회나 문화에서든지 그 상황화의 작업은 의미를 잃어버리게 된다. 동시에, 그것은 신학화가 아니라 단지 세속화 작업의 연속이 될 뿐인 것을 염두 해야 할 것이다.[36]

---

34) 정흥호, 『복음과 상황화』, 99.
35) 정흥호, 『복음과 상황화』, 99-100.
36) 정흥호, 『복음과 상황화』, 103.

4. 죄 문제

상황화 과정과 신학을 다루면서 가장 간과하기 쉬운 부분이 바로 죄에 대한 문제이다. 특히, 개인적인 죄에 대한 부분은 신학적 입장의 차이에 따라 해석이 달라지고 있다. 그리고 그 해석이 달라짐에 따라 적용하는데 커다란 차이가 있음을 알 수 있다. 죄의 원인 또한 개인 자신에게 있는 것인지 소위 말하는 사회의 구조적인 악에 있는 것인지 그 입장이 크게 다른 것을 보여주고 있다.[37] 전통적인 의미에서의 구원은 예수 그리스도를 통한 믿음으로 말미암아 개인의 죄로부터 회개함으로 구원에 이른다고 믿고 있다. 반면에, 현실적 상황에 강조점을 두고 있는 견해에서는 개인의 죄의 개념이 축소되고 구원을 역사적, 실존적, 사회적, 경제적 현상들을 통해서 그 의미를 추구하려 한다.

따라서 모든 개인의 죄는 잘못된 사회-정치-경제적 구조로부터 발생 된 것이라는데 그 원인을 돌림으로써, 죄의 개념 또한 사회인류학적 차원에서만 이해하려는 문제점을 안고 있게 된다.[38] 상황화 신학에서 가장 큰 문제점은 죄에 대한 문제이다. 이 문제를 짚어보지 않으면 계속해서 개인적인 죄와 사회 구조적인 죄의 문제에서 혼동을 일으킬 수 있다. 그것뿐만 아니라 성경에서 말하는 중심 메시지인 창조와 하나님 나라, 그리고 구원관과 해방(하나님의 선교), 죄의 문제를 살펴보는 것은 매우 중요한 신학적인 문제일 것이다.

---

37) 정흥호, 『복음과 상황화』, 103-104.
38) 정흥호, 『복음과 상황화』, 104.

V. 상황화 과정에서 발생할 수 있는 문제점

상황화는 선교에서 결코 간과할 수 없는 핵심적인 사항이다. 그러나 상황화는 그 필요성에도 불구하고 위험성이 내포하고 있는 것이 사실이다. 어떤 위험들이 있는지 몇 가지로 살펴보면 다음과 같다.

첫째, 상대주의(Relativism)의 위험성이 있다. 상황은 중요 하지만 상황은 어디까지나 '표준화된 표준'(norma normata)일 뿐이다. 이에 비해, 말씀은 '표준화하는 표준'(norma normans)으로서 판단하는 기준이 된다. 위로부터의 계시와 성경과 복음의 정체성인 예수 그리스도 십자가에서의 구속과 성령의 임재가 신학적 성찰과 체계의 나침반이 되는 것이다.[39]

따라서 상황을 지나치게 강조될 경우 복음의 예언적 기능이 약화된다. 그리고 성육신적 기능은 지나치게 강화됨으로써 과도한 무비판적 토착화가 이루어져 기독교의 정신을 잃는 가능성이 높아진 질 것이다. 그러므로 복음은 상황과 깊은 연관성은 지녀야 하지만 동시에 상황과 어느 정도 거리를 두어야 한다. 그렇지 않을 경우, 문화적 컨텍스트는 텍스트와 성경적 증거를 완전히 상대화시킬 위험성이 항상 존재하기 때문이다.[40]

둘째, 혼합주의(Syncretism)의 위험성이 있다. 혼합주의는 그 어원에서 두 종교가 혼합되어 어느 한 체계가 그 기본 구조와 정체성을 상실하는 것을 말한다. 다시 말해, 이는 지역의 맥락 속에서 기독교의 메시지가 약화 되고 유실되는 것이다. 이것은 성경의 가르침에 위배되며, 신학적으로는 용인할 수 없는 이해와 실천이 혼합되기 때문에

---

39) David J. Bosch, 『변화하고 있는 선교』, 김병길 · 장훈택 역 (서울: CLC, 2000), 636.
40) 안승오, 『사도행전에서 배우는 선교 주제 28가지』 (서울: 대한기독교서회, 2008), 147-148.

기독교가 이교 정신에 융해된다.[41] 이러한 지나친 상황화는 혼합주의가 발생 될 위험성이 높아지는 것이다.

셋째, 이중 종교(Dual Religion) 체계의 위험성이 있다. 혼합주의가 형성되는 것을 막기 위해서는 문화적응의 문제에 있어서 경직된 수용적인 태도가 취하게 될 수 있다. 그런데 이것 역시 다른 문제를 발생시킬 수 있다. 예를 들어, 이중 종교 체계로의 발달이다. 이중 종교 체계에서는 형태가 다른 두 체계의 종교적 관행을 따른다. 그런데 그것은 어느 한 체계를 다른 것보다 충실히 따를 경우도 있으며, 두 체계가 거의 동등하게 수행되는 경우도 발생한다. 일반적으로 기독교로 개종했다는 것은 다른 종교 체계를 포기하고 회심의 과정을 의미한다. 그러나 상황화가 잘못 이루어질 경우는 이중 종교 체계가 진행되면서 다른 종교 체계의 중요한 부분 혹은 전체가 계속 실행되면서 정체성의 혼란을 경험할 수가 있다.[42]

VI. 타문화에서 사도 바울의 상황화

선교는 문화와 상황화가 전혀 분리될 수 없는 관계이다. 선교는 언제나 현지의 특별한 상황인 문화 가운데 있는 사람들을 향하기 때문에 그들의 상황 가운데 커뮤니케이션이 이루어져야 한다.[43] 특히, 이 부분에서 사도 바울은 수용자를 위해 문화에 대한 총체적인 이해가 형성됨으로써 복음을 전할 때 현지의 문화적 차이와 마주쳤다. 사

---

41) 안승오, 『사도행전에서 배우는 선교 주제 28가지』, 148.
42) 김영동, 『교회를 살리는 선교학』, 454-456.
43) Charles H. Kraft, 『말씀과 문화에 적합한 기독교』, 93.

실, 사도 바울은 이런 문화적 차이에서 일어나는 충돌을 충분히 파악하고 있었다. 그는 효과적으로 복음을 전달하기 위해 수용자에게 심혈을 기울였다. 따라서 사도 바울은 어떻게 선교 현지에서 관습과 복음의 메시지를 상황화 시켰는지에 대해 살펴보아야 할 것이다.

1. 현지 관습의 상황화

현지 관습들의 상황화에 대한 사도 바울의 노력은 할례 문제와 예전 문제에 대한 순서에서 찾아볼 수 있다.

1) 할례 문제

예루살렘 공회에서 토론된 첫 번째 주제는 안디옥 교회가 제출한 할례가 구원 조건인가에 대한 문제였다(행 15:5-6). 공회의 결론은 이방인 출신으로서 기독교인이 된 사람들이 진정한 기독교인이 되기 위한 조건으로서 할례를 행하거나 모세의 율법을 꼭 지킬 필요는 없다는 것이었다(행 15:19). 공회의 또 다른 의제는 역시 안디옥 교회가 제출한 것으로서 유대인 기독교인들과 이방인 기독교인들 사이의 식탁 교제 때에 먹을 것과 먹지 말아야 할 것에 관한 조건들은 무엇인가 하는 것이다.[44] 두 번째 주제에 대한 결론은 우상의 제물과 피와 목매어 인 것과 음행을 멀리할 것이었다(행 15:29). 이러한 결정에 이방 기독교인들은 동등한 신분으로써 유대 기독교인들과 교제를 가질 수 있었다. 예루살렘 공회는 두 사이에 있던 문화적인 분리의 벽

---

44) Frederick F. Bruce, *New Testament History* (New York: Doubleday& Co, 1971), 286.

을 제거하였다.[45] 예루살렘 공회의 결정은 이방인 새신자들을 할례하지 않는 사도 바울의 입장을 명확하게 만들어 주었다. 그러나 사도 바울은 예루살렘 회의 이후 디모데에게 할례를 행했다(행 16:3). 이와 달리, 사도 바울은 디도에게는 할례를 행하지 않았다(갈 2:3).

사도 바울은 디모데에게 할례를 행한 첫 번째 이유는 디모데가 믿는 유대인의 모친에서 태어났기 때문이며, 따라서 디모데는 유대인이기 때문이었다(행 16:1). 두 번째 이유는 만약 디모데가 할례를 받지 않으면 그는 배교하는 유대인이 되기 때문이었다. 디모데로 하여금 할례를 받게 한 세 번째 이유는 실제적인 이유로서 할례를 받는 것이 디모데가 유대인들 속에서 복음 전파하는 일에 더욱 유익했기 때문이었다.[46] 그러나 디도는 유대인이 아니므로 할례를 행할 필요가 없었다. 따라서 사도 바울은 유대인에게는 유대인처럼, 이방인에게는 이방인처럼 대처하는 동일시(identification)를 실천하였던 상황화의 좋은 사례라고 수 있다(고전 9:19-22).

2) 예전 문제

사도 바울이 살았던 첫 세기의 세계는 정치적으로 로마가 다스렸으나 문화적으로 헬레니즘이 통치하였다. 사도 바울은 헬레니즘 로마 세계에서 여러 다른 종교들을 접할 수 있었을 것이다.[47] 유신론자인 유대인들과는 달리 헬라파 이방인들은 범신론자나 다신론자

---

45) Norman R. Ericson, *Theology and Mission* (Grand Rapids: Baker Book House, 1978), 75.

46) Frederick F. Bruce, *The Book of The Acts* (Grand Rapids: Eerdmans Publishing Company, 1988), 304.

47) 윤기순, 『사도바울의 선교와 21세기 한국교회 선교방향』 (용인: 도서출판 목양, 2011), 36.

혹은 우상 숭배자들이었다. 사도 바울은 구약성경에 있는 율법과 일치하는 우상의 제물과 피와 목매어 죽인 것과 음행을 멀리할 것을 요구하는 예루살렘 공회의 결정을 받아드렸다. 예루살렘 공회는 이 네 가지 금기 사항들을 결정 의식의 최소한 조건으로 요구하였다. 그의 두 번째 선교여행에서 사도 바울은 신자들에게 예루살렘 공의회에서 나온 결정들을 전달하고 이 요구들을 지키라고 부탁했던 것이다(행 16:5). 사도 바울은 무엇을 먹든지 모든 것은 주님이 만든 것으로 믿었다. 그래서 그는 아무거나 먹었고 간수의 집에서도 이런 믿음에 따라서 먹었다(행 16:34). 그러나 그의 자유로움은 다른 사람들에게 문제가 되면 먹는 것을 주의하였다(고전 10:25-30). 이렇게 사도 바울은 복음의 순수성을 위해 싸웠으며, 우상숭배를 거부하고 '아가페'라고 하는 새롭고도 긍정적인 가치를 소개하였다. [48]

2. 복음의 상황화 선교

사도 바울은 이방인 세계에 복음을 전할 때 모든 가능한 상황화된 선교적인 방법론들을 동원하였다.

1) 선교지 언어 사용

사람은 자신의 언어로 복음을 듣지 못하면 우선 복음을 이해하지 못한다. 뿐만 아니라, 다른 사람에게 메시지를 전달하는 것도 불가능하게 된다. 사도 바울의 새신자들은 복음을 자신의 언어로 들었고 훈

---

48) Daniel Patte, *Paul's Faith and the Power of the Gospel* (Philadelphia: Fortress Press, 1983), 69-70.

련받았다.[49] 사도 바울이 현지 지역 언어를 말할 수 있었던 것은 매우 중요하다. 예를 들어, 예루살렘 성전에서 체포되었을 때, 그는 지휘관에게 연설할 기회를 달라고 요청할 때 헬라어를 사용하였다. 이때, 사도 바울은 그를 죽이려고 하는 사람들의 주목을 이끌기 위해서 아람어로 헬라어를 대체하였다. 가말리엘 문하에서 수업받아 랍비가 된 사도 바울은 구약성경의 언어인 히브리어를 알고 있었다(행 22:3). 히브리어 이외에도 그는 루가오니아 언어를 이해할 수 있었다(행 14:11-12). 그리고 그는 로마에서 정치와 군사 언어인 라틴어도 이해하였다. 그러므로 사도 바울은 로마(행 19:21)와 당시 세상의 끝이라고 알려진 스페인에서도 복음 전할 계획들을 가진 것으로 보인다.[50]

2) 선교지 상징들의 메시지 사용

뉴질랜드 유니온 성경신학교(Union Biblical Seminary)의 신약학 교수인 브루스 니콜스(Bruce J. Nicholls)는 선교역사를 통해 타문화에서 선교사들이 메시지를 전할 때 메시지의 순수성을 지키려는 열정에 차서 메시지를 받는 현지인 문화의 중요성과 그 영향력에 민감하지 못하거나 무시할 때가 많았음을 지적하였다.[51] 목회자와 선교사는 문화가 다른 상황 속에서 하나님의 말씀을 전할 때 문화적 차이로 인해 발생될 수 있는 오해와 장애를 최소한으로 줄여야 한다. 동시에 의사소통은 효과적으로 이루어지도록 노력할 필요가 있다. 또한, 현지인이라

---

49) Charles Brock, *The Principles and Practice of Indigenous Church Planting* (Nashville: Broadman Press, 1981), 39-40.

50) Johannes Blauw, *The Missionary Nature of the Church* (New York: McMraw-Hill, 1962), 103.

51) 김승호, "선교를 어떻게 설교할 것인가,"「그말씀 7월호」(2010), 78.

는 수용자 중심의 의사소통 방식을 사용하여 메시지를 수용자가 이해할 수 있는 방식으로 전해야 할 것이다.[52] 상황화는 주어진 상황에 적합하게 한다는 의미를 지니고 있다. 그런데 메시지의 상황화는 하나님의 말씀을 특정한 상황에서 정확하면서도 상황에 적절한 방식으로 전하고자 하는 작업이다. 그래서 메시지의 상황화의 목표는 계시자의 입장에서 계시의 본래성과 존엄성을 보존하며, 현지인들을 위해서 메시지를 이해하기 쉽고 자기의 삶에 구체적으로 적용할 수 있도록 돕는 데 있다.[53]

따라서 상황화된 메시지는 철저한 본문 중심이며, 철저한 상황 중심의 설교이어야 한다. 왜냐하면, 성경 전체는 성령의 감동하심으로 기록된 영원불변의 진리이지만, 특정한 상황에 효과적으로 전달되기 위해서는 상황화 작업은 필수적이다. 목회자와 선교사는 메시지를 전하는 중요한 임무가 있다. 그것은 타문화적 성격을 띤 하나님의 말씀을 다양한 상황에서 본문이 말씀하시는 것과 동일하게 전하며, 동시에 쉽고 의미 있게 수용자의 가슴에 와닿아 삶의 현장에서 구체적으로 적용하도록 돕는 것이다.[54] 사실 예수님은 상황화의 전문가이셨다. 많은 무리가 예수님에게 매력을 느끼며 따라다녔던 이유는 다름 아닌 예수님 당시 풍습과 문화를 누구보다도 더 잘 알고 계셨기 때문이다. 예수님은 자신의 언어뿐만 아니라 메시지와 가르침 또한 보통 사람들도 이해할 수 있는 친근한 상징의 소재들로 구성하였기 때문이다.[55] 사도 바울도 그의 청중들의 수준에 맞추어 메시지를 전하였다. 반대의 경우, 그의 메시지는 청중들에게 전혀 다른 나라의

---

52) 김승호, "선교를 어떻게 설교할 것인가," 78.
53) 김승호, "선교를 어떻게 설교할 것인가," 78.
54) 김승호, "선교를 어떻게 설교할 것인가," 79.
55) 마 5:13-16; 눅 13:6-9를 참고하라.

이야기로 들린다. 그래서 사도 바울은 현지 사람들에게 친숙한 현지 상징들을 사용함으로써 모든 사람이 메시지를 이해할 수 있도록 노력하였다. 56)

첫째, 사도 바울은 일신론자를 위한 상황화 메시지를 사용하였다. 회당을 방문할 때, 사도 바울이 만난 청중들은 구약성경에 대해 지식이 있는 유대인들과 하나님을 경외하는 이방인 신자들이었다. 그러므로 사도 바울은 그들의 상징인 히브리 역사를 사용하여 메시지를 시작하였다. 회심 바로 직후에 다메섹 회당에서 행한 사도 바울의 첫 메시지는 "예수님은 하나님의 아들"(행 9:20)57)이라는 말이 시편 2:758)에 나오는 "메시야"와 동일시한 것임을 증거 한 것이다. 59)

무슬림들 사이에서 상황화 사역의 결과물로 '이사 알 마시'(Isa al-Masih)60)를 따르는 대중운동이 일어나고 있다. 이 '이사 알 마시'의 추종자들은 자신들을 기독교인이라고 부르지 않는다. 하지만 그들은 성경 말씀에 비춰 삶을 디자인하며 새롭게 상황화된 신앙 양식을 만들어가고 있다. 그래서 선교사들은 이에 따라 현지 무슬림이 거부감을 느끼지 않는 상황을 연출하고 사역의 열매를 맺고 있다. 그들은 이슬람 예배 때처럼 모자를 쓰고 아랍어를 사용하는 외형적 상황화를 통해 '인질'(Injil)61)과 '이사 알 마시'(Isa al-Masih) 등을 전한다고 한다.

---

56) David J. Hesselgrave, *Planting Churches Cross-Culturally* (Grand Rapids: Baker Book House, 1980), 207-208.

57) "즉시로 각 회당에서 예수가 하나님의 아들이심을 전파하니"(행 9:20).

58) "내가 여호와의 명령을 전하노라 여호와께서 내게 이르시되 너는 내 아들이라 오늘 내가 너를 낳았도다"(시 2:7).

59) Charles W. Carter & Ralph Earle, *The Acts of the Apostles* (Grand Rapids: Zondervan Publishing House, 1978), 130.

60) 이사 알 마시(حيسملا عوسي, Isa al-Masih)는 문자적으로 "예수 그리스도"를 뜻한다. 이것은 꾸란에서 발견되는 예수 그리스도의 이슬람식 호칭이다.

61) 인질(Injil)은 복음서와 신약성경의 일반적인 이슬람식 명칭이다.

이런 경우, 기독교에 대한 거부감은 사라지기 시작한다. 이렇게 훈련된 현지 출신 전도자들은 짝을 이뤄 디모데후서 2:2[62])에서와 마찬가지로 사도 바울이 디모데를 훈육한 것처럼 마을공동체에 머물며 회심자들을 조심스럽게 양육해나가고 있다. J시 B지역의 경우, 이 방법을 통해 마을 지도자는 물론 25명이 집단 회심하기도 하였다.[63]

따라서 상황화 메시지의 목적은 예수 그리스도에 대한 인식을 바로 잡는 것이다. 이에 선교사는 예수 그리스도에 관한 복음이 무슬림 친구들의 종교를 정죄하거나 문화를 공격하는 행위로 오해받지 않도록 신중히 행동해야 한다. 물론 무슬림문화의 가치와 미덕, 그리고 통찰력을 인정한다고 해서, 이슬람 종교를 모두 승인하는 것은 아니다. 오히려, 그것은 예수 그리스도를 보지 못하게 하는 그들이 가지고 있는 장애물을 제거하는 역할을 하는 데 있다.[64] 그래서 이슬람의 경전인 꾸란에는 성경을 읽어도 좋다는 허락이 이미 담겨 있음을 알려준다. 그것은 예수님은 누구신가를 생각하도록 하는 것이다. 꾸란에서 예수 그리스도는 호의적이기 때문에 성경의 신뢰성을 확증하는 내용이다. 예수 그리스도의 내용은 오랫동안 무슬림의 진리에 접근하지 못했던 제한된 세계관으로 사슬을 풀 수 있는 실마리가 되는 것이다.[65]

둘째, 사도 바울은 다신론자를 위한 상황화 메시지를 사용하였다. 루스드라의 청중들은 일신론자들과는 다른 상징을 가진 완전한 다신론자들이었다. 제우스 신당의 제사장과 군중들이 사도 바울과 바

---

62) "또 네가 많은 증인 앞에서 내게 들은 바를 충성된 사람들에게 부탁하라 그들이 또 다른 사람들을 가르칠 수 있으리라"(딤후 2:2).
63) 국민일보 2003년 7월 20일자.
64) Kevin Greeson, 『모슬렘을 위한 낙타 전도법』, 이영준 역 (서울: 요단, 2009), 28.
65) Kevin Greeson, 『모슬렘을 위한 낙타 전도법』, 29.

나바에게 제사하려고 할 때 사도 바울은 앉은뱅이를 고친 것은 사람이 아니라 하나님이라고 설교하였다(행 14:15-17).[66) 사도 바울은 빌립보에서 점하는 노예 여종으로부터 귀신을 쫓아내었다. 이러한 영적 전쟁으로 인해 사도 바울과 실라는 매를 맞고 옥에 갇혔으나 이 일로 빌립보에 복음이 널리 전파되었다(행 16:16-21).

　마지막으로 셋째, 사도 바울은 범신론자를 위한 상황화 메시지를 사용하였다. 범신론적으로 기울었던 아테네 철학자들을 위해 사도 바울은 "알지 못하는 신"의 제단과 같은 현지 상징과 헬라의 시와 우상을 사용하여 그의 메시지를 전달하였다(행 17:23, 17:28-29).[67) 그는 청중들인 에피쿠로스파와 스토아학파 철학자들의 마음을 꿰뚫고 그들의 문화적 상황화에 맞게 적절한 메시지를 제시하였다. 그의 메시지에서 사도 바울은 철학의 세 가지 기본적인 질문에 답하였다. 첫째는 '어디서'라는 모든 사물의 기원에 대하여 해답을 주었다. 둘째는 '무엇'이라는 모든 사물의 본성에 대하여 해답을 주었다. 마지막으로 셋째는 '어디로'라는 모든 사물의 종말에 대하여 해답을 주었다(행 17:24-43).[68) 이러한 세 가지 질문은 철학자들로서는 도저히 대답할 수 없었다. 그러나 사도 바울은 말씀으로 모든 것을 창조하신 인격적이고 지고하시고 초월적이신 하나님을 소개함으로써 철학자들이 그동안 헛되게 찾아왔던 기원에 대한 문제의 해답을 주었다. 사도 바울은 현지 사람들과 다른 세계관으로 논쟁하지 않았다. 그는 현지 사람들의 문화적 상황들을 이해하고 그들의 지식 구조 안으로 들어가서 효과적으로 복음을 전파하였다.

---

66) Frederick F. Bruce, *The Book of The Acts*, 292.
67) David J. Hesselgrave, *Planting Churches Cross-Culturally*, 208.
68) Charles W. Carter and Ralph Earle, *The Acts of the Apostles*, 259-263.

하나님은 자기의 백성들을 향하여 종교적인 상황에서 나타나고 있는 거짓된 종교적 중심을 예수 그리스도의 이름으로 바꾸셨다. 세상의 문화 가운데 있는 하나님의 모범적인 문화는 하나님의 계시와 진리인 말씀으로 분별하여 살아가도록 촉구한다.[69] 결단코 하나님은 인간의 문화를 떠나서 하나님의 나라에서 혼자 활동하시는 분이 아니시다. 하나님은 그 당시 인간들이 당면하고 있는 종교적 상황과 문화, 그리고 역사의 현장에서 우상숭배와 비인간적인 문화를 개혁하셨다.[70] 이처럼 복음의 상황화 원리는 선교 신학을 구성하고 있는 성경적 평가를 통해 알 수가 있다. 따라서 과거나 현재, 그리고 미래에도 목회자와 선교사들은 자신들이 활동하고 있는 현지인의 마음과 문화 상황화에 잘 어울릴 수 있도록 생각하는 원리를 배워야 한다. 예수님은 자신의 생애와 활동에서 그 사례를 보여주셨다. 이미 예수님은 당시의 문화 상황화 속에서 성장하였고, 주변 사람들에게 공통되는 모든 학습과 사회적 활동에 참여했다는 점이다.[71] 이러한 관점에서 예수님은 너무나 평범해 보였기 때문에 주변 사람들로부터 그의 가르침과 사역을 받아들이기를 거부했던 것이다(마 13:54-58).

---

69) William J. Larkin, *Culture and Biblical Hermeneutic* (Grand Rapids: Baker Book House, 1988), 222.

70) 노윤식, 『종교현상학 이론과 실제』 (서울: 한울림, 2000), 107.

71) Sherwood G. Lingenfelter & Marvin K. Mayers, *Ministering Cross-Culturally* (Grand Rapids: Baker Book House, 1986), 61-62.

VII. 현대 타문화 사역을 위한 교회의 상황화 선교

1. 의식의 상황화

문화적 상황 속에서 교회는 두 가지 의식의 문제라는 상황화의 실제를 피할 수 없다. 첫째, 문화는 이미 현지인의 예식들을 지니고 있기 때문이다. 둘째, 기독교는 여러 가지 의식들을 가지고 있기 때문이다.[72] 예를 들어, 선교지에서 펼쳐지는 의식 가운데 출생의례, 성년식, 결혼식, 장례식 등은 전통적인 삶과 연관된 통과의례, 그리고 축제들이다. 이러한 종교의식들은 대부분 점쟁이와 마술사, 그리고 무당과 다른 종교 지도자들에 의해 수행되고 있다. 그래서 교회는 비기독교적인 의례를 가지고 있는 선교지 문화에 의해 요청을 받는다.[73] 한국교회의 경우는 출생의례와 결혼예식, 그리고 환갑, 전통적인 통과의례인 설과 추석 등을 수용해왔다. 그러나 전통적인 장례식과 조상숭배를 한국교회는 그런 행위들이 온전한 종교적 의미가 되기 때문에 거부하였다. 이러한 의례로부터 과거의 의미를 분리하는 것은 불가능한 것으로 생각했기 때문이다.[74]

한국교회는 이러한 전통적인 의례들을 기독교적인 의례로 상황화를 하였다. 이런 문제는 목회자와 선교사가 현지에서 이루어지는 장례식의 방법이다. 영적 세계에서 죽은 자와 관계를 잇는 것에 대한 전통적인 관심은 상당히 심각하게 취급할 필요가 있다. 그리고 그러한 해답은 사람들을 만족시켜 문화인류학의 적합한 의식을 통하여

---

72) Paul G. Hiebert, *Cultural Anthropology* (Grand Rapids: Baker, 1983), 375-376.

73) Paul G. Hiebert, *Anthropological Insights for Missionaries* (Grand Rapids: Baker, 1985), 183-192.

74) Paul G. Hiebert, *Anthropological Insights for Missionaries*, 189.

죽음이 크게 부각 되는 장례식에서 그들의 영적 차원의 삶을 적절하게 돌보아 줄 수 있을 것이다. 이것이 이루어지지 않으면 사람들은 만족을 시키지 못한 영들과 신들로부터 보복을 받게 될 것이라고 믿는다.[75] 그래서 장례식이 거행될 때 조상들이 관계한다고 사람들이 이해할 때 이런 믿음은 심각하게 취급해야 한다. 이것을 대치할 이해와 의식이 개발되어야 할 필요가 있다. 그래서 찰스 크래프트(Charles H. Kraft)는 하나님을 우선 경배하는 한, 문화적으로 적합한 방법으로 조상을 공경하는 것이 가능하다고 보았다.[76] 영적 능력 차원의 타문화 속에서 목회자와 선교사는 예수 그리스도께 사람들을 인도하기 위해 이러한 의식을 행할 때, 반드시 해당 사람들의 마음속에 있는 의미에 대해 인지하고 있어야 한다. 하나님의 메시지는 형식의 메시지가 아니라 의미가 부여된 메시지이기 때문에 형식은 매우 중요한 것으로 의미가 전달되는 매개체의 역할을 하기 때문이다. 목회자와 선교사가 사용하는 문화형식은 하나님이 의도하신 의미를 전달할 수 있으며, 반대로 작용할 수도 있다. 이렇게 적절한 의미를 전달하려고 할 때, 자신이 다루는 문화형식에 대해 신중한 주의를 기울여야 할 것이다.[77]

이러한 영적 능력 차원에서의 상황화는 선교 접근 방법을 통해 문화를 받아들이는 수용자 측면에서 기독교 의식들을 상황화한 것이다. 예를 들어, 결혼예식 때 신랑 신부가 반지를 교환하고, 성경 위에 손을 얹고 기도하는 일, 촛불 점화 등은 중요한 메시지를 담고 있는 기독교적 상징이다. 이러한 행위들을 통해서 이제 한 몸이라는 기독

---

75) Charles H. Kraft, 『말씀과 문화에 적합한 기독교』, 597.
76) Charles H. Kraft, 『말씀과 문화에 적합한 기독교』, 597.
77) Charles H. Kraft, 『기독교 문화인류학』, 안영권 역 (서울: CLC, 2005), 290-291.

교 공동체의 삶은 하나로 합해 빛을 발하는 의미를 깨닫게 한다.[78] 이러한 시대적 상황과 선교적 상황에서 상황화된 의식과 상징을 개발하는 것은 현지에서의 선교사에게 분명히 필요하다. 특히, 선교사는 조상숭배가 강한 현지에서 정장 차림으로 설교한다면, 그 장례식과 추모식이 조상에 대한 무시와 소홀히 한다는 비판을 받기 쉽다. 현지에서 목회자와 선교사는 검은 가운을 입고, 죽은 자를 위해 슬퍼하는 엄숙한 의식을 통해 죽은 자에 대한 충분한 존경심이 오히려 사람들에게 감동을 줄 뿐만 아니라 복음을 전하는 데 큰 공헌을 할 것이다.

2. 정치와 행정의 상황화

선교사는 현지의 많은 영역에서 교회 정책을 펼지는 것이 중요하다. 하지만 무엇보다 선교사는 복음을 전달하기 위해 지역사회의 질서를 고려함으로 교회 정치와 행정이 조화를 이루는 데 노력해야 한다. 예를 들어, 의사를 결정하는 데 있어서 서양의 경우는 다수결을 선호하나 동양의 경우는 혼란을 초래한다. 여론과 만장일치, 그리고 어떤 사회에서는 교회 장로들의 합의로 결정하는 것이 바람직하다.[79] 장로를 선출할 때, 한국교회는 투표로 결정하는데 장로교회의 강한 영향을 받아 교회 문화의 한 부분이 되었다. 그러나 미국 순복음교회들은 지도자들을 지명하는데, 한국 순복음교회들은 담임목사를 세우는데 이러한 정책을 선택하였다. 따라서 선교사는 교회 내의 조직을 구성할 때 제직회 중심으로 하든지, 사역팀을 중심으로 하든

---

78) 이종우, 『선교 문화 커뮤니케이션』 (서울: CLC, 2005), 212-213.
79) 이종우, 『선교 문화 커뮤니케이션』, 213-214.

지, 지역 단위로 구성하든지, 혹은 다양한 방법들이 있다는 것을 기억해야 한다. 그리고 목회자의 선교 마인드에 따라 결정할 수도 있고, 그 상황의 맞게 사회적인 정서를 고려하는 것이 바람직할 수 있을 것이다.

3. 교회 개척과 건축의 상황화

선교전략의 관점에서 교회개척 이론이 시작된 것은 19세기 중엽의 삼자원리가 처음이었다. 아마도 이때부터 선교영역에서 타문화 교회개척에 대한 다양하고 유용한 이론들이 등장하였다. 그 가운데 가장 큰 공헌을 했던 도날드 맥가브란(Donald A. McGavran, 1897~1990)이 제시한 교회 성장 이론이었다.[80] 과거뿐만 아니라 오늘날에도 유용하게 적용하는 선교적 수용성의 원리에 따라 한국 선교사들이 가장 많이 사용하는 선교전략은 교회 개척과 건축이다. 건물은 크기와 형태, 그리고 공간의 사용, 장식물 등이 여러 가지 상징적인 의미를 부여한다. 특히, 교회 건물은 그 자체의 성격 때문에 상징적인 필요성을 갖는다. 현대 그리스도인들은 교회 건축과 관련된 장식 등으로 교회의 수준을 결정하는 경향성이 많다. 교회는 아파트나 주택의 구조와 공원, 그리고 마트나, 레스토랑 등과 같은 것이 아니다.[81]

교회는 성경에 나타난 성전으로 이해되고 있다. 첫째, 성전은 하나님의 임재, 즉 하나님이 우리와 함께하심을 나타내는 상징적인 공간이란 의미이다. 둘째, 성전은 예배하는 곳이라는 의미이다. 셋째, 성

---

80) 침례신학대학교 세계선교훈련원, 『선교지 교회개척이야기』 (대전: 그리심어소시에이츠, 2010), 30.
81) 정병관, 『복음혁명을 주도하는 크리스천 커뮤니케이션』 (서울: 총신대학교 출판부, 2009), 313.

전은 구별된 하나님의 백성들이 머무는 곳이라는 의미이다. 넷째, 성전은 구원받은 공동체(community)라는 의미이다. 마지막으로 다섯째, 성전은 선교센터라는 의미이다.[82] 이런 선교적 의미에서 성전은 사람들에게 필요한 생활공간으로 쉽게 사람들을 만날 수 있는 장소로 인식한다. 그리고 복음을 가르치고 선포되는 곳으로 선교가 이루어지는 장소로 본다. 다시 말해, 성전의 의미는 선교의 주체로써 말씀을 선포하는 공동체가 차지하는 선교적인 공간이다.[83] 따라서 성전은 하나님의 백성들을 위한 공간이다. 더 나아가, 교회는 하나님의 백성이 될 사람들을 위한 선교적 열린 공간이라는 사실을 인식할 필요가 있을 것이다.

선교사는 그 문화적 상황 속에서 교회를 빨리 건축하기를 원한다. 그러나 선교사는 성도들의 신앙 성숙보다는 한국교회를 통해 일방적으로 교회 건축을 하는 것은 그들의 신앙을 약화시킬 뿐만 아니라 결국 선교사가 떠나게 되면 교회는 텅 비게 된다.[84] 먼저 선교사는 교회건축을 하기에 앞서 성도들의 믿음을 세워야 한다. 한국교회의 경우, 네비우스 선교정책의 상황에 따라 미국교회가 한국교회를 지원하지 않았고, 스스로 교회를 건축할 수 있도록 자립을 펼쳤기 때문에 오늘날 한국교회가 성장하게 된 것이다.[85] 선교사는 교회건축을 통해 자신의 업적을 세우는 것이 아니라 성도들 스스로가 교회를 건축할 수 있도록 믿음을 세워주어야 한다. 그것뿐만 아니라, 교회의 장소에 대한 고정관념은 그 나라 혹은 지역의 특성상 상황 판단을 잘해야 한다. 사실 초대교회는 주후 3세기에 들어 교회를 지었으며, 교

---

82) 정병관, 『복음혁명을 주도하는 크리스천 커뮤니케이션』, 313-316.
83) 정병관, 『복음혁명을 주도하는 크리스천 커뮤니케이션』, 316.
84) 이종우, 『선교 문화 커뮤니케이션』, 215.
85) 한국기독교역사연구회, 『한국기독교의 역사 I 』(서울: 기독교문사, 1989), 223.

회 건물이 없이 예배를 드렸다.

또한 교회 건축의 양식 경우, 선교사가 현지의 건축양식에 따라 자기의 양식이 아닌 현지인들이 원하는 양식에 맞춰 상황화가 필요하다. 따라서 현지에 맞는 상황화의 노력은 선교 신학의 메시지를 확실하게 전달하는 데 효과적인 커뮤니케이션의 방법이다. 예를 들어, 현지에 세우는 교회 건물을 예배와 교회 활동에 제한시키지 않고 현지인들을 위해 지역 공동체가 필요한 것은 무엇이든지 할 수 있도록 다용도의 공동체 공간으로 만들어야 한다. 이러한 공간은 종교적 행사와 공동체 회의, 그리고 교육 등 다양한 용도로 사용하며, 태풍이나 공동체의 안전을 위협하는 재앙을 만났을 때 피할 수 있는 피난처의 역할도 할 수 있다. 그러나 선교사가 이국적인 교회건축을 선호하게 될 때, 현지인들의 마음은 교회와 멀어질 수밖에 없을 것이다.

4. 예배의 상황화

베드로전서 2:9[86])에 의하면, 교회는 예배공동체를 건설하기 위해 부름을 받았다. 에베소서 1:11-12[87])에 의하면, 교회는 예배의 영광을 통해 이 땅에서 하나님 나라를 맛보게 된다. 그래서 인간은 예배의 목적을 위해 하나님의 택하심과 부르심을 입은 것이다. 윌리암 니콜스(William Nicholls)는 예배에 대하여 말하기를, "기독교의 가장 숭고하고 필수적인 활동이며, 교회의 다른 모든 활동은 사라지게 되지

---

86) "그러나 너희는 택하신 족속이요 왕 같은 제사장들이요 거룩한 나라요 그의 소유가 된 백성이니 이는 너희를 어두운 데서 불러 내어 그의 기이한 빛에 들어가게 하신 이의 아름다운 덕을 선포하게 하려 하심이라"(벧전 2:9).

87) "모든 일을 그의 뜻의 결정대로 일하시는 이의 계획을 따라 우리가 예정을 입어 그 안에서 기업이 되었으니 이는 우리가 그리스도 안에서 전부터 바라던 그의 영광의 찬송이 되게 하려 하심이라"(엡 1:11-12).

만 오직 예배만은 하나님 나라에까지 남아 있게 될 것이다"라고 하였다.[88] 따라서 문화를 초월하여 예배공동체를 만드는 것은 하나님 나라의 선교이다. 중국교회의 경우는 예배를 가정에서 드리며, 중국 한인교회는 호텔을 임대하여 예배 장소로 사용한다. 미국 한인교회의 경우는 미국교회를 임대하여 오후에 예배드리기도 한다. 이슬람 지역의 경우, 예배와 관련하여 공식적으로 기독교 교회가 예배하는 것은 극히 어려운 일이다. 예배와 전도는 여러 가지 제약을 받기 때문에 일대일 또는 소그룹과의 접촉이 매우 중요하다. 그래서 무형의 교회라도 예배를 통해 진리를 선포해야 하므로 예배의 상황화가 필요하다.[89] 기독교의 전통적인 예배의식을 가지고 이슬람 지역에서 선교한다는 것은 어려운 일이지만 상황에 맞는 사역을 이룬다면 세계 복음화는 얼마든지 가능하다. 이슬람을 위한 선교적 상황화는 무슬림에게 불쾌감을 불러일으킬 요소를 최소화하는 작업과 함께 그들과 상호적 신뢰를 이룰 필요가 있을 것이다.[90]

5. 음악의 상황화

문화인류학적 측면에서 어떤 특정한 분야의 음악이 모든 민족과 사회구성원들의 정서에 똑같은 감동을 준다고 인식하는 것은 지나친 과장이다.[91] 음악은 그 문화와 시대에 따라 다른 특징을 가지고 있다. 중세시대의 경우, 교회에서는 삼박자로 된 음악을 사용했다.

---

88) William Nicholls, *Jacob's Ladder: The Meaning of Worship* (Richmond: John Knox Press, 1958), 9.

89) 장훈태, "마그레브 地方의 무슬림 宣教를 위한 基督教 教會의 狀況化에 관한 硏究,"「기독신학저널」3 (2002), 237-239.

90) Roger Steer & Sheila Groves,『사랑으로 가는 길』, 조은혜 역 (서울: 죠이북스, 1995), 105.

91) 정병관,『복음혁명을 주도하는 크리스천 커뮤니케이션』, 232.

그런데 처음 사박자 곡이 나왔을 때 삼위일체에서 벗어났기 때문에 사단의 음악이라고 생각되어 부르지 못하고 금지되었다. 지금 생각하면 웃고 있지만 사역자가 음악에 대해 한 장르만을 고집한다면 그것은 자신의 편견이지 하나님의 뜻이 아니다. 목회자와 선교사는 자신의 음악이 아닌 성도들이나 현지인의 음악 정서를 이해하는 가운데 찬송하도록 해야 한다.[92] 목회자와 선교사는 자신의 정서를 뛰어넘어 보편적인 청중의 정서를 잘 파악하여 교회 음악을 적용하는 상황화의 열린 자세가 필요하다. 예를 들어, 한국은 청중의 대상을 10대와 20대, 30대와 40대, 50대와 60대로 나눈다. 그런데 그들의 음악적 취향에 맞게끔 선교해야 한다. 청중들의 정서를 너무 앞서거나 너무 뒤떨어진 찬양은 청중을 은혜의 강가로 인도할 수 없다.

그래서 목회자와 선교사는 그들을 위한 영적인 집과 같은 찬송을 은혜의 노래라고 느낄 수 있도록 지혜로운 상황화의 작업이 필요하다.[93] 적절한 음악의 사용은 많은 사람이 하나님을 발견하도록 도와주며, 복음에 대한 긍정적인 태도를 개선한다. 그리고 효과적인 메시지 전달과 선교와 목회에 대한 지원의 역할을 할 수 없다면, 사역에 있어서 그리스도인들은 가장 강력한 도구와 통로를 포기하고 있다는 것을 잊어서는 알 될 것이다.[94]

---

92) 이종우, 『선교 문화 커뮤니케이션』, 217-218.
93) 이종우, 『선교 문화 커뮤니케이션』, 218.
94) 정병관, 『복음혁명을 주도하는 크리스천 커뮤니케이션』, 247.

VIII. 나가는 말

결론적으로, 지금까지 효과적인 타문화 선교를 함에 있어 상황화에 대하여 살펴보았다. 물론 교회는 두 가지 측면인 인간적 차원과 신적 차원의 상황이 있지만 상황화는 선교에 전부가 아니며, 하나님의 은혜와 성령의 능력을 간과해서는 안 된다. 세계 선교를 위한 상황화 신학은 성령의 인도하심으로 개발되어야 한다. 단지 인간의 노력이 아니라 목회자와 선교사는 전심으로 하나님께 기도하며, 경건의 제사로 상황 가운데 다양하게 역사하시는 하나님께 나아가야 한다. 그러므로 복음주의 입장을 통한 상황화는 혼합주의로 빠질 수 있는 오류를 차단해야 한다. 그리고 목회자와 선교사는 선교의 다양한 방향에서 자신의 사역을 점검하여 문화적으로 상황화의 적절한 교회를 발전시키도록 노력해야 할 것이다.

참고문헌

국민일보 2003년 7월 20일자.

김승호. 『복음주의 선교신학에 대한 이해』. 서울: 예영B&P, 2008.

김승호. "선교를 어떻게 설교할 것인가." 「그말씀 7월호」 (2010).

김승호. 『선교와 상황화』. 서울: 도서출판 토라, 2007.

노윤식. 『종교현상학 이론과 실제』. 서울: 한울림, 2000.

문상철. "도시 목회를 위한 복음의 상황화." 「목회와신학 3월호」 (2002).

안승오. 『사도행전에서 배우는 선교 주제 28가지』. 서울: 대한기독교서회, 2008.

이성주. 『조직신학 (1)』. 안양: 성지원, 1989.

이종우. 『선교 문화 커뮤니케이션』. 서울: CLC, 2005.

이현모. "설교의 상황화, 어떻게 할 것인가." 「그말씀 1월호」 (1998).

윤기순. 『사도바울의 선교와 21세기 한국교회 선교방향』. 용인: 도서출판 목양, 2011.

장훈태. "마그레브 地方의 무슬림 宣敎를 위한 基督敎 敎會의 狀況化에 관한 硏究." 「기독신학저널」 3 (2002).

채은수. "선교에 있어서 상황화." 「신학지남」 253 (1997), 12-49.

침례신학대학교 세계선교훈련원. 『선교지 교회개척이야기』. 대전: 그리심어소시에 이츠, 2010.

한국기독교역사연구회. 『한국기독교의 역사 I 』. 서울: 기독교문사, 1989.

Blauw, Johannes. *The Missionary Nature of the Church*. New York: McMraw-Hill, 1962.

Bosch, David J. 『변화하고 있는 선교』. 김병길 · 장훈택 역. 서울: CLC, 2000.

Brock, Charles. *The Principles and Practice of Indigenous Church Planting*. Nashville: Broadman Press, 1981.

Bruce, Frederick F. New Testament History. New York: Doubleday& Co, 1971.

Bruce, Frederick F. *The Book of The Acts*. Grand Rapids: Eerdmans Publishing Company, 1988.

Carter, Charles W. & Earle, Ralph. *The Acts of the Apostles*. Grand Rapids: Zondervan Publishing House, 1978.

Conn, Harvie M. *Evangelicals and Liberation*. NJ: Presbyterian and Reformed, 1977.

Costas, Orlando E. *Christ Outside the Gate*. New York: Orbis Books, 1984.

Erickson, Milliard J. *Christian Theology*. Grand Rapids: Baker, 1985.

Ericson, Norman R. *Theology and Mission*. Grand Rapids: Baker Book House, 1978.

Fleming, Bruce C. E. *Contextualization of Theology*. California: William Carey Library, 1980.

Frost, Michael. & Hirsch, Alan. 『새로운 교회가 온다』. 지성근 역. 서울: 한국기독학생회 출판부, 2009.

George W. Peters, "Current Theological Issues in World Missions." *Bibliotheca Sacra* 135 (1978), 162-163.

Gilliland, Dean S. and Kraft, Charles H. *The Contextualized Theology*. California: Fuller, 1980.

Gilliland, Dean S. *The Word Among Us*. Dallas: Word Publishing, 1989.

Greeson, Kevin. 『모슬렘을 위한 낙타 전도법』. 이영준 역. 서울: 요단, 2009.

Handy, Robert. *New 20th-century encyclopedia of religious knowledge*. Grand Rapids: Baker, 1991.

Hesselgrave, David J. & Rommen, Edward. *Contextualization: Meaning, Methods and Models*. Grand Rapids: Baker, 1989.

Hesselgrave, David J. *Planting Churches Cross-Culturally*. Grand Rapids: Baker Book House, 1980.

Hiebert, Paul G. 『선교와 문화인류학』. 김동화 외 3인 역. 서울: 죠이북스, 2018

Hiebert, Paul G. *Anthropological Insights for Missionaries*. Grand Rapids: Baker, 1985.

Hiebert, Paul G. *Cultural Anthropology*. Grand Rapids: Baker, 1983.

Kraft, Charles H. 『기독교 문화인류학』. 안영권 역. 서울: CLC, 2005.

Kraft, Charles H. 『말씀과 문화에 적합한 기독교』. 김요한 역. 서울: 생명의말씀사, 2007.

Kraft, Charles H. "The Contextualization of Theology." *Evangelical Missions Quarterly* 14 (1978).

Larkin, William J. *Culture and Biblical Hermeneutic*. Grand Rapids: Baker Book House, 1988.

Lingenfelter, Sherwood G. & Mayers, Marvin K. *Ministering Cross-Culturally*. Grand Rapids: Baker Book House, 1986.

McCurry, Don M. *The Gospel and Islam*. California: MARC, 1979.

Neill, Stephen. *Christian Missions*. Baltimore: Penguin Books, 1964.

Nicholls, Bruce J. 『상황화: 복음과 문화의 신학』. 김성웅 역. 서울: 생명의말씀사, 1992.

Nicholls, William. *Jacob's Ladder: The Meaning of Worship*. Richmond: John Knox Press, 1958.

Patte, Daniel. *Paul's Faith and the Power of the Gospel*. Philadelphia: Fortress Press, 1983.

Peters, George W. *Evangelical Missions, Tomorrow*. Pasadena: William Carey Library, 1977.

Pocock, Michael. Rheenen, Gailyn Van. McConnell, Douglas. 『변화하는 내일의 세계선교』. 박영환 · 백종윤 · 전석재 · 김영남 역. 인천: 도서출판 바울, 2008.

Steer, Roger. & Groves, Sheila. 『사랑으로 가는 길』. 조은혜 역. 서울: 죠이북스, 1995.

Theological Education Fund, *Ministry in Context*. London: Theological Education Fund, 1972.

제8장
바울 선교

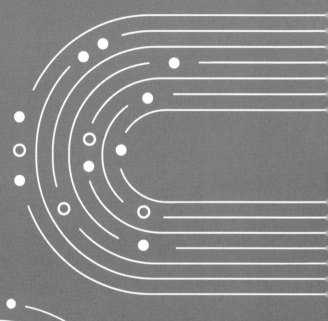

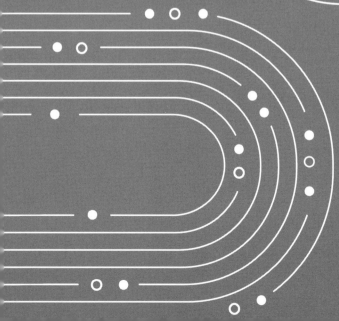

Ⅰ. 들어가는 말

지중해 전역에서 선교사 바울은 얼마나 그가 기독교 공동체 형성을 위해 헌신했는지를 보여준다.[1] 기독교 출발 1세기부터 바울은 자신의 편지를 받는 기독교 공동체들이 단순히 믿는 것을 넘어 복음이 땅끝까지 전파되기를 원했다. 바울은 자신의 사역을 통해 세워진 공동체가 세계선교에 동참하기를 원했던 것이다.[2] 회심을 통해 바울이 확신하게 된 것은 예수 그리스도께서 자신을 이방인 선교사로 택하셨다는 것이다(롬 11:13, 15:16; 갈 1:11-16; 엡 3:8).[3] 이것이 바울의 선교 신학의 초석이 된다. 그리고 바울의 서신에는 선교전략이 고스란히 담겨 있다.

특히, 바울의 사도직은 시리아 안디옥에서부터 시작된 이방인들을 향한 선교였다. 대부분 선교 중심 지역은 바울이 처음 접근으로 시도되었던 회당이 그 중심을 차지함으로써 효과적인 선교전략이었다. 그것은 당시 그리스도인들이 회당을 통해 유대인들에게 선교하는 일로서 유대교로 개종한 이방인들과 하나님을 경외하는 자들, 그리고 다른 여러 경건한 자들로 구성되었다.[4] 스콧 맥나이트(Scot McKnight)는 이러한 바울의 선교에 대하여 "로마 제국에 유대인과 이방인, 노예와 자유인, 남자와 여자, 스구디아인과 야만인이 구성하는 교회는 세우는 것이었다. 하나님의 섭리 계획안에서 교회는 그리스도의 몸이었으며, 이스라엘의 영역을 확대하여 이방인을 단 한 분이

---

1) 조광현, "상징적 경계를 세우는 바울 설교," 「복음과 실천신학」 44 (2017), 199.
2) Michael J. Gorman, 『삶으로 담아내는 복음』 홍승민 역 (서울: 새물결플러스, 2019), 17.
3) C. P. Donald Senior & C. P. Caroll Stuhlmueller, *The Biblical Foundation for Mission* (London: SCM Press, 1983), 167.
4) Roger E. Hedlund, 『성경적 선교신학』 송용조 역 (서울: 서울성경학교출판부, 1991), 347-348.

시고, 참되신 세상의 주님이시며 왕이신 예수 아래, 하나님의 단 하나의 참된 가족에 포함하고자 했다."라고 하였다.[5] 따라서 이 땅의 모든 사람과 모든 민족에게 복음이 필요하기 때문만이 아니라 교회가 완전히 보편적이기에 열방이 필요해서 그들을 복음으로 초대하는 바울의 선교 방법에 따른 제한적이지만 로마서, 고린도전서, 에베소서, 빌립보서, 골로새서, 데살로니전서 읽기에 대하여 살펴보고자 한다.

II. 선교적 바울에 대한 이해

바울은 다소 출생으로 그 혈통으로 바리새인 중의 바리새인이며, 학문으로 가말리엘 문하에서 수학한 당시 최고의 지성인, 열심히 유대주의 입장에서 그 누구도 경쟁 상대가 없는 유대주의의 전형적인 인물이었다(행 8:1-3, 26:5; 고후 11:22). 이렇게 유대주의에 빠진 그가 그리스도인들을 체포하려고 다메섹으로 가던 중 핍박하던 예수 그리스도를 만나 그분의 부름을 받았다(행 9:1-22, 26:1-29; 갈 1:11-17). 예수님의 부름을 받은 후, 바울은 이방인의 선교사가 되어 성령의 인도하심을 따라 타문화인 지중해 주위의 여러 나라들을 다니며 담대히 복음을 전했다(행 9:15; 롬 1:13-15; 갈 1:16). 바울은 복음을 선포했었을 뿐만 아니라 가는 곳곳마다 교회를 세웠고, 이후 다시 그 교회들을 방문하였고, 서신을 통해 지속적으로 양육하였다.[6]

A.D. 51년경, 로마 제국 시대에 복음을 선포한 바울은 최초의 서

---

5) Scot McKnight, 『거꾸로 읽는 로마서』, 정동현 역 (서울: 비아토르, 2022), 45.
6) 홍기영, "바울 서신에 나타난 선교학적 주제들의 고찰," 「선교신학」 26 (2011), 273-274.

신으로 알려진 데살로니가전서를 쓰고,[7] 57년경에 그의 서신들 가운데 가장 중요한 로마서를 기록하였다. 67년경, 임박한 죽음을 가까이 두고 그는 최후의 서신인 디모데후서를 기록하였다. 교회사 가운데 바울과 같이 기독교를 세계적인 신앙으로 전파하며, 기독교 교리를 체계화한 교회 개척자이고, 목회자며 선교 신학자인 영적인 리더는 전무후무하다. 그리고 자비량 선교사로 바울은 천막을 지으며, 생계를 유지했을 뿐 아니라 문화적 경계를 뛰어넘어 땅끝까지 복음을 전했다(행 18:1-3).[8] 하나님의 계시를 통해 바울은 자신을 불러 주신 예수 그리스도를 다양한 민족에게 선포하게 하신 일을 뜻밖의 은혜라고 주장하였다(갈 1:15-16).[9] 이러한 바울의 선교 신학은 '그리스도 안에서'(ἐν Χριστῷ)[10] 절정에 이른 하나님의 선교사역이 어떻게 모든 열방을 믿음의 순종에 이르게 하고, 하나님과 의의 언약을 맺을 수 있게 해주었는지에 대한 이해로 가득하였다.

1. 선교사와 선교 신학자 바울

사도행전을 통해 바울은 독특한 형태인 순회 설교가라는 선교의 인상을 받는다. 바울은 다양한 형태의 선교 방법을 사용하였다.

첫째, 바울의 선교 방법은 교회 공동체였다. 바울이 "그리스도 안

---

7) 장석조, "교회의 선교적 정체성," 「복음과 선교」 52 (2020), 174.

8) 홍기영, "바울 서신에 나타난 선교학적 주제들의 고찰," 274.

9) Bruce W. Longenecker, & Todd D. Still, 『바울』, 박규태 역 (서울: 한국성서유니온선교회, 2019), 58.

10) 바울 서신에서 '그리스도 안에'(ἐν Χριστῷ)라는 용어처럼 빈도수가 높은 어휘도 없을 것이다. 물론 빈도수가 중요도를 결정한다고 볼 수는 없지만, '엔 크리스토'를 빼고 바울 신학을 이해 것은 불가능에 가깝다고 볼 수 있다. 황종한, "고린도후서 5장 17-21절에 나타난 바울의 'en Christo' 사상과 선교적 함의," 「복음과 선교」 54 (2021), 355.

에" 있는 개념을 개인적인 차원에서 사용했으나 그 개념은 집합적인 의미도 포함된다. "그리스도 안"이라는 말은 집합적 의미로 쓰일 때 공동체 안에 들어가 그 공동체의 일원이 되는 것이다. 예수 그리스도와 밀접한 관계를 맺음으로 서로 뗄 수 없는 관계가 형성된다. 이것을 두고 "그리스도의 몸"이라고 묘사한다. 교회를 나타내는 "몸"이라는 표현은 골로새서와 에베소서에서 나타난다. 바울의 가르침에서 교회는 예수 그리스도와 긴밀하게 연결된 개인들로 구성되어 있으며, 그로 인해 각 개인은 그리스도에 대한 동일한 충성을 고백하는 가운데 서로에 대해서 뗄 수 없는 관계로 연결된다.[11] 바울은 청중을 위해 선교사로 교회들을 세웠다.[12] 교회 개척은 복음을 확장 시키는 열쇠로 신약성경에서 대표하는 선교다. 교회가 예루살렘과 유다와 사마리아와 땅끝까지 확장되는 것을 보면, 바울이 교회 개척을 위해 그 길을 이끌고 나갔다는 것을 알게 된다. 이것이 바로 역동적인 하나님 나라이며, 왕 되신 하나님을 인정하는 것이다. 하나님 나라는 공동체로서 교회를 의도적으로 개척하지 않는다면 이것은 하나님의 명령에 불순종하는 것이다.

둘째, 바울의 선교 방법은 동역 선교이었다. 바울은 사람들이 그와 더불어 선교에 참여하도록 동원하였다. 이 경우는 로마에 있는 교회와 바울의 관계로 보아 흥미로운 사례다. 바울이 죄수로서 그 도시에 도착하기 오래전 이미 교회는 로마에 세워져 있었다(롬 16장). 로마 교회는 바울이나 그의 동역자들의 어떤 특별한 협조 없이 설립되었다. 물론 로마 교회와는 직접적인 선교의 관계를 갖지 않았으나 바울은

---

11) Richard N. Longenecker,『바울의 사역과 메시지』, 김진영 역 (서울: 크리스챤다이제스트, 1997), 107-108.
12) Roland Allen, *Missionary Methods* (Grand Rapids: Eerdmans, 1962), 83.

276 오늘날 선교 트렌드

그의 스페인 선교에 로마 교회를 동참시킬 것을 작정하였다. 그것뿐만 아니라 그들과 신령한 은사를 나누고자 바울은 고대하였다(롬 1:11-12). 13)

셋째, 바울의 선교 방법은 도시 중심 선교이었다. 로마에 교회의 존재는 선교 전략적으로 매우 중요하였다. 특히 로마의 중심 도시는 세계로 통하는 길이다. 그래서 바울은 로마의 새로운 서방 선교 중심 도시로 전략을 세웠다. 복음은 모든 민족에게 선포되어야 하기 때문이다. 14) 요하네스 블라우(Johannes Blauw)는 도시 중심 선교에 대하여, "바울이 로마의 모든 도시에 땅끝까지 복음을 전하는 그리스도의 이름이 각기 지역마다 불려지기를 원했다."라고 하였다. 15) 또한 요한 바빙크(Johan H. Bavinck)도 성경이 전체가 "선교지에 관한 책"(a book of mission field)이라 하였다. 16) 선교 중심지를 선택할 때, 바울은 빌립보, 데살로니가, 고린도, 에베소와 같은 일정한 지역을 대표하는 행정구역, 지방의 중심들을 선호한 것이다. 그 도시들은 교통과 문화, 상업, 정치, 종교에 관한 일정한 지역 내에서 주요 중심적 역할을 했기 때문이다. 17) 바울은 도시를 선교 전진기지로 기독교 공동체를 세웠다. 그렇게 복음이 중심지로부터 주변과 작은 도시로 전파될 것이라는 분명한 비전이 있었다. 바울의 선교는 오늘날 선교사역에 있어서 효과적인 전략들을 세우는 데 중요한 역할을 하였다. 선교를 위해 그는 주위 환경에 순응하고 상황과 필요에 따라 적용하였다.

넷째, 바울의 선교 방법은 디아코니아 활동이었다. 바울의 선교에

---

13) Roger E. Hedlund, 『성경적 선교신학』, 348-349.
14) Roger E. Hedlund, 『성경적 선교신학』, 349.
15) Johannes Blauw, *The Missionary Nature of The Church* (New York: McGraw-Hill Book Co, 1962), 103.
16) 목회와 신학, "창세기에 나타난 선교," 「그말씀 1월호」 (1993).
17) David J. Bosch, *Transforming Mission* (New York: Orbis Books, 1991), 130.

서 잘 나타나는 한 가지 특징이 예루살렘의 가난한 자들을 위한 그의 헌금 활동이었다(고전 16:1-2; 롬 15:24-32; 갈 2:9-10; 고후 8-9장). 그의 헌금 활동은 선교와 실천이 얼마나 밀접한 관계가 있는지를 보여주는 사례다. 이 사건은 일종의 종말론적인 상황에서 이해해야 한다. 바울은 그의 선교의 마지막 시기에 이 일을 위해 전심전력하였다.[18] 바울에게 디아코니아[19]는 유대인교회와 이방인 교회의 일치를 상징한다.[20] 그것은 서로 주고받음으로써 수반하는 공동협력을 상징하기 때문이다. 바울은 디아코니아와 관련하여 불신과 의심을 낳을 수 있었다. 따라서 그는 오해의 소지에 매우 조심했으며, 회중들이 자발적으로 헌금하도록 하였다. 이러한 물질은 권력이 아니라 사랑의 수단이 되어야 한다.

다섯째, 바울의 선교 방법은 성령의 인도하심에 복종이었다. 바울은 성령께서 열어 놓으신 문들을 통해 나아갔을 때 복음을 뜻하지 않게 널리 전할 수 있었다. 마케도니아 선교의 이야기에서 이런 면을 볼 수 있다. 그것은 성령의 인도하심을 얻기 위해서 기도의 생활이 필수다.[21] 기도는 행동, 또는 실천으로 이어져야 하는 논리를 넘어 행동 또한 성령과 소통하는 중요한 방식임을 이해해야 한다. 충만한 삶으로 기도는 무릎을 꿇거나 가부좌를 틀고 앉거나 주문을 외우는 것과 같은 특정한 훈련을 의미하는 것이 아니다. 기도는 행동의 한 형태로, 즉 표현과 발견과 재창조의 원동력으로 작용하기 때문이

18) Johannes Nissen, 『신약성경과 선교』, 최동규 역 (서울: CLC, 2005), 186-187.
19) 연보는 예배와 환대(Hospitality)의 두 요소를 함축하고 있었다. 하나님께 자신들을 제물로 드리는 동시에 형제와 자매인 유대계 그리스도인들에게는 물질적인 선물을 제공했다(롬 15:26-27).
20) B. F. Meyer, *The Early Christians* (Wilmington: Micheal Glazier, 1986), 183-184.
21) 이용원, "바울과 선교," 「선교와 신학」 1 (1998), 109.

다.[22] 기도 생활을 통해 목회자와 선교사는 하나님께서 보여주시는 비전을 통해 새로운 선교활동의 장을 찾기도 하지만 준비하기도 한다(행 16:6-10, 18:9, 22:18, 23:11).

2. 선교적 커뮤니케이션 전문가 바울

선교는 모든 국경선을 넘는 것을 의미한다.[23] 이러한 선교적 활동의 구체적인 목적은 예수 그리스도의 복음을 전하는 데 있다. 효과적인 복음 전달은 다양한 형태를 취한다. 특히, 바울의 선교적 복음 선포는 선교적 커뮤니케이션과 선교목적, 그의 생활방식, 사역 그리고 선교적 활동을 통해서 예수 그리스도를 전파하였다. 선교는 단순한 복음 전파가 아니라 섬김에 있어서 수반되는 모든 선교적 활동을 포함한다. 다른 집단에 복음을 전달하기 위해 바울에게는 다음과 같은 선교적 특징이 나타난다.[24]

첫째, 바울은 유대인들에게는 유대인이 되었다. 그것은 전형적으로 회당 공동체에 속한 사람들을 위한 구약 성경을 통해 선교적 접근을 시도하였다(행 13:16-43). 이러한 선교 접근 방법은 언약의 이스라엘 백성에게 아주 적합한 것이다.

둘째, 바울은 이방 민족 중에서 접촉점의 접근 방법을 시도했다. 마르스 신전에서 바울은 이교 철학자들 가운데서 복음을 상세히 풀어서 가르친 바 있었다. 이곳 아덴의 헬라 문화의 중심지에서 그는 지방 문화와 종교로부터 접촉점을 찾았다(행 17:22). 바울은 그들의 종

---

22) 최창국, "기도와 실천의 통전성 연구,"「복음과 실천신학」61 (2021), 8.
23) Johannes Blauw, *The Missionary Nature of The Church*, 118.
24) Roger E. Hedlund,『성경적 선교신학』, 355-358.

교성에 대해 아덴 사람들을 칭찬하며 접근하였다. 바울은 그가 물리쳐야 하는 난잡한 우상숭배를 공격하는 것을 참았다(행 17:33). 바울은 그들의 종교적 가공물 등에 대하여 이해의 태도로 접근함은 그의 복음 제시에 관건이 되었다(행 17:24). 더 나아가, 바울은 존경하는 태도를 끝까지 견지했으며, 공통의 입장에서 그들에게 접근하였다. 그는 철학을 통한 논쟁을 피했으며, 이방인들에게 신약성경을 가르쳤다.25) 특히 바울이 사용한 헬라 자료는 계시에 대하여 말하기보다 인간들로 하여 하나님을 탐색하도록 하였다. 바울은 선교적 메시지를 그들의 하나님에 대한 탐구심에 관련된 접촉점을 찾도록 하였다.

셋째, 바울은 에베소의 정령 숭배자들에 대해 접근 방법을 시도하였다(행 19장). 그는 철학적 논쟁도 종교적 전통도 아닌 능력이 문제가 되었다. 에베소에서 복음은 기적적인 표적, 병 고침과 악령으로부터 구출을 매개로 전달되었다(행 19:11-12). 사람들이 기독교에 대해 일반적으로 긍정적이면, 수신자는 기독교 메시지를 들을 준비가 되어 있다.26) 사람들이 복음을 진정으로 받아들이도록 복음은 누구나 수용할 수 있는 복음 전달 방식을 통해 수신자에게 전달되어야 한다.27) 신시아 롱 웨스트폴(Cynthia Long Westfall)은 바울 서신에 있어서 수신자에 대하여 "바울 서신을 해석하는 데 있어 1세기 그리스-로마 세계의 언어와 문화에 대한 이해는 반드시 필요하다."라고 하였다.28) 바울 서신의 전달자는 성경에 나타난 하나님의 마음과 뜻을 수신자에게

25) Roger E. Hedlund, 『성경적 선교신학』, 358.

26) James F. Engel, 『당신의 메시지는 전달되고 있는가?』, 정진환 역 (서울: 죠이선교회 출판부, 1991), 68.

27) Francis M. Dubose, *How Churches Grow in an Urban World* (Nashville: Broadman, 1978), 51.

28) Cynthia Long Westfall, 『바울과 젠더』, 임재승 역 (서울: 새물결플러스, 2021), 44.

전달하는 메신저로 부름받은 사람이었다.[29)]

따라서 기독교 문화의 경계를 초월해 있는 사람들에게 그리스도와 그 복음을 전하기 위한 가장 좋은 방법은 가능한 한 새로운 문화를 배우고, 그들의 커뮤니케이션을 위해 노력하고 적응해 가는 것이다.[30)] 오늘날 선교사와 목회자는 바울처럼 선교적 커뮤니케이션 전달자로서 자신이 능력과 신뢰와 선의를 가진 사람이라는 사실을 드러냄으로써 복음의 메시지를 듣게 해야 한다. 이렇게 되면 선교적 메시지는 보편적인 것이 될 뿐만 아니라 인종, 언어, 문화 혹은 상황과 관계없이 전 인류를 위한 것이 될 것이다.

III. 바울의 선교 방법에 따른 롬 · 고전 · 엡 · 빌 · 골 · 살전 읽기 고찰

초대교회의 선교에 있어서 바울의 서신들보다 더 위대한 사역을 감당한 문서는 없었다. 바울은 사역 중에 성령의 은혜 안에서 써 보낸 서신들이 시간과 공간을 초월하여 교회들에게 전달되어 넓게 선교 방법을 담당하였다. 바울의 서신들이 읽히는 곳곳마다 기독교의 위대한 일들이 일어났다. 그의 서신들은 세계 역사 속에서 새로운 사상이나 신학이 요청될 때마다 크나큰 역할을 담당하였다.[31)] 신약성경 가운데 바울의 선교 방법에 따른 로마서, 고린도전서, 에베소서,

---

29) 이재형, "내러티브 교리 설교: 출애굽기에 나타난 하나님의 속죄의 범위," 「복음과 실천신학」 59 (2021), 138.

30) David J. Hesselgrave, 「선교 커뮤니케이션론」, 강승삼 역 (서울: 생명의말씀사, 1999), 148.

31) 조귀삼, 「사도 바울의 선교신학」 (안양: 세계다문화미디어, 2009), 137.

빌립보서, 골로새서, 데살로니가전서를 읽을 수 있도록 고찰하고자
한다.

1. 로마서

로마서는 선교적 바울 서신중에 가장 길고, 선교 신학으로 결정적
인 위치를 차지한다. 마틴 루터(Martin Luther)는 로마서에 대하여 "가장
순수한 복음"(the very purest gospel)이라고 하였다.[32] 로마서는 하나님의
선교적 관심에서 광범위한 책으로 주된 주제들과 관계가 깊다.[33] 첫
째, 죄는 율법의 기능이다(롬 1:1-3:20). 둘째, 구원은 죄인들에 대한 하
나님의 은혜다(롬 3:21-5:21). 셋째, 거룩은 믿는 자들에 대한 하나님의
은혜다(롬 6:1-8:39). 넷째, 봉사는 유대인 선교(롬 9:1-10:4), 세계 선교(롬
10:5-11:24), 끝 날까지의 선교(롬 11:25-36), 선교와 영적 은사(롬 12:1-21), 선
교와 악한 정부(롬 13:1-14), 선교와 기독교 공동체(롬 14:1-23), 선교전략
(롬 15:1-33), 선교와 개교회들(롬 16:1-27)이다.

선교사였던 바울은 모든 교회뿐 아니라 로마 교회도 예수 그리스
도의 선교에 적극적으로 참여하는 교회가 되어야 함을 생각하였다.
이 서신은 바울의 생애와 선교 사업의 으뜸가는 자료다.[34] 디 에이
카슨(D. A Carson)과 더글라스 무(Douglas J. Moo), 그리고 레온 모리스(Leon
Morris)는 "급성장하는 기독교 운동과 걸어서 하는 선교사역은 멀리
있는 사람들과도 교통할 수 있는 수단이 절실히 필요했는데 그 서신

---

32) D. A Carson, Douglas J. Moo, Leon Morris, *An Introduction to The New Testament* (Gr
and Rapids: Zondervan, 2005), 239.
33) Roger E. Hedlund, 『성경적 선교신학』, 351.
34) Frederick F. Bruce, 『바울신학』, 정원태 역 (서울: CLC, 1987), 10.

서가 좋은 해결책이었다"라고 주장하였다.[35] 따라서 선교 서신으로 로마서는 바울의 선교를 위한 노력과 관련이 되어 있는 것을 볼 수 있다.

2. 고린도전서

고린도는 바울의 제2차 선교활동의 거점이었다. 다양한 인종의 사람들이 모여 살았고, 많은 사람이 빈번하게 드나들던 고린도는 바울의 효과적인 선교활동에 유리한 조건을 형성하였다.[36] 특히, 고린도전서는 당시 인구 25만 명의 도시라는 정황 속에서 예수를 섬겼던 초기 기독교 공동체의 삶을 가장 복잡하면서도 폭넓게 들여다볼 수 있는 창을 제공한다.[37] 이 서신은 교회의 사명과 타락시키는 세력들에 대한 교회들의 영적 전쟁(Spiritual Warfare)을 보여준다(고전 6:1-11, 10:14; 고후 6:14).[38] 이런 고린도에서 바울은 이 도시를 지배한 이교 환경과 많은 신과 많은 주를 언급한다(고전 8:5). 그는 고린도를 영적 전쟁의 선교지의 예라고 할 당대의 종교 풍토를 거론하였다.[39]

3. 에베소서

에베소서뿐만 아니라 옥중서신이라 부르는 바울의 서신에서 바울

---

35) D. A Carson, Douglas J. Moo, Leon Morris, *An Introduction to The New Testament*, 300.
36) 이우경, "고린도 교회의 분열과 바울의 양면적 설득: 고린도전서 1:12; 3:1-11을 중심으로," 「영산신학저널」 64 (2023), 194.
37) Bruce W. Longenecker, & Todd D. Still, 『바울』, 197.
38) Roger E. Hedlund, 『성경적 선교신학』, 352.
39) Bruce W. Longenecker, & Todd D. Still, 『바울』, 200.

의 투옥과 관련한 언급이 상대적으로 많이 등장한다. 이는 에베소서를 기록한 바울에게 자신이 투옥되었던 감옥의 경험은 에베소서에 등장하는 권세 또는 권세와 관련된 힘이라는 표현이 왜 그렇게 자주 나타나는지, 그리고 그 실체가 로마 당국이라는 사실을 잘 설명한다고 할 수 있다.[40] 그러한 선교지에서 바울의 옥중서신이라고 부르는 에베소서는 예수 그리스도의 구속 사역이 두드러지게 나타난다. 이것은 에베소서 전체를 통해 이루어지는 지속적인 선교 신학의 주제가 된다. 즉, 예수 그리스도는 누구신가? 예수 그리스도는 무엇을 하셨는가? 이것이 선교 중심이 된다는 사실은 에베소서 어디에서나 찾아볼 수 있다. 교회 안에서 적대감을 깨뜨리시고 평화를 가져오심으로 유대인과 이방인을 화목하게 하시는 분이 그분이시다(엡 2:11-22). 이방인을 이스라엘과 공동 상속자로 보신 예수 그리스도는 스스로 우리의 평화가 되셨다(엡 2:14).[41] 예수 그리스도의 사역과 또 다른 하나는 하늘과 땅에 있는 모든 것, 심지어 예수 그리스도까지 한 머리에 두셨다(엡 1:10). 하늘의 권세도 교회로 말미암아 하나님의 각종 지혜를 알도록 되었다(엡 3:10).[42] 이러한 예수 그리스도의 구속 사역을 통해 볼 수 있는 것은 우리가 측량할 수 없는 선교사역의 중요성, 선교하는 데 교회의 존재성의 중요성이 내포되어 있다.

에베소서에서 교회는 주님 안에서 거룩한 성전이며, 예수 그리스도께서 모퉁이 돌이 되시고, 하나님께서 그의 성령으로 거하시는 곳이다(엡 2:20-22). 또한 여러 인종의 지체들이 선교적 교회 안에 있어서 세상에서 중요한 선교적 사역을 감당하도록 하나님께서 무장 시키

---

40) 이영호, "에베소서에서 권세를 가진 자에 관한 연구," 「영산신학저널」 64 (2023), 181-182.

41) Bruce W. Longenecker, & Todd D. Still, 『바울』, 443.

42) D. A Carson, Douglas J. Moo, Leon Morris, *An Introduction to The New Testament*, 314.

셨지만, 주님 안에서 철저하게 하나가 된 선교적 교회의 놀라운 선교 비전을 독자들이 가질 수 있기를 분명히 원하고 있다. 에베소서는 죄인들의 무가치함에도 불구하고 구원을 이루시는 하나님의 선교에 대해서 언급하지 않고 지나갈 수 없으며, 또한 예수 그리스도의 위대하심과 하나님께서 그의 위대한 선교적 목적을 성취하시는 데 있어서 교회와 그의 지체가 차지하는 중요한 위치에 대한 사실을 등한시할 수 없을 것이다. [43)]

4. 빌립보서

빌립보서는 예수 그리스도의 선교적 목회자들의 태도에 관하여 순종의 맻가와 십자가의 의미를 설명하고 있다(빌 2:5-15). [44)] 바울은 디모데를 선교사로 그들에게 보내기를 원했다. 그것은 자신도 속히 그들에게 가기를 원한다는 선교적 희망을 표현한 것이다(빌 2:19-24). 빌립보서는 바울이 기뻐하는 교회, 자신이 세운 교회에 보낸 선교적 편지다. [45)] 중요한 사실은 선교지에서 복음 전파라는 확실한 사실을 깨닫게 한다(빌 1:12-18). 또한 바울이 "복음의 동역자"라고 부른 것이다. 즉 선교적 동역자로 우리는 이 서신의 전체를 통해 알 수 있는 것은 예수 그리스도를 위해 함께 일하는 것이 어떤 것인지에 대해 보여주는 일련의 설명이다. [46)]

빌립보서는 "육체에 대한 신뢰"에 대한 반대되는 본질적인 것들에

---

43) D. A Carson, Douglas J. Moo, Leon Morris, *An Introduction to The New Testament*, 314-315.

44) Roger E. Hedlund, 『성경적 선교신학』, 352.

45) Roger E. Hedlund, 『성경적 선교신학』, 317-327.

46) Roger E. Hedlund, 『성경적 선교신학』, 328.

집중하는 일의 중요성도 다루고 있다(빌 3:4). 바울은 기독교의 구원에 있어서 십자가와 부활의 선교적 주제들을 강조하는데, 그는 복음이 그의 고난을 통해 전파되었음을 고백한다(빌 1:14-18, 2:16-17). 그와 똑같은 고난과 갈등을 겪고 있는 빌립보 성도들의 고난은 그들을 향한 하나님의 선물로 보았다(빌 1:29-30).[47] 중요한 것은 예수 그리스도의 섬김의 정신, 즉 선교적 정신이다. 바울은 마지막으로 선교적 확신을 기록한다. "나의 하나님이 그리스도 예수 안에서 영광 가운데 그 풍성한 대로 너희 모든 쓸 것을 채우시리라"(빌 4:9).

5. 골로새서

골로새서는 선교지의 이방 환경에서 사는 성도들을 견고하게 세우기 위해 예수 그리스도가 보이지 않는 하나님의 형상이며, 만물의 창조에 참여하신 분으로 선교하시는 하나님에 대해 전개하고 있다(골 1:15-20). 바울은 계속해서 예수 그리스도의 화평 사역을 다루면서, 자신이 복음을 전하다 당하는 고통과 그가 만난 적이 없는 골로새와 라오디게아 선교지에 있는 성도들을 위한 갈등을 연관시켰다(골 1:21-23, 1:24-2:5). 그는 다시 "신성의 모든 충만한 것이 거하시는" 예수 그리스도의 위대하심을 설명하고 있으며, 동시에 예수 그리스도께서 이루신 구원을 상기시킨다(골 2:9-15).[48]

이 구원의 완성이라는 주제가 이 서신에 전반적으로 흐르고 있는 선교적 주제로서 다른 곳에서 이렇게 표현된 적이 없다. 오직 골로새서에만 이 주제를 독특하게 다루고 있는 표현이다. 계속해서 바울은

---

47) Roger E. Hedlund, 『성경적 선교신학』, 328.
48) Roger E. Hedlund, 『성경적 선교신학』, 331.

남편과 아내, 자녀와 부모, 주인과 상전들에게 주는 영적 교훈과 함께 그리스도인들이 가정에서 어떻게 살아야 할 것인가를 선교적 교훈으로 제시하였다(골 3:18-4:1). 그리고 기도하며 외부 사람들에 대해서 선교적 입장에서 지혜롭게 대처하라는 명령과 함께 결론을 맺는다(골 4:2-6). 바울은 선교지인 골로새에 가본 적도, 그곳 성도들을 만난 적도 없었다(골 2:1). 그럼에도 이 서신에서 매절마다 나타나고 있는 주된 사랑과 깊은 관심은 중요하다. 바울은 교회 안에는 "헬라인과 유대인이나 할례당과 무할례당이나 야인이나 스구디아인이나 종이나 자유인이 분별이 있을 수 없나니 오직 그리스도는 만유시오 만유 안에" 계시다고 선교적 역설을 하고 있다(골 3:11). 골로새서는 가정에서 시작하여 모든 교회가 선교에 참여해야 함을 분명하게 교훈하고 있다.

6. 데살로니가전서

데살로니가전서는 외부의 반대와 회중의 혼란, 윤리와 사회적 도전 속에서 데살로니가 성도들이 새로 발견한 믿음을 지키며 성숙한 자가 되라고 독려하는 바울의 사도이자 목회자로서의 전범을 보여준다.[49] 선교사요 목회자로서 바울은 그와 그의 선교적 동역자들이 그 도시에서 복음을 전파하면서 그들에게 도덕적인 본을 보였음을 상기시키고, 자기의 동족 유대인들의 반대로 고난을 겪으면서도 그들이 반응을 보여 준 것에 대해 감사하였다(살전 2:13-16).[50] 바울은 그

---

49) Bruce W. Longenecker, & Todd D. Still, 『바울』, 101.
50) D. A Carson, Douglas J. Moo, Leon Morris, *An Introduction to The New Testament*, 343.

들을 다시 보기 원해 선교사 디모데를 그들에게 파송했던 것과 그들이 주님 안에서 견고하게 서 있었음을 디모데가 선교적 보고를 했음을 상기시킨다(살전 3:1-19). 데살로니가전서를 통해 선교적으로 이 서신을 읽는 독자는 바울이 개종자들에 대한 깊은 선교적 돌봄을 표현하고 있으며, 그 과정에서 위대한 선교적 사도의 인격을 엿볼 수 있다. 그러므로 데살로니가전서 독자는 바울의 본질에 대한 통찰력을 얻을 수 있다. 선교사 바울에 대해 인간적이고 사랑스러운 내용들을 찾아볼 수 있다.

Ⅳ. 바울의 선교 방법에 따른 선교적 주제 고찰

바울은 예수 그리스도를 따르며 상황화를 위해서 그레코-로만 문화의 언어를 사용하고 청중의 문화 속에서 복음을 전하기 위해 노력하였다.[51] 그것은 바울이 인간 중심으로 세운 차별의 장벽을 허물고 예수 그리스도 안에서 하나 됨을 강조하기 위한 것이다.[52] 그러한 바울은 선교의 기초에 중요한 의미를 제공하는 많은 개념을 사용하였다. 바울 서신에 반복되는 선교 방법에 따른 선교적 주제에 대하여 고찰하고자 한다.

---

51) 배춘섭, "개혁주의 관점에서 상황화 선교를 위한 바울 설교의 적용," 「복음과 선교」 56 (2021), 90.
52) 최성훈, "여성혐오와 성차별: 기독교 여성관을 중심으로," 「영산신학저널」 56 (2021), 170.

1. 모든 사람

선교적 교회는 복음을 위해 모든 사람을 향하여 선교하는 것이 마땅하다(롬 3:10-12, 5:12; 고전 15:22; 엡 2:3). 모든 사람은 예수 그리스도 안에서 하나님의 공의를 경험하도록 부름을 받았다. 구원을 위한 예수님의 죽음은 모든 사람을 위한 것이다. 하나님 앞에서 받는 죄의 심판에 있어서 유대인과 이방인 사이에 차별이 없다(롬 1:8-3:20).[53] 이러한 예수 그리스도의 보편성은 선교적 바울의 믿음에 기초하고 있다. 바울은 그의 모든 선교적 활동과 선교적 책임을 통해 바로 모든 사람에게 이 복음을 표현하고자 노력했던 것이다.

2. 그리스도가 주되심

기독교 선교에 있어서 복음의 핵심은 인격이신 예수 그리스도이시며, 복음서에도 잘 묘사하고 있지만 바울 서신에도 분명히 선포하고 있다. 그는 단순히 존재하시는 것이 아니라 선교 현장에 지금도 역사하신다. 그는 영원한 하나님이 되시며, 하나님의 아들로 오셔서 그의 공식적인 지위는 주가 되신다(롬 3:10-12; 고전 15:22; 엡 2:3). 바울은 주 그리스도와 주 예수 그리스도라는 이름으로 주님의 신성을 표현하고 있다.[54] 따라서 그리스도가 주되심은 신약성경에 근본적인 선교적 메시지로서 하나님의 복음과 구원의 복음에 필수적인 내용이 되고 있다.

---

53) Johannes Nissen, 『신약성경과 선교』, 166.
54) George G. Peters, *A Biblical Theology of Missions* (Chicago: Moody Press, 1984), 309.

3. 그리스도의 죽음을 통한 구원

성경은 구원이 주 예수 그리스도를 떠나서는 존재할 수 없다고 명백하게 말한다. 또한 예수님의 십자가와 부활 사건을 통하여 존재함을 보여준다. [55] 이처럼 예수 그리스도는 자기의 죽음을 통해 인류를 구원하셨다(롬 3:24-25; 고전 15:3; 고후 5:15; 갈 3:13; 엡 1:7; 골 1:2; 살전 5:10). 그러므로 예수 그리스도의 십자가 죽음 없이는 구원이 없다. 바울 서신들은 이러한 영적인 질서와 원리를 지속적으로 강조하였다.

4. 칭의

인간은 헬라인이나 유대인이나 이방인이나 모두가 죄 아래 놓이게 되었다. 만약 이러한 죄의 상태로 계속 머물러 있을 때 하나님과 인간은 영원히 단절되고 인류에게는 소망이 없게 된다. 선교의 하나님은 인류 구원을 위해서 무엇인가 대안을 가지셔야 했다. 이 대안은 예수 그리스도를 통해 공급되는 하나님의 의다. 이러한 의는 선교의 하나님이 인간에게 베푸시는 은혜로서 인간의 믿음에 의해서 얻어질 수 있는 것이다. [56] 이러한 바울의 칭의(롬 3:21, 4:5; 갈 2:11-21, 3:11)의 교리는 주로 유대인과 이방인이 똑같이 믿음으로 아브라함의 자녀와 하나님의 백성이 된다는 견지에서 주장했다. [57] 바울은 인간의 업적에 의해서가 아니라 하나님의 은혜로 구원받는다는 보다 근본적인 문제로 받아들였다. [58] 또한 그는 로마서에서 칭의 교리를 제시하

---

55) George G. Peters, *A Biblical Theology of Missions*, 314-315.

56) 조귀삼, 『사도 바울의 선교신학』, 149.

57) 김세윤, 『바울 신학과 새 관점』 (서울: 두란노, 2002), 101.

58) Stephen Westerholm, *Israel's Law and the Church Faith* (Grand Rapids: Eerdmans,

며, 자신이 하나님의 백성 안에 혹은 구원의 범위 안에 유대인 신자뿐 아니라 이방인 신자들도 포함하는 것에 보편적인 선교적 관점을 갖고 있음을 실제로 보여주고 있다(롬 1:16-17, 3:21-24, 4:9-17, 10:12).

5. 화목

화목의 언어는 신약성경에서 바울에게만 독특하게 사용한다(롬 5:10-11; 고후 5:18-20; 엡 2:14-16; 골 1:21-22). 바울이 이 화목의 의미를 하나님의 진노에 대한 인간 편의 화해가 아니라 오히려 패역한 인간을 향한 하나님의 화해라고 선교적 입장에서 해석한 최초의 인물이라고 할 수 있다.[59] 따라서 하나님께서 예수 그리스도 안에서 이루신 속죄의 목적을 잘 나타내기 위한 바울 특유의 선교적 주제라고 말할 수 있다.

특히, 바울은 자신의 선교적 사도직을 변호하는 논쟁에서 하나님이 자신을 하나님과 화목 시키신 것과 자신을 화목의 일꾼으로 위임하신 것을 강조했다(고후 5:11-21).[60] 예수 그리스도는 화목을 이루시려는 하나님의 도구가 되셨다.[61] 선교적 목회자는 세상의 모든 사람을 하나님께 인도하는 화목하게 하는 직책이다. 그것뿐만 아니라 선교적 목회자가 전하는 화목의 메시지는 전 세계를 위한 것이다.

1984), 117-118.

59) 김세윤, 『바울복음의 기원』 (서울: 도서출판 엠마오, 1994), 517.

60) 김세윤, 『바울 신학과 새 관점』, 377.

61) William Barclay, 『바울신학 개론』, 박문재 역 (서울: 크리스챤다이제스트, 1993), 198.

6. 새 생명

인간은 예수 그리스도의 믿음으로 새로운 삶이 되었다. 새 생명 안에서의 새로운 삶은 곧 성결한 삶이다. 선교에 있어서 하나님의 백성이 어떻게 살아가야 하는가는 매우 중요하다. 바울은 인간이 비록 믿음으로 의롭게 되지만 자기의 삶 속에서 구체적으로 그리스도의 향기가 나타나서 성결한 삶을 살기를 원하고 있다.[62] 바울은 이방인들과 유대인들을 포함한 모든 인간이 죄와 허물 때문에 영적으로 죽은 상태에 있었다고 선교적으로 주장했다(엡 2:1-6). 구원받기 전, 인간은 세상의 가치관을 따라 살았고, 공중의 권세 잡은 자에게 종노릇 했으며, 육체의 욕심대로 살았던 진노의 자식이었다.[63] 그러나 선교지에서 바울은 허물로 죽은 이방인 그리스도인과 유대인 그리스도인들을 하나님께서 그리스도와 함께 살리셨고, 하늘에서 예수 그리스도와 함께 하늘에 앉히셨다고 선언한다. 하나님의 구원 선물인 새 생명은 사람의 행위가 아니라 오직 하나님의 은혜로 얻어진다. 이것은 그리스도께서 베푸신 부활의 생명이다(롬 6:4, 8:1-2; 고후 5:17; 엡 2:1-6; 골 3:1-3).

7. 교회

바울은 인종의 차이와 사회의 신분 차이, 그리고 성의 차이가 그리스도 안에서 없어지는 새로운 공동체를 보여준다.[64] 선교란 교회에 부과된 것으로 부담스러운 그런 것이 아니다(롬 16; 고전 1:2; 고후 8:1-1; 엡

---

62) 조귀삼, 『사도 바울의 선교신학』, 151.
63) 길성남, 『에베소서를 어떻게 읽을 것인가』 (서울: 성서유니온선교회, 2005), 142.
64) 임진수, "바울의 가정교회 사역과 노예관," 「영산신학저널」 44 (2018), 95.

1:22; 골 1:18). 선교는 교회의 본질이며, 동시에 당연함이다.[65] 하나님의 선교 계획이 현재 실현되고 있는 것은 바로 선교적 교회를 통해서이다. 그 생명력은 머리 되신 예수 그리스도로부터 받는 선교적 교회는 그가 활동하시는 몸이며, 인간들 가운데 하나님의 구원 경륜을 시행하도록 의도된 모임이다(엡 1:22).[66] 바울은 이상적인 의미로 교회를 표현할 때, 그리스도를 믿는 모든 성도의 한 부분으로 우주적 교회, 즉 선교적 교회를 언급했다. 바울이 에베소서와 골로새서에서 최소한 12번을 이러한 관점에서 그 의미를 사용하고 있다.[67] 특히, 에베소서는 교회가 성도들이 세상에서 당하는 영적 전쟁에서 하나님의 전신 갑주를 입어야 한다고 묘사하고 있다.[68]

8. 이방인 구원

바울은 이방인도 구원받을 수 있다는 선교적 주제를 말하고 있다. 이와 같은 바울의 선교 신학은 교리적 측면에서 큰 의미를 지닌다. 공식적으로 바울에 의해 이방인들이 그리스도 예수 안에서 부름을 받았다고 선언하고 있다(롬 1:6). 바울은 자신의 인식 속에 본인이 이방인의 사도로 부름을 받았다는 것을, 로마서 가운데 자신이 이방인의 사도로 부르심을 받았다는 사실은 중요한 주제 가운데 하나가 된다.[69] 하나님의 은혜로 인하여 믿음으로 말미암는 이 구원은 출생이 이방인이든 유대인이건 관계가 없다(롬 2:14-16, 9:30, 10:12, 11:11, 15:9-12; 고

---

65) George G. Peters, *A Biblical Theology of Missions*, 200.
66) Archibald M. Hunter, 『신약성서개론』, 윤종은 역 (서울: 한국장로교출판사, 1997), 164.
67) George G. Peters, *A Biblical Theology of Missions*, 201.
68) 이영호, "에베소서에서 권세를 가진 자에 관한 연구," 179.
69) 조귀삼, 『사도 바울의 선교 신학』, 148.

전 1:22-24, 9:21; 갈 1:16, 3:14; 엡 2:11-13). 바울은 완전히 무상으로 얻은 구원이라는 사실을 강조하면서, 믿음을 통한 하나님의 은혜로 구원을 얻은 것이지 선행으로 온 것이 아님을 강조하였다. 특히 하나님의 은혜는 이방인을 구원하시고 교회 내에서 그들을 유대인과 동등하게 하시는 것으로 나타난다. 바울은 하나님의 은혜와 복음을 전파하는 선교적 특권에 대한 자각을 통해서 절망을 제어했다고 기록하고 있다(엡 2-3장).

9. 율법과 은혜

바울은 율법과 상관없이 하나님께서 죄인들에게 은혜를 베푸셨다고 언급한다. 그것은 율법의 행위나 자신의 도덕적인 공로로는 누구도 하나님과 올바른 관계를 맺을 수 없기 때문이다(롬 2:12-14, 3:21-24, 7:4, 7:7, 7:12, 8:1-2; 갈 2:15, 2:16, 2:21, 3:10-13, 5:13-14; 빌 3:9). 그러므로 하나님께서 예수 그리스도 안에서 죄를 지은 인간이 의롭게 되는 길 즉 하나님과 올바른 관계의 길을 제시하였다.[70] 하나님께서는 복음 안에서 모든 사람을 용서하시고 자기와 올바른 관계를 맺을 수 있도록 은혜를 베푸셨다.

10. 고난

그리스도의 일꾼은 고난 받을 것을 바울이 말하고 있다. 바울은 고린도에 보낸 서신에서 고난과 죽음 속에서도 아버지의 영광을 위하

---

70) Archibald M. Hunter, 『신약성서개론』, 127.

여 드러내기를 원했던 것처럼 자신의 고난과 약함을 자랑하였다(갈 6:4).[71] 바울은 복음을 기쁘게 받아들인 것과 고난(고후 11:23-27; 빌 1:12-13; 골 1:24; 살후 1:5; 딤후 2:3; 몬 1:9) 중에서도 계속 그 복음을 전파하는데 감사로 시작하고 있다.[72] 하나님은 우리를 통해 자기의 뜻과 목적을 성취하신다. 바울은 많은 고난 가운데서도 선교에 대한 사명을 잃지 않았다. 그러므로 그리스도인은 생명이 있는 동안 고난이 있을지라도 사명을 잃지 않아야 한다. 오히려 고난을 통해 복음이 땅끝까지 전해지는 사명자로 부르심을 받았다는 소명 의식이 더 확실해져야 한다. 또한 고난을 통해 선교 현장에 하나님이 함께하심을 깨달아야 한다.

11. 그리스도인의 소망

바울이 체험한 고난은 단순한 고생으로 끝날 수 없음을 성경이 우리에게 보여준다. 그것은 소망의 부활이 있기 때문이다. 그리스도인의 소망은 영생에 있다. 바울 이래 수없이 많은 선교사가 선교의 현장에서 죽음을 맞았다. 바울은 이와 같은 헌신 된 선교 사역자들의 장래가 허망함이 아닌 면류관이 기다리는 영존의 삶임을 가르쳐주고 있다. 바울 서신의 면면을 살펴보면, 소망에 대한 그의 메시지가 수없이 많이 담겨 있다.[73] 선교의 궁극적인 선교적 목적은 예수 그리스도가 다시 오심을 소망하는 것이다(고전 15:17-20; 살전 4:13-18, 5:9-10; 딤후 4:8; 딛 2:13).[74] 그러한 선교적 삶은 예수 그리스도의 다시 오심에 대

---

71) 조귀삼, 『사도 바울의 선교 신학』, 155.
72) Archibald M. Hunter, 『신약성서개론』, 181.
73) 조귀삼, 『사도 바울의 선교 신학』, 156.
74) Roger E. Hedlund, 『성경적 선교신학』, 352-353. 바울의 선교 신학에 약 200페이지를 할당

한 소망으로 도전해야 한다. 바울은 서신에서 소망이신 예수 그리스도를 증거하였다. 그리스도인의 소망은 현세적이 아니라 내세적이어야 한다. 현대 그리스도인들이 재림 신앙을 가질 때 선교적 삶을 실천할 수 있기 때문이다.

V. 나가는 글

결론적으로, 바울의 선교 방법에 따른 로마서, 고린도전서, 에베소서, 빌립보서, 골로새서, 데살로니가전서의 읽기에 대하여 살펴보았다. 바울 서신을 읽을 때는 맥락을 이해하는 것과 강조한 주제들을 이해하는 것이 중요하다. 그것은 바울이 하나님의 복음을 전하는 과정에서 그의 서신들을 선교지에서 기록했기 때문이다. 바울 서신은 기독교의 정경으로써 선교적 신학에 큰 영향을 끼치고 있다. 특히 이방인을 위한 선교사로서 그는 자신의 정체성을 끝까지 지키며 순교했을 뿐 아니라 그의 서신에 나타난 대로 선교적 신학 주제들이 각 선교지 상황에서 비롯되었기 때문에 선교적 해석을 통해 바르게 이해되어야 할 것이다. 이처럼 바울 서신은 주로 선교적 근거와 선교적 주제를 찾을 수 있다.[75] 그리고 바울 서신은 선교적 교회론을, 즉 공동체적 교회론을 제시했는데 그리스도인이 보내고 세워주신 자리에서 성육신적인 선교적 삶을 살기를 지향한다는 점이다. 위기

하고 있는 죠지 래드(George E. Ladd)는 바울의 신학은 새로운 구속 사실을 설명한다. 그는 모든 신학 사상들의 공통된 특징은 예수 그리스도 안에서의 하나님의 역사적인 구속 사역에 대한 그들의 관계라고 선언한다.

75) 강아람, "성경에 대한 선교적 해석학 연구: 언약개념을 중심으로," 「선교신학」 33 (2013), 11-16.

의 때를 지나는 선교적 교회와 공동체로서 성도, 또 다른 공동체로서 지역사회와 연대하며 선교적 소명을 수행해 내야 한다.[76] 따라서 바울 서신을 읽는 독자들이 선교 현장에서 전한 서신의 의미를 다시 한번 기억하며 해석하여 선교에 적용하는 기회가 되기를 소망해 본다.

---

76) 오현철, "한국교회 청소년 사역 진단과 전략 복음과 실천신학," 「복음과 실천신학」 69 (2023), 82.

참고문헌

강아람. "성경에 대한 선교적 해석학 연구: 언약개념을 중심으로." 「선교신학」 33 (2013), 11-45.

김세윤. 『바울복음의 기원』. 서울: 도서출판 엠마오, 1994.

김세윤. 『바울 신학과 새 관점』. 서울: 두란노, 2002.

길성남. "목회와 신학." "창세기에 나타난 선교." 「그말씀 1월호」 (1993).

길성남. 『에베소서를 어떻게 읽을 것인가』. 서울: 성서유니온 선교회, 2005.

배춘섭. "개혁주의 관점에서 상황화 선교를 위한 바울 설교의 적용." 「복음과 선교」 56 (2021), 79-118.

이우경. "고린도 교회의 분열과 바울의 양면적 설득: 고린도전서 1:12; 3:1-11을 중심으로." 「영산신학저널」 64 (2023), 193-225.

이영호. "에베소서에서 권세를 가진 자에 관한 연구." 「영산신학저널」 64 (2023), 159-191.

이용원. "바울과 선교." 「선교와 신학」 1 (1998), 93-115.

이재형. "내러티브 교리 설교: 출애굽기에 나타난 하나님의 속죄의 범위." 「복음과 실천신학」 59 (2021), 138-172.

임진수. "바울의 가정교회 사역과 노예관." 「영산신학저널」 44 (2018), 95-130.

오현철. "한국교회 청소년 사역 진단과 전략 복음과 실천신학." 「복음과 실천신학」 69 (2023), 67-93.

장석조. "교회의 선교적 정체성." 「복음과 선교」 52 (2020), 171-201.

조광현. "상징적 경계를 세우는 바울 설교." 「복음과 실천신학」 44 (2017), 192-219.

조귀삼. 『사도 바울의 선교신학』. 안양: 세계다문화미디어, 2009.

최성훈. "여성혐오와 성차별: 기독교 여성관을 중심으로." 「영산신학저널」 56 (2021), 169-195.

최창국. "기도와 실천의 통전성 연구." 「복음과 실천신학」 61 (2021), 72-103.

홍기영. "바울 서신에 나타난 선교학적 주제들의 고찰." 「선교신학」 26 (2011), 273-308.

황종한. "고린도후서 5장 17-21절에 나타난 바울의 'en Christo' 사상과 선교적 함의." 「복음과 선교」 54 (2021), 353-391.

Allen, Roland. *Missionary Methods*. Grand Rapids: Eerdmans, 1962.

Barclay, William. 『바울신학 개론』. 박문재 역. 서울: 크리스챤다이제스트, 1993.

Blauw, Johannes. *The Missionary Nature of The Church*. New York: McGraw-Hill Book Co, 1962.

Bosch, David J. *Transforming Mission*. New York: Orbis Books, 1991.

Bruce, Frederick F. 『바울신학』. 정원태 역. 서울: CLC, 1987.

Carson, D. A. Moo, Douglas J. Morris, Leon. *An Introduction to The New Testament*. Grand Rapids: Zondervan, 2005.

Dubose, Francis M. *How Churches Grow in an Urban World*. Nashville: Broadman, 1978.

Gorman, Michael J. 『삶으로 담아내는 복음』. 홍승민 역. 서울: 새물결플러스, 2019.

GraGuthrie, Donald. *The Pastoral Epistles*. London: Tyndale, 1957.

Hafemann, Scott. "'Because of Weakness'(Galatians 4:13): The Role of Suffering in the Mission of Paul." *In The Gospel to the Nations: Perspectives on Paul's Mission*. ed. Peter Bolt and Mark Thompson. Downers Grove: Inter Varsity, 2000.

Hedlund, Roger E. 『성경적 선교신학』. 송용조 역. 서울: 서울성경학교출판부, 1991.

Hunter, Archibald M. 『신약성서개론』. 윤종은 역. 서울: 한국장로교출판사, 1991.

Hesselgrave, David J. 『선교 커뮤니케이션론』. 강승삼 역. 서울: 생명의말씀사, 1999.

Engel, James F. 『당신의 메시지는 전달되고 있는가?』. 정진환 역. 서울: 죠이선교회출판부, 1991.

Longenecker, Bruce W. & Still, Todd D. 『바울』. 박규태 역. 서울: 한국성서유니온선교회, 2019.

Longenecker, Richard N. 『바울의 사역과 메시지』. 김진영 역. 서울: 크리스챤다이제스트, 1997.

McKnight, Scot. 『거꾸로 읽는 로마서』. 정동현 역. 서울: 비아토르, 2022.

Meyer, B. F. *The Early Christians*. Wilmington: Micheal Glazier, 1986.

Nissen, Johannes. 『신약성경과 선교』. 최동규 역. 서울: CLC, 2005.

Peters, George G. *A Biblical Theology of Missions*. Chicago: Moody Press, 1984.

Senior, C. P. Donald. & Stuhlmueller, C. P. Caroll, *The Biblical Foundation for Mission*. London: SCM Press, 1983.

Westerholm, Stephen. *Israel's Law and the Church Faith*. Grand Rapids: Eerdmans, 1984.

Westfall, Cynthia Long. 『바울과 젠더』. 임재승 역. 서울: 새물결플러스, 2021.

제9장
한인 디아스포라 선교

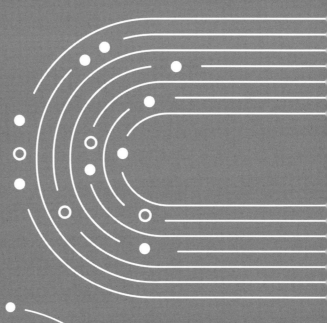
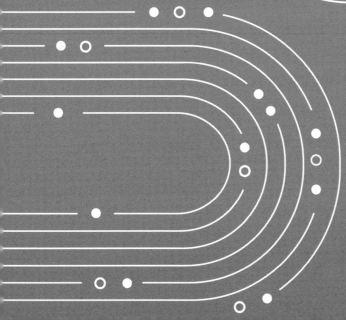

Ⅰ. 들어가는 말

한국은 139년 전 한국 개화기 시대에 이수정(李樹廷, 1842~1886)의 한
인 디아스포라(Korean Diaspora) 활동이 가능해 한반도에 기독교가 들어
올 수 있었다. 한국 기독교 역사에 의하면, 공식적인 외국 선교사가
들어오기 이전 이미 국외에서 한국의 한 평신도에 의해 한글 성경이
먼저 번역되어 출판되었다.[1] 이러한 그의 한인 디아스포라 활동은
19세기 세계 기독교 역사에 획기적인 사건으로 기록되었다. 이수정
이라는 인물의 역사적인 중요성은 그가 외국 선교사가 한국에 입국
이전부터 이미 유교에서 개종한 기독교인이었다는 사실과 그가 일
본에서 한글 번역본 마가복음은 호러스 언더우드(Horace G. Underwood,
1859~1916)와 헨리 아펜젤러(Henry G. Appenzeller, 1858~1902)에 의해 한국에
들어왔다는 것이다.[2] 이렇게 한인 디아스포라의 주역으로서 이수정
은 언더우드와 아펜젤러를 한국에 유치하였다.[3] 그동안 한국 기독
교에서의 이수정에 관한 연구는 성경 번역가로서 단편적인 교회사
형태의 인물로 초점을 맞추고 있었다. 그러나 이 장에서는 일본에서
한인 디아스포라 활동을 펼쳤던 이수정에 대해 종합하여 재평가하
고자 한다. 그리고 문화인류학적 관점에서 평가하는 이수정의 한인
디아스포라 활동에 관한 연구는 오늘날 선교사와 목회자가 선교 현

---

1) Horace G. Underwood, *The Call of Korea* (New York: Fleming H. Revell Company, 1908),
   136. 국외 번역은 크게 존 로스 번역 성경(1882~1887)과 이수정 번역 성경(1884~1885)으로
   구분할 수 있다.
2) 배요한, "이수정의 신앙고백문에 대한 유교철학적 분석," 「장신논단」 38 (2010), 484.
3) 현재 전 세계에 퍼져있는 한인 디아스포라는 800만 명에 이른다. 한인 디아스포라 중 가장
   많은 인구가 거주하고 있는 나라는 중국으로, 2009년 기준으로 240만여 명으로 집계되었
   다. 그다음은 미국 234만 명, 일본 91만 명 순이다. 이 밖에 한인 디아스포라는 구소련권과
   유럽, 중동 등 151개 나라에 분포되어 있다. 아이굿 뉴스, "세계 선교 디아스포라가 답이다,"
   http://www.igoodnews.net/news/articleView.html?idxno=43957.

장에서 하나님의 나라를 위한 선교활동에 이바지할 수 있을 것이다.

한인 디아스포라 선교(Korean Diaspora Mission)는 복음을 전파하는 것뿐만 아니라 보이지 않는 곳에서 성경을 번역하고 출판하며, 기독교 문화와 역사를 널리 알리는 것이다. 이러한 선교는 이수정의 한인 디아스포라 활동을 통해 찾아볼 수 있다. 한국 기독교를 위한 그의 뜨거운 선교의 헌신과 열정은 오늘날 수많은 한국 젊은이를 한인 디아스포라 활동에 동참하게 하였다. 그가 미국 선교사들을 유치하도록 한국 기독교의 힘을 하나로 모으는 데 결정적인 역할을 했던 것이다. 따라서 한국 개화기 시대에 이수정이 일본에서의 한인 디아스포라 선교활동에 대하여 살펴보고자 한다.

II. 이수정에 대한 이해

이수정[4]은 1842년 전라남도 곡성군 옥과면(玉果面)에서 이병규(李秉逵)의 장남으로 태어났다. 그의 부친 이병규의 가문은 일찍이 천주교를 믿는 집안이었고, 그의 큰아버지는 천주교를 믿다가 순교 당한 가정이었다.[5] 이병규는 일본 유학 계에 이미 널리 알려진 대학자로서 이수정도 아버지를 닮아 유학자로 성장하였다.[6] 이러한 그의 학문의 소질과 노력은 결국 과거시험에 합격하여 홍문관(弘文館)으로 임

---

4) 가계는 전주이씨(全州李氏) 왕족의 먼 친족으로 전해지나, 일설에는 평창이씨(平昌李氏)로 알려져 있기도 하다. 한국학중앙연구원, "李樹廷," http://www.aks.ac.kr.
5) 부산외국어대학교, "최초의 한국인 일본선교사는 이수정 - 일본어학부 김문길 교수," http://www.pufs.ac.kr/html/01_intro/intro_05_02.aspx?cId=10000007&lp=V&postId=10085029.
6) 김수진, 『한국 기독교 선구자 이수정』 (서울: 도서출판 진흥, 2006), 58-59.

명되어 학문연구 혹은 언론기관에서 일을 하는 직책을 맡았다.[7] 이후 1882년 6월 9일에 일어난 임오군란(壬午軍亂) 때, 이수정은 명성황후(明成皇后, 1851~1895)의 환궁을 도와 명성황후를 가마에 태우고 충주를 떠나 한양에 입성하여 창덕궁에 안전하게 도착하였다.[8] 고종(高宗) 황제는 이러한 명성황후를 구출한 공로로 이수정에게 높은 벼슬을 주도록 하였으나 그는 벼슬을 거론하지 않고 단지 외국 문물을 견학할 수 있도록 일본에 가는 것을 승낙해 달라고 고종 황제에게 청원하였다.[9]

1881년 1차 신사유람단(紳士遊覽團)의 일원으로 일본에 다녀온 안종수(安宗洙)는 일본을 방문하는 동안 쯔다센(津田仙, 1837~1908) 박사를 만나 농업에 관한 기술뿐만 아니라 기독교에 관심도 가지고 있었고, 귀국 후 이수정에게 쯔다센을 방문해 기독교에 대한 배움을 권유하였다. 명성황후의 총애를 받았던 이수정은 제2차 신사유람단의 일행과 함께 1882년 9월 19일 메이지마루(明治丸)라는 일본 상선을 타고 제물포를 떠나 고베(神戶)를 거쳐 9월 29일에 목적지인 일본 요코하마 항에 도착하였다. 메이지 정부에서 나온 관리들의 안내를 받은 이수정은 기차를 타고 일본 동경(東京)에 도착하였다.[10]

쯔다센은 자기를 찾아온 이수정을 친절히 맞아 주었고, 그는 쯔다센의 집 거실에 걸린 한문으로 된 마태복음 5장 산상수훈(山上垂訓)의 족자에 눈길이 쏠렸다. 그는 산상수훈에 나타난 사회 속에서 인간이 살아가는 데 있어 꼭 필요한 인간의 만민평등(萬民平等) 사상과 유교에서 볼 수 없는 도덕률이 나열된 것을 본 것이다. 쯔다센은 호기

---

7) 김수진, 『한국 기독교 선구자 이수정』, 60-61.
8) 김수진, 『한국 기독교 선교자 이수정』, 56-57.
9) 김요나, 『순교자 전기 1권』 (서울: 대한예수교장로회총회 출판국, 1996), 203.
10) 김수진, 『한국 기독교 선교자 이수정』, 62-63.

심이 많은 그에게 족자의 팔복 원전인 한문 성경과 기독교 교리의 내용이 담긴 『천도소원』(Evidences of Christianity)을 선물로 주었다.[11] 숙소로 돌아온 이수정은 한문 성경을 탐독하며 성경 진리의 빛에 의해 새로운 회심에 이르게 되었으며, 그는 쯔다센에게 체계적인 성경 공부를 훈련받아 신앙의 급성장을 경험하였다.[12] 쯔다센은 야스가와(安川亨) 목사에게 이수정을 소개하여 이때부터 야스가와 목사와 조지 녹스(George W. Knox)의 지도하에 열심히 성경 공부를 하였다. 그의 신앙은 급속하게 성장하여 1883년 4월 29일 동경 노월정교회(현 시바교회, 芝教會)에서 녹스에게 세례를 받았다.[13] 이것은 그가 일본에 온지 7개월 만에 이루어진 전격적인 변화로 세례받은 최초의 한인 디아스포라가 된 것이다.

이수정이 세례를 받은 지 얼마 후, 1883년 5월 8일부터 13일까지 동경에서 제3회 '전국기독교도대친목회'(全國基督敎徒大親睦會)가 열렸는데, 우에무라(植村)와 우찌무라 간조(内村鑑三, 1861~1930), 니이지마 조(新島) 등 당시 일본 기독교의 중견 인물들이 대거 참여하였다.[14] 여기서 이수정은 오쿠노 마사즈나(奧野正綱) 목사의 발언으로 등단하여 5월 11일에 한국어로 공중 기도를 하나님께 올려 드렸다.[15] 당시 그 자리에 함께 있었던 우찌무라 간조는 이수정에 대하여 다음과 같이 말했다. "참석자 중에는 한 사람의 한국인이 있었는데, 그는 이 은둔국의 국민을 대표하는 명문의 한 사람으로 일주일 전에 세례를 받고 자기 나라 의복을 항상 착용하는 기품이 당당한 자로서 우리 중에 참

11) 김요나, 『순교자 전기 1권』, 211.
12) 박용규, 『한국기독교교회사1 (1784~1910)』(서울: 생명의말씀사, 2004), 311.
13) George W. Knox, "Affair in Korea," The Foreign Missionary. (1883), 17. Harry A. Rhodes, 『미국 북장로교 한국 선교회사』, 최재건 역 (서울: 연세대학교 출판부, 2009), 83.
14) 오윤태, 『한일기독교교류사』(서울: 혜선문화사, 1980), 90-91.
15) 박용규, 『한국기독교교회사1 (1784~1910)』, 314.

석하고 있었다. 그는 자기의 나라말로 기도했는데 우리들은 그 마지막에 아멘 하는 소리밖에 알아듣지 못했다. 그러나 그 기도는 무한한 힘을 가진 기도였다. 그가 출석하고 있다는 사실과 또 그의 말을 알아듣지 못한다는 사실이 그 장소와 광경을 더 한 층 오순절과 같이 만들어 주었다. 대친 목회는 부흥을 완전한 펜타코스트(Pentecost)로 화하게 함에는 현실이 불같은 혀가 필요하지만(행 2:3), 우리는 그것을 우리들의 상상력으로 보충했다. 우리들의 머리 위에는 무엇인가 기적적이요 놀랄만한 사실이 일어나고 있다는 것을 온 회중이 다 같이 감득했다. 우리들 회중 일동은 다 태양이 머리 위에 비치고 있지 않는가 하기까지 신기하게 여겼다."[16]

특히 그가 대친 목회에서의 유창한 기도와 해박한 국제관계에 대한 이해, 그리고 뜨거운 동족을 향한 한인 디아스포라 활동의 열정은 모든 사람의 마음에 큰 감동을 주었고, 그의 신앙고백과 기도는 분명한 믿음의 확신이 있었다.[17] 1883년 5월 12일 오후, 그는 구원받은 기쁨과 환대받은 즐거움을 잊지 못한 채 붓을 들고 약 700여 한자로 써 내려간 요한복음 14장을 중심으로 '신인상감지리'(神人相感之理)의 원리를 빌어 신앙을 고백하였다.[18] 그가 얼마나 복음에 관한 분명한

---

16) 內村鑑三, 『우찌무라 간조 회심기』, 양혜원 역 (서울: 홍성사, 2011), 133.

17) 박용규, 『한국기독교교회사1 (1784~1910)』, 314.

18) 오윤태, 『한일기독교교류사』, 90-91. 신인상감(神人相感)이란 하나님과 내가 서로 감응하는 이치를 말한다. 이수정은 신앙의 핵심인 신인상감지리(神人相感之理)에 대하여 말하기를, "제가 신약성경 요한복음 제 십 사장을 살펴보니 예수님께서 "내가 아버지 안에 있고 아버지가 내 안에 있으며, 너희가 내 안에 있고 내가 너희 안에 있다"고 말씀하셨습니다. 그 요지는 명쾌하나 그 (깊은) 의미는 매우 오묘하여(이에 대하여 주님께서) 설교하신 요지는 믿음을 이루는 관건이 되는 것이므로 배우는 자가 반드시 깊이 연구해야 하는 것입니다. 그래서 예수님께서도 이 가르침에 대하여 자세히 반복하여 말씀하셨습니다. (그래서) 여러 선생님께서는 (이 구절에 대해서) 당연히 이해하지 못하는 것이 없을 줄 알지만, 저도 이 내용에 대해서 열심히 연구하였고 (이에) 예수께서 힘써 깨우쳐 주신 바를 더욱 깨달을 수가 있어서 그 내용을 다만 제시해 보고자 합니다. 무릇 "아버지께서 내 안에 계시고 내가

이해가 있는지를 그의 신앙고백문을 통해 알 수 있다. 그는 성령의 감동과 믿음으로 말미암는 분명한 구원의 진리, 그리고 삼위일체 신앙, 예수 그리스도 안에서의 하나님과 인간의 영적 교통 등 그는 세례받은 지 얼마 되지 않아 이런 기독교의 진리에 대한 분명한 영적인 안목을 가지고 있다는 것은 놀라운 일이 아닐 수 없다.[19] 사실 그는 요한복음 안에 있는 '신인상감지리'(神人相感之理)에 끌려 회심하게 되었다.[20] 즉 이것은 요한복음 14장의 "주가 내 안에 내가 주 안에" 있는 단계에 대한 이수정의 한문적인 표현이다.

신앙고백의 요점은 삼위일체 하나님의 내재하심을 유교의 감응 논리로 설명한 것인데, 그는 '신인상감지리'(神人相感之理)를 '등잔의 심지가 타는 것'과 '종이 울리는 것'으로 비유하였다. 또한 그는 기독교의 은혜와 믿음에 의한 속죄와 구원을 불교의 허망한 자력 구원에 비교하기도 하였다.[21] 그는 예수 그리스도의 내재를 '신인상감지리'(神人相感之理)의 원리로 파악하는 것과, 팔레스타인의 '포도나무와 가지'의 비유를 '타는 등잔불'과 '울리는 종'이라는 한국적인 비유로 재해석하

아버지 안에 있으며, 내가 너희 안에 있고 너희가 내 안에 있다"고 하신 것은 하나님과 인간이 서로가 감응하는 이치가 있음을 말씀하신 것이니 이는 믿음이 있으면 반드시 그러한 단계를 이룰 수 있음을 확실히 드러내는 것입니다. 예수님께서 비유를 가지고 설명하시기를 "내 아버지는 포도원 농부요 나는 포도나무이며 너희는 가지라" 하셨으니 그 이치는 곧 바로 이해가 쉬운 것이기에 번거롭게 깊이 천착할 필요가 없는 것이니 지금 제가 다시 무슨 말로 설명하겠습니까? (그러나 굳이 말씀드리자면) 예수님 당시의 사도들은 친히 그 지극한 가르침을 받아 전승하였으니 (이해에) 아무런 부족함이 없었겠으나, 그러나 오늘에 이르러서는 성세(聖世, 예수님 당시)에서 이미 멀어져서, 배우는 자들이 그 의미를 철저히 알지 못하여 큰 믿음을 가지지 못할까 하는 염려를 하게 됩니다."라고 하였다. 이수정의 신앙고백은 『七一雜報』 8권 21호, 1883년 5월 25일자와 『六合雜誌』 34호, 1883년 5월 30일자에 순 한문으로 실려 있다.

19) 박용규, 『한국기독교교회사1 (1784~1910)』, 315.
20) 연세대학교 종교교재편찬위원회 편, 『성서와 기독교』 (서울: 연세대학교출판부, 1985), 371.
21) 대한성서공회, 『대한성서공회사 I 』 (서울: 대한성서공회, 1993), 131-132.

고 있는 것에서 복음이 동양적인 사고의 상황 속에 무리 없이 수용되고 있음을 발견하게 된다. 이러한 신앙고백은 한국 기독교에 문서로 남아 있는 최초의 신앙고백이라고 볼 수 있겠다. [22] 특히 성경에 나타난 하나님은 이 세상의 통치자이며, 의지가 있고 부모와 같은 존재로 이 세상을 돌보시는 존재이다. 그래서 이수정도 그의 신앙고백문에서 이를 반영하고 있다. [23]

또한 이러한 신앙고백의 확신을 엿볼 수 있는 것은 이수정의 동생이 형이 일본에서 돈이 없어 어려움을 겪는다는 소리를 듣고, 일천 엔을 가지고 일본에 갔는데 그의 동생은 형이 상업이나 농업을 연구하고 있지 않는 것을 알고 놀라 속히 귀국할 것을 권고했지만 이수정은 말하기를, "나는 돈은 필요 없다. 또 돌아갈 수도 없다. 나는 내 동포에게 철도나 전신 기계나 기선보다도 더욱 필요한 것을 발견했다." 라고 하였다. [24] 이것은 이수정이 1882년 9월 일본에 도착한 지 1년이 채 못 되는 기간에 하나님의 말씀인 성경을 읽고, 복음을 받아들이고, 세례를 받고 위대한 신앙을 고백하기에 이르렀다. 이때 그는 자신의 신앙고백문을 작성하여 일본 언론에 게재하였고, 그 밖에 한국에 관한 많은 글을 발표하여 일본에 올바른 한국관을 심어 주었던 것이다. [25]

22) 대한성서공회, 『대한성서공회사 I』, 132.
23) 배요한, "이수정의 신앙고백문에 대한 유교철학적 분석," 493.
24) 오윤태, 『한일기독교교류사』, 91.
25) 김광수, 『한국기독교인물사』 (서울: 기독교문사, 1981), 58-60.

III. 이수정의 한인 디아스포라 활동

1. 성경 번역을 통한 선교

이수정의 가장 큰 소망은 자기 민족에게 성경을 주는 것이었다. 그는 일본에 온지 약 9개월 만에 일본어가 유창하다는 평가를 받았다. 신앙이 두터웠던 이수정은 미국성서공회(American Bible Society) 총무였던 헨리 루미스(Henry Loomis, 1839~1920)의 제안으로 1883년 5월 중순에 한문 성경을 한글 성경으로 번역하는데 착수하였다.[26] 그가 세례를 받은 지 불과 두 달 만에 제일 먼저 한문 성경에 토를 달아 1883년 6월부터 1884년 4월까지 신약성서마가전(新約聖書馬可傳)을 시작으로 신약성서마태전(新約聖書馬太傳), 신약성서누가전(新約聖書路加傳), 신약성서요한전(新約聖書約翰傳) 그리고 신약성서사도행전(新約聖書使徒行傳)을 번역한 것이 『현토한한신약성서』(縣吐漢韓新約聖書)이다.[27]

이 성경은 최초로 번역된 한글 성경으로써 미국성서공회의 자금을 지원받아 1884년 일본 요코하마에서 출판되었다.[28] 아울러 마가복음의 번역은 1885년 2월 『신약마가젼복음셔언ᄒᆡ』라는 이름으로 일본 요코하마에서 미국성서공회를 통해 간행되었다.[29] 1885년 4월 5일, 최초의 내한 선교사인 언더우드와 아펜젤러는 당시 겨우 26세와 27세에 나이로 일본을 경유로 한국에 입국할 때 가지고 들어

---

26) 전태환, "초기 개신교 선교역사 중 평신도 전문인 사역연구: 일본 성경번역 사역의 이수정 중심으로," 총신대학교 선교대학원 석사학위논문, 2003, 41-42.

27) Larry Stone, 『성경 번역의 역사』, 홍병룡 역 (서울: 포이에마, 2011), 228-229. 히로 다까시, "李樹廷譯 『마가젼』의 底本과 飜譯文의 性格," 「국사학 연구」 4 (2004), 182.

28) 이광린, 『한국개화사연구』 (서울: 일조각, 1969).

29) Larry Stone, 『성경 번역의 역사』, 229-230. 이수정은 계속해서 마태복음과 누가복음, 요한복음도 완역했지만 빛을 보지 못했다.

온 성경이 바로 이 마가복음 번역본이다. 특히 이러한 성경 번역(Bible Translation)은 한국 기독교 역사에서 큰 의의를 지닌다. 그것은 피 선교지의 언어로 번역된 성경을 가지고 입국했다는 것은 세계 기독교 역사에서도 그 유례를 찾아볼 수 없기 때문이다. 이러한 이수정의 한인 디아스포라 활동을 통한 성경 번역 선교는 한국에 기독교 신앙을 전파하고 확립시키는데 큰 나른 지표가 되었으며, 기독교 복음이 언어의 변방 지역으로 퍼져감에 따라 오늘날 세계 각국에서 복음을 전하는 선교사들에게 여전히 성경 번역은 기독교 공동체가 자리를 잡는데 가장 필요한 디아스포라 활동으로 평가될 것이다.

2. 한인 유학생을 통한 선교

하나님의 섭리와 계획은 한국 사람들을 통해 선교 시대를 열어가기 위한 계획으로 139년 전 수많은 선교사를 한국에 보내셨는데, 동시에 허다한 한국인들을 세계에 흩으셨다. 영국의 로버트 토마스(Robert J. Thomas) 선교사가 미국 상선 제너럴 셔만(General Sherman) 호를 타고 한국 대동강에 도착하여 복음 전하다가 순교한 19세기 중반에 한국인들은 이미 세계 속으로 흩어지기 시작하였다.[30] 외교통상부 통계자료에 의하면, 1991년 재외 한인은 4,832,414명, 2001년은 세계 151개국에 5,653,809명, 2009년은 176개국에 6,822,606명, 그리고 2023년에는 193개국에 7,081,510명이 거주하는 것으로 나타났다.[31] 하나님은 선한 목적을 위해 한인들을 세계 각국에 흩어놓으셨

---

30) 침례신학대학교 세계선교훈련원, 『선교지 교회개척 이야기』 (대전: 그리심어소시에이츠, 2010), 110.

31) 침례신학대학교 세계선교훈련원, 『선교지 교회개척 이야기』, 110.

다. 그런 한인 디아스포라(Diaspora)는 한인 유학생 통한 선교가 중심적이었다.

이수정은 성경을 번역하면서 동경에 거주하는 한인 유학생들과 교포들을 대상으로 열심히 유학생 선교(Foreign Students Mission)의 활동을 하였다.[32] 이것을 한인 유학생 선교의 시작으로 볼 수 있다. 그는 성경 번역을 통한 기쁨과 행복이 넘쳐 자기가 받은 하나님의 은혜와 진리의 말씀을 혼자만 간직할 수 없어서 뜨거운 가슴으로 일본에 온 한인 유학생들에게 복음을 전했다. 그의 이러한 믿음의 열정은 1882년 김옥균이 데리고 온 30여 명의 한인 디아스포라 유학생들에게 큰 영향력을 미쳤다.[33] 그 선교의 첫 열매가 동경외국어학교(東京外國語學校) 한국어 교수로 재직 중이었던 손붕구(孫鵬九, 1852~?)로 이수정의 인품과 믿음의 감동을 통해 성경과 기독교 교리를 배울 정도로 신앙이 성장하였다.[34] 이때 한인 유학생은 30여 명밖에 되지 않았지만 원래 불교 승려 출신이었던 손붕구의 개종 소식을 듣고 앞다투어 개종하기에 이르렀다. 이수정은 이들을 그대로 방치할 수가 없어 매 주일 자기의 집에 모여 성경 공부를 시작하였는데, 먼 훗날 최초의 동경 한인교회의 기초가 이 주일학교를 통해 이루어졌다.[35]

그는 1885년 7월부터 동경의 한인 유학생들을 모아 놓고 예배 집례를 주관했으며, 개화파의 핵심 인물들이었던 서재필(徐載弼), 김옥균(金玉均), 홍영식(洪英植), 서광범(徐光範) 등에게 기독교 교리를 전파하였다.[36] 그리고 한성순보(漢城旬報) 발행을 위해 유학차 일본에 건너

32) 박은배, 『하나님의 지문』(서울: 새로운사람들, 2007), 65.
33) 이만열, 『한국 기독교 수용사 연구』(서울: 두레시대, 1998), 102.
34) 전태환, "초기 개신교 선교역사 중 평신도 전문인 사역연구: 일본 성경번역 사역의 이수정 중심으로," 51.
35) 안영로, 『한국교회의 선구자 언더우드』(서울: 쿰란출판사, 2002), 59.
36) 위키백과, "이수정," http://ko.wikipedia.org/wiki/%EC%9D%B4%EC%88%98%EC

온 박영선(朴永善)은 세례를 받았고, 이전에 이경필(李景弼), 이계필(李磎弼), 이주필(李株弼) 형제와 김익승(金益昇), 박명화(朴命和) 등 5명의 세례자를 합하여, 1883년 말에 벌써 7, 8명의 한국인 세례자가 동경에 있게 되었고, 이들을 중심으로 한인 유학생들의 신앙공동체가 형성되었다.[37] 이러한 이수정의 한인 디아스포라 활동을 통한 유학생 선교는 오늘날 세계 각국에 한인 디아스포라 700만 시대를 맞은 한인 유학생과 디아스포라 청년들에게 기독교의 진리를 전하는 데 미래 선교의 전망이 되었으며, 그들로 하여금 각자의 외로움을 예수 그리스도의 사랑으로 나누어 세계 각국에 복음을 전하는 전진기로 구축하는 중요한 모델의 역할을 할 수 있을 것이다.

3. 선교사를 통한 선교

당시 조선 후기의 한국 문화는 서구 문화와 분명한 차이가 있었다. 한국은 깊은 샤머니즘(Shamanism)의 뿌리와 유교(儒敎)의 계층 구조들, 그리고 도교(道敎)의 운명과 행운의 개념, 불교(佛敎) 경건과 깊이 뿌리박힌 실용주의(Pragmatism) 등으로 문화적인 골격이 이루어져 있었다.[38] 1864년부터 1910년까지 기록에 의하면, 전 인구의 약 35%가

%A0%95_(1842%EB%85%84).

37) 이만열, 『한국 기독교 수용사 연구』, 104-105.

38) Jonathan J. Bonk 외 25인, 『선교책무』 (서울: 생명의말씀사, 2011), 261-262. 1888년 미국 선교사로 입국하여 새문안교회와 언더우드 학당, 그리고 육영공원 등에서 목회와 교육에 전념하다가 1900년 선교활동 중 이질에 걸려 조선에서 아깝게 짧은 생을 마감한 대니얼 기포드(Daniel L Gifford) 선교사는 조선의 종교 형태에 대하여 말하기를, "당시 조선의 유학이 국가 교육의 근간을 형성하고 있었다. 전국에 걸쳐서 각각의 군마다 공자의 사상을 기리는 향교가 있었고, 이 향교에서는 1년에 2번 봄과 가을에 그 지방 군수가 수많은 유생과 함께 공자에게 제사하였다. 조선의 사회구조는 전적으로 유교식 전통에 따랐다. 그리고 그 전성기가 지나버린 불교의 절들이 전국에 걸쳐 퍼져있었다. 마을에 들어서면 탁발승들이 염불과 함께 목탁을 두드리며 구걸하고 있는 모습을 가끔 볼 수 있었다. 사회적으

신흥종교를 믿었는데, 이 종교의 열정은 사회적으로 상상할 수도 없이 확장되었다. 이 특징적인 종교는 동학(東學)이라고도 하는 천도교(天道敎)로 당시 지배계층의 종교이며, 정치윤리였던 유교를 적극적으로 반대하였던 동학 운동에 많은 백성이 동참하고 지지를 보내기도 하였다.[39] 이러한 종교적 상황의 제도적인 형식 속에 틀이 박혀 있었던 한국인들은 심한 종교적 허탈감을 가지고 있었다.[40] 그런 가운데 인간이 만든 종교의 공허와 허위를 깨닫게 하는 선교적 책무의 필요성을 인식했던 이수정은 한국의 복음화를 위해 선교사 유치운동을 펼쳤다.

그가 1884년에 마가복음을 번역하고 있을 무렵 아직 한국에는 외국 선교사가 파송되지 않았다. 이수정은 기독교의 신앙이 자신뿐만 아니라 한국 동포도 구원받아야 하겠다고 생각하였다.[41] 그는 당시 미국의 교육과 의료, 그리고 출판 등의 사업을 중심으로 한국에서의 기독교 활동을 간절히 기대하고 있었다.[42] 심지어 그는 미국교회 이

로 승려는 거의 최하위의 신분이며, 청일 전쟁이 일어날 때까지도 승려는 서울의 4대 문안으로 들어올 수 없었다. 미신 숭배 혹은 영혼 숭배 신앙은 장님 판수, 무당, 박수 등을 매개로 하는 신앙 형태이며, 그들은 좋은 묘 자리를 골라주기도 하였다. 이와 같은 종교에는 보통 신화적 인물이 등장하였다. 그중 가장 높은 자리에 한울님을 모시는데 중국에서는 상제님이라고 불렀다. 한울님 다음으로 많은 사람이 부처를 섬겼다. 사실 어떤 사람들은 가족 중 한 사람이 죽으면 그 영혼을 극락세계로 인도하기 위해 절에 가서 불공을 드리기도 하였다. 그리고 조선인들은 산신을 믿었다. 전국에 걸쳐 산재하고 있는 각각의 산에는 신통력을 발휘한다는 산신령이 존재하며, 이 산신들은 고유의 이름이 있는 경우와 없는 경우가 있었다. 산신 이외에도 조선인은 많은 종류의 신을 섬겼다. 그중 귀신 혹은 악령이라는 것이 있는데, 조선의 거의 모든 여자와 남자들의 4분의 3은 이 악령들이 주는 무시무시한 공포 속에 살고 있었다. 그래서 여행이나 이사를 했을 때 병이 나거나 혹은 문제가 생기면 그들은 굿을 하여 이 귀신들을 달랬다."라고 하였다. Daniel L Gifford, 『조선의 풍속과 선교』, 심현녀 역 (서울: 한국기독교역사연구소, 1995), 61-62.

39) 신흥종교, 『한국민속대관 3권』 (서울: 고려대학교 한국문화연구소, 1984).
40) 박기호, 『한국교회 선교운동사』 (서울: 아시아선교연구소, 1994), 35.
41) 이광린, 『한국개화사연구』, 278.
42) 이광린, 『한국개화사연구』, 278.

외의 다른 나라가 한국을 선교하는 것은 하나님의 뜻이 아니라고 말할 정도였다. [43] 우선 그는 언론에 호소하는 것이 가장 효과적인 전략이라는 사실을 깨닫고 각종 외국 선교지에 선교 호소문을 기고하였다. [44]

간곡한 선교 호소문의 편지로 인해 이수정은 서방 기독교 세계에 유명한 인물로 부각되어 그 결과 선교 편지를 읽고 한국 선교에 뜻을 정해 멀리 태평양을 건너 1885년 4월 5일 부활절 주일 아침에 한국까지 온 선교사가 바로 언더우드와 아펜젤러이다. 신학교에 재학 중이었던 두 청년은 뜻을 정하기까지 여러 가지 많은 우여곡절이 있었지만 이수정의 선교 편지를 잡지에서 읽은 후 "한국에는 누가 가는가?"라는 하나님의 음성을 듣고 한국에 오게 되었다. [45] 존 헤론(John W. Heron, 1856~1890)도 한국에 오게 된 동기가 우연이 아닌 오로지 하나님의 섭리 속에서 이수정에 의해 한국 땅을 밟게 되었다. 그는 한국을 오기 전, 일본에서 이수정을 만나 한국어를 배우며 풍속을 익혔고, 1885년 6월 20일 다른 선교사들과 함께 인천의 제물포항에 도착하였다. 이러한 이수정의 한인 디아스포라를 통한 선교사 선교는 미국 교회들에게 한국 선교의 관심을 고조시켰을 뿐만 아니라 이제 한국 기독교가 구심점이 되어 한국 선교사를 세계 각국에 파송하여 파트너십 선교를 구축하는 근거를 마련하게 되었다. 전 세계적으로 한인 디아스포라의 활동이 활발하게 전개되고 있지만 아직도 복음을 접하지 못한 사람들과 지역들이 많다. 특히 목회자가 들어가지 못하는 타 문화권 지역에 기술자와 의사, 그리고 간호사, 교수, 사업가 등 기술을

---

43) The Missionary Review, (1884, 5), 145-146.
44) 김요나, 『순교자 전기 1권』, 241-242
45) 평양대부흥, "이수정의 성경 번역과 한국선교 호소," http://www.1907revival.com/news/articleView.html?idxno=78.

가진 평신도 전문인 선교사를 파송하여 선교할 수 있을 것이다.

4. 문서를 통한 선교

한국 디아스포라 선교를 위해 공헌한 이수정은 앞에서와 같이 끝나지 않는다. 그는 성경 번역뿐만 아니라 문서선교의 일한으로 소책자를 번역하기도 하였으며, 한국을 소개하는 저술도 출판하였다. 이러한 그의 문서는 시간과 공간을 넘어서 활동하는 선교의 무기가 되었다. 이수정이 구도자들에게 간단한 복음을 전하기 위해서 만든 문서를 통한 선교는 매우 귀중한 선교 방법이 된 것이다.

이수정은 1884년 가을부터 겨울 동안 동경에서 로버트 맥클레이 (Robert S. Maclay, 1824~1907)의 요청을 받아 감리교 요리문답도 번역하였고, 1,000부를 출판해 국내에 유포되었다.[46] 이것은 1885년 이후 내한 선교사들에 의해 마가복음과 함께 국내에 반포되어 한국 기독교가 형성하는 데 큰 도움을 주었다.[47] 또한 이수정이 한글을 번역한 『랑자회개』(浪子悔改)는 맥클레이의 한문 원본으로 탕자의 비유를 들어 예수의 구원 도리를 풀이한 것이다. 『랑자회개』(浪子悔改)는 누가복음 15장에 나오는 이른바 '탕자의 비유' 이야기를 해설한 1885년 발행된 초기 한국 기독교의 전도 문서이다.[48] 아울러 그는 『랑자회개』와 함께 『천도소원』(天道溯原)도 번역하였는데 훗날 루미스에 의해서 언더우드와 아펜젤러, 윌리엄 스크랜톤에게 보내져서 개정되었다.

이수정은 1883년 8월 초부터 동경외국어학교 한국어 교수로 임

---

46) 박용규, 『한국기독교교회사1 (1784~1910)』, 325.
47) 이만열, 『한국 기독교 수용사 연구』, 121.
48) 국민일보 2011년 4월 20일자.

명받아 가을 학기를 앞두고 1년 만에 한국어 교재를 집필하였는데, 1884년 8월에 출판된 책이『조선일본선린호화 1권』(朝鮮日本善隣互話 1 券)이다. [49] 이 책에 내용을 살펴보면, 그 당시 한국의 지리(地理), 민속 (民俗), 제도(制度), 법률(法律), 정사(政事), 도학(道學), 문혜(文芸), 사승(史乘), 물산(物産), 기구(器具) 등의 다양한 항목으로 된 50면으로 된 문답식의 형태로 한국을 소개하였다. [50] 이러한 책들을 통해 이수정은 일본에 머물러 있던 선교사들에게 한국에 대하여 가장 중요한 것들을 소개 했을 뿐 아니라 한글을 가르치는 데 중요한 지침서가 되었을 것이다.

그 외에도 이수정은 1883년 6월 30일에『천주교인조선사실』(天主教 人朝鮮事實)을 발간하였다. [51] 그리고 김시습(金時習)의『금오신화』(金鰲神 話)를 출판할 때, 오오쯔까(大塚彦太郎)의 요청으로 이수정은 평(評)과 발 문(跋文)을 담당하였는데, 1884년 11월에 복간되었다. [52] 1886년 7월 에는 동경에서 박제형(朴齊炯)의『근세조선정감』(近世朝鮮政鑑)을 간행하 였는데, 이수정은 서문을 담당하였다. [53] 그리고『명치자전』(明治字典) 이라는 책을 발행하기 위하여 원고를 정리하였는데, 이수정은 편집 인으로 서문(序文)과 한음훈(漢音訓)의 표기를 담당하였다. 이 책은 그 가 한국에서 처형당한 후에 1887년 일본에서 출판되었다. [54] 이러한 이수정의 한인 디아스포를 통한 문서선교는 오늘날 기독교의 강단 만이 복음 전달의 전부가 아니라 과거 복음의 전달 수단이 구술중심

---

49) 이어령 편저,『한일 문화의 동질성과 이질성(19세기말의 한일 문화교류의 한 양상 - 東京 外國語學校 교사 李樹廷의 동경시절과 그 저작을 중심으로)』(서울: 신구미디어, 1993), 137-149.
50) 김수진,『한국 기독교 선구자 이수정』, 154.
51) 김요나,『순교자 전기 1권』, 268-269.
52) 히로 다까시, "李樹廷譯『마가전』의 底本과 飜譯文의 性格," 182.
53) 박제형,『근세조선정감(近世朝鮮政鑑, 上)』, 이익성 역 (서울: 탐구당, 1984), 11-13.
54) 김수진,『한국 기독교 선구자 이수정』, 154. 히로 다까시, "李樹廷譯『마가전』의 底本과 飜 譯文의 性格," 182.

이었다면 현대는 기록 문화를 통해서 구술과 함께 미디어인 문서를 통한 복음전달 수단이 중심을 이루게 되었음을 초대교회의 선교 방법과도 일치하고 있어 선교의 도구가 될 것이다.

5. 한글을 통한 교육 선교

세종(世宗) 때 만들어진 『훈민정음』(訓民正音)은 1997년 10월에 유네스코(United Nations Educational, Scientific and Cultural Organization) 세계기록유산에 등재될 정도로 세계에서 가장 우수한 글자로 평가받고 있다. 이처럼 한글이 세계적인 문자로 인정받는 데 있어 기독교의 공헌이 얼마나 컸는지 아는 사람은 그리 많지 않다.[55] 17세기 초, 조선에 전래된 천주교는 한문을 읽을 수 없는 신자들을 위해 교리서, 기도서 등을 우리말로 번역하거나 기록해서 보급했다. 그러나 본격적으로 한글이 백성 사이에 확산된 것은 19세기 후반 개화기와 일제 치하의 한글 보급 운동을 통해서며, 그 중심에 한국 기독교가 서 있었다.[56]

그런 가운데 이수정은 존 헤론을 불러 놓고 다른 감리교 선교사와 함께 한글을 가르쳤다. 이 무렵 언더우드가 일본에 오자 그도 역시 이수정이 가르치는 한글을 배우게 되었다.[57] 매일 같이 성경 번역에 바빴던 이수정은 한국에 들어갈 선교사들에게 한글을 가르치는 일과 동경외국어학교(東京外國語學校)에서 조선어를 가르치는 교수 일을 하였으며, 그는 선교사들이 파송될 시간만 기다리는 것이 아니라 철저히 한글 교육을 준비시켰다.[58] 그 결과, 내한한 외국 선교사들에

---

55) 교회신문 2010년 10월 09일자.
56) 교회신문 2010년 10월 09일자.
57) 김수진, 『한국 기독교 선구자 이수정』, 137.
58) 김수진, 『한국 기독교 선구자 이수정』, 137. 동경외국어학교(東京外國語學校)는 1857년 개

의해 복음을 전파함과 동시에 한글 보급이 급속도로 늘어나 한국 개화기에 큰 변화를 가져오게 되었다.

한국 근대문학의 선구자이자 소설가 이광수(李光洙, 1892~1950)는『조선과 기독교』라는 책에서 한글에 대한 기독교 교육의 공헌에 대하여 다음과 같이 말했다. "만약 기독교가 들어오지 않았다면 한글은 여전히 잠을 자고 있었다."[59] 그리고 한글학자였던 외솔 최현배(崔鉉培, 1894~1970)는 기독교의 한글 교육의 공로에 대하여 다음과 같이 평가하였다. "유교의 경전을 공부한 한학자들이 한문에 대한 존중의 마음을 가짐과 같이 기독교의 성경을 공부한 대중이 한글에 대한 존중의 생각을 품게 됨을 또한 자연스런 심리라 할 것이다. 하나님의 말씀이 나타나 있는 한글 성경책이 귀중한 것으로 인식됨과 함께, 그 거룩한 내용을 나타낸 한글이 또한 귀중한 것으로 인식되었다. 수백 년 동안에 언문이니 암글이니, 규방문자니 하여 천대받던 한글이 이제 기독교의 교리를 적게 됨으로 말미암아 일약 사서삼경의 한자 같은 지위를 얻게 된 것이다. 그리하여 성경의 한 자 한 자가 그 내용과 함께 소중한 것으로 되어 이를 그대로 지키고 그대로 발전시켰다. 그뿐 아니라, 일제가 그 말기에 다 달아서는 우리말, 우리글을 정책적으로 아주 말살하려고 악랄한 수단을 취하였음을 적에 우리의 학교에서 한글과 우리말이 사라지고, 심지어 거리와 집안에서까지 우리말, 우

교한 일본 최고(日本最古)의 학부의 하나로, 메이지 6년(1873년) 11월에 국립의 외국어학교로 개설된 깊은 역사를 가지고 있다. 일본에서 근대적인 학교교육 제도 하에서 외국어로서 한국어 교육이 실시된 것은 1880년 동경외국어학교에 조선어가 설치된 것이다. 그 후, 메이지 18년(1885년) 9월에 동경외국어학교, 동교 부속고등상업학교와 상법강습소가 합병하여 동경상업학교로 되었고, 메이지 30년(1897년) 4월에는 고등상업학교(1899년에 동경상업학교로 개칭)에 부속외국어학교가 부설되는 형식으로 동경외국어학교가 재흥되어, 이때를 현재 동경외국어대학교(東京外國語大學校)의 창립으로 보고 있다.

59) 국민일보 2011년 2월 18일자.

리글이 그 자연스런 노릇을 하지 못하게 되었을 적에, 오직 기독교의 교회에서만은 성경이 한글로 적히고, 목사의 설교가 배달말로 유창하게 흐르고, 찬송가의 가락이 배달사람들의 정서를 그대로 전파하였으니 우리말 우리글의 수호의 공을 기독교에 인정하여야 마땅하노라."[60] 이러한 한글 교육의 대중화는 복음을 전하기 위하여 성경을 보급하고 한글을 가르쳐 문맹을 퇴치시키는 작업과 병행되었다.

특히, 한국에서 많은 외국인은 한글을 배우기를 원한다. 외국인들이 한국에서 가장 필요한 것은 한글 교육이다. 이러한 한글 교육을 통해서 선교를 진행하면 매우 효과적인 선교 방법이 될 것이다. 외국인들에게 한글은 매우 오랜 시간이 걸리기 때문에 그들을 위한 장기적인 전략을 세워 선교할 수 있다. 그리고 한글을 가르칠 교사를 훈련시키고 훈련받은 전문가가 외국인을 한글 교육하고 선교한다면 그들에게 복음을 전할 수 있을 것이다.[61] 외국인 노동자들에게 있어서 한글은 하나의 제2외국어가 아니라 생존의 수단이기 때문에 더 절실하다. 대부분 외국인 노동자 사역에서의 한글 교육은 외국인 노동자의 중요한 현실 필요에 응답하는 방편이다. 외국인 노동자 사역에 일찍부터 발판을 내린 희년 선교회와 갈릴리교회 등에서는 이런 관점에서 한글 교육에 중점을 두고 선교하고 있다.[62] 위에서 언급한 것에서 이수정의 한인 디아스포를 통한 한글 교육 선교는 오늘날 한류 열풍 속에서 한글 교육을 원하는 외국인들의 기대 심리를 연결하여 인류 평화에 공헌할 뿐만 아니라 예수 그리스도를 모르는 그들에게 복음을 전할 수 있는 효율적인 선교의 접촉점이 될 것이다.

---

60) 최현배, "한글과 문화,"「외솔 최현배 박사 고희기념논문집」(1968), 197-201.
61) 손석원, "국내 외국인 근로자에 대한 선교전략,"「東北亞研究」1 (2007), 64.
62) 손석원, "국내 외국인 근로자에 대한 선교전략," 67.

6. 선교적 리더십을 통한 선교

1884년 12월 국내에서는 갑신정변(甲申政變)의 주모자 중의 하나인 김옥균(金玉均)이 일본으로 망명하였다. 그러자 조정에서는 그 주모자들과 동조자들에게 소환 명령을 내리고 자객을 보내어 암살을 시도했는데, 이수정은 김옥균(金玉均)과 관계를 멀리하면서 과거 민영익(閔泳翊)과의 관계도 있고 해서 일본에 더 머물지 않는 것이 좋다는 것을 알고 4년간의 일본 생활을 마치고 1886년 5월 28일 귀국하였다. 그러나 그는 기독교인이라는 이유로 보수파의 질투와 원한으로 그들의 손에 순교하였다.[63] 한국 기독교를 위해 하나님은 그 시대마다 언제나 인간을 도구로 사용하셨다. 이렇게 그의 나라와 그의 의를 이 땅에 펼치셨던 하나님의 섭리는 한국에서가 아닌 한국 기독교의 교두보 역할을 했던 일본에서 이수정을 하나님의 도구로 쓰셨다. 특히, 21세기 한국 기독교는 성경 중심주의(Biblicism) 교회로서 선교 발전을 위해 이 땅에 복음의 씨앗을 뿌린 순교자 이수정의 남다른 눈물과 땀을 잊지 말아야 한다. 그래서 이수정에 관해 많은 연구를 했었던 전 일본 동경교회(東京敎會) 오윤태(吳允台) 목사는 그를 순교자(Martyr)라고 말하였다.

연세대학교 총장을 지낸 백낙준(白樂濬)도 일본 측 기록을 참고하여 귀국 즉시 처형되었다고 주장하였다.[64] 이수정은 귀국하기 전에 헨리 루미스 선교사를 만났는데, "앞으로 그는 선교 사업에 매우 유용할 것으로 기대됩니다."라고 하였다.[65] 그는 비록 순교했으나 한국

---

63) 오윤태, 『선구자 이수정』 (서울: 혜선출판사, 1973), 34.

64) 백낙준, 『한국개신교사』 (서울: 연세대학교출판부, 1973), 95.

65) Henry Loomis' Letter to Dr. Gilman, July 12, 1886.

땅에 복음의 씨앗을 뿌린 후 지금 한국교회는 엄청난 축복을 받은 하나님의 백성이 되었으며, 하나님의 복음을 전하는 세계 선교 2위 국가가 되었다. 이런 관점에서 세계 기독교 신학자들은 사도행전 16:6-10에 비유하면서 이수정을 '한국의 마케도니아인'(a Macedonian from Corea)이라고 불렀다.[66] 그의 선교적 리더십(Missional Leadership)은 당시 세계 기독교계뿐만 아니라 일본과 한국까지도 영향력을 미쳤으며, 자신의 인생을 예수님의 성육신적인 삶을 통해 하나님의 보내심을 받은 자로서의 삶을 사는 것에 헌신하였다. 선교적 리더십은 겸손, 융통성, 투명성, 연합, 책임감, 담대한 복음 증거, 영성, 무욕 등 성육신적인 삶을 실천해야 한다.[67]

미국 바이올라대학교(Biola University)에서 문화 연구와 세계 선교학교 학장 마빈 메이어스(Marvin K. Mayers)는 선교적 리더십에 대하여 다음과 같이 말했다. "자신의 사역이 하나님의 선교에 동참하고 있다는 사실을 깨달아야 하며, 예수 그리스도의 성육신적인 삶을 살아야 한다."[68] 선교적 리더십은 예수 그리스도의 사랑과 섬김의 사역을 현재 진행형으로 수행하는 것을 의미한다. 이러한 이수정의 선교적 리더십을 통한 선교는 한국교회 목회자와 선교사, 그리고 그리스도인들이 세상 속에서 사람과 보다 적극적인 관계를 형성하는데 선교의 본질에 충실하게 하고, 오늘날 선교의 많은 문제점을 예방시켜 줄 것이다.

---

66) Larry Stone, 『성경 번역의 역사』, 256-257.
67) 최원진, "도시 빈민 무슬림을 위한 전략적인 접근 방안: 한국 선교사들의 선교 방법론을 중심으로," 「1910년 에딘버러 세계선교사대회 100주년 기념 2010 한국대회 논문집」 3 (2011), 245.
68) Marvin K. Mayers, "TrainingMissionaries for the 21 Century," *Evangelical Missions Quarterly* 22 (1986), 306.

IV. 나가는 말

세계 기독교 역사에서는 그 어떤 나라도 선교사가 입국할 때 그 나라의 언어로 된 성경을 가지고 현지에 들어와 선교를 시작했던 사례가 없었다. 현대 기독교 선교의 아버지라고 불리는 윌리엄 캐리(William Carey)는 인도 방언으로 성경을 번역해 인도 선교의 토대를 마련하였다.[69] 그와 마찬가지로 이수정의 성경 번역은 언더우드를 비롯한 이후 한국에 들어오는 선교사들이 복음을 증거할 수 있도록 초석이 되었다. 일본에서 40개월 동안 이수정의 한인 디아스포라 활동은 그야말로 한국 기독교 역사에 복음의 기초를 마련함으로 큰 영향을 끼쳤다. 비록 그가 귀국해 국내에서 많은 활동은 하지는 못했지만 한국에 기독교의 다리를 놓아준 선교사였다. 이수정을 통해 한국 기독교는 성경을 번역하고, 그 번역된 성경을 보급하는 것으로 기초로 하여 교회가 성장하고 선교가 발전하였다.

이수정은 한인 디아스포라 지역인 일본에서 한국을 위해 성경 번역을 통한 선교, 한인 유학생을 통한 선교, 선교사를 통한 선교, 문서를 통한 선교, 한글을 통한 교육 선교, 선교적 리더십을 통한 선교 등 문화인류학적 측면에서 다양한 선교 방법의 직무를 실천하였다. 이것은 오늘의 세계 선교 현장에서도 여전히 요구하는 한인 디아스포라의 선교사역이다. 이수정의 한인 디아스포라 활동은 수많은 난관 가운데 마지막 고비를 넘어 오늘 현대 기독교 사역에 있어서 중요한 선교 방법으로 대두되고 있으며, 새로운 한인 디아스포라 선교 방향을 모색하는 데 매우 중요하다. 따라서 이수정은 한국 기독교의 위대

---

69) John D. Woodbridge, *Great Leaders of the Christian Churches* (Chicago: Moody Press, 1988), 310.

한 한인 디아스포라 선교사로 역사적인 평가가 그리 많지 않아 큰 아쉬움으로 다가왔으나 후손들에게 길이길이 전하는 것이 한국 역사를 제대로 평가하는 것이라고 본다. 또한 한국 기독교의 발전을 위해 이수정의 풍부하고 다양한 한인 디아스포라 활동은 오늘날 21세기 한국교회가 기억해야 할 중요한 업적이며 고귀한 유산이 될 것이다.

참고문헌

국민일보 2011년 4월 20일자.

김광수.『한국기독교인물사』. 서울: 기독교문사, 1981.

김수진.『한국 기독교 선구자 이수정』. 서울: 도서출판 진흥, 2006.

김요나.『순교자 전기 1권』. 서울: 대한예수교장로회총회 출판국, 1996.

교회신문 2010년 10월 09일자.

대한성서공회.『대한성서공회사 I 』. 서울: 대한성서공회, 1993.

박기호.『한국교회 선교운동사』. 서울: 아시아선교연구소, 1994.

박용규.『한국기독교교회사1 (1784~1910)』. 서울: 생명의말씀사, 2004.

박은배.『하나님의 지문』. 서울: 새로운사람들, 2007.

박제형.『근세조선정감(近世朝鮮政鑑, 上)』. 이익성 역. 서울: 탐구당, 1984.

배요한. "이수정의 신앙고백문에 대한 유교철학적 분석."「장신논단」38 (2010), 481-
        504.

백낙준.『한국개신교사』. 서울: 연세대학교출판부, 1973.

부산외국어대학교. "최초의 한국인 일본선교사는 이수정 - 일본어학부 김문길 교
        수." http://www.pufs.ac.kr/html/01₩_intro/intro_05_02.aspx?cId=10000
        007&lp=V&postId=10085029.

손석원. "국내 외국인 근로자에 대한 선교전략."「東北亞研究」1 (2007).

신흥종교.『한국민속대관 3권』. 서울: 고려대학교 한국문화연구소, 1984.

아이굿뉴스. "세계선교 디아스포라가 답이다." http://www.igoodnews.net/news/
        articleView.html?idxno=43957.

안영로.『한국교회의 선구자 언더우드』. 서울: 쿰란출판사, 2002.

연세대학교 종교교재편찬위원회 편.『성서와 기독교』. 서울: 연세대학교출판부,
        1985.

内村鑑三.『우찌무라 간조 회심기』. 양혜원 역. 서울: 홍성사, 2011.

오윤태.『선구자 이수정』. 서울: 혜선출판사, 1973.

오윤태.『한일기독교교류사』. 서울: 혜선문화사, 1980.

이광린.『한국개화사연구』. 서울: 일조각, 1969.

이만열.『한국 기독교 수용사 연구』. 서울: 두레시대, 1998.

이어령 편저.『한일 문화의 동질성과 이질성(19세기말의 한일 문화교류의 한 양상 - 東京

外國語學校 교사 李樹廷의 동경시절과 그 저작을 중심으로)』. 서울: 신구미디어,
　　　1993.

위키백과. "이수정." http://ko.wikipedia.org/wiki/%EC%9D%B4%EC%88%98%EC
　　　%A0%95_(1842%EB%85%84).

전태환. "초기 개신교 선교역사 중 평신도 전문인 사역연구: 일본 성경번역 사역의
　　　이수정 중심으로." 총신대학교 선교대학원 석사학위논문, 2003.

최원진. "도시 빈민 무슬림을 위한 전략적인 접근 방안: 한국 선교사들의 선교 방법
　　　론을 중심으로." 「1910년 에딘버러 세계선교사대회 100주년 기념 2010 한
　　　국대회 논문집」3 (2011).

최현배. "기독교와 한글." 「신학논단」7 (1962).

최현배. "한글과 문화." 「외솔 최현배 박사 고희기념논문집」 (1968).

침례신학대학교 세계선교훈련원. 『선교지 교회개척 이야기』. 대전: 그리심어소시에
　　　이츠, 2010.

평양대부흥. "이수정의 성경 번역과 한국선교 호소." http://www.1907revival.com/
　　　news/articleView.html?idxno=78.

한국기독교역사연구소. 『한국 기독교의 역사』. 서울: 기독교문사, 1989.

한국학중앙연구원. "李樹廷." http://www.aks.ac.kr.

히로 다까시. "李樹廷譯『마가전』의 底本과 飜譯文의 性格." 「국사학 연구」4 (2004).

Gifford, Daniel L. 『조선의 풍속과 선교』. 심현녀 역. 서울: 한국기독교역사연구소,
　　　1995.

J. Bonk Jonathan 외 25인. 『선교책무』. 서울: 생명의말씀사, 2011.

Knox, George W. "Affair in Korea." *The Foreign Missionary*. (1883).

Mayers, Marvin K. "TrainingMissionaries for the 21 Century." *Evangelical Missions*
　　　Quarterly 22 (1986).

Rhodes, Harry A. 『미국 북장로교 한국 선교회사』. 최재건 역. 서울: 연세대학교 출
　　　판부, 2009.

Stone, Larry. 『성경 번역의 역사』. 홍병룡 역. 서울: 포이에마, 2011. The Missionary
　　　Review, 1884, 5.

Underwood, Horace G. *The Call of Korea*. New York: Fleming H. Revell
　　　Company, 1908.

Woodbridge, John D. *Great Leaders of the Christian Churches*. Chicago: Moody
　　　Press, 1988.

제10장
치유 상담 선교

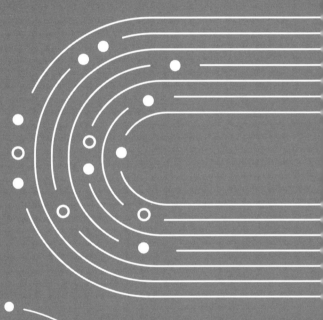

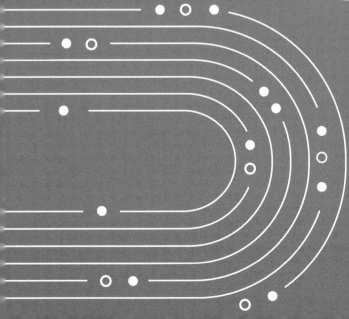

I. 들어가는 말

치유 상담에서의 신유(神癒, Divine Healing)는 전문인 사역 가운데 하나이다. 그것은 치유 상담이 개인의 삶에 관심을 집중하여 예수 그리스도의 머리인, 즉 교회를 통해서 치유하는 사역이기 때문이다. 이러한 넓은 의미의 치유 상담은 다양한 상담 방법을 통하여 그 목적하는 바를 성취시켜 신유라고 하는 선교 방법으로 그 목적을 수행하는 것이다. 특히 한국성결교회(韓國聖潔敎會)는 치유 상담의 기능을 수행하기 위하여 성례전과 생활 규범 등을 헌법으로 정하여 그와 같은 기능을 수행할 것을 강조하였다.[1) 그것은 치유 상담의 기능이 신앙적 삶을 영위하는 방편으로서가 아니라 구체적 삶 속에서 제기되는 문제들에 대한 해답의 시도라고 하는 측면인데, 심방 또는 구역예배와 같은 목회 사역을 통하여 수행해 왔음을 한국성결교회 역사는 증명하고 있다.[2)

이러한 치유 상담은 존 웨슬리 신학과의 연관성을 지니고 있다. 치유 상담에 관한 웨슬리의 주요 공헌은 영성 형성을 목적으로 속회 혹은 소그룹을 혁신적으로 활용했다는 점이다. 즉 소그룹을 치유 상담의 장으로 삼아 회원들 상호 간의 목회적인 돌봄과 친교를 통해 제자도를 성취해 가도록 하였다.[3) 이러한 관점에서 한국성결교회는 치유 상담적 차원을 계승시켜 그 방향성에 대한 사중복음 가운데 하나인 전인적 구원을 의미하는 신유를 재고해야 할 필요성이 있다.

이를 위해 치유 상담에서의 영성과 심리치료, 의학적 치유 행위를

---

1) 서울신학대학교 성결교회신학연구위원회, 『성결교회신학개요』 (부천: 기독교대한성결교회 출판부, 2007), 127-128.

2) 서울신학대학교 성결교회신학연구위원회, 『성결교회신학개요』, 128.

3) 서울신학대학교 성결교회신학연구위원회, 『성결교회신학개요』, 128.

포함하는 신유는 선교 현장과 목회 현장에서 일어나는 하나님의 임재와 능력으로 질병과 귀신의 붙들림에서 놓임을 받는 사역이다.[4] 따라서 치유 상담에 있어서 신유에 대한 이해를 통해 한국성결교회의 신유를 치유 상담 선교 방법론을 대안으로 제시하고자 한다.

II. 신유란 무엇인가?

한국교회에서 신유라는 신학적인 용어를 처음 사용한 교단은 한국성결교회이다.[5] 신유는 한국성결교회에서 핵심적인 교리로 사중복음(四重福音)에 포함되어 있다. 그래서 한국성결교회가 이해하고 있는 신유는 중요한 의미를 가진다.[6] 신유는 치유의 개념과 같은 의미로 사용되었다. 그러나 엄밀하게 말하면, 치유와 신유는 개념적으로 차이를 가지고 있다. 넓은 의미의 개념으로 신유는 모든 육체의 회복을 의미한다. 즉 치유는 하나님의 일반적인 창조 섭리에서 형성된 인체의 여러 가지 면역체계, 또는 자연적인 요소들에 의해 누구에게나 일반적으로 미치는 치유의 은총으로 주어진다. 여기에는 생리작용을 통한 치유, 자연법칙을 통한 치유, 합리적인 이성 작용, 즉 의학을 통한 치유 등이 포함된다.[7] 이에 대해 좁은 의미의 개념으로 신유는 특별히 하나님의 신적 능력에 의한 치유를 의미한다.

1887년 『사중복음』을 쓴 앨버트 심슨(Albert B. Simpson)은 좁은 의미의

---

4) 서울신학대학교 성결교회신학연구위원회, 『성결교회신학개요』, 149.
5) 안명현, "신유(초자연지유)와 자연치유," (아세아연합신학대학교 대학원 석사학위논문, 1996), 14.
6) 고희준, "복음적 신유론과 장애인 신학," (성결대학교 일반대학원 박사학위논문, 2011).
7) 손영구, 『신유의 이해』 (서울: CLC, 1990), 21-22.

개념으로서 신유에 대하여 말하기를, "신유란 인간 육체 속에 주입하시는 초자연적 신적 능력으로, 그들의 힘을 새롭게 하시고 고통받는 인간 육체의 허약한 것을 하나님의 생명과 능력으로 바꾸어 주시는 것이다."라고 하였다.[8] 이러한 전인적인 치유의 개념은 하나님의 능력에 의한 신유와 인간의 믿음을 포함한 인간의 영, 혼, 육이 타락된 비정상적인 상태에서의 회복 과정을 온전한 회복으로 보고 있다. 이 세상에서 인간이 온전하고 건강할 수 있다는 것은 성령의 사역으로만 가능하다.[9]

성경은 인간을 전인적 존재(whole personal being)fh 보고 영과 혼, 육의 통일된 존재임을 나타내고 있다.[10] 고대 그리스의 의학자요, 현대의학의 창시자인 히포크라테스(Hippocrates)도 인간의 통일된 존재에 대하여 말하기를, "인간의 육체적 질병을 고치기 위해서는 단순히 질병만을 볼 것이 아니라 사물 전체에 대한 지식을 가질 필요가 있다."라고 하였다.[11] 따라서 진정한 신유는 육체와 심리, 그리고 영혼의 합일과 전인격적으로 이루어지기 때문에 신유와 구원은 서로 연합된 상태이다. 그래서 예수 그리스도께서는 전인적인 인간을 구원하시기 위해 이 땅에 오신 것이다.

1. 구약성경과 신유

구약성경에서 말하는 신유는 하나님이 택하신 지도자들과 선지자, 제사장들을 통해 치유가 진행되었다. 이러한 치유의 언급은 지도자

8) Albert B. Simpson, 『사중의 복음』, 손택구 역 (서울: 예성출판부, 1980), 60.
9) Jay E. Adams, *Competent to Counsel* (Grand Rapids: Zondervan, 1970), 20.
10) Dietrich Bonhoeffer, *Creation and Fall* (New York: MacMillan, 1967), 192.
11) Caroll A. Wise, *Religion in Illness and Health* (New York: Harper & Brothers, 1942), 9.

들과 선지자, 제사장들이 백성들에게 가르친 말씀을 통해 볼 수 있는데, 구약성경에서는 광범위하게 '치료' 혹은 '치유'를 의미하는 대표적인 단어인 '마르페'와 '아루카', '라파'가 두루 사용되고 있다. [12]

1) 마르페

구약성경에서 신유는 히브리어로 '마르페'인데, '건강을 회복하다'라는 의미로 치유, 고침, 회복, 병이 점차 나아짐을 뜻한다. 마르페는 역대하 21:18과 예레미야 14:19 등에서 16회나 사용되었으며, 이는 치료받기를 기다리는 하나님의 백성들을 향하여 사용되었다. [13]

2) 아루카

'아루카'는 본래 '길다'(be long)라는 뜻을 가진 '아라크' 동사에서 파생한 낱말이며, 상처 입은 자리에서 자라난 새 살(new flesh)을 가리킨다는 점에서 상처의 치유나 회복을 뜻한다. [14] 이렇게 건강을 회복한다는 의미로 사용되었는데, 예레미야 8:22과 30:17, 그리고 33:6에서 6회나 나타난다. [15]

3) 라파

'라파'는 고통과 절망 중에 빠진 자들이 자신의 죄악을 고백하면서

---

12) 강성열, "구약성경이 말하는 치유," 「그말씀 5월호」 287 (2013), 7.
13) 조두만, 『히·헬·한글성경대사전』 (서울: 성지사, 1987), 34.
14) 강성열, "구약성경이 말하는 치유," 10.
15) 이성호, 『성구대사전』 (서울: 혜문사, 1983), 1401.

하나님의 치유를 위해 간구하는 경우로 사용된다.[16] 라파는 성경에서 67회나 쓰일 만큼 가장 많이 사용된 단어인데, '고치다', '치료하다', '건강하다'를 의미한다(창 20:7; 사 19:22, 57:18; 대하 7:14; 시 30:2).[17] 이렇게 신유란 하나님의 섭리이며, 치유하시는 그 주체가 하나님이시라는 것이다.[18] 20세기 최고의 구약신학자인 게하르크 폰 라드(Gerhard Von Rad, 1901~1971)는 구약성경에서 말하는 하나님에 대하여 말하기를, "하나님은 치유하시는 하나님으로, 하나님만이 치유할 수 있고(왕하 5:2), 그분만이 꿰맬 수 있으며(욥 5:18), 그가 고치시며(시 6:3; 렘 17:4; 시 30:3, 103:3), 그를 신뢰하면 모든 처방이 효력을 발생한다(왕하 20:1-7)."라고 하였다.[19] 이렇게 인간은 하나님과 관계하고 있을 때 참다운 인간상이 나타난다. 출애굽기 15:26에 의하면, 하나님을 묘사하기를 "나는 너를 치료하는 여호와임이니라."(I am the LORD, who heals you)라고 하였다.

구약성경에는 하나님께서 놀라운 능력으로 병자를 치유하시는 신유의 역사가 수없이 나타난다. 특히 하나님께서 이 모든 치유의 근원자로서 명백히 보여주고 있는데, 시편 103:3에 의하면, 질병으로부터의 치유는 때때로 죄의 용서와 결부되어 나타나며, 시편 107:19-20에 의하면, 때로는 위급한 파멸로부터의 구원과 결부되어 나타나기도 한다. 또한 시편 147:3에 의하면, 질병으로부터의 치유는 때로 인간의 상처 입은 영을 새롭게 하는 것과 결부되어 나타난다.[20]

이러한 치유의 개념을 통한 신유는 하나님 형상의 회복과 온전케

---

16) 강성열, "구약성경이 말하는 치유," 8.

17) Laird R. Harris, *Theological World Book of the Old Testament, vol. 1* (Chicago: Moody, 1980), 857.

18) Laird R. Harris, *Theological World Book of the Old Testament, vol. 1*, 857.

19) Gerhard Von Rad, 『구약성서신학(1)』, 허혁 역 (왜관: 분도출판사, 1976), 276-278.

20) 성결교회와 역사연구소 편, 『신유』 (서울: 도서출판 바울서신, 2002), 154.

하시는 하나님, 상처를 싸매시는 하나님의 손길을 구약성경 전반에 걸쳐 밝히고 있다.[21] 이와 같이 구약성경에서 말하는 신유는 육체적인 치유와 정신적인 치유, 그리고 영적인 치유까지 포함하고 있는 하나님의 전인적인 치유라고 볼 수 있다.

그러면 구약성경에서 말하는 신유의 사례를 살펴보면 다음과 같다. 첫째, 아비멜렉의 아내와 여종들의 불임을 치유한 사건이다(창 20:17). 둘째, 미리암의 문둥병을 치유한 사건이다(민 12:1-16). 셋째, 뱀에 물린 자를 치유한 사건이다(민 21:4-9). 넷째, 사르밧 과부의 아들이 살아난 치유의 사건이다(왕상 17:17-24). 다섯째, 스넴 여인의 아들이 살아난 치유의 사건이다(왕하 4:18-37). 여섯째, 나아만 장군의 문둥병을 치유한 사건이다(왕하 5:1-14). 일곱째, 히스기야 왕의 죽음에서 치유한 사건이다(왕하 20:1-11). 여덟째, 욥의 질병을 치유한 사건이다(욥 42:8-17). 아홉째, 다니엘의 건강을 유지한 치유의 사건이다(단 1:10-16).

2. 신약성경과 신유

신약성경에서 신유는 구약성경에서 이미 나타난 건강과 치유의 개념들을 반영하고 있다. 이러한 신유에 대한 헬라어의 의미는 고침과 건강을 다시 회복하는 것인데, 이에 대한 단어로 '이아오마이', '쎄라퓨오', '휘기아이노', '소조'로 사용되고 있다.[22]

---

21) 예성신학정립 편찬위원회, 『예성신학의 이해와 신조 해설』 (서울: 예수교대한성결교회 총회, 2010), 429-430.
22) Morton T. Kelsey, 『치유와 기독교』, 배상길 역 (서울: 대한기독교출판사, 1986), 212.

1) 이아오마이

'이아오마이'(ιαομαι)는 신약성경에서 26회가 나온다. 누가복음에서
11회, 마태복음에서 4회, 요한복음에서 3회, 사도행전에서 4회, 그리
고 마가복음과 히브리서, 베드로전서와 야고보서에서 각각 1회씩 나
온다. 이것은 '치료하다', '병을 고치다'라는 의미로 영적인 치유로 사
용되었다.[23] 오늘날 이 단어는 도덕적인 상처나 질병의 치유에까지
확장되었다. 여기서 신유는 육체적, 정신적, 질병을 유발하는 죄와
관련되어 있음을 제시하고 있다.[24]

2) 쎄라퓨오

'쎄라퓨오'(θεραπευω)는 신약성경에서 43회가 나온다. 특히 마태복음
에서 16회, 마가복음에서 5회, 누가복음에서 14회, 사도행전에서 5
회가 나온다. 이것은 주로 '치료하다'는 의미로 사용되었다.[25] 영어
'쎄라피'(therapy)의 어원이 되는 단어로 의료의 치료나 치유를 포함한
다.[26] 원래 이 의미는 신들을 섬기는 것을 포함하여 여러 가지 종류
의 돌봄이나 섬김을 뜻한다.[27] 이것은 단순히 육체의 치료에만 그치

---

23) 박수암, "신약성경이 말하는 치유," 「그말씀 5월호」 287 (2013), 17. 이 단어는 다음과 같
   이 나타난다. 낫다(마 8:8, 13; 막 5:29), 고침을(마 13:15; 눅 6:17; 요 5:13), 병을 고치다(눅
   5:17; 요 4:47), 낫게(눅 6:19; 행 9:34), 고치다(눅 9:2, 11; 행 10:38), 나음을(벧전 2:24). 장
   보웅 편저, Logos Bible-Dictionary of The GreekBible (서울: 로고스, 1991), 35.
24) 예성신학정립 편찬위원회, 『예성신학의 이해와 신조 해설』, 430.
25) 박수암, "신약성경이 말하는 치유," 14.
26) 이 단어는 다음과 같이 나타난다. 고치다(막 1:34; 눅 4:23), 고치며(마 8:7), 병 고치는(마
   12:10, 15; 눅 6:7, 9:6), 고침을(눅 6:18, 8:2, 43; 행 28:9), 병 고쳐주다(눅 14:3), 병 낫다(요
   5:10; 행 4:14), 섬김을(행 17:25).
27) Thomas C. Oden, 『케리그마와 상담』, 이기천 · 김성민 역 (서울: 전망사, 1986), 170.

는 것이 아닌 영혼의 치료에도 해당이 된다.

3) 휘기아이노

'휘기아이노'(ὑγιαίνω)는 건강이 좋은 상태에 있다는 의미를 지니고 있다.[28] 이것은 육체나 정치, 종교적인 일들에 있어 건강한 상태, 그리고 건전한 상태를 나타낼 때 쓰였으며, 헬라어에서는 의료 용어의 기본적인 단어로도 사용되었다.[29]

4) 소조

'소조'(σῴζω)는 '구원하다', '보존하다', '상하게 하지 않게 지키다', '구제하다', '죽음으로부터 구원하다'를 의미하는 단어인데, 이것은 의료적 의미뿐만 아니라 다양한 의미로도 사용되었다. 또한 치료나 한 사람을 질병이나 죽음으로부터 구원한다는 의미로 쓰였으며, 몸을 구원하는 것이 전체 존재에 구원의 첫걸음이기 때문에 의미상으로 완전한 구원과 연결된다.[30] 이러한 단어들은 사복음서와 사도행전 등을 통해 신유가 일어나는 사역에 다양하게 사용되었다.[31] 특히 예수님이 행하신 신유는 단순히 육체적인 상태의 일시적 회복에 머물러 있지 않고 구원론적 의미를 담고 있어 주목된다.[32] 이와 같이 성경에 나타난 의미들을 살펴보면, 신유는 일반적으로는 단순한 육체

---

28) 이 단어는 다음과 같이 나타난다. 건강한(눅 5:31, 15:27), 강건하게(눅 7:10), 바른(딤전 1:10; 딤후 4:3; 딛 1:9), 온전하다(딛 1:13), 건강하다(요삼 2).
29) 예성신학정립 편찬위원회, 『예성신학의 이해와 신조 해설』, 431.
30) Morton T. Kelsey, 『치유와 기독교』, 122.
31) 예성신학정립 편찬위원회, 『예성신학의 이해와 신조 해설』, 431-432.
32) 차정식, "네가 낫고자 하느냐?," 「설교뱅크 11월호」 (2012), 7.

적인 질병의 고침만을 생각하는 것을 잘못된 것이며, 육체적인 치유뿐만 아니라 정신적이고 영적인 차원에서의 온전한 회복을 의미한다.[33] 다시 말하면, 성경에서 말하는 신유는 전인적인 치유를 말하고 있다.

예수님의 치유 상담 사역은 전인적인 치유 상담 사역이었다. 예수님은 영적인 질병으로서의 죄를 사하고, 귀신에 사로잡힌 자들을 해방함으로써 영적인 치유를 하셨다. 예수님은 하나님과 사람 사이에, 그리고 사람과 사람 사이에 깨진 관계를 회복시키심으로써 관계를 통한 치유 상담 사역을 하셨다.[34] 신약성경에서 말하는 예수님의 치유 상담을 통한 신유의 사례를 살펴보면 다음과 같다. 나병환자가 깨끗하게 됨(마 8:2-4; 막 1:40-45; 눅 5:12-15), 백부장의 종이 고침 받음(마 8:5-13; 눅 7:1-10), 베드로 장모가 고침 받음(마 8:14-15; 막 1:29-31; 눅 4:38-39), 군대 귀신 들린 자가 고침 받음(마 8:28-34; 막 5:1-20; 눅 8:26-39), 중풍 환자가 고침 받음(마 9:2-8; 막 2:1-12; 눅 5:17-26), 혈루병 여인이 고침 받음(마 9:20-22; 막 5:24-34; 눅 8:43-48), 회당장의 딸이 살아남(마 9:23-26; 막 5:23; 35-43; 눅 8:49-56), 눈먼 두 소경이 고침 받음(마 9:27-31), 손 마른 환자가 고침 받음(마 12:9-13; 막 3:1-5; 눅 6:6-11), 소경으로 귀신 들린 자가 고침 받음(마 12:22-23; 눅 11:14), 귀신 들린 가나안 여자가 고침 받음(마 15:21-28; 막 7:24-30), 귀신 들린 간질병 아이가 고침 받음(마 17:14-21; 막 9:14-29; 눅 9:37-43), 눈먼 사람이 고침 받음(마 20:29-34; 막 10:46-52; 눅 18:35-43), 귀신들린 자가 고침 받음(막 1:23-27; 눅 4:33-36), 귀먹고 벙어리 된 자가 고침 받음(막 7:31-37), 소경이 고침 받음(막 8:22-26), 벙어리 귀신 들린 자가 고침 받음(막 9:14-29), 막달라 마리아의 일곱 귀신을 쫓아내심(막 16:9; 눅 8:2), 과부의 아들을 살려 주심(눅

---

33) Mark Pearson, 『치유의 은사를 베푸시는 하나님』 윤수민 역 (서울: 은성사, 1996), 29.
34) 정성욱, "성령과 치유,"「그말씀 6월호」276 (2012), 83.

7:11-16), 18년 동안 등이 굽은 여인이 고침 받음(눅 13:10-17), 수종병 환자가 고침 받음(눅 14:1-6), 열 명의 나병환자가 고침 받음(눅 17:11-19), 대제사장 하인의 귀를 고침 받음(눅 22:50-51), 왕의 신하 아들이 고침 받음(요 4:46-54), 38년 된 환자가 고침 받음(요 5:1-15), 선천성 눈먼 자가 고침 받음(요 9:1-12), 나사로의 병이 고침받음(요 11:1-45) 등이다.

병자들을 볼 때, 예수님은 전형적인 위로자가 되시면서 근본적인 치유자가 되셨다. 치유상담자로서의 예수님의 첫 번째 중요한 치유상담의 기본원리는 인간 자체에 최고의 가치를 두셨다. 예수님은 사람의 가치를 조직이나 가치나 도덕적 가치나 혹은 다른 어떤 가치보다는 더 높이 보셨다.[35] 더욱이 당시 예수님은 대중의 지탄받았던 세리들과 인간사회 속에서 소외 받았던 많은 사람이 예수님의 말씀을 들으려고 예수님께 가까이 나아올 때 이들을 환영하고 같이 식사하는 예수님을 향하여 당시 종교 지도자들이었던 바리새인과 율법 학자가 수군거리는 비웃음에 예수님은 잃은 양을 찾는 비유를 말씀하시면서 한 사람의 인간 가치는 천하보다 귀하다고 교훈으로 말씀하셨다(마 15:24; 막 18:12-14; 요 21:15-19). 예수님의 이러한 치유 상담의 원리는 내담자인 인간 자체에 최고의 가치를 둔 것임을 알 수 있을 것이다.[36]

치유상담자로서의 예수님의 두 번째 치유 상담의 기본원리는 내담자의 근본적인 원인을 다루었다. 사실 내담자는 스스로 선택과 결단을 기다리고 있다. 특히 민족적인 차별을 받았던 이방인을 멸시하는 유대인의 우월감과 종교적인 최고의 위치에서 율법을 가리키는 지도자로서 자만심으로 사람들을 대할 때 교만으로 대하며 더욱이 예

---

35) Carroll A. Wise, 『목회상담』, 이환신 역 (서울: 대한기독교서회, 1969), 146.
36) 송중복, "예수의 상담원리 연구: 비지시적 상담을 중심으로," (고려대학교 교육대학원, 석사학위논문, 1976), 13-15.

수님에 대하여 적개심을 강렬하게 느끼는 한 율법사가 예수님을 찾아온 상담이다. 예수님은 공격적인 내담자를 정면으로 공격하지 않고 그 사람의 입장으로 그의 문제를 반문함으로써 내담자의 마음 문을 열고 바람직한 치유 상담이 이루어지도록 대화를 이끌어 가셨다. 그리고 내담자를 긍정적으로까지 격려하셨다.[37] 그리고 치유상담자로서의 예수님은 내담자가 스스로 이전의 사실에 대하여 새로운 각도로 지각하도록 문제의 근본적인 원인이 무엇인지를 암시한 뒤에 스스로 선택과 결단을 하도록 기다리셨다.[38]

치유상담자로서의 예수님의 세 번째 중요한 치유 상담의 기본원리는 십자가의 끝없는 용서와 사랑이었다. 예를 들면, 요한복음에 나타난 예수님과 갈릴리 바다의 어부 베드로와의 치유 상담에서 이러한 사실을 발견할 수 있다. 예수님의 십자가 사건으로 인해 그에 대한 베드로의 기대가 무너졌을 때 그는 예수님을 따르기 전의 어부로 돌아갔다. 더욱이 그가 가야바의 법정에 끌려갔을 때 일찍이 서서 구경하다가 한 비자가 이 사람이 나사렛 예수와 함께 있었다며 말하자 예수님을 모른다고 세 번이나 부인하게 되었다. 그 후, 갈릴리 해변에서 부활하신 예수님을 만나 네가 나를 사랑하느냐 세 번의 질문을 받게 되었는데, 여기서 예수님은 자신의 사랑을 자기를 부인했던 베드로에게 접근한 것을 보게 된다.[39] 이처럼 예수님과 베드로의 치유 상담에서 예수님이 순수한 사랑의 그의 감정을 세 번씩이나 같은 호소를 했을 때 내담자는 지난 날 세 번씩이나 예수님을 부인한 사실을 새롭게 기억하며 상담자의 꾸밈없는 사랑의 동기에 스스로 깊은 반성을 하게

37) 김상복, "목회에 있어서의 목회상담을 통한 전인치유사역," 「개혁주의 교회성장」 3 (2008), 76.
38) 송중복, "예수의 상담원리 연구: 비지시적 상담을 중심으로," 13-14.
39) 김상복, "목회에 있어서의 목회상담을 통한 전인치유사역," 77.

되었다. 이러한 치유상담자의 도덕적인 선과 악의 범주를 초월한 끝 없는 십자가의 용서와 사랑에서 내담자의 자연발생적인 반성이 가능 하게 되었고, 이러한 기회로 인하여 한 평생 치유상담자의 길을 선택 하고 결단하게 되었던 올바른 치유 상담의 결과를 가져다주었다.[40]

또한 사도행전에 기록된 사도들의 치유 상담을 통한 열두 가지의 신유의 사례들을 찾아볼 수 있다. 특히 예수님께서 신유하셨던 가 장 보편적인 질병은 일반적으로 귀신 들림이었다. 사복음서에 나타 난 치유상담자이신 예수님의 신유를 살펴보면, 그 내담자의 대상들 은 악한 영에 사로잡혀 있는 귀신 들림이나 문둥병 환자나 중풍 병 자, 손 마른 자 등 질병의 종류가 다양하였으며, 개인이나 단체, 아이 와 어른, 남자와 여자 구분하지 않았으며, 장소 역시 구별하지 않았 다.[41] 예수님은 병자라면 누구든지, 또한 어디에서든지 신유를 위한 치유상담자가 되신 것이다.

III. 치유 상담 선교 방법론의 대안인 신유에 대한 이해

1. 존 웨슬리의 신유를 통한 치유 상담 선교

웨슬리는 킹즈우드(Kingswood)에 사는 여인을 위해 기도하였는데, 그 결과로 병 고침을 받았다. 그는 질병에서 고통당하는 자들을 위해 기도했으나 그의 주된 관심사는 하나님의 능력을 통한 신유가 아니 었다. 오히려 그는 진료소를 통한 치유와 기초의학 지식을 통한 건강

---

40) 송중복, "예수의 상담원리 연구: 비지시적 상담을 중심으로," 18.
41) 예성신학정립 편찬위원회, 『예성신학의 이해와 신조 해설』, 440.

회복에 주력하였다. 특히 웨슬리는 교도소와 도시의 하층민을 위한 선교사역에서 민간요법을 통한 치유를 실행하기도 하였다.[42] 이미 웨슬리는 성결 운동을 통해 신유의 역사가 일어나고 있음을 보고하고 있으며, 신학적으로 그리스도를 영육의 의사로 이해하며, 성경을 치유의 광선으로 묘사하기도 한다. 또한 실천적인 영역이라 할 수 있는 치유는 성도들의 건강을 위한 운동과 규칙적인 생활을 강조하는 각종 처방책을 제시할 뿐만 아니라 빈곤층을 위한 병원 설립에도 앞장섰다. 웨슬리의 신유를 통한 치유 상담 선교는 신유만을 위한 특정 모임이나 신비주의적 운동을 비판하면서도 신유 자체를 하나님의 구원 사역으로 인정한다.[43] 또한 보편적인 신유로서 자연적, 의학적 치유를 긍정적으로 인정할 뿐만 아니라 하나님의 초자연적인 능력에 의한 치유에 대해서도 개방적이다. 이러한 특별한 의미에서 신유는 인간의 이성이나 자연법칙에 의한 설명으로는 해명되지 않는 기적으로 창조와 구원, 그리고 치유의 하나님께 속하는 것이다.[44]

이러한 육체의 치유로서 신유를 하나님의 구원 사역으로 받아들이는 한국성결교회는 온전한 구원과 전인적 구원을 지향한다. 더불어 육체를 치유하시는 하나님(Healing God)의 온전한 구원의 사역을 강조하는 한국성결교회의 구원론은 인간과 자연의 치유를 신학적 담론으로 삼고 있는 현대 생태 신학의 조류에 부합 하며 더 깊은 대화와 협력이 요구된다.[45]

---

42) 성결교회와 역사연구소 편, 『신유』, 16-17. 서울신학대학교 역사신학 교수 박명수는 웨슬리는 신유를 부정하지는 않았지만 그의 주된 관심사가 신유보다 약을 통한 치유였기 때문에 웨슬리를 신유 제창자로 볼 수 없음을 주장하였다. 정상운, "사중복음의 역사적 유래," 「한국성결교회와 사중복음」 (1998, 11월), 55.
43) 서울신학대학교 성결교회신학연구위원회, 『성결교회신학개요』, 94.
44) 서울신학대학교 성결교회신학연구위원회, 『성결교회신학개요』, 94-95.
45) 서울신학대학교 성결교회신학연구위원회, 『성결교회신학개요』, 95.

따라서 육체의 치유는 몸에 대한 하나님의 사랑을 의미하며, 이것은 인간의 육체가 처해 있는 구체적인 환경의 치유와도 직결되기 때문이다. 그래서 한국성결교회의 온전한 구원은 인간의 유기체적 환경의 한 요소인 정치와 사회 영역에서의 하나님의 치유사역도 함께 언급한다.[46] 21세기 한국성결교회는 선교 현장과 목회 현장에서 웨슬리의 신유를 통한 치유 상담 선교를 함에 있어 의료와 교육, 사회복지 사업과 아울러 하나님의 신유를 다시 한번 강조함으로써 기독교적인 영성을 되살리는 사역이 필요할 것이다.[47]

2. 앨버트 심슨의 신유를 통한 치유 상담 선교

한국성결교회와 깊은 연관이 있는 미국 기독교선교연합회(Christian & Missionary Alliance)의 창설자인 심슨(Albert B. Simpson, 1843~1919)은 어린 시절부터 질병으로 인해 고생하였다. 14세에는 죽음의 지경에 이른 적도 있었고, 심장질환으로 인해 주머니에는 항상 약을 가지고 다닐 정도였다.[48] 그가 첫 목회지인 켄터키 루이빌에서 1874년부터 6년간 목회했으나 건강이 몹시 약했다. 뉴욕 13번가 장로교회에서 목회할 때도 내적으로는 교회의 문제로, 육체적으로는 건강의 악화로 위기를 겪기도 하였다.[49] 뉴욕의 유명한 의사는 심슨에게 생명이 몇 달밖에 남지 않았다고 말했다. 그는 1881년 여름 동안 사라토 온천장에서 휴식을 취하였으며, 몇 주 후에 가족과 함께 공기 좋고, 모든 대

---

46) 서울신학대학교 성결교회신학연구위원회, 『성결교회신학개요』, 95.
47) 노윤식, "사중복음의 선교 신학적 고찰," 「한국성결교회와 사중복음」 (1998, 11월), 149.
48) A. E. Thompson, A. B. Simpson (Harrisburg: Christian Publication, 1960), 73.
49) Keith M. Bailey, Bringing Back the King (Nyack: Christian and Missionary Alliance, 1985), 3-4.

서양 해변가 가운데서도 가장 좋은 곳으로 알려진 메인주 올드 오차드 해변(Old Orchard Beach)으로 휴양을 떠났다.[50]

마침 그곳에서 보스턴의 의사요, 19세기 미국 신유 운동의 중심인물이었던 찰스 컬리스(Charles Cullis)[51] 박사가 집회를 인도하고 있었다. 그는 이 신유 집회에 참석하여 많은 사람으로부터 신유에 대한 간증을 듣게 되었다.[52] 그러나 심슨은 신유에 대한 분명히 확신을 갖지 못하였다. 그는 하나님께 그 문제를 물었고, 성경에서 그 해결책을 찾기 시작하였다. 그런 가운데 그가 숲속에서 기도할 때 성령은 말씀 가운데서 그에게 신유에 대한 진리에 분명한 확신이 있었고, 그 순간 자기의 육체의 질병이 치유되는 신유를 체험하게 되었다.[53]

이러한 신유의 체험으로 인해, 1881년 11월 7일에 뉴욕 13번가 장로교회를 사임한 심슨은 칼빈주의 장로교 목사로서 신유 체험으로 신유가 사도 시대에 일어난 일시적인 은사가 아니라 지금도 계속해서 일어나고 있다는 확신이 있었다.[54] 이후 1884년, 심슨은 볼트만이 영국에서 개최한 '국제 신유 및 성결 집회'(International Conference on Divine Healing and True Holiness)에 참여하게 되는데, 이 집회에서 그는 예수 그리스도를 구원자와 성화케 하시는 자뿐만 아니라 치유자임을 간증하였다.[55]

---

50) A. E. Thompson, *A. B. Simpson*, 74-75.
51) 컬리스는 영국의 죠지 뮬러(George Muller)의 '믿음의 기도'와 미국의 찰스 피니(Charles. G. Finny)의 '효과적인 기도, 또는 뚜렷한 목표를 향한 기도'(Effectual Prayer or Pray for A Definite Object)의 영향을 받아 '믿음의 치유'(Faith Cure)의 길을 열어 놓았다. 컬리스는 야고보서 5:14-15의 말씀을 근거로 하여 병자를 위한 치유 사역을 시작하였다. 김동수 · 차준희, 『효와 성령』 (서울: 한들출판사, 2002), 320.
52) 성결교회와 역사연구소 편, 『신유』. 21.
53) A. E. Thompson, *A. B. Simpson*, 72-78.
54) Charles Edwin Jones, *A Guide to Study of the Holiness Movement* (Metuchen: the Scarecrow Press, 1974), 498.
55) A. E. Thompson, *A. B. Simpson*, 64.

그는 신유에 대하여 말하기를, "신유는 하나님의 초자연적인 신적 능력이 인간의 육체 속에 주입(infused into human bodies)됨으로써 원기를 회복시키는 것이며, 육체의 연약하고 아픈 부분을 하나님의 생명과 능력을 통하여 회복시키는 것이다."라고 정의하고 있다.[56] 이러한 신유는 부활하신 그리스도께서 영과 육을 포함한 통전적인 구원을 보여주는 사건이기 때문에 신유의 복음은 온전한 구원을 보여주는 온전한 복음으로 강조하였다.[57] 그는 신유를 예수 그리스도의 생애와 관련된 그리스도의 구속 사역의 일부로 이해하였다.[58] 그리고 그리스도의 십자가 죽으심과 부활을 영적인 차원으로만 국한하지 않고 육체를 포함한 영과 육의 전인적 구원으로 이해하였다.[59] 그는 의학적인 치유 수단에서 앞서 신유를 우선하는 특징을 말하면서 신유는 의학적 수단이 아님을 강조하고 의학적 치유 방법도 나름대로 제한된 가치를 갖고 있음을 인정하였다.[60] 이렇게 그는 『치유 사역』(The Ministry of Healing)이라는 책을 써서 신학적인 이해를 넓히려고 노력하였다. 그의 이러한 신유 사역은 당시에 실제적인 사역뿐만 아니라 신학적인 기초를 세움으로 한 층 신유 신학이 발전하는데 기초를 제공하였다.[61] 따라서 오늘날 다양한 문화 속에서 앨버트 심슨의 신유를 통한 치유 상담 선교는 예수 시대와 초대교회, 그리고 오늘날에도 계속해서 일어나고 있으며, 예수 그리스도는 우리의 질병을 치유하시는 분으로 강조하여 증거해야 할 것이다.

---

56) Albert B. Simpson, *The Four-Fold Gospel* (New York: Christian Alliance Publishing, 1925), 56.
57) Albert B. Simpson, *The Gospel of Healing* (Harrisburg: Christian Publication, 1915), 7.
58) Albert B. Simpson, *The Gospel of Healing*, 32.
59) Albert B. Simpson, *The Gospel of Healing*, 7.
60) Albert B. Simpson, *The Gospel of Healing*, 68.
61) 예성신학정립 편찬위원회, 『예성신학의 이해와 신조 해설』, 442-444.

3. 나까다 쥬지의 신유를 통한 치유 상담 선교

심슨의 신유 신학은 초기 동양선교회 창립자들에게 지대한 영향력을 끼쳤다. 동양선교회는 미국의 찰스 카우만 선교사와 일본의 나까다 쥬지(中田重治, 1870~1939)[62]가 협력하여 세운 선교단체이다. 초기 동양선교회는 쥬지가 원래 미국 북 감리교회 전도사였다가 미국 무디 성서학원(Moody Bible Institute)에서 신학을 공부한 후 카우만 선교사와 함께 일본으로 귀국하여 1901년 4월에 도쿄에 중앙복음전도관과 성서학원을 열면서부터 시작되었다. 그는 성서 교실과 전도 집회를 개최했으며, 일본 각지를 다니면서 전도하였다.[63]

이런 쥬지는 신유에 대하여, "첫째, 신적인 치유로 순간적으로 하나님의 능력으로 병자가 치유되는 것을 말한다. 둘째, 영적인 것만을 추구하는 기독교에 있어서 육신의 질병을 치유하는 신유가 하찮은 것만은 아니다. 그것은 그리스도께서 복음을 전하셨고, 백성들의 질병을 치유하셨기 때문이다. 셋째, 교회가 물질주의적 현대사상과 과학 문명으로 인해 하나님의 능력을 부정하고 신유의 이적을 미신과 이단으로 규정하여 타락하였으나, 사도 시대는 신유를 가르쳤기 때문에 부흥되었다."라고 하였다.[64] 따라서 쥬지의 신유를 통한 치유 상담 선교는 순간적으로 하나님의 능력으로 병자가 일어나는 것을

---

62) 나까다 쥬지는 1870년 10월 27일 일본 아오모리 현 히로사끼 시에서 아버지 헤이사쿠와 어머니 센다이의 셋째 아들로 태어나 5세에 아버지를 잃고 홀어머니 밑에서 자랐다. 17세 때 히로사끼 감리교회에서 동오의숙의 교장이며, 일본 감리교회 초대 감독인 혼다 목사로부터 세례를 받았다. 1891년 미국으로 건너가 무디성서학원에 입학하였다. 그곳 은혜감리교회에서 찰스 카우만을 만나 동양선교의 의견을 나누고 성결에 대한 설교를 들었다. 이응호, 『한국성결교회 논집』 (서울: 성청사, 1987), 69-71.
63) 土肥昭夫, 『일본기독교사』 김수진 역 (서울: 기독교문사, 1991), 153.
64) 성결교회와 역사연구소 편, 『신유』 25.

말한다. 이러한 질병의 고침은 전적인 하나님의 능력을 믿음으로 치유될 수 있기에 초대교회와 같이 신유를 통한 치유 상담 선교의 사명을 오늘날 교회가 감당해야 할 것이다.[65]

4. 찰스 카우만의 신유를 통한 치유 상담 선교

동양선교회의 창설자인 카우만(Charles E. Cowman, 1868~1924) 선교사는 심슨에게 신유 신학의 영향을 받았다. 그는 회개와 신앙에 기초를 둔 속죄 가운데 신유의 준비를 발견하였고, 그의 질병은 과로로 인해 주어졌다는 자신의 믿음을 반복하였다.[66] 따라서 카우만의 신유를 통한 치유 상담 선교는 영혼뿐만 아니라 육체에 대한 완전한 치유를 의미하는 전인적인 구원을 의미하기 때문에 회개와 믿음에 기초하여 속죄 안에서 신유가 날마다 강조해야 할 것이다.[67]

5. 에네스트 킬보른의 신유를 통한 치유 상담 선교

킬보른(Ernest A. Kilbourne, 1865~1928) 선교사는 1865년 3월 13일 캐나다 온타리오의 나이가라에서 태어났다. 그는 동양선교회 창립자 중에 제일 늦게 참여하였다. 카우만과 사사오 데츠사브로 보다 3살, 쥬지보다는 5살이 많았다. 그러나 항상 조용한 성격이었던 그는 결코 자기를 더러 내지 않고 묵묵히 맡겨진 일을 감당하였다. 그 뒤에 그는 네바다(Nevada)주에서 시카고(Chicago)로 자리를 옮겨서 직장생활을 하

---

65) 예성신학정립 편찬위원회, 『예성신학의 이해와 신조 해설』, 450.
66) Robert D. Wood, *In These Mortal Hands* (Greenwood: OMS International, 1983), 30-31.
67) 예성신학정립 편찬위원회, 『예성신학의 이해와 신조 해설』, 446.

는 중에 카우만을 만나게 된다. 그와 만남은 킬보른의 생애에 큰 전환점을 갖게 만들어 주었다.[68]

그는 신유에 대하여 말하기를, "첫째, 예수 그리스도께서는 오늘날에도 병을 고치신다. 둘째, 질병의 고침은 예수께서 행하신 역사의 대부분으로서 그가 오신 이유의 일부분이다. 셋째, 질병 가운데 어려움을 당할 때 세상 의원의 도움을 구하기 전에 하나님께 먼저 나아가야 한다. 마지막으로 넷째, 교회에서 신유의 역사를 행할 때 사용한 세 가지 방법은 신유의 은사를 가진 자나 장로들의 기도, 그리고 자기 자신의 간절한 기도이다."라고 하였다.[69] 따라서 킬보른의 신유를 통한 치유 상담 선교는 예수님의 지상 사역 중 대부분을 차지하는 것으로 질병을 고친 일이 예수님이 이 땅에 오신 이유의 일부분이었다. 그러나 복음의 단순성으로 돌아가 오늘날에도 하나님이 질병을 치유하신다고 주장해야 하며, 신유를 구원의 결과와는 연관시키지 않아야 할 것이다.[70]

6. 김상준의 신유를 통한 치유 상담 선교

김상준(金相濬, 1881~1933) 목사는 1921년 출간한 『사중교리』(四重敎理)라는 책에서 신유에 대하여 말하기를, "첫째, 신유는 의약을 쓰지 않고 다만 믿음으로 기도하여 병 고침을 받는 일이다. 둘째, 신유는 순전한 진리요, 미신이나 사마의 능력이 아니다. 만일 신유가 미신이 되면 사죄를 믿는 신앙도 동일한 미신이라고 할 수 있다. 마지막으로

68) 박명수, 『초기한국성결교회사』 (서울: 대한기독교서회, 2001), 151-152.
69) E. A. Kilbourne, "東洋宣敎會가 가라치는 사중복음(三)," 「活泉」 78 (1929), 16.
70) 정상운, 『한국성결교회사(I)』 (서울: 은성, 1997), 191.

셋째, 신유는 타물을 일체 의지 하지 않고 하나님만 의뢰하며 세상의 의약을 사용치 않는 것을 말하나, 병든 자의 신앙에 따라서 행해져야 할 것이며, 절대적으로 금하는 것이 아니다. 따라서 의약을 의지하는 자들을 대하여 비평하지 말아야 한다."라고 하였다.[71] 따라서 김상준의 신유를 통한 치유 상담 선교는 오로지 믿음으로 기도하여 병고침을 받는 것뿐만 아니라 좀 더 유연성을 가지고 의약을 사용할 수 있다는 것을 열어 놓고 있다는 것이다.[72]

7. 김응조의 신유를 통한 치유 상담 선교

성결대학교 설립자 영암(靈岩) 김응조(金應祚, 1896~1991) 목사는 신유를 체험한 것으로 널리 알려져 있다. 그는 1920년 10월에 첫 임지인 강원도 철원교회 시무를 시작으로 1926년 4월에 목사 안수를 받고, 1930년 5월 목포로 내려가기까지 10년 동안 70여 교회를 개척하고 북부지방 감리 목사와 만주 봉천을 중심으로 하여 만주 전도 등 자신의 건강을 돌볼 겨를 없이 복음 사역에 혼신을 다했다. 하나님의 사명에는 성공을 했지만 그의 심신은 지칠 대로 지쳐 있었고, 자신도 모르는 사이에 심각한 질병에 시달리고 있었다.[73] 그는 교단 본부의 배려로 인해 목포지역에서 폐렴으로 요양하면서 목포교회에서 목회 활동을 하였다.[74] 하지만 열악한 환경으로 그의 병은 더욱 깊어졌다. 그런 절망적인 상황에서 1930년 9월 10일 유달산을 찾아 아침

71) 金相濬,『四重教理』(京城: 東洋宣教會 聖書學院, 1921), 65.
72) 조갑진,『신약과 성결교회』(서울: CLC, 2007), 149.
73) 김응조 목사의 7가지 질병은 신경쇠약, 소화불량, 폐병, 피부병, 신경통, 치질, 종기이다.
74) 한국성결교회연합회 신학분과위원회 편,『이명직 · 김응조 목사 생애와 신학사상』(서울: 도서출판 바울서신, 2002), 157.

5시부터 저녁 7시까지 100일 동안을 기도하였다. 넓은 바위가 갈라지며 그 안에서 옥백수 같은 생수가 돌아서 올라와 그가 앉은 자리까지 넘쳤고, 그의 마음에 무엇인가 꽉 찬 느낌을 받았다. 그 순간 하나님께서 그의 몸을 보여주셨는데 몸이 유리알 같이 맑아졌으며, 정신을 차려보니 환상이었다. 그때부터 그의 마음과 몸에 큰 변화가 생겼는데, 마음에는 기쁨과 사랑, 능력과 소망이 솟아올랐다. 그는 감사의 기도를 올리며 일어서니 심신이 뜨거워졌고, 뛰면서 찬송을 부르며 감사하였다. 그는 이러한 신유 체험을 통해 성대가 완전하게 되어 설교를 많이 해도 목이 변하지 않는 복을 누렸다.[75] 또한 그는 서울 행촌동에서 성결교신학교(현재 성결대학교)를 지으면서 과로로 목에 혹이 났었는데, 하나님께 기도하여 치유 받았다. 이것뿐만 아니라 여러 질병에서 치유 받음으로써 신유의 능력을 체험하였다.[76] 그가 신유를 체험한 후에 새로운 능력을 받아 백일 동안 새벽기도, 낮 성경 공부, 밤 구령회 등 대 부흥회를 인도한 것도, 그리하여 10명의 성도에서 120명으로 배가시킨 것도 육신의 구원을 통하여 영혼이 새 힘을 얻게 된 결과이다.[77]

그는 신유에 대하여 말하기를, "첫째, 의약을 쓰지 않고 믿음의 기도를 통하여 병자를 침상에서 일으키는 능력을 신유로 정의한다. 둘째, 모든 질병으로부터 치유권은 하나님께만 있고, 인간의 의학적인 기술과 간호는 보조적이다. 마지막으로 셋째, 질병의 원인이 죄의 경우에는 주께서 먼저 죄를 사해주시고, 그 결과인 병까지 사해주신

---

75) 김응조, 『황야의 과객』 (서울: 성청사, 1968), 237-238.
76) 홍종국, 『영암 김응조 목사의 성결·성화론: 나는 심령이 살았다』 (서울: 한들출판사, 2011), 127-128.
77) 김응조, 『은총 90년』 (서울: 성광문화사, 1983), 50.

다."라고 하였다.[78]

또한 김응조는 수많은 그의 설교에서도 치유에 대하여 강조하고 있다. 그중에 『사막의 생수』라는 그의 저서를 보면, 치유 설교에 대하여 말하기를, "나의 고백이라는 설교에서 성령은 내 상한 심령을 치료하셨다."라고 설교하였다.[79] 그리고 하나님의 말씀은 심령의 병든 자를 치유하시며, 영과 육, 혼을 치료하신다고 설교하였다.[80] 그는 『하늘의 만나』라는 저서에서도 "하나님의 말씀으로 마음의 병적인 것을 발견하고 말씀으로 수술하여 심령을 고쳐야 한다."라고 설교하였다.[81] 이렇게 예배에서 치유 설교의 비중은 매우 크기 때문에 설교 중에 영적 치유와 내적 치유, 그리고 귀신 추방당하는 역사가 강하게 일어나며, 육체적 치유도 따라온다.[82] 따라서 김응조의 신유를 통한 치유 상담 선교는 육체적 치유뿐만 아니라 몸과 마음, 영혼과 마음의 치유까지도 포함하며, 하나님의 보호하심으로 연약한 몸을 가지고도 병들지 않고 건강을 유지하는 것을 포함하고 있다. 즉, 병들지 않고 건강한 것 또한 하나님의 능력이 수반되는 치유의 행위라고 보는 것이다.[83]

8. 이성주의 신유를 통한 치유 상담 선교

성결대학교 조직신학 교수였던 이성주(李成周) 목사는 신유에 대하여 말하기를, "신유를 일반 신유와 특별 신유로 구분하여 해석하는

---

78) 金應祚, 『聖書大講解 12권』 (서울: 성청사, 1981), 218-221.
79) 김응조, 『사막의 생수』 (서울: 성청사, 1969), 22-23.
80) 김응조, 『사막의 생수』, 293.
81) 김응조, 『하늘의 만나』 (서울: 성청사, 1976), 357.
82) 박형렬, 『통전적 치유목회학』 (서울: 도서출판 치유, 1994), 441-442.
83) 이성주, 『조직신학 제3권』 (서울: 문서선교 성지원, 1989), 120.

것이 성경적이다. 첫째, 일반 신유는 하나님의 보호로 연약한 몸을 가지고 병들지 않고 건강하게 생활하는 것이다. 그러므로 인간의 육체가 각종 병균으로부터 침해를 받아 가면서도 질병에 걸리지 않고 하루하루 건강하게 살아가는 것은 신유의 이적이라고 생각할 수 있다. 둘째, 특별 신유는 하나님의 능력을 믿고 기도함으로써 병 고침 받는 것을 의미한다. 신유는 하나님의 초자연적인 능력이 병자에게 임함으로 이루어지는 것으로 치유를 받은 병자 자신도 설명하기 어려운 오묘한 진리이며, 하나님의 권한에 속한 신비한 복음이라 할 수 있다. 이와 같이 특별 신유의 역사는 하나님의 능력으로 치유되는 것이다."라고 하였다.[84] 따라서 이성주의 신유를 통한 치유 상담 선교는 인간의 영혼과 몸을 치유하기 위한 것인데, 그것은 예수님의 복음이 치유하는 복음이기 때문에 신유의 역사는 복음과 같이 주님 오실 때까지 계속 치유될 것이다.[85]

9. 영산 조용기의 신유를 통한 치유 상담 선교

여의도순복음교회 원로 목사였던 영산(靈山) 조용기(1936~2021)는 1936년 경남 울산 울주군에서 태어났다. 그는 5남 4녀 중 맏아들로 태어났는데, 그 시기 한국인들이 가진 한학, 유교, 불교 지식을 가지고 있는 아버지에게 자라났다. 17세가 된 고등학교 2학년 때 그는 각혈로 인해 쓰러져 폐결핵 진단을 받았다. 이때 의사는 그에게 3개월의 시한부 선고를 내렸다. 당시 6.25 전쟁의 전후 시기에 한국적 상황으로 그 병은 죽음에 이르기 쉬운 병이었다. 이때 한 소녀가 그를 찾

---

84) 이성주, 『성결교회 신학』 (서울: 문서선교 성지원, 2004), 175-177.
85) 이성주, 『성결교회 신학』, 179.

아와 전도했는데, 그 소녀는 학교 수업이 끝나면 그에게 와서 눈물을 흘리며 기도해 주었고, 전도하였다. 그는 그 소녀를 통해 하나님의 사랑을 느꼈으며, 그 소녀가 준 성경을 읽고 폐결핵으로부터 치유를 받게 되었다.[86] 그래서 영산의 신유는 그가 병과 계속해서 싸웠고 아픔과 서러움을 이해하고 알기 때문에 아픈 사람들의 심정을 알 수 있었다.[87]

영산은 신유에 대하여 말하기를, "첫째, 신유는 하나님께서 초자연적이고 신적인 능력으로 병든 사람을 고치는 것이다. 하나님께서는 마음의 상처와 육체의 연약함, 질병을 치유할 수 있는 분이시다. 신유는 하나님께서 그 능력으로 우리의 영혼과 육체를 새롭게 만들어 주시는 하나님의 치유 사역이다. 둘째, 신유는 성 삼위일체 하나님의 사역이다. 신유는 인간의 논리적인 이론이나 힘으로 만들어 낼 수 있는 것이 아니다. 신유는 하나님께서 계획하시고 행하시는 사역이다. 하나님께서는 이스라엘 백성들을 가나안 땅으로 인도하실 때 '나는 너희를 치료하는 여호와임이니라'고 말씀하셨다(출 15:26). 예수님께서도 사역의 많은 시간을 병든 사람들을 치유하시는 데 사용하셨다. 또한 성령님께서도 병든 사람을 고치신다. 셋째, 신유는 예수님께서 이루신 구속 사역의 일부이다. 예수님께서는 단순히 우리의 영혼 구원만을 위해서만 아니라 생활의 축복, 육체적인 건강도 주시기 위해 고난을 받으셨다. 예수님은 우리의 육체적 연약함과 질병을 없애기 위해 채찍을 맞으시고 몸이 찢기신 것이다. 그래서 우리가 건강하게 살며 주님의 능력으로 치유함을 받는 것은 예수님의 구속 사역의 결과라고 말할 수 있다. 마지막으로 넷째, 신유는 하나님께서 값없이 주

---

86) 조용기, 『신유론』(서울: 서울말씀사, 2001), 48.
87) 조귀삼, 『영산 조용기 목사의 교회성장학』(군포: 한세대학교출판부, 2011), 124.

시는 은혜이며 선물이다. 신유는 돈으로 살 수 있는 것이 아니다. 예수님을 믿음으로 구원을 받듯이 우리가 믿음으로 주님께 나아갈 때 하나님께서 우리들의 영혼과 병든 육체를 치유해 주신다."라고 하였다.[88] 영산의 신유는 예수님께서 이루신 구속 사역의 일부이며 하나님께서 값없이 주시는 은혜이며 선물이라고 보았다.[89] 따라서 영산의 신유를 통한 치유 상담 선교는 의약적 치료가 아닌 순수한 하나님의 도움으로 치유를 받는 것인데, 특히 선교 현장이나 목회 현장에서 현대의학으로는 도저히 고칠 수 없는 질병은 전적인 하나님의 치유 손길이 필요한 것이다.[90]

IV. 한국교회의 신유를 통한 치유 상담 선교방법론

점차 증가하고 있는 육체적, 심리적, 영적, 사회적 문제를 가지고 있는 한국교회 신자들을 교회가 어떻게 사명 감당해야 하는지의 문제는 현대교회가 갖고 있는 심각한 과제이다. 교회는 병원이 아니고, 상담소 및 심리 치유소가 아니라는 이유로 인해 이들을 무책임과 무관심 속에서 방치할 수가 없다. 이에 대한 분명한 대안을 가지고 있어야 한다.[91]

그래서 예수교대한성결교회『헌장』제2장에 보면, 신유에 대하여

---

88) 조용기,『목사님 병고침은 어떻게 해야 받을 수 있나요?』(서울: 서울말씀사, 2002), 8-11. 조용기,『신유론』, 9-75. 이충웅, "요가 치료에 대한 대안으로 조용기 목사의 신유,"「영산신학저널」24 (2012), 219-220.

89) 조용기,『병을 짊어지신 예수님』(서울: 서울서적, 1991), 11.

90) 조용기,『오중복음과 삼중축복』(서울: 서울말씀사, 2001), 126-66.

91) 전요섭, "100년 한국성결교회의 목회분석과 전망,"「영암국제학술회의 논문집」2 (2000), 93.

말하기를, "제6절 신유, 제17조 우리는 예수 그리스도의 속죄로 말미암아 하나님의 능력으로 육체의 질병을 고쳐주시는 신유(神癒)를 믿는다. 1. 신유의 뜻 : 신유라 함은 하나님의 보호로 육신이 항상 건강한 것과 병날 때에 하나님께 기도함으로써 병 고침을 받는 경험을 이름이니, 이는 하나님의 뜻이며(마 8:2-3), 하나님의 약속이며(출 15:26; 신 7:15; 약 5:15), 하나님의 능력의 역사이다(시 103:3). 2. 신유에 대한 태도 : 신유는 현재 신자의 육체에 임하는 그리스도 구속의 은총 일부로서, 주님 친히 채찍에 맞으심으로서 모든 사람의 질병을 맡으신 것이다(사 53:4-5; 마 8:17). 주님 세상에 계실 때에 많은 병자가 고침을 받았거니와, 주님 고난 받으신 후 이 초자연적인 신유의 역사는 세계 각처에서 계속하여 나타나고 있으니, 신자들은 마땅히 병날 때 회개와 믿음과 기도로 이 은혜를 받을 것이며(약 5:16-17), 또는 전도할 때 이 은혜를 증거하며, 이 은혜가 나타나기 위하여 기도할 일이다(행 4:30). 3. 신유와 의약 : 신유는 의약을 쓰지 않고 오직 하나님의 전능하심과 그 약속의 말씀을(출 15:26) 믿고 기도하여 고침을 받는 것이다. 그러나 우리가 신유를 믿는다하여, 의약과 과학적 치료를 부인하거나 남이 의약을 쓴다고 하여 비평하지 말 일이다."라고 하였다.[92] 이러한 신유에 대한 내용은 이미 1929년에 경성성서학원(京城聖書學院) 교수였던 이명직(李明稙, 1890~1973) 목사의 『조선예수교 동양선교회 성결교회약

---

[92] 예수교대한성결교회 총회, 『헌장』 (서울: 예수교대한성결교회 총회본부, 2009), 28-29. 장로교회는 본래 신유가 사도 시대에 종결되었다는 '은사 종결론', 혹은 '휴지주의'를 주장하는 교파이므로 신유를 강조하는 것은 장로교회와의 차별성을 갖는 것이다. Jay E. Adams, *Shepherding God's Flock* (Grand Rapids: Zondervan, 1975), 173. 기독교대한성결교회는 사중복음 중에 신유 항목을 '교리와 신조'에서 삭제했으며, 기성 『헌법』에는 제2편 교리 성례전 및 의식, 제9장 교리에서 성결, 재림 부분은 있지만 신유는 삭제되고, 중생은 칭의로 대치되었다. 기독교대한성결교회, 『헌법』 (서울: 기독교대한성결교회 출판부, 1996), 1. 전요섭, "100년 한국성결교회의 목회분석과 전망," 94.

사』라는 책에서 언급했던 내용들이다. 여기서 신유에 대하여 말하기를, "성경에 병을 고치는 교리가 기록되어 있음은 우리가 믿는 것이다. 마가복음 16:17-18과 야고보서 5:14-15의 말씀대로 하나님의 자녀들은 신앙으로 기도하여 병 고침을 받을 특권이 있다. 그러나 이대로 하지 못하고 의약을 의지하는 자에게 비평도 하지 말 것이다."라고 하였다.[93]

따라서 한국성결교회의 신유를 통한 치유 상담 선교는 단순히 영혼의 문제를 넘어 개인적인 몸과 더불어 공동체적인 몸의 치유와 회복을 주제화함으로써 신유가 전 세계적 차원에서 치유 상담 선교 방법론으로 전개할 가능성을 열어주었다.[94] 이러한 신유 역시 육체적인 질병의 치유만이 아니라 심리적 치유는 물론 문화와 사회적 치유도 고려해야 할 것이다.[95]

V. 나가는 글

사실 세계 선교의 선교 현장과 한국교회의 목회 현장에서 치유 상담 선교 방법론의 대안이라고 할 수 있는 신유에 대한 부정적인 선입견, 내지 약화는 현장에서 분명히 드러나고 있다.[96] 실제로 선교 현장과 목회 현장에서 이러한 부정적인 선입견, 내지 약화는 세 가지 이유를 꼽을 수 있다. 첫째, 의학이 지나치게 발전했다는 것이다. 둘째, 신유를 주장하거나 기도하고 현상적으로 신유가 나타나지 않을

---

93) 이명직, 『조선예수교 동양선교회 성결교회약사』(안양: 성결대학교 출판부, 2010), 38.
94) 서울신학대학교 성결교회신학연구위원회, 『성결교회신학개요』, 38.
95) 목창균, 『성결교회 교리와 신학』(서울: 대한기독교서회, 2012), 43.
96) 성결교회와 역사연구소 편, 『신유』, 42.

경우에 대한 불안이다.[97] 마지막으로 셋째, 치유상담자인 선교사와 목회자 자신의 확신 부족이다.[98] 신유는 오늘날 교회가 모두 외면할 수 없는 성경에서 예수님께서 행하신 치유상담 사역의 하나였다. 한국성결교회의 사중복음 중 하나인 신유를 통한 치유 상담 선교 방법론을 소외시키거나 외면해서는 안 될 것이다.

한국성결교회의 신유는 성경적이며, 신학적일 뿐만 아니라 역사적인 것이다. 이러한 신유에 대한 총체적인 이론과 실제의 삶에서 은혜를 체험하고 있는 치유상담자인 선교사와 목회자는 내담자인 신자들에게 치유 상담을 포함한 목회적 돌봄을 제공하는 자요, 내담자는 치유상담자로부터 육체적, 심리적, 영적, 사회적으로 질병에 대한 것에 대해서도 목회적 돌봄을 제공받는 자이다.[99] 현대 시대에 내담자가 겪게 되는 것은 성경적인 문제나 교리적인 문제가 아니라 우울증, 불안, 공포, 망상, 분노, 강박감, 중독 등을 포함한 심리적 문제, 이혼, 외도, 동성애, 홀로된 가족, 이른바 국제결혼이라는 다문화 가족 등의 문제에 대해서 교회가 치유해야 하고 다루어야 할 주제가 너무 많다. 현대 선교 현장과 목회 현장에서 선교사와 목회자는 신자들로부터 이러한 모든 문제를 적절히 해결해 줄 것을 요구받고 있다.[100] 그래서 예수님의 3대 사역은 교육(teaching)과 전도(preaching), 치유(healing)라는 사실을 통해 치유 상담 선교 방법론에 있어 예수님이 하신 사역이 얼마나 중요한지를 가늠할 수 있다.[101]

---

97) 신자들의 질병이 떠나가도록 신유를 위한 기도를 빈번하게 했지만 회복이 나타나지 않았을 때 좌절감이 신유의 강조를 막는 가장 근본적인 이유이다.

98) 전요섭, "100년 한국성결교회의 목회분석과 전망," 94.

99) Morton T. Kelsey, *Prophetic Ministry* (New York: Crossroad, 1982), 52-53. 전요섭, "100년 한국성결교회의 목회분석과 전망," 93.

100) 전요섭, "100년 한국성결교회의 목회분석과 전망," 93.

101) 조갑진, 『신약과 성결교회』, 132.

신유에 있어서 이슬람교의 경우, 예수님을 한 예언자로 강등시키고 있을 뿐만 아니라 꾸란의 다른 어느 곳에서도 나타나 있지 않다. 무슬림들이 가장 위대한 예언자로 높이고 있는 무하마드조차도 신유를 치유의 도구로 사용되었다는 흔적을 찾아 볼 수 없다. 사실 그의 생애 마지막에 그 누구보다 심한 열병의 고통에 시달렸다. 무슬림들은 꾸란 자체를 기적으로 여기기 때문에 다른 기적에 대한 비중을 크게 두지 않는다. 꾸란은 그 자체가 마음의 치료 약이라고 묘사되어 있다. 실제적인 면에서는 꿀이 인간에게 유용한 치료 약으로 제시되고 있을 뿐이다(꾸란 16:69-70). [102] 무하마드는 치유 방법으로 꿀 먹기, 흡각 시술, 불로 지지기 등을 제시하지만, 불로 지지는 치유는 금했다. 또한 부적이나 주문을 통한 치유의 예들이 있지만 이런 것들은 엄격히 제한받는다. [103] 꾸란에서 언급된 예수님의 기적은 신의 간섭으로 인정되나 하나님의 본성을 나타내는 메시야로 인정되지 않는 한 무슬림들에 의해 그의 치유 사역의 본질은 파악될 수 없다. [104]

그래서 선교적 관점에서 신유는 의료 행위이든 혹은 영적 전쟁이든 간에 이슬람의 선교를 위해 재인식해야 할 필요가 있다. 그것은 그들의 고통을 이해하고 육과 영과 혼을 치유해 줄 하나님을 갈망하는 것을 무슬림들에게 진지하게 듣고, 사랑의 기적을 통해 총체적인 신유의 기적이 일어나야 한다. [105] 이러한 치유 상담 선교 방법론의

---

102) 한국기독교학회 선교신학회 편, 『치유와 선교』 (서울: 다산글방, 2000), 148. "너희의 주님께서는 벌에게 영감을 주시어 말씀하시기를 너희는 산속과 나무 속과 저들이 지어주는 시렁 속에 집을 지으라 그리고 모든 종류의 과일을 먹고 너희에게 용이하게 만들어져 있는 너의 주님의 길을 따르라라고 하시니라 벌의 배에서 는 여러 가지 색깔의 마실 것이 나오나니 그곳에 인간을 위한 치유가 있노라 실로 이 속에 반성하는 자를 위한 징표가 있노라"(꾸란 16:69-70).
103) 한국기독교학회 선교신학회 편, 『치유와 선교』, 148-149.
104) 한국기독교학회 선교신학회 편, 『치유와 선교』, 157.
105) 한국기독교학회 선교신학회 편, 『치유와 선교』, 159-160.

대안인 신유는 선교 현장이나 목회 현장에서 접목할 수 있는 것으로 수많은 질병을 기도, 그리고 의약과 함께 발전되어야 할 것이다.[106] 하지만 치유 상담 선교 방법론이 의학적 치유나 심리학적 접근을 배제하고 신유만을 강조한다면, 전인적인 인간 치유에 심각한 편견과 불균형이 생기며, 반대로 치유를 의학에만 맡겨 놓아서도 불균형이 생긴다. 이제 한국교회를 회복하는 길은 한국성결교회가 신유의 활성화에 있다고 보며, 신유는 곧 성령 운동이기 때문이다.[107]

사실 신유는 한국성결교회의 치유 상담 선교의 전유물이 아닌 것은, 최근 대한예수교장로교회 합동 측인 분당우리교회 금요집회를 통해서 알 수 있다. 이찬수 목사는 『보호하심』이라는 책에서 목회 현장의 신유 체험에 대하여, "우리 교회에 다니는 한 여 집사님은 결혼 전 신앙생활을 열심히 했는데, 불신 결혼을 했다. 불신 정도가 아니라 독실한 불교 집안으로 시집을 가 얼마나 심한 핍박을 받았는지를 모른다. 그래도 귀한 것은 그 핍박 속에서 그 분이 신앙을 잘 지키고 남편을 전도하기 시작한 것이다. 그런데 문제가 생겼다. 남편이 아내의 간청에 마지못해 교회에 따라 나갔는데, 하필이면 그 교회가 분쟁이 있던 교회였다. 교회 안에서 법정 고소가 오가며 예배 시간에 경찰이 오는 모습을 본 남편이 교회라면 고개를 흔들게 되었다. 아내인 그 집사님에게 '한 번만 더 교회에 나가자고 해보라' 하고는 냉정하게 돌아섰다. 그 후 이 가정이 이사해 분당우리교회로 옮기고 등록했는데, 가정 심방도 받지 못할 정도로 집안 분위기는 살벌해져 있었다. 그런데 하나님께서 하시는 일이 참으로 신기하다. 그 가정에 고등학교 3학년 딸아이가 한 명 있는데, 어느 날부터 자꾸 시름시름 아

---

106) 조갑진, 『신약과 성결교회』, 152.
107) 예성신학정립 편찬위원회, 『예성신학의 이해와 신조 해설』, 462-464.

픈 것이다. 그래서 아이를 데리고 병원 갔더니 청천벽력 같게도 암 3
기 진단을 받았다. 아프던 아이가 나아도 가족들이 예수님을 믿을까
말까인데, 상황이 더 악화한 것이다. 수능시험을 앞두고 계속 병원에
다니며 항암치료를 받았으나 증세가 나아지지 않았다. 급기야는 그
해 말, 아이의 병을 더 이상 고칠 수 없다는 사형선고까지 내려졌다.
그런데 때때로 하나님께서 주시는 확신이 있다. 병원에서 사형선고
가 내려지는 순간이 이 어머니의 마음속에 '이제는 하나님이 고치신
다.'하는 확신이 들었다고 한다. 그러고는 금요기도회에 나오기 시작
했다. 그 무렵, 내가 금요기도회를 인도하는데 이상한 일이 벌어졌
다. 당시 나는 그 아이의 투병에 대해서도, 그 집사님이 금요기도회
에 무슨 이유로 나오는지에 대해서도 전해 모르고 있었다. 기도회를
인도하는데, 기도회를 마칠 무렵 참석한 성도들에게 평소에 안 하던
요청을 했다. '아픈 사람은 자리에서 일어나세요.' 뒷감당을 어떻게
하려고 아픈 사람을 자리에서 일으키는지 나도 알 수 없었다. 그러고
는 아픈 부위에 손을 얹고 합심하여 치유를 위해 기도하자고 인도했
다. 근래에 분당우리교회에서 그렇게 뜨겁게 기도한 것은 처음인 것
같았다. 평소에는 조근조근 기도하던 분들도 그날은 천장이 뚫릴 듯
이 '아버지!'를 외쳤다. 나는 장로회 고신 교회에서 '오직 성경'을 강
조하는 분위기 속에서 자랐다. 내가 속한 교단에서는 방언이나 예언,
신유 등의 은사에 대해 과신하는 것을 경계했다. 그래서 나는 금요기
도회를 인도할 때 신유 은사를 통한 안수기도는 하지 않았다. 그런데
그날 흥미로운 일이 일어났다. 기도가 뜨겁게 터지더니 내 평생 처
음으로 공개적인 장소에서 귀신을 쫓아내는 기도를 해보았다. '나사
렛 예수 그리스도의 이름으로 명하노니 사랑하는 성도들을 괴롭히

는 악한 병마는 떠나갈지어다!' 성도들이 어찌나 크게 '아멘'하고 외치는지 깜짝 놀랄 정도였다. 그렇게 기도회를 마치고 집으로 돌아오면서 '내가 왜 그랬을까?'하는 생각이 들었다. 그다음 주일이 되었다. 그런데 또 내가 예정에도 없이 아픈 사람들을 다 일으켜 기도하는 시간을 가졌다. 이런 치유기도회가 몇 달 동안 계속되었다. 바로 이 집사님이 그 기도회에 참석한 것이다. 한 3개월이 지났을 무렵, 그 집사님은 딸아이를 병원에 데리고 가 정밀검사를 받게 했다. 그런데 놀라운 일이 일어났다. 증세가 호전을 보인 것이다. 그 무서운 암 덩어리들이 줄어들기 시작하더니 나중에는 아예 싹 없어졌다. 자녀의 암이 나았다는 기쁜 소식을 전해 듣고 그 집사님에게 전화했더니, 집사님이 우시면서 그간의 이야기를 전하는데 내가 더 깜짝 놀랐다. 그 집사님이 내가 그동안 한 설교를 다 꿰고 있는 것이다. '목사님이 다윗과 골리앗을 주제로 설교하실 때, 제가 그 말씀에 의지해 기도했더니 하나님께서 정말로 그대로 응답해 주셨어요. 또 그다음 주에는 그날 주신 말씀을 붙들고 계속 기도했더니 하나님께서 정말로 그대로 응답해 주셨어요. 또 그 다음 주에는 그날 주신 말씀을 붙들고 계속 기도했더니 딸아이의 건강이 호전되었어요!'..... 어떤 분들은 몸이 아프면 약도 끊고, 병원도 끊고 무조건 기도로 고쳐야 된다고 생각하는데, 그것은 잘못이다. 두통이 오면 아스피린 두 알만 먹으면 해결된다. 그런데 머리에 안수하면서 '주여, 고쳐주시옵소서'하고 부르짖기만 해서는 오히려 머리가 더 깨질 듯이 아플 수 있다. 약도, 의사도 하나님께서 쓰시는 하나님의 도구가 될 수 있기 때문이다."라고 하였다.[108] 따라서 선교사와 목회자는 이러한 치유 상담 선교 방법론의

---

108) 이찬수, 『보호하심』 (서울: 규장 2013), 37-40.

대안인 신유에 대하여 충분한 이해가 필요하며, 주님 오실 때까지 이러한 방법론을 갖고 선교 현장과 목회 현장에서 실천적으로 신유를 강조해야 할 것이다.

참고문헌

강성열. "구약성경이 말하는 치유." 「그말씀 5월호」 287 (2013).

고희준. "복음적 신유론과 장애인 신학." 성결대학교 일반대학원 박사학위논문,
    2011.

기독교대한성결교회. 『헌법』. 서울: 기독교대한성결교회 출판부, 1996.

김동수·차준희. 『효와 성령』. 서울: 한들출판사, 2002.

김상복. "목회에 있어서의 목회상담을 통한 전인치유사역." 「개혁주의 교회성장」 3
    (2008).

金相濬. 『四重敎理』. 京城: 東洋宣敎會 聖書學院, 1921.

김응조. 『사막의 생수』. 서울: 성청사, 1969.

김응조. 『聖書大講解 12권』. 서울: 성청사, 1981.

김응조. 『은총 90년』. 서울: 성광문화사, 1983.

김응조. 『하늘의 만나』. 서울: 성청사, 1976.

김응조. 『황야의 과객』. 서울: 성청사, 1968.

노윤식. "사중복음의 선교 신학적 고찰." 「한국성결교회와 사중복음」 (1998).

목창균. 『성결교회 교리와 신학』. 서울: 대한기독교서회, 2012.

박명수. 『초기한국성결교회사』. 서울: 대한기독교서회, 2001.

박수암. "신약성경이 말하는 치유." 「그말씀 5월호」 287 (2013).

박형렬. 『통전적 치유목회학』. 서울: 도서출판 치유, 1994.

서울신학대학교 성결교회신학연구위원회. 『성결교회신학개요』. 부천: 기독교대한
    성결교회 출판부, 2007.

성결교회와 역사연구소 편. 『신유』. 서울: 도서출판 바울서신, 2002.

손영구. 『신유의 이해』. 서울: 기독교문서선교회, 1990.

송증복. "예수의 상담원리 연구: 비지시적 상담을 중심으로." 고려대학교 교육대학
    원 석사학위논문, 1976.

안명현. "신유(초자연치유)와 자연치유." 아세아연합신학대학교 대학원 석사학위논
    문, 1996.

이명직. 『조선예수교 동양선교회 성결교회약사』. 안양: 성결대학교 출판부, 2010.

이성주. 『성결교회 신학』. 서울: 문서선교 성지원, 2004.

이성주. 『조직신학 제3권』. 안양: 성결대학교 출판부, 1991.

이성호. 『성구대사전』. 서울: 혜문사, 1983.

이응호. 『한국성결교회 논집』. 서울: 성청사, 1987.

이찬수. 『보호하심』. 서울: 규장 2013.

이충웅. "요가 치료에 대한 대안으로 조용기 목사의 신유." 「영산신학저널」 24 (2012), 209-234.

예성신학정립 편찬위원회. 『예성신학의 이해와 신조 해설』. 서울: 예수교대한성결 교회 총회, 2010.

장보웅 편저. 『Logos Bible-Dictionary of The Greek Bible.』서울: 로고스, 1991.

전요섭. "100년 한국성결교회의 목회분석과 전망." 「영암국제학술회의 논문집」 2 (2000).

정상운. "사중복음의 역사적 유래." 「한국성결교회와 사중복음」 (1998).

정상운. 『한국성결교회사(Ⅰ)』. 서울: 은성, 1997.

정성욱. "성령과 치유." 「그말씀 6월호」 276 (2012).

조갑진. 『신약과 성결교회』. 서울: CLC, 2007.

조귀삼. 『영산 조용기 목사의 교회성장학』. 군포: 한세대학교출판부, 2011.

조두만. 『히·헬·한글성경대사전』. 서울: 성지사, 1987.

조용기. 『목사님 병고침은 어떻게 해야 받을 수 있나요?』. 서울: 서울말씀사, 2002.

조용기. 『병을 짊어지신 예수님』. 서울: 서울서적, 1991.

조용기. 『오중복음과 삼중축복』. 서울: 서울말씀사, 2001.

조용기. 『신유론』. 서울: 서울말씀사, 2009.

차정식. "네가 낫고자 하느냐?." 「설교뱅크 11월호」 (2012).

한국기독교학회 선교신학회 편. 『치유와 선교』. 서울: 다산글방, 2000.

한국성결교회연합회 신학분과위원회 편. 『이명직·김응조 목사 생애와 신학사상』. 서울: 도서출판 바울서 신, 2002.

홍종국. 『영암 김응조 목사의 성결·성화론: 나는 심령이 살았다』. 서울: 한들출판 사, 2011.

Adams, Jay E. *Competent to Counsel*. Grand Rapids: Zondervan, 1970.
   Shepherding God's Flock. Grand Rapids: Zondervan, 1975.

Bailey, Keith M. *Bringing Back the King*. Nyack: Christian and Missionary Alliance, 1985.

Bonhoeffer, Dietrich. *Creation and Fall*. New York: MacMillan, 1967.

Harris, Laird R. *Theological World Book of the Old Testament, vol. 1*. Chicago: Moody, 1980.

Jones, Charles Edwin. *A Guide to Study of the Holiness Movement*. Metuchen: the Scarecrow Press, 1974.

Kelsey, Morton T. 『치유와 기독교』. 배상길 역. 서울: 대한기독교출판사, 1986.
    Prophetic Ministry. New York: Crossroad, 1982.

Kilbourne, E. A. "東洋宣敎會가 가라치는 사중복음(三)." 「活泉」 78 (1929).

Pearson, Mark. 『치유의 은사를 베푸시는 하나님』. 윤수민 역. 서울: 은성사, 1996.

Simpson, Albert B. 『사중의 복음』. 손택구 역. 서울: 예성출판부, 1980.

Simpson, Albert B. *The Four-Fold Gospel*. New York: Christian Alliance Publishing, 1925.

Thompson, A. E. *A. B. Simpson*. Harrisburg: Christian Publication, 1960.
    The Gospel of Healing. Harrisburg: Christian Publication, 1915.

Von Rad, Gerhard. 『구약성서신학(1)』. 허혁 역. 왜관: 분도출판사, 1976.

Wise, Carroll A. 『목회상담』. 이환신 역. 서울: 대한기독교서회, 1969.

Wise, Carroll A. *Religion in Illness and Health*. New York: Harper & Brothers, 1942.

Wood, Robert D. *In These Mortal Hands*. Greenwood: OMS International, 1983.

土肥昭夫. 『일본기독교사』. 김수진 역. 서울: 기독교문사, 1991.

제11장
복지 선교

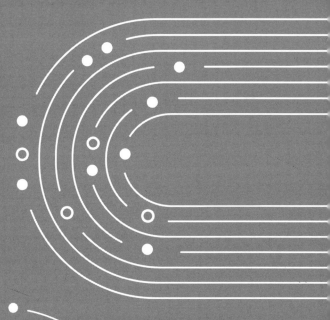

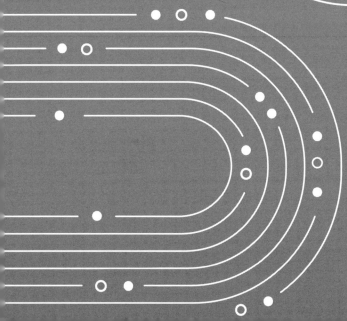

I. 들어가는 말

현재 한국 사회는 복지 문제로 매우 시끄럽다. 사실상 선진국이 되기 위해서는 복지 수급자에게 인간다운 삶을 최소한 유지하는 데 필요한 것을 정부가 제공해야 한다. 하지만 한국 사회는 아직 복지에 대한 일차적 책임이 가족에게 있다. 가족의 윤리 의식에 복지의 근거를 두는 한 많은 허점(虛點)과 사각지대(死角地帶)가 생기기 마련이다. 이러한 문제에 한국교회는 적극적으로 개입하여 섬긴다면 선교의 기회는 항상 열려 있다고 하겠다. 한국에는 매년 수백 개의 교회가 세워지고 또한 없어진다. 1990년 이후, 거듭 침체되고 있는 한국교회는 그 해결의 길을 복지선교에서 찾고 있다. 그것은 그동안 한국교회가 나눔과 섬김의 사명을 다하지 못했다는 비판을 받아왔기 때문이다. 예수님이 이웃을 위해 섬기며 살아왔듯이 교회도 더 이상 자신만을 위해 존재해서는 안 된다. 그래서 많은 교회는 여러 분야에서 복지선교를 실천하며 예수님을 따르는 힘든 길을 가고 있다. 사업가는 이윤추구를 위해 업종을 바꿀 수 는 있겠지만 교회는 양적성장의 도구로 봉사하는 것이 아니다. 그것은 하나님의 선교이자 동시에 교회의 본질이 선교이기 때문이다.[1] 이러한 선교 신학적(Missiological) 정당성을 한국 사회 속에서 실천하는 선교를 해야 진정한 섬김이며, 예수님을 따르는 복지선교가 될 것이다.

현재 한국교회의 고무적인 사항에 대하여 《한국갤럽조사》에 의하면, "종교별 종교의 사회적 영향력 변화 평가"에서 기독교가 과거에 비해 그 영향력이 증가했다는 것이다. 2014년 기준으로 보면, 기독

---

1) 김은수, 『사회복지와 선교』 (서울: 대한기독교서회, 2014), 5.

교 59%, 불교 50%, 가톨릭 48%, 그리고 비종교는 40%라고 응답하였다. 즉 지금 기독교가 다른 종교에 비해 사회에 많은 영향을 주고 있다.[2] 이처럼 건강한 교회와 행복한 사회를 만들어 하나님과 사람에게 감동을 주는 것이 복지선교이다.[3] 원래 복지선교의 모체는 기독교이다. 그러나 사회학자들과 일반복지학자들은 터무니없는 주장이라고 할 수 있겠지만, 교회는 미시적으로는 인간을 하나님 형상(Imago Dei)으로 회복시키고, 거시적으로는 이 땅에 하나님 나라(The Kingdom of God)를 확장 시키는 것을 목적으로 한다.[4] 본래 교회 성장은 근본적으로 하나님을 기쁘시게 하여 참된 선교적 교회 성장을 궁극적 목표로 삼고 있으며, 이러한 목표를 성취하기 위해 교회 성장의 다양한 현상과 요인을 분석하고 이해하는 데 있다.[5] 이는 교회의 선교적 방향에 있어서 새로운 패러다임을 요구하고 있다. 따라서 선교적 교회 성장에는 복지선교를 위해 다양한 프로그램이 제공되어야 한다. 교회의 궁극적인 목적은 세상을 구원하는 것이고, 하나님의 뜻은 이 땅에 하나님 나라를 재현시키는 것이라고 한다면, 선교적 교회 성장의 사명은 21세기 복지선교라고 할 수 있다.[6]

그래서 20세기 미국을 대표하는 신학자 라인홀드 니버(Reinhold Niebuhr, 1892~1971)는 교회의 복지선교에 대하여 말하기를, "기독교는 사회복지의 어머니이다."라고 하였다.[7] 이준우는 교회의 복지선교를 통한 회복에 대하여 말하기를, "예수 그리스도를 믿고 따르는 사람들이 하나님의 말씀대로, 하나님의 정신으로 이 세상에서 하나님

---

2) 한국갤럽조사연구소, 『한국인의 종교』 (서울: 한국갤럽조사연구소, 2015), 91.
3) 전석재·박현식, 『21세기 복지와 선교』 (서울: 도서출판 대서, 2008), 245-246.
4) 박창우, "기독교 사회복지의 목적에 관한 소고," 「신학과 실천」 30 (2012), 437.
5) 최동규, "교회성장학의 학문적 특성과 실천신학적 평가," 「신학과 실천」 36 (2013), 44.
6) 전석재·박현식, 『21세기 복지와 선교』, 245-246.
7) 정광현, 『기독교 사회복지의 이해』 (서울: 양서원, 2005), 399.

의 뜻을 실현하기 위해 살아가고자 함께 예배하고 교제하며 선교와 봉사를 실천하는 공동체가 교회이다. 바로 이 교회의 본질을 잃어버리면 교회는 더 이상 교회가 아니다."라고 하였다.[8] 사회는 인간의 존엄성과 윤리적인 가치관을 상실하였다. 무엇보다 사회를 정화하고 변혁시켜야 할 교회가 그 책임과 의무를 온전히 감당하지 못하고 있다.[9] 교회의 본질에 대한 언급은 특별하게 비쳐질지 모르나 이러한 진지한 접근이 이루어져야 진정으로 교회를 섬기는 신학이 나오고, 교회를 하나님의 은혜로 풍성하게 채울 수 있다고 본다. 한국교회의 관심은 여전히 온통 교회의 생존과 성장을 위한 기능적 방법론에만 집중되고 있다.[10] 따라서 초대교회부터 지금까지 신앙의 원점이라고 할 수 있는 "네 이웃을 네 몸과 같이 사랑하라"는 기독교 최고의 명제 속에서 복지선교에 대하여 살펴보고자 한다.

II. 복지선교의 개념 이해

복지선교(Welfare Mission)는 복지와 선교를 합한 합성어이다.[11] 복지선교란 하나님 나라의 틀 안에서 최후 승리를 하나님 손에 맡기고 하나님 나라에 비추어 고난과 역경을 겪으면서도 하나님 바라시는 삶을 살아가게끔 지원하는 선교적 교회(Missional Church) 공동체로서의 실제적인 활동을 말한다. 복지선교는 예수님처럼 십자가의 고난과 죽

---

8) 이준우, 『복지선교와 복지목회』 (서울: 나남, 2014), 22.
9) 이정서, "현대사회의 동향과 사회복지선교의 과제," 「복음과 선교」 13 (2010), 235.
10) 이준우, 『복지선교와 복지목회』, 26-27.
11) Robert L. Barker, The Social Work Dictionary, 3rd edition (Washington: NASW Press, 1995), 406.

임을 당하면서 죽음을 이기고 최후에 부활하여 다시는 죽음이 없다는 선언에 따라 인내하는 선교활동이다. 또한 이러한 기쁨과 즐거움을 성취하고 나아가 이웃하고 있는 사람들과 더불어 살아가는 기틀을 마련하며 그들의 복지가 보장되는 삶을 살도록 뒷받침하는 선교사역이기도 하다. 복지선교의 진정한 모습을 보여주신 분은 바로 예수님이시며, 예수님처럼 살기 위해 노력하는 그리스도인들이야말로 복지선교를 실천하는 삶이다.[12] 복지선교는 복음을 선포하기 위하여 하나님으로부터 부름 받은 구속된 사람들이 모든 사람을 위한 하나님 나라의 공의를 이루고 고아와 과부, 그리고 가난한 자를 돌보기 위하여 행하는 선교적 활동이다.

복지선교의 의미는 일반사회복지 실천과 구분되는 몇 가지 특징을 다음과 같이 살펴볼 수 있다.[13] 첫째, 복지선교는 구속함을 받은 성도에 의하여 실천하는 활동이다. 일반사회복지는 누구나 할 수 있으나 복지선교는 오직 하나님의 구속적 은혜로 구원받은 사람만이 할 수 있다. 둘째, 복지선교는 복음을 선포한 후, 선포된 복음의 완성을 위한 독특한 돌봄(care)의 사명을 위하여 하나님 나라의 부름을 받은 결과로 나타난 활동이다. 복지선교는 박애주의(Philanthropism), 또는 인간주의(Humanism) 동기의 결과로서가 아니라 하나님의 부르심과 그것에 관한 순종의 결과로 나타나는 것이다. 이러한 복지선교의 동기는 지속적인 소명에 있다. 셋째, 복지선교는 그 대상이 모든 자들과 가난한 자, 그리고 복지선교를 필요한 사람으로 설정할 수 있다. 넷째, 복지선교는 그 내용이 하나님 나라의 공의를 이루기 위해 도움이 필요로 하는 모든 이들을 정성껏 돌보는 활동이라고 할 수 있다. 이에

---

12) 이준우, 『복지선교와 복지목회』, 119-120.
13) 이준우, 『복지선교와 복지목회』, 120-121.

예수 그리스도의 복지선교와 초대교회의 복지선교, 그리고 사도 바울의 복지선교에 대하여 살펴보고자 한다.

1. 예수 그리스도의 복지선교

예수님은 대부분 가난한 자들에게 집중하는 복지선교를 하셨다. 누가복음 4:18-19에 의하면, 예수님의 실제적인 복지선교의 사역 내용과 함께 그가 세상에 오신 궁극적인 목적에 대해서 명확하게 기록하고 있다. 복지선교는 예수님이 선포한 하나님 나라를 목표로 하여 그리스도에 근거로 그의 뒤를 따라 사랑과 정의, 그리고 평화를 실천하는 것이다. 누가복음 6:20에 의하면, 예수님이 선포한 하나님 나라가 무엇보다 가난한 자의 것이라고 하였다. 그래서 복지선교는 가난한 자의 관점에서 진지하게 다루어야 한다. 다시 말해, 가난한 자와 병든 자, 그리고 멸시받는 자와 억눌린 자, 착취당하는 자와 소외된 자의 편에서 일함으로 인해 하나님 나라를 이뤄가야 할 것이다. 그리스도의 성육신(Incarnation)은 이러한 복지선교의 정신을 뒷받침해 주고 있다(요 10:10; 고후 8:9).[14]

선교적 교회의 우선적 과제인 복지선교는 가난한 자들이며, 이들에 대한 복지선교의 신학적 정당성은 약한 자나 가난한 자, 그리고 핍박받는 자 모두가 하나님의 형상(Image of God)으로서 인간다운 복된 삶을 누릴 수 있도록 가르쳐 주신 그리스도에 근거를 둔다.[15] 예수님의 복지선교가 이처럼 하나님의 사랑을 이 땅에 실현하고 인간을 전체적으로 구원하는 행위를 말하는 포괄적인 것이라고 한다면, 이

---

14) 김은수, 『사회복지와 선교』, 33.
15) 김은수, 『사회복지와 선교』, 33.

것은 곧 선교의 내용과 일치한다. 모든 선교활동은 말씀의 전파로 시작되는 것이 분명하다. 그러나 선교는 단순히 말씀의 전파만을 의미하는 것이 아니다. 예수님의 복지선교는 항상 말씀의 전파와 함께 봉사적 행위와 구원에 있었다. 예수님의 복지선교 핵심에는 하나님 나라가 있었다. 하나님 나라가 도래하게 될 때 가난한 자가 해방되고, 병든 자가 고침을 받고, 버림받은 자가 용기를 얻고 기쁨을 얻는 구원의 역사와 회복의 역사가 일어난다는 것이다.[16] 서정운은 복지선교의 관점에 대하여 말하기를, "교회가 사회적 책임을 수행하는 것은 전도에서 필수 불가결하며, 그것은 전도를 위한 수단에 그치는 것이 아니라 그 자체로서 선교적 의미에 두며, 독자적인 역할을 하는 것으로 이해해야 한다."라고 하였다.[17] 이러한 복지선교는 선교를 수행하는 데 있어서 결코 복음 전도만이 해결책이 아님을 분명히 밝히고 있다. 하나님 나라를 회복하려는 도구로서의 선교는 말씀의 선포인 말씀의 봉사와 말씀의 실천인 복지선교라는 두 개의 축으로 그 기능을 감당하게 되는 것이다.[18]

2. 초대교회의 복지선교

가난한 자와 억압된 자, 그리고 사회로부터 버림받은 자에 대한 예수 그리스도의 복지선교는 초대교회에서 더욱 조직적으로 형성되고 발전되었다. 초대교회 부활공동체의 오순절 성도의 교제로 확산되었는데 성령에 충만하여 사랑과 모든 것을 나누어 그리스도의 공

---

16) 이삼열, "사회봉사의 신학과 실천과제," 『사회봉사의 신학과 실천』 (서울: 한울, 1992), 16.
17) 서정운, "사회선교에 대한 선교신학적 이해," 『현대교회와 사회봉사』 (서울: 대한예수교장로회총회 출판국, 1991), 95.
18) 최무열, 『한국교회와 사회복지』 (서울: 나눔의집 출판사, 2008), 22-24.

동체로서의 구조로 형성되었다. 사도행전 6장에 의하면, 초대교회는 구제를 전담하는 일곱 집사를 택하고 있다. 이것은 예루살렘 교회의 상당수를 차지하고 있는 헬라 소수민들을 돌볼 필요성을 느낀 나머지 놀랍게도 일곱 집사 모두를 그리스 이름을 가진 소수민들이었다. 교회는 차별받았던 소수의 과부와 필요로 하는 자들을 위하여 그들의 기금과 프로그램을 전면적으로 전환하였다. 성령을 선물로 받은 후, 초대교회의 제자 수는 하루에 3천 명이나 더해 갔던 것이다.[19]

그래서 사도행전 2:41-47에 의하면, 그들은 모여서 사도의 가르침을 받아 서로 교제하며 기도하기를 힘썼고, 그리고 재산과 소유를 팔아 각 사람의 필요에 따라 나눠주었다. 사도행전 6:7에 의하면, 결과적으로 하나님의 말씀은 왕성하게 펼쳐졌고, 예루살렘에서 그리스도를 따르는 제자의 수도 엄청나게 증가하였다. 이처럼 초대교회는 복지선교를 통해 지역사회를 그리스도 안에서의 형제와 자매로 인식했을 뿐만 아니라 사회적으로 필요가 있는 사람들을 도우면서 강력한 하나님의 말씀을 선포하였다.[20] 이러한 초대교회의 복지선교는 그리스도의 사역과 함께 현대교회 사역과도 결코 분리하여 생각할 수 없는 것이다.

3. 사도 바울의 복지선교

예수 그리스도와 초대교회의 복지선교는 사도 바울에 의하여 더욱 분명하게 강조된다. 사도 바울은 단순히 하나님의 은혜와 구원, 그리고 하나님의 자녀로서의 순결 등을 강조한 것으로 나타나지만, 오히

---

19) 최무열, 『한국교회와 사회복지』, 76.
20) 최무열, 『한국교회와 사회복지』, 76-77.

려 그는 연보(헌금) 사용을 구체화하는 실제적인 코이노니아(koinonia) 라는 단어를 사용하고 있어 오늘날 복지선교를 엿볼 수 있다.[21] 고린도전서 16:1-2과 고린도후서 8:2에 의하면, 사도 바울은 성도들과 함께 결코 아주 작고 성의 없는 헌금을 한 것이 아니라 그들은 심각한 재정적인 어려움에 봉착했음에도 불구하고 능력을 초월하여 헌금했던 것으로 나타났다. 이러한 사도 바울의 복지선교를 통해 교회 공동체의 구성원들은 함께 어우러져 연대감을 형성하도록 교회는 선교해야 한다. 여기서 사도 바울은 복지선교를 숫자적 개념의 성장이 아니라 장성한 분량까지 성숙해야 하는 내적인 성숙을 진정한 의미의 선교적 교회 성장이라고 보았다.

III. 존 웨슬리의 복지선교와 프로그램

복지선교에 대한 존 웨슬리(John Wesley, 1703~1791)의 신학적 동기는 하나님의 사랑에 의해서 촉발된 이웃사랑(neighbors love)이다. 웨슬리는 가난한 자들을 이웃사랑의 우선적인 대상으로 간주하였다. 웨슬리는 공동체에 가난한 자들이 찾아올 때까지 그들을 기다리지 말고 그들을 찾아갈 것을 말했다. 웨슬리의 선교활동 가운데 빼놓을 수 없는 것은 가난한 자와 소외된 자를 위한 복지선교이다. 웨슬리는 가정과 공장, 강제 노역장, 그리고 병원과 교도소를 수없이 방문하면서 그들의 비참함을 보고, 그들의 곤경과 가난을 경감시키고자 노력하였고, 또한 그들의 자립을 유도하였다.[22] 따라서 당시 웨슬리가 시

---

21) 최무열, 『한국교회와 사회복지』, 77.
22) 김영선, "존 웨슬리의 사회복지 목회," 「한국개혁신학」 19 (2006).

도한 주목할 만한 다음과 같은 복지선교와 프로그램들은 현대교회에 복지선교를 통한 선교적 교회 성장 연구에 시사해 주는 바가 크다고 하겠다.

1. 구제기금

웨슬리는 가난한 자를 돕기 위해 성도로 하여금 정기적인 모금 운동을 하게 하였다. 정기적인 모금은 가난한 자들을 돕기 위한 성도들 사이에 최초이자 가장 광범위하게 퍼져 있던 방법이었다. 당시 대다수의 성도는 부유한 자들이 아니었고, 모금을 위해 여행을 다녔다. 모금된 금액은 세심한 논의를 거쳐 필요한 가난한 자들에게 배분되었다. 그들은 가난한 자들의 고통을 누구보다도 잘 알고 있었으며, 전도 대상도 주로 가난한 자들이었다. 그들은 가난한 자를 돕기 위하여 정기적으로 모금하였다. 이것이 발전하여 나중에는 구제기금(Relief Fund)을 설립하여 영국 국내는 물론 국가의 가난한 자들과 전쟁과 기근, 그리고 재난을 만난 자들까지 도왔다.[23]

이것을 그들은 중요한 복지선교로 생각했으며, 그들을 구원하는 것이 하나님이 내린 특별한 사명이라고 생각하였다. 구제기금을 내는 것이 신앙생활의 한 부분이 되었다. 이런 복지선교는 학교와 병원을 비롯한 여러 사회기관을 설립하는데 발전하게 되었다. 이렇게 마련한 구제기금은 인종과 종교, 그리고 정치, 문화를 초월하여 인류 평화와 구원을 위해 쓰였다. 또한 세계의 모든 재난 사태에 즉각적으로 지원하는데 사용되기도 하였다.[24] 웨슬리의 구제기금을 통한 복

---

23) 김영선, 『존 웨슬리와 감리교 신학』 (서울: 대한기독교서회, 2002), 391.
24) 이수환, 『한국교회와 선교신학』 (용인: 도서출판 목양, 2013), 122.

지선교는 선교적 교회 성장에서뿐 아니라 선교 현장에서도 가난한 자를 도움으로써 선교적 교회 성장의 사명을 다하는 일일 것이다.

2. 빈민은행

웨슬리 당시에 가난한 자들은 갑자기 돈이 필요할 때 고리 대금업자에게 돈을 빌려 불행한 일을 당하였다. 그래서 웨슬리는 빈민은행을 설립하여 가난한 자들과 형편이 어려운 자들에게 무이자로 빌려주어 고리 대금업자들에게 가는 것을 막고, 고리 대금업자들의 횡포에 의해 감옥에 가는 것을 막았다. 1746년, 웨슬리는 20파운드를 마련하여 처음에는 20실링을 빌리게 하고 원금은 3달에 걸쳐 매주 한 번씩 나누어 갚도록 하였으며, 3개월 동안 무이자로 대출하였다. 그로부터 20년 후에는 기금이 120파운드가 마련되어 일시에 5파운드까지 빌려 줄 수 있을 정도로 발전하였고, 웨슬리는 이를 통하여 전혀 이득을 추구하지 않았다.[25] 웨슬리의 빈민은행을 통한 복지선교는 오늘날 선교적 교회 성장에서뿐 아니라 선교 현장에서도 이웃사랑의 공동체인 교회를 통해 소외되고 가난한 이들을 위한 더욱 효율적인 제도와 조직을 확립할 수 있을 것이다.

3. 사회복지사업

웨슬리는 런던에 "구빈원"(The Poor House)을 세워 가난한 과부들을 돌보았는데, 이것이 출발점이 되어 1766년에는 "과부의 집"을 세

---

25) John Wesley, *The Letters of John Wesley* (London: Epworth Press, 1931), 309-310.

워 전쟁미망인을 위한 과부들을 돌보았다. 그리고 가난한 과부들만이 아니라 혼자 된 남자 노인들을 돌보는 집, 그리고 집 없는 사람들을 위하여 숙소와 식사를 겸한 안식처인 "나그네 동무회"(The Strangers Friendly Society)를 설립하였다.[26] 오늘날에도 교회는 적합한 사회복지사업을 개발하여 복지선교를 육성시켜야 할 것이다.

그래서 라인홀드 니버(Reinhold Niebuhr)는 교회가 사회사업을 낳은 어머니였으나 교회가 서로 돕고 일치하지 못해 사회복지사업을 세속화 사회로 넘겨주고 말았다고 지적하였다.[27] 따라서 웨슬리의 사회복지사업을 통한 복지선교는 선교적 교회 성장에서뿐 아니라 선교현장에서도 복음 전도와 함께 복지선교로 사회문제 해결을 감당해야 한다. 하나님의 형상을 회복하기 위한 지역사회 내에서 사랑을 실천하는 선교적 교회 성장의 사명을 잘 감당해야 할 것이다. 그래서 사회복지사업은 곧 복지선교로 접목될 수 있는 하나님 형상을 회복하기 위한 출발점이 될 것이다.

4. 의료팀 조직

웨슬리는 신도회를 통하여 가난한 자들에게 현금, 의류, 생활필수품, 연탄은 물론 의약품도 나누어 주었다. 웨슬리는 가난하여 의료적 혜택을 보지 못하는 자들을 위하여 1745년 『가난한 사람들의 사용을 위한 처방전 모음』(A Collection of Recepts for the Use of the Poor)이란 소책자를 출판하여 63가지의 질병에 대한 치료약을 소개하였고, 1747년에는 『원초적인 약품: 질병 치료의 쉽고 자연적인 방법』(Primitive Physic:

---

26) 김영선, 『존 웨슬리와 감리교 신학』, 393-394.
27) 김은수, "장애인 복지와 선교과제," 「선교신학」 13 (2006), 97.

An Easy and Natural Method of Curing Most Diseases)을 출판하여 243종의 다양한 종류의 질병에 대하여 모두 725가지의 치료법과 약을 소개하였다.[28] 또한 의사와 약제사, 그리고 약국의 협조를 얻어 가난한 자들을 위한 진료소를 설립하기도 하였다.[29]

웨슬리는 의료팀을 조직하여 의료 혜택을 받을 수 없는 브리스톨 광산촌에서 무상으로 약을 주었다. 이러한 무상 의료 활동은 영국 역사상 웨슬리가 처음으로 실천한 복지선교 운동이었다. 그 후, 런던의 파운더리(Foundery)와 브리스톨(Bristol)에 진료소를 개설하여 가난한 자들에게 복지선교를 통해 의료 혜택을 주었다.[30] 웨슬리의 의료팀 조직을 통한 복지선교는 선교적 교회 성장에서뿐 아니라 선교 현장에서도 육체적이고 정신적 및 사회적 안녕을 위한 목적으로 매우 유익한 선교의 도구로서 선교지의 병원건립과 관리, 현지 의료인들과의 협력 사역, 대체의학의 선교지 활용, 현지의 질병 예방 기관의 참여 등 치유로 인해 인간의 삶에 중요한 변화를 줄 것이다.[31]

5. 교도소 활동

웨슬리는 재소자를 위한 활동과 교도소 개혁운동을 일으켰다. 그는 옥스퍼드대학교(Oxford University) 시절부터 신성클럽(Holy Club)을 조직하여 정기적으로 교도소를 방문하여 그들에게 설교와 상담, 그리고 읽기와 쓰기를 가르쳤다. 그리고 억울한 재판을 위하여 변호사를

---

28) A. Wesley Hill, *John Wesley Among the Physicians* (London: Epworth Press, 1958).
29) Leslie F. Church, *More About the Early Methodist People* (London: Epworth Press, 1949), 34-43.
30) 김영선, 『존 웨슬리와 감리교 신학』, 395.
31) 조귀삼, 『전략이 있는 선교』(안양: 세계로미디어, 2014), 343-353.

중재하였고, 직업도 알선했으며, 경제적으로도 지원하였다.[32] 웨슬리의 교도소 활동을 통한 복지선교는 현대사회에서의 경제적 불균형과 사회 윤리 도덕의 타락 현상으로 인해 범죄자들이 갈수록 증가하는 현실을 볼 때 멈출 수 없는 시급한 선교적 과제이며, 갇힌 자에 대한 사랑과 관심의 돌봄은 선교적 교회 성장에 핵심을 이루는 일이 될 것이다.

6. 교육사업

웨슬리는 파운더리(Foundery)에 서점을 내어 재정의 근원을 삼았으며, 교회에 빈민학교를 세워 어려운 가정의 자녀 교육도 하였다. 웨슬리는 1784년에 순회 전도자들의 자녀를 위하여 킹스우드(Kingswood)에 학교를 세웠다.[33] 같은 해, 런던에도 학교를 세워 교사와 목사, 그리고 유능한 평신도들로 하여금 읽기, 쓰기, 계산법 및 기독교 신앙에 대한 수업을 아울러 주일학교도 운영하였다. 그래서 1786년에 2만 명의 어린이가 정기적으로 주일학교에서 교육을 받았다.[34] 그리고 웨슬리는 광부들의 자녀들을 위한 학교도 세웠다. 웨슬리는 뉴캐슬(Newcastle)에서 교회에 부설 기관으로 고아원을 세웠다.[35]

웨슬리의 교육목표는 지고하신 하나님의 영광(Glory of God)을 위하

---

32) 김영선, 『존 웨슬리와 감리교 신학』, 396. 1778년 연회의 공식적인 결의를 통하여 교도소에서의 봉사활동은 모든 감리교 설교자들의 의무로 규정되었다. Wellman J. Warner, *The Wesleyan Movement in the Industrial Revolution* (New York: Russell & Russel, 1930), 237.

33) 조종남, "웨슬리의 선교운동의 특징," 「웨슬리 관련 자료집」 4 (2003), 821-822.

34) 김영선, 『존 웨슬리와 감리교 신학』, 396.

35) 조종남, 『웨슬리의 선교운동의 특징』, 821-822.

여 교회와 국가에 쓰임 받는 사람을 양육하는 데 있었다.[36] 이러한 웨슬리의 복지선교 운동은 교회에서 설교만 진행된 것이 아니라 고아원과 노동자의 휴게실, 그리고 수양소로 활용되었다. 이것이 오늘의 복지회관을 겸한 복지선교 사역인 것이다. 웨슬리의 교육사업을 통한 복지선교는 선교적 교회 성장뿐만 아니라 문화적으로 열악한 나라인 아프리카와 후진국이 몰려있는 아시아권에서 구제기금 사업, 사회복지사업, 병원설립, 경제적 지원 등은 탁월한 선교의 열매가 될 것이다.

IV. 복지선교를 통한 선교적 교회 성장에 대한 사례

한국교회는 초기부터 복지선교와 함께 교회사역을 시작하였다. 이러한 복지선교 분야의 노력은 한국 사회의 교육기관과 의료기관, 그리고 사회복지 기관 등을 발전시키는 초석이 되었다.[37] 실제로 인간이 행복한 사회를 이루어 가는 데 있어서 풍성한 삶을 누리고 참된 평안을 누릴 수 있는 것은 복지선교가 필연적이다. 그래서 복지선교를 통한 선교적 교회 성장의 실천은 어떤 프로그램으로 봉사를 실천하는 것을 말하지 않고 이웃들과 함께 자체적으로 봉사하며 선교하는 것이다.[38] 복지선교를 통한 선교적 사명을 감당하는 교회는 수없이 많다. 교회가 복지선교를 감당하는 사례로는 아동복지(child

---

36) Alfred H. Body, 『존 웨슬리와 교육』, 장종철 · 주신자 역 (서울: 기독교대한감리회 교육국, 1989), 112.

37) 안치범, "지역교회의 사회사업 실천과 교회성장에 관한 연구: 안양, 군포, 의왕을 중심으로," 「신학과 실천」 46 (2015), 622.

38) 최영현, "이머징 교회 운동과 성령의 관계: 미하엘 벨커의 성령론을 중심으로," 「영산신학저널」 30 (2014), 181.

welfare), 청소년복지(youth welfare), 노인복지(senior welfare), 장애인 복지(handicapped welfare), 교정 복지(correction welfare), 다문화 복지(multicultural welfare) 등으로 나눌 수 있다. 따라서 현대사회에서 사람들이 만족할 수 있는 삶과 건강을 누릴 수 있도록 제도적인 기능을 수행 함에 있어 복지선교를 통해 지역을 선교하는 교회와 선교 기관들로 영락교회 영락보린원, 여의도순복음교회 엘림복지타운, 군포제일교회 성민원, 아가페 소망교도소, NGO 굿피플에 대하여 살펴보고자 한다.

1. 영락교회 영락보린원

영락교회 영락보린원은 1939년 5월 10일 한경직 목사가 창립하여 오늘에 이르고 있는 아동복지 선교 기관이다. 서울 용산구 후암동에 소재하고 있으며, 만 3세부터 18세까지 대상으로 고아와 무의탁 아동, 그리고 결손가정 아동을 보호하고 있다. 그리스도의 정신과 성서의 교훈으로 지도하여 건전한 사회인으로 성장하도록 육성하고 있다.[39] 주요 사업으로는 상담프로그램, 인지 발달프로그램, 정서 발달프로그램, 사회성 발달프로그램, 가족지원 프로그램, 지역사회프로그램, 건강발달프로그램, 퇴소 자립 지원 프로그램 등이 있다.[40] 이러한 아동 복지선교를 통한 선교적 교회 성장은 복음의 수용성이 강한 세계관을 지닌 아동들에게 신앙의 아름다운 추억을 만들어 줌과 동시에 하나님의 말씀으로 양육하여 그들을 통해 하나님 나라를

---

39) 영락보린원, "영락보린원 소개: 비전과 미션," http://www.borinwon.or.kr/intro/intro02. php.

40) 김은수, 『사회복지와 선교』, 217-272. 영락교회는 영락보린원, 영락어린이집과 합실 어린이집, 영락 에니아 집(중증장애인 요양시설), 영락경로원, 영락노인요양원, 영락 재가 노인복지 상담소, 영락모자원 등의 8개 시설을 운영하고 있다.

이루고자 하는 선교의 도구가 되는 것이다.

2. 여의도순복음교회 엘림복지타운

여의도순복음교회는 이웃 주민들의 복지를 위해 서울특별시와 손잡고 엘림복지회를 1985년에 조용기 목사가 설립하여 노인복지사업과 청소년 직업전문학교를 전문적으로 운영하고 있다. 직업전문학교는 1년 과정으로 1988년부터 시작되었다. 이러한 과정을 통해 훈련받은 젊은이들은 각종 자격증을 취득하였으며, 국제기능경기대회에서 우수한 성적을 받기도 하였으며, 특히 다문화 이주민과 탈북민을 훈련 시키고 있다. 최근 동남아에서 기술을 배우려고 엘림복지타운 직업전문학교의 문을 두드리고 있다. 이처럼 직업전문학교를 졸업한 많은 사람은 취업을 통해 가정을 이루고 행복한 삶을 설계하고있다. 그리고 무의탁 노인들을 위한 기관을 서울특별시로부터 위탁을 받아 복지기관으로서 경로당과 요양원을 운영하고 있다.

노인과 청소년들에게 진로를 탐색하게 하여 직업을 선택하게 만드는 작업은 참으로 귀한 일이다. 특히 다문화 청소년들이 한국 사회가 갖는 경쟁 체제를 이해하고 자신의 직업을 통해서 삶의 자리를 확보하게 되는 것은, 장래가 보장되는 중요한 선택이 된다.[41] 특히 여의도순복음교회의 역동적인 복지선교는 성령의 사역으로 보고 사회적인 약자들과 소외된 자들의 필요를 채워 구제하고 있다.[42] 이러한 노인과 청소년, 그리고 다문화 복지선교를 통한 선교적 교회 성장은

---

41) 조귀삼, "다문화 청소년을 위한 복지선교 연구," 「복음과 선교」 27 (2014), 171.
42) 소태영, "신앙공동체 교육모형에 기초한 순복음교회 평신도 교육과정 개발," 「영산신학저널」 35 (2015), 282.

먼저 목회자가 설교와 교육을 통해 성경속의 다문화 가정의 양육 및 성공 사례들을 제시하고 그들을 정서적으로도 지지하는 것이다.[43] 그리고 오늘날 케어 복지선교로서 신체적 혹은 정신적 장애가 있어 자립할 수 없는 사람에 대해서 생활에 불편이 없도록 노인과 청소년이든지 즐겁고 인간답게 살 수 있도록 도와야 할 것이다.

3. 군포 제일교회 성민원

현대사회에서의 인구 고령화 문제는 세계 대부분의 국가에서 나타나고 있는 현상이다. 특히 한국의 경우, 산업화 이후 급속한 의료기술의 발전과 건강에 관한 관심의 증가로 인해 고령화 현상은 다른 나라에 비해 빠르게 진행되고 있다. 이와 같이 노인 문제가 사회문제로 대두되고 있어 개인적이고 사회적인 문제를 최소화하기 위해서는 국가와 사회의 구성원 전체가 노인복지(elderly welfare) 차원에서 충분한 연구와 준비가 이루어져야 한다.[44] 노인복지란 사회복지 실천에 의한 분야로서 노인의 복리 상태를 유지하도록 하는 사회적 활동을 말한다. 구체적으로 노인복지의 영역은 노인이 인간다운 생활을 영위하면서 자기가 속한 가족과 사회에 적응하고 통합될 수 있도록, 필요한 자원과 서비스를 제공하는데 관련된 공적 및 사회적 차원에서의 조직적 제반 활동을 포함한다.[45] 한국은 인구 고령화에 따른 노인 문제에 대한 대책들로서 공공 주거와 사회보험, 그리고 사회서비스 등

---

43) 박진우, "다문화이주여성을 위한 복지선교 연구: 다문화이주여성 면담사례 중심으로," 「복음과 선교」 35 (2016), 182.

44) 민장배 · 송진영, "고령사회에 따른 교회의 노인복지 선교에 관한 연구," 「신학과 실천」 49 (2016), 602.

45) 노윤식, "노인 복지의 활동이론과 교환이론의 선교적 적용," 「복음과 선교」 10 (2008), 249.

을 시행하고는 있으나 증가하는 노인 문제를 해결하기에는 아직 충분하지 못하며 미미한 수준에 그치고 있다. 또한 현대사회의 가족 형태의 변화로 인해 가족 내에서 노인 문제를 해결할 수 없는 상황에서 노인 문제를 사회적, 제도적으로 이해하고 실제로 해결할 수 있는 여러 가지 방안을 모색하고 확립하는 것은 매우 시급한 과제이다.

군포 제일교회는 군포시에 위치 교회로 권태진 목사가 노인복지를 전문화하기 위해 1998년 사단법인 성민원을 설립하였다. 이 교회는 노인에 대한 특별한 관심을 가지고 1986년부터 노인대학을 설립하여 운영하고 있다. 특히 복지법인 성민원은 거동이 불편하여 외출할 수 없는 저소득층 노인과 자택 보호 노인들을 방문하여 복지 서비스를 제공하고 있으며, 독거노인 및 맞벌이 부부 가정의 노인들을 일일 동안 시설에 데려와 각종 프로그램을 활용하는 제일 주간보호센터를 운영하고 있다. 군포 제일교회는 한때 정부로부터 복지센터를 위탁받아서 지역의 노인복지뿐만 아니라 장애인 복지, 청소년복지, 아동복지, 학교, 부녀, 산업복지에도 힘썼다. 그리고 복지사업 외에도 선교와 구제, 그리고 전도, 교육에도 중점을 두고 성도들의 내실을 기하고 있다. 권태진 목사는 1980년대 이미 대학원에서 사회복지를 전공하여 목회에 적용하였다. 성민원은 소위 지역 주민과 더불어 호흡하는 교회로 자리 잡고 있으며, 자연스럽게 교회가 성장하는 모습을 보여주고 있다.[46] 이러한 노인과 장애인, 그리고 청소년, 아동 복지선교를 통한 선교적 교회 성장은 종교와 사회적 기능을 갖고 있으며, 하나님의 명령에 대한 실천으로 가난한 자와 약한 자, 그리고 연약한 자를 섬기는 공동체로 사회적 약자에게 손을 펼치는 예수님의

---

46) 조귀삼, 『전략이 있는 선교』, 362-363.

가르침으로 교회의 본질적 사명을 감당해야 할 것이다.[47)

4. 아가페 소망교도소

한국교회는 갇힌 자들에게 대한 마음의 빗장을 풀지 못하고, 복지
선교에 있어서 뒷전에 처지는 경우가 많았다. 하지만 최근에 교도
소 선교의 중요성을 깨닫고 위문과 방문 활동뿐만 아니라 2010년 12
월 1일부터 적극적으로 아가페 소망교도소가 개소 등 기독교 단체들
이 교도소 선교에 많은 관심을 가지게 되었다.[48) 경기도 여주시 북
내면 외룡리에 위치 아가페 소망교도소의 인성교육은 강도가 세기
로 유명하다. 입소 후 8개월 동안 꼬박 인성교육만 받는다. 첫째, 오
리엔테이션(입소 전 격려)과 MBTI(성격유형검사) 과정이다. 이것은 재소자
유형 파악, 새로운 다짐을 적어 타임캡슐에 묻는 과정이다. 둘째, 기
초 인성교육 과정이다. 이것은 허브, 파프리카, 고추 등 씨 뿌리고 키
우기, 음악치료 과정이다. 셋째, 집중 인성교육이다. 이것은 주로 피
해자를 이해하고 인간성을 회복하기 위한 명상, 상담 등 교육과 성
경 낭독하는 과정이다. 넷째, 출소 전 적응 교육 과정이다. 이것은 타
임캡슐 열고 다짐 돌아보기, 멘토 지정, 출소 전 격려, 출소 2주 후 안
부 전화 과정이다. 그리고 교육 중에는 각종 작업도 열외며, 교육과
정마다 민간인 자원봉사자와 함께하도록 해 사회 적응도를 높이고
있다. 수용인원은 300명으로 출소자 228명인데 재범 율은 2.6%라고
한다.[49) 이러한 교도소 복지선교를 통한 선교적 교회 성장은 재소자

---

47) 민장배 · 송진영, "고령사회에 따른 교회의 노인복지 선교에 관한 연구," 606.
48) 최종인, "도시교회의 특수선교 전략에 관한 연구," (서울신학대학교 신학전문대학원 박사
   학위논문, 2004), 132.
49) 중앙일보 2013년 8월 27일자.

들에 대한 교정과 교화인데, 교정 직원들만의 노력으로는 힘들며 교정과 교회의 목적을 효율적으로 달성하기 위해서 교인들의 교정 시설 교정에 대한 의식 변혁과 함께 적극적인 봉사와 사랑 나눔이 절실히 필요할 것이다. [50]

5. NGO 굿피플

교회에서뿐만 아니라 많은 기독교 NGO단체 가운데 굿피플(Goodpeople)은 '한국 선한 사마리아'가 모체로서 1999년 창립되어 코소보에 긴급구호 요원을 파견하였다. 그리고 터기 지진 피해 지역을 긴급 구호했을 뿐만 아니라 의료봉사를 실시, 비료와 옥수수 종자로 대북 지원, 경기도 연천 홍수 피해 지역에 긴급구호 활동을 펼쳐 법인 명칭을 선한 사람들로 변경하였다. [51] 이처럼 국내외적으로 다양한 구호와 봉사활동을 통해 굿피플은 2007년 1월 28일 UN의 경제사회이사회(Economic and Social Council) 산하 NGO에 등록하여 세계적인 국제기구로 발전함에 따라 국제기구들과 파트너십을 통해 폭넓은 구호 활동을 전개하게 되었다. [52]

오늘날 상실의 시대를 살아가면서 영적, 육적, 정신적 혼란을 겪고 있는 현대인에게 인간 존엄성의 회복과 더불어 윤리, 도덕, 가치관의 확립을 통해 기독교적 가치를 지닌 복지선교가 더욱 절실해지고 있다. NGO와 교회는 기독교 세계관에 근거하여 사회문제를 해결함

50) 최종인, "도시교회의 특수선교 전략에 관한 연구," 135.

51) 이영훈, 『성령과 함께한 기독교대한하나님의성회 60년사』 (서울: 도서출판 하늘창, 2013), 440.

52) 조용기, 『위대한 소명 희망목회 50년』 (서울: 여의도순복음교회, 2008), 291.

으로 사회 안에서 하나님 나라 건설이라는 대의를 이루어야 한다. 53)
이러한 NGO 복지선교를 통한 선교적 교회 성장은 선교전략의 측면
에서 적극적으로 활용하여 인종과 종교를 뛰어넘어 다양한 문화나
국가들 속에서 복음이 뿌리내리도록 NGO의 활용은 하나님이 쓰시
는 효과적인 선교의 도구가 되어야 할 것이다. 54)

V. 나가는 말

결론적으론, 복지선교를 통한 선교적 교회 성장에 대한 연구를 살
펴보았다. 복지선교는 곧바로 지역사회로 이어지기 때문에 지역사
회에서 교회가 왜 존재해야 하는가에 대한 이유가 분명해질 수 있
다. 55) 그래서 전석재와 박현식은 복지선교를 통한 선교적 교회 성
장에 있어서 미래 목회 패러다임 전환에 대하여 말하기를, "첫째, 양
을 넘어서 질로 가야 한다. 둘째, 크기를 넘어서 건강해야 한다. 셋
째, 활동을 넘어서 의미에 초점을 맞춰야 한다. 넷째, 이데올로기를
넘어서 관계로 초점을 맞춰야 한다. 다섯째, 신뢰의 환경으로의 교
회가 되어야 한다."라고 하였다. 56) 지역교회가 복지선교를 단독으로
실행하는 데에는 한계가 있기에 지역교회와 연합의 네트워크로 전
환이 요구된다. 지역교회가 감당할 수 있는 역할과 연합적인 역할로
구분 해 볼 수 있는데, 지역교회는 인적자원과 물적 자원을 활용하여

---

53) 이정서, "현대사회의 동향과 사회복지선교의 과제," 256.
54) 조귀삼, 『전략이 있는 선교』, 244-253
55) 김은수, 『사회복지와 선교』, 356.
56) 전석재 · 박현식, 『21세기 복지와 선교』, 150-152. Michael Slaughter, & Warren Bird, Unlearning Church (Loveland: Group Publishing, 2002), 71-84.

복지선교에 참여할 수 있으며, 지역교회들의 연합적 연계를 통해 복지선교를 할 수 있다. 그리고 정부 기구와 단체, 그리고 교회가 협력(partnership)하여 복지선교를 이루어 가야 한다.[57]

교회는 사람이 세운 집단이 아니라 하나님께서 세우셨고, 예수 그리스도가 교회의 머리가 되시기에 하나님의 생명력 안에서 계속해서 자라가는 특성을 갖고 있다.[58] 그래서 복지선교를 통한 선교적 교회 성장을 위한 실제 사례의 목회 패러다임(ministry paradigm) 전환을 통해 교회는 사명감을 가지고 지역사회의 소외된 사람들에게 관심을 가지고 나가야 한다. 복지선교를 위한 교회의 헌신은 지역사회의 공동체 속에 녹아내릴 때 딱딱한 이웃들의 마음이 열려 복음을 받아들일 것이다. 첨단 과학기술 시대에 교회는 더욱 심한 메마름과 갈증을 경험하는 사람들에게 영성을 제공해 주어야 한다. 그리고 평신도 훈련과 개발을 통하여 교회와 목회의 동역자로 세우며, 세상을 향해 복음을 들고 나가는 선교적 교회를 세워 나가야 할 것이다.[59] 또한 교회의 복지선교는 복음의 실천이라는 대명제와 함께 한국교회가 나아갈 방향으로써 절실히 요구된다.[60] 따라서 복지선교를 통한 선교적 교회 성장은 오늘날 심각한 전도의 위기 속에서 사회적 관심에 대한 기독교 교단들과의 협력으로 복지선교 활동에 참여하게 하고, 지역사회와 함께 교회의 본질적인 사명을 감당하게 하고, 아직도 사각지대에 놓여 있는 복지선교에 눈을 돌려 바람직한 선교적 교회 성장의 모델로 자리 잡아야 할 것이다.

---

57) 한성홍, "한국교회의 노인복지와 선교적 실천," 「복음과 선교」 18 (2012), 280.
58) 김한옥, "전통적인 교회성장학과 자연적 교회성장학의 신학적 패러다임 연구," 「신학과 실천」 15 (2008), 149.
59) 전석재·박현식, 『21세기 복지와 선교』, 160.
60) 민장배·송진영, "고령사회에 따른 교회의 노인복지 선교에 관한 연구," 621.

참고문헌

김은수. 『사회복지와 선교』 서울: 대한기독교서회, 2014.

김은수. "장애인 복지와 선교과제." 「선교신학」 13 (2006), 99-123.

김영선. 『존 웨슬리와 감리교 신학』 서울: 대한기독교서회, 2002.

김영선. "존 웨슬리의 사회복지 목회." 「한국개혁신학」 19 (2006), 81-101.

김한옥. "전통적인 교회성장학과 자연적 교회성장학의 신학적 패러다임 연구." 「신학과 실천」 15 (2008), 123-154.

노윤식. "노인 복지의 활동이론과 교환이론의 선교적 적용." 「복음과 선교」 10 (2008), 247-263.

민장배 · 송진영. "고령사회에 따른 교회의 노인복지 선교에 관한 연구." 「신학과 실천」 49 (2016), 601-625.

박진우. "다문화이주여성을 위한 복지선교 연구: 다문화이주여성 면담사례 중심으로." 「복음과 선교」 35 (2016), 153-191.

박창우. "기독교 사회복지의 목적에 관한 소고." 「신학과 실천」 30 (2012), 433-452.

서정운. "사회선교에 대한 선교신학적 이해." 『현대교회와 사회봉사』 서울: 대한예수교장로회총회출판국, 1991.

소태영. "신앙공동체 교육모형에 기초한 순복음교회 평신도 교육과정 개발." 「영산신학저널」 35 (2015), 259-296.

안치범. "지역교회의 사회사업 실천과 교회성장에 관한 연구: 안양, 군포, 의왕을 중심으로." 「신학과 실천」 46 (2015), 621-648.

영락보린원. "영락보린원 소개: 비전과 미션." http://www.borinwon.or.kr/intro/intro02.php.

이삼열. "사회봉사의 신학과 실천과제." 『사회봉사의 신학과 실천』 서울: 한울, 1992.

이수환. 『한국교회와 선교신학』 용인: 도서출판 목양, 2013.

이영훈. 『성령과 함께한 기독교대한하나님의성회 60년사』 서울: 도서출판 하늘창, 2013.

이정서. "현대사회의 동향과 사회복지선교의 과제." 「복음과 선교」 13 (2010), 235-262.

이준우. 『복지선교와 복지목회』. 서울: 나남, 2014.

전석재 · 박헌식. 『21세기 복지와 선교』. 서울: 도서출판 대서, 2008.

정광현. 『기독교 사회복지의 이해』. 서울: 양서원, 2005.

중앙일보 2013년 8월 27일자.

조귀삼. "다문화 청소년을 위한 복지선교 연구." 「복음과 선교」 27 (2014), 143-183.

조귀삼. 『전략이 있는 선교』. 안양: 세계로미디어, 2014.

조용기. 『위대한 소명 희망목회 50년』. 서울: 여의도순복음교회, 2008.

조종남. "웨슬리의 선교운동의 특징." 『웨슬리 관련 자료집』 4집. 2003.

최동규. "교회성장학의 학문적 특성과 실천신학적 평가." 「신학과 실천」 36 (2013),
        39-64.

최영현. "이머징 교회 운동과 성령의 관계: 미하엘 벨커의 성령론을 중심으로." 「영
        산신학저널」 30 (2014), 153-190.

최무열. 『한국교회와 사회복지』. 서울: 나눔의집 출판사, 2008.

최종인. "도시교회의 특수선교 전략에 관한 연구." 서울신학대학교 신학전문대학원
        박사학위논문, 2004.

한국갤럽조사연구소. 『한국인의 종교』. 서울: 한국갤럽조사연구소, 2015.

한성흠. "한국교회의 노인복지와 선교적 실천." 「복음과 선교」 18 (2012), 255-284.

Barker, Robert L. *The Social Work Dictionary*, 3rd edition. Washington: NASW
        Press, 1995.

Body, Alfred H. 『존 웨슬리와 교육』. 장종철 · 주신자 역. 서울: 기독교대한감리회
        교육국, 1989.

Church, Leslie F. *More About the Early Methodist People*. London: Epworth
        Press, 1949.

Hill, A. Wesley. *John Wesley Among the Physicians*. London: Epworth Press,
        1958.

Slaughter, Michael. & Bird, Warren. *Unlearning Church*. Loveland: Group
        Publishing, 2002.

Warner, Wellman J. *The Wesleyan Movement in the Industrial Revolution*. New
        York: Russell & Russel, 1930.

Wesley, John. *The Letters of John Wesley*. London: Epworth Press, 1931.

제12장
이주민 선교

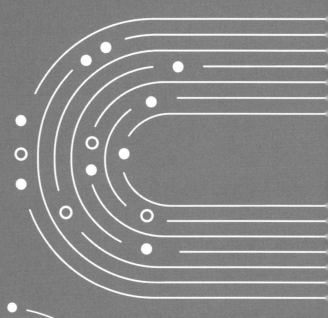
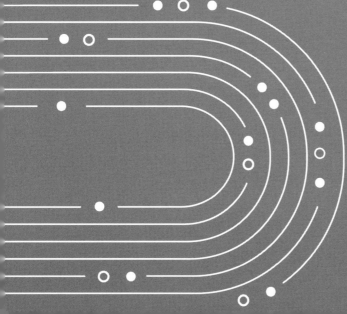

I. 들어가는 말

현재 전 세계는 지역화로 인한 다문화 시대(Multicultural Age)이다. 한국사회 또한 더 이상 단일문화(mono cultural)를 지향하는 나라가 아니다. 이미 다문화 이주민들은 도시에 상주하고, 그 수는 계속해서 증가하고 있어 이에 대해 침묵할 수 없는 것이 현실이다. 한국의 다문화는 재혼이나 도시 남성들과의 결혼까지 이루어지고 있으며, 부부들 간에 태어난 혼혈 아이들의 증가는 계속되고 있다.[1] 행정자치부 자료에 의하면, 2023년 다문화 이주민 수가 1,752,000명으로 집계되었다. 한국 전체인구의 2.9%에 해당되는 다문화 이주민은 사회적 관심의 대상이지만 동시에 사회적 갈등과 심지어 종교적 충돌로 이어지는 경우가 적지 않다.[2] 하지만 다문화 이주민은 한국 사회의 구성원으로서 한국교회의 중요한 일원으로 편입되고 있다. 한국 사회가 급격하게 다문화 사회로 진입하고 있음에도 불구하고 한국교회와 그리스도인들은 다문화 이주민을 위한 선교적 목회(Missional Ministry)의 역할에 대해 낯선 주제처럼 생각한다.[3] 이런 현실의 문제를 한국교회와 그리스도인들은 정확하게 진단하기보다 오히려 그 편견을 강화하며 배타성에 동조하는 해석이나 설교를 들을 때 혼란스러워한다.[4]

그래서 먼저 이러한 다문화의 상황에 대한 관점을 성경에서 그 의미를 찾아야 한다. 창세기 30:1-24와 49:28에 의하면, 하나님은 야곱을 이스라엘로 부르셔서 한 부족이 아닌 12 부족을 세운 것에서 그

---

1) 김혜란 · 최은영, 『성서에서 만나는 다문화 이야기』 (서울: 대장간, 2013), 5.
2) 조귀삼, "유럽과 한국의 다문화인 유입에 따른 종교 갈등의 비교와 선교전략 연구," 「복음과 선교」 17 (2012), 178.
3) 박홍순, "호남지역 다문화선교의 현황과 과제," 「선교와 신학」 32 (2013), 34.
4) 김혜란 · 최은영, 『성서에서 만나는 다문화 이야기』, 6.

기원을 찾을 수 있다. 12 부족은 하나님이 세운 신앙공동체로 단일 민족이 아니라 다양하다는 점을 간접적으로 보여준다. 동시에 다른 인종과 문화가 한 뿌리에서 나왔음을 드러낸다면 모든 사람은 하나님의 자녀로서 서로 존중하고 함께 더불어 살아야 한다.[5] 이를 위해 앞으로 다문화 이주민을 위한 선교적 목회에 관한 지속적인 연구가 필요하다. 따라서 연구자는 현재 한국에 거주하고 있는 다문화 이주민은 하나님이 일하시는 하나님 나라를 위한 선교 대상의 핵심이기에 다문화 이주민에 대해 정리해 보고, 다문화 이주민을 위한 선교적 목회의 역할에 대하여 살펴보고자 한다.

II. 이주민의 유형과 갈등

1. 북한이탈주민의 갈등

한국전쟁 직후부터 여러 가지 이유로 인해 북한 주민이 한국으로 탈출해 왔다. 초기에 북한을 탈출 한국으로 망명해 온 사람은 대부분이 정치적인 이유였다. 특히 공군 조종사의 귀환은 귀순 용사로 칭하여 대대적으로 선전되었고, 1970년 후반에 들어서자, 한국이 급속한 경제성장으로 인해 남북의 경제 격차가 역전되었다. 북한의 만성적인 경제난이 계속되자, 이후 탈북주민들의 성격은 정치적인 망명에서 경제난민의 성격으로 점차 바뀌게 되었다. 이러한 흐름에 따라 1990년 중반 북한에서 대규모 자연재해인 수해와 가뭄의 발생으로

---

5) 김혜란 · 최은영, 『성서에서 만나는 다문화 이야기』, 9.

인한 심각한 식량난으로 가속화되었고, 2000년 초반에 들어서자, 그 전과 다르게 대규모 인원의 탈북이 감행되었다. 탈북자의 수는 중국 연변 조선족 자치주에 2007년 기준으로 1만 명을 넘어섰다. 현재까지 탈북자 중에 가장 고위급 인사는 북한의 당비서를 지낸 황장엽이며, 그 외에 대표적으로는 권투선수 최현미가 탈북자에 해당한다. 이렇게 북한이탈주민[6]의 규모는 1950년부터 1989년까지 607명이며, 1993년까지 641명이었으나 1994년부터 그 수가 꾸준히 증가하여 2000년에 1,405명이었고, 2014년에 27,519명이나 증가하였다.[7]

하지만 다각적인 지원 정책에도 불구하고 북한이탈주민들은 한국 사회에 적응하는 데 여전히 어려움을 겪고 있다.[8] 탈북 과정에서 어려움을 극복하고 남한에 정착한 북한이탈주민들의 갈등은 기초생활의 어려움으로 최근에 재입북 경우도 늘고 있다.[9] 이러한 북한이탈주민들의 국내 입국이 본격화되므로 경제적인 어려움과 사회적인 약자로 평가받아 상처의 갈등은 심각하며, 이로 인해 한국 사회 적응과 정착 지원 문제가 주된 관심사가 되어 사회복지학, 사회학, 교육학, 정치학, 심리학, 종교학, 선교학 등 다양한 영역에서 연구가 이루어지고 있다. 최근에는 북한이탈주민들의 심리적 적응 문제, 학교 적응 문제, 각종 교육훈련, 신변 보호 경찰관의 지원 등에 관한 다양한 연구들이 이루어지고 있다.[10]

---

6) 현재 법률적인 용어로 통일하게 사용하고 있는 북한이탈주민이란 "법률적으로 군사분계선 이북 지역에 주소, 지계 가족, 배우자, 직장 등을 두고 있는 자로서 북한을 벗어난 후 외국의 국적을 취득하지 아니한 자"를 의미한다. 최근 북한이탈주민은 과거 김정일 정권 시대보다 더 어려워진 것은 김정은 정권이 들어서면서 북한과 인접한 국가들에 대한 국경이 더욱 강화되어 탈출자를 막고 있기 때문이다.

7) https://www.ko.wikipedia.org/wiki/, 2015년 5월 5일. 북한이탈주민.

8) https://www.urimal365.kr/?p=9917, 2015년 5월 5일. 북한이탈주민 현황과 사회적응문제.

9) 조귀삼, "다문화 청소년을 위한 복지선교 연구," 「복음과 선교」 27 (2014), 150.

10) 김복수 외 7인, 『21세기 디아스포라 북한이탈주민』 (서울: 한국학중앙연구원출판부,

2. 이주노동자의 갈등

1988년 서울올림픽을 개최하면서 이주노동자[11]는 국제사회의 관심을 받게 되고, 3저 호황으로 3D업종을 비롯한 중소규모 제조업이 인력난을 겪게 되면서 유입되었다. 1992년 한중수교 이후에 중국 동포의 이주노동이 시작되었다. 1993년 한국 정부는 산업기술연수생 제도와 2004년 고용허가제 등을 통해 외국인 노동력 조절 정책을 시행했으며, 중국과 구소련 지역 동포의 방문 취업제를 도입하였다. 이주노동자는 중소기업 제조업 및 농축 산업 등의 인력난 해소에 이바지하고 있지만, 불법 체류자 증가와 노동인권 차별, 다문화 사회의 갈등 등이 야기되고 있다.[12]

2010년 3월 취업 자격으로 입국한 이주노동자는 전문인력 42,745명, 단순 기능인력 517,963명으로 총 56,708명이며, 그중 불법체류자는 전문인력 2,616명, 단순 기능인력 52,705명이다. 그 외에 단기 체류 비자로 입국한 비합법 체류자는 약 17,800명이며, 대다수가 3D업종 제조업과 농축 산업에 취업하였다.[13] 법무부 출입국 외국인 정책본부에 의하면, 2015년 1월 기준 이주노동자 수가 569,081명에 이르고 있다.[14]

2014), 20.

11) 한국학중앙연구원이 편찬한 한국민족문화대백과사전에 의하면, 이주노동자(移住勞動者, Migrant Labour)는 대한민국 국적을 갖지 않은 사람으로서 국내에 소재하고 있는 사업 또는 사업장에서 임금을 목적으로 근로를 제공하고 있거나 제공하려는 사람을 말한다.

12) http://encykorea.aks.ac.kr/Contents/Index, 2015년 5월 6일. 외국인노동자.

13) 최홍엽, "외국인 고용허가제 아래의 근로계약관계," 「노동법논총」 18 (2010). 이주노동자의 출신 국가별 규모를 보면, 베트남 52,000명, 필리핀 30,000명, 타이 25,000명, 인도네시아 25,000명, 중국 20,000명 등이다. 2011년 국내 체류 중국동포는 약 41만 명에 이르고 있다.

14) 법무부 출입국 외국인정책본부, "출입국 · 외국인정책 통계월보," (2015, 1), 16.

이러한 이주노동자들은 노동 현장에서 여러 가지 갈등의 문제를 가지고 있다. 첫째, 같은 종류의 일을 하고도 임금 격차에서 오는 갈등이다. 둘째, 고용하고 있는 작업장은 대부분 영세하기 때문에 이주노동자를 위하여 고용보험에 가입하고 있지 않다. 셋째, 여성의 경우는 몰지각한 사업주와 종업원들에 의한 성폭행의 문제가 있다. 그 외에도 3D로 명명된 산업현장에서 작업 환경과 문화적 이질감에서 오는 다양한 문제들이 갈등을 일으키고 있다.[15]

3. 여성 결혼 이민자의 갈등

1990년 이전까지 한국에서의 국제결혼은 매우 드문 일로 그중 대부분 한국 여성과 외국 남성 사이에 이루어졌다. 그러나 1990년대 이후 여성들은 사회진출이 활발해져 결혼을 원하지 않는 여성들이 늘어났고, 일부 남성들은 국내에서 신붓감을 찾지 못하는 일이 생겨났다. 이에 저개발국가 여성들과의 국제결혼은 그 대안으로 제시되었고, 이를 통해 외국인 여성들의 대량 이주 현상이 나타났다. 1990년 초에는 언어와 문화를 공유하는 중국 동포 여성들이 주 대상이었으나, 1990년 중반 이후에는 여성들의 국적이 필리핀과 태국, 몽골 등으로 확대되었고, 1990년 말부터는 베트남과 우즈베키스탄, 러시아 등으로 더 다양해졌다. 지금은 연간 결혼 건수의 약 9%가 국제결혼이며, 그중 대부분 90%가 한국 남성과 외국 여성과의 결혼이다.[16] 여성 결혼 이민자는 결혼 후 2년이 지나면 국적을 취득할 수 있다. 2005년 8월 16일 정부 관계 부처에 의하면, 여성 결혼 이민자에 대한

---

15) 조귀삼, 『다문화연구 학습자료』 (안양: 세계다문화진흥원, 2015), 29.
16) 법무부, "국제결혼 이주자 국적별 현황," (2013, 7).

지원방안의 주요 골자는 국내 체류 5년 이상일 경우 한 해 주어졌던 영주권을 국내 거주 2년으로 완화하였다. 그리고 여성 결혼 이민자의 자녀는 출생과 동시에 한국 국적을 가지게 되므로 그들의 적응과 자녀문제는 매우 중요한 사회적 문제였다.[17] 법무부 출입국 외국인정책본부에 의하면, 2015년 1월 기준 결혼 이주민 수가 150,798명으로 집계되었다.[18]

대부분 여성 결혼 이민자는 한국문화에 대한 이해 부족으로 갈등이 크다고 볼 수 있다.[19] 서로 다른 문화와 생활 습관으로 인한 국제결혼은 근본적으로 문제를 가지고 시작되는데, 가정 내의 이중문화로 인한 갈등은 부부관계와 가족관계, 지역사회의 편견 등으로 심한 우울증에 시달리기 때문에 가정 자체를 불안하게 만든다.[20] 이러한 갈등의 문제가 긍정적이고 효과적으로 나타내기 위해서는 낯선 환경과 문화에서 오는 충돌과 갈등을 최소화해야 한다. 하지만 여전히 여성 결혼 이민자들은 한국 사회에서 서로의 문화를 이해하지 못한 채 의심과 분노, 갈등 등의 상황에 놓여 있다.

---

17) 권미경, 『다문화주의와 평생교육』(파주: 한국학술정보, 2009), 13.
18) 법무부 출입국 외국인정책본부, "출입국·외국인정책 통계월보," 18.
19) 하밍타잉, "1992년 이후 한국과 베트남 사이의 국제결혼에 대한 연구," (서울대학교 국제대학원 석사학위논문, 2005).
20) 조귀삼, 『다문화연구 학습자료』, 30.

III. 이주민을 위한 선교적 목회의 필요성

1. 건강한 자아존중감의 회복

한국 사회는 물가 인플레이션 보다 더 강력한 학력 인플레이션이 심각하다. 이러한 현상으로 결국 다문화 이주민들은 교육 격차에서 비롯된 상대적 박탈로 인해 자아존중감(自我尊重感, self-esteem)을 상실하게 된다.[21] 자아존중감은 자아개념의 평가적 측면으로 자신을 가치 있게 평가하는 부분이다. 이것은 목표를 성취하거나 과제를 성공적으로 완수함으로써 형성된다. 자아개념은 자신이 누구인가에 대한 가치 신념이라면, 자아존중감은 자신이 누구인가에 대한 평가를 전제로 하는 정의적 반응이다. 그러나 일반적으로 이 두 용어는 혼용하여 사용하고 있으며, 자신의 가치와 능력을 긍정적으로 평가한다면 자아존중감이 높다고 할 수 있다.[22] 이러한 건강한 자아존중감은 신체뿐만 아니라 인지적 성숙과 더불어 다양한 사회적 경험을 바탕으로 안정된 자아개념을 형성하게 될 것이다.

그런데 다문화 이주민의 결혼생활과 생활 적응이라는 심리 공항으로 인한 스트레스가 자녀에게 큰 영향을 미치게 된다. 다문화 이주민의 자녀들은 또래집단과 학교, 지역사회에서 긍정적인 상호작용을 하지 못해 자아존중감이 파괴되거나 학업에 적응하지 못하는 경우가 많다.[23] 특히 고학년이 될수록 다문화 이주민의 자녀들은 어휘와 이해력 부족 등으로 학습 부진을 보이며, 이에 따른 일상생활과 학교

---

21) 조귀삼, "다문화 청소년을 위한 복지선교 연구," 153.
22) 한국교육심리학회, 『교육심리학용어사전』 (서울: 학지사, 2000).
23) 조귀삼, 『전략이 있는 선교』 (안양: 세계로미디어, 2014), 169.

생활에 적응력이 떨어진다. 그리고 자기의 외모가 다른 사람과 많이 다름을 느껴 한국어를 구사하는 능력이 떨어져 자아존중감이 결여된다.[24] 닐 앤더슨(Neil T. Anderson)은 자아존중감에 대하여 다음과 같이 말한다. 아담의 타락 이후 인간이 지닌 문제는 자아존중감의 결여라는 데 동의한다. 세속적인 심리학자들은 자아를 격려하고 우리가 일을 더 잘하도록 격려함으로써 잃어버린 자아존중감을 회복할 수 있다. 그러나 그들이 제시한 해답에는 찬성하지 않는다. 자기 가치에 대한 평가는 자신이 누구인지를 바르게 아는 데서 시작된다. 곧 자신이 하나님의 자녀라는 사실을 알 때인 것이다.[25] 따라서 다문화 이주민의 낮은 자아존중감의 회복을 위해 한국교회는 선교적 목회의 필요성이 요구되고 있다.

2. 스트레스 문화충격에서의 적응

사람들은 아주 다양한 문화를 창조해 왔다. 다른 음식을 먹고, 다른 종류의 집을 짓고, 다른 언어를 말하며, 다양한 방법으로 서로 문안 인사를 나눈다. 모든 사람은 동일한 세상을 보고 있지만 각기 다른 문화적 안경을 끼고 세상을 인식한다.[26] 이렇게 서로 다른 문화를 지닌 집단이나 사회가 문화적인 면에서 지속적이고 직접적으로 접촉하는 것을 문화접촉이라고 한다. 이러한 문화접촉의 상황에서 적응 문제에 관한 관심은 문화 적응이라는 개념을 탄생시켰다. 문화

---

24) 조귀삼, 『전략이 있는 선교』, 169.

25) Neil T. Anderson, 『내가 누구인지 이제 알았습니다』, 유화자 역 (서울: 죠이선교회출판부, 2008), 58-59.

26) Paul G. Hiebert, 『선교와 문화인류학』, 김동화 외 3인 역 (서울: 죠이선교회출판부, 2002), 86.

적응이란 원칙적으로 중립적인 용어로서 상호작용을 하는 두 집단 모두에게 해당되나 실제로 어느 한 집단이 다른 집단에 비하여 더 많은 변화를 겪는 경우가 대부분이다.[27]

새로운 문화를 접촉할 때 심리적 스트레스가 생기는 원인은 가난하고 불결한 환경과 질병의 두려움 때문이 아니라 어릴 때부터 배운 모든 문화적 틀과 지침들이 더 이상 적용되지 못할 때 경험하는 방향 감각을 상실하게 만드는 문화충격이다. 이러한 충격은 외국에 온 서구 사람들에게만 영향을 미치는 것이 아니라 새로운 문화권에 깊숙이 들어가는 모든 사람이 경험하는 것이다.[28] 새로운 문화는 문화충격을 거쳐야 비로소 동화된다. 이런 문화충격에는 인식적인 차원, 감정적인 차원, 평가적인 차원이 있다.[29] 그 가운데 인식적인 차원에서 다문화 이주민들은 한국문화를 접촉할 때 인식능력의 결여로 인해 심한 충격을 받게 된다. 특히 한국문화는 다문화 이주민들에게 스트레스를 받게 만드는 경우가 많다. 이런 경우, 부모들은 자녀 교육과 관련하여 한국의 지나친 경쟁 문화로 학업 스트레스를 받게 된다. 이러한 심한 스트레스는 결국 자살과 같은 극단적인 선택으로 이어지는 악순환의 길로 접어들기도 한다.[30] 따라서 이러한 문화충격에서 다문화 이주민들이 적응하기 위해 한국문화에 대한 수용 능력과 적응 능력을 높이는 데 있어서 한국교회의 선교적 목회의 역할이 필요할 것이다.

---

27) 정진경·양계민, "문화적응 이론의 전개와 현황," 「한국심리학회지」 23 (2004), 104.
28) Paul G. Hiebert, 『선교와 문화인류학』, 91-92.
29) Paul G. Hiebert and Eloise Hibert Meneses, *Incarnational Ministry* (Grand Rapids: Baker Books, 1995), 38.
30) 조귀삼, "다문화 청소년을 위한 복지선교 연구," 157-159.

3. 결혼생활에서의 만족

다문화 이주민의 결혼 배경은 한국의 산업사회에 따른 농업의 공동화 현상으로 배우자를 구할 수 없는 미혼 현상에서 비롯된다. 이러한 현상은 도시 빈민의 빈약한 경제적 능력으로 처녀들의 결혼 기피, 건강 문제로 결혼을 놓쳤기 때문이며, 이혼이나 배우자의 사망과 같은 요인들 때문이다. 한국에서의 결혼 양상은 현대화 과정에서 많은 변화를 가져왔다. 정통적인 사회에서는 부모의 정절에 의해 자녀가 부부로 인연을 맺기도 한다. 그러나 산업사회가 도래하면서부터 농촌 여성들은 일자리를 찾아서 도시로 몰려들게 되어 결국 농촌은 공동화 현상을 불러오고 농업을 주업으로 하는 총각들은 결혼 상대 여성을 찾는 데 심각한 문제를 가져오게 되었다.[31]

이러한 현상은 한국 사회로 하여금 국제결혼에 관심을 갖게 만들었고, 농촌인구의 감소는 농업 기반의 붕괴와 인구 감소를 가져옴과 동시에 정치적 기반의 약화를 초래하였다. 결국 한국 정부는 국제결혼을 통해서 농촌에 거주시킴은 물론 인구 감소를 막을 방도를 찾게 되었다. 또한 한국에서 결혼한 이주여성은 여러 가지 동기를 갖고 한국 남성과의 결혼을 선택하게 된다. 실제로 특정 기술을 가지고 있지 않은 여성의 경우 국제결혼은 일시적인 체류가 아닌 영구적인 거주 보장과 아울러 취업이 보장되는 장점을 가지고 있다. 그러나 그들의 기대와는 달리 국제결혼은 많은 문제를 내포하고 있다.[32] 그것은 결혼 대상자들이 농촌의 노총각이나 도시에서의 하류층 남성들과의

---

31) 조귀삼, "재한 디아스포라 거류민의 신음에 대한 교회의 선교적 응답," 「복음과 선교」 9 (2008), 52-56.
31) 조귀삼, "재한 디아스포라 거류민의 신음에 대한 교회의 선교적 응답," 「복음과 선교」 9 (2008), 52-56.
32) 조귀삼, 『다문화연구 학습자료』, 36-37.

402 오늘날 선교 트렌드

결혼이나 재혼을 통해서 유입된 경우로 초창기 기대와는 달리 경제적 기대의 상실과 의사소통의 어려움, 언어와 문화의 차이 극복의 문제, 자녀 출산과 양육의 문제, 부부 갈등과 가정폭력, 사회적 지원 체제 부족, 사회의 편견과 차별, 한국 사회의 법과 제도에 대한 인식의 부재 등으로 고통을 받고 있다.[33] 그리고 다문화 이주민의 결혼 배경은 종교적인 현상으로 특히 통일교의 합동결혼식을 통한 국내 거주지의 유입을 들 수 있다. 통일교의 교리에서는 교주 문선명이 참 아버지라고 말한다. 따라서 한국인과의 결혼은 아버지의 나라 백성이 되는 것이다. 이 경우가 일본 여성이 한국 땅에 많이 거주하게 만드는 요인이 되었다. 1960년 시작된 통일교의 합동결혼식은 교리적으로 합동결혼식을 할 경우 구원을 받고 자녀들도 원죄, 혈동 죄, 연대 죄, 자범죄가 없어진다고 주장하였다.[34] 이러한 통일교의 교리를 적용하여 시작된 합동결혼식은 지난 2015년 3월에는 3,000쌍의 결혼식이 열렸다. 통일교의 합동결혼식을 통해서 수많은 다문화 이주민이 한국 땅에 거주하게 되었다.

다문화 이주민의 결혼 배경은 자국의 경제적 빈곤으로 자기의 가족을 위해서 떠나는 경우가 대부분이다. 특히 베트남과 캄보디아에서 결혼하려고 온 여성들은 한국 남성과 결혼하는 대가로 일정액의 금액을 지참금처럼 지불하는 경우가 있다. 또한 직업을 구하기 위해서 입국한 이후 한국 남성과 결혼하거나, 한류 열풍으로 유입된 경우이다.[35] 하지만 최근 다문화 이주민이 증가함에 따라 양적인 추세와 더불어 가정 속에 나타난 문제점을 〈한국복음주의선교신학회〉

---

33) 조귀삼, 『다문화연구 학습자료』, 37.
34) 조귀삼, 『다문화연구 학습자료』, 37.
35) 조귀삼, 『다문화연구 학습자료』, 37.

에서 지적하기를, "첫째, 노동 현장의 문제이며, 둘째, 결혼한 이주민 여성 가정의 문제점이다."라고 하였다.[36] 특히 결혼한 이주민 여성 가정의 문제점으로는 첫째, 여성을 돈 주고 사왔다는 인권 침해의 갈등이다.[37] 둘째, 교차 문화로 인한 정서적 갈등이다.[38] 셋째, 부부와 시부모, 친족, 가족 구성원 간의 갈등이다.[39] 넷째, 경제적 어려움으로 인한 불충족의 갈등이다.[40] 이와 같이 한국 사회의 변화는 다문화 이주민을 위한 선교가 급선무로 등장하게 되어 그들을 위한 선교를 살펴보아야 한다.[41] 따라서 다문화 이주민을 위한 결혼생활의 만족을 위해서 선교적 목회의 역할이 필요할 것이다.

4. 선교적 교회의 사명

다문화 이주민을 위한 교회의 사명은 선교이다. 선교라는 사명을 가진 교회는 조직이나 구조가 아니라 교회 자체가 가지는 선교적 목회의 가치 지향성을 의미한다. 그래서 하나님은 선교하는 하나님이 되시며, 교회는 그분에 의해서 파송된 백성으로 존재하며, 하나님의 증언과 도구로서 모든 피조물을 끌어안는 하나님 자신의 선교적 백성이 된다.[42] 이러한 관점에서 다문화 이주민을 위해 목회하는 선교적 교회(Missional Church)는 최근 신학적 담론의 중심이라 할 수 있다.[43]

---

36) 조귀삼, "재한 디아스포라 거류민의 신음에 대한 교회의 선교적 응답," 69.

37) 동아일보, 2010년 7월 16일.

38) Paul G. Hiebert, and Eloise Hiebert Meneses, *Incarnational Ministry*, 38.

39) 조귀삼, 『다문화연구 학습자료』, 39.

40) 박지영, "다문화가족 인권의 실제와 우리의 대안적 선택," 「경기도 다문화가족 국내 거주 네트워크 구축 전략」 (2009), 85.

41) 장훈태, 『선교적 관점에서 본 다문화 사회』 (서울: 도서출판 대서, 2011), 31.

42) 조해룡, "선교적 교회론 연구," (장로회신학대학교 대학원 석사학위논문, 2010), 297.

43) 조성돈 외 3인, 『더불어 사는 다문화 함께하는 한국교회』 (서울: 예영커뮤니케이션, 2012),

이것은 기존 교회 중심의 전통적인 구조에서 벗어나 하나님 중심의 교회론(Ecclesiology) 정립으로 제도적이고 전통적인 구조 속에서 권위적이고 수직적인 체제의 교회와 구조로부터 하나님의 선교의 참여적인 주체로서 개방과 헌신, 하나님의 선한 목적을 수행하고자 하는 겸손한 마음의 자세가 필요하다.[44]

한국교회는 이러한 겸손한 마음으로 다문화 이주민을 위한 선교의 방향을 모색하기 위해 새로운 대안들을 찾아야 한다. 특히 예수님의 사역은 항상 찾아가는 것부터 시작했기 때문이며, 가르치고 전파하고 고치는 일이 핵심이었다. 다문화 이주민에 대한 선교적 근거는 이러한 예수님의 사역을 통한 이웃 사랑에서 출발한다. 그래서 선교적 교회는 이웃을 사랑하는 사람만이 하나님이 원하는 것을 이룰 수 있다(롬 13:8).[45] 사도 바울은 성령의 은혜 없이 믿음과 사랑이 사람의 마음에 생겨나는 일은 없다고 하였다. 사도 바울이 말하는 믿음의 순종 또한 언제나 하나님의 은혜에 대한 반응이었다. 따라서 다문화 이주민을 위한 선교적 목회는 하나님의 보편적인 갈망이 이루어질 수 있는 길이다. 하나님은 모든 사람을 사랑하시고, 또한 모든 죄인이 구원받기를 원하신다. 구원받은 모든 사람은 오직 그리스도의 복음을 전하는 사역자들로 말미암아 구속받게 된다. 하나님은 그들의 지식의 정도와 범위, 경험과 인종에 관계없이 예수님의 속죄에 기초해 하나님을 믿는 모든 사람을 받아 주신다.[46]

그래서 장훈태는 다문화 이주민을 위한 선교적 목회에 대하여 말하기를, "다문화 이주민 선교는 예수님의 대 위임명령으로 교회가 관

176.

44) 조해룡, "선교적 교회론 연구", 298.

45) 장훈태, 『선교적 관점에서 본 다문화 사회』, 55-56.

46) 장훈태, 『선교적 관점에서 본 다문화 사회』, 56-57.

심을 가져야 할 대상이며, 그들을 싸매고 돌보아 주어야 할 실제적인 책임이다."라고 하였다.[47] 예수님과 사도 바울이 이러한 이방인에 대한 선교에 심혈을 기울인 것 같이 선교적 교회의 사명은 다문화 이주민에 대한 이해와 관심, 돌보는 일에 책임을 져야 할 뿐만 아니라 선교적 목회를 특별히 고려해 볼 필요가 있을 것이다.[48] 따라서 이러한 다문화 이주민을 위한 선교적 목회에 대한 사례와 연구들이 필요할 것이다.

VI. 다문화 이주민을 위한 선교적 목회에 대한 사례

1. 나섬 공동체

나섬 공동체는 대한예수교장로회 통합 측 소속 선교회로서 1996년 1월 28일에 서울외국인근로자선교회라는 이름으로 설립되었다.[49] 이 공동체는 하나님이 선교의 대상으로 보내주신 외국인 근로자들을 그리스도의 사랑으로 섬기며 그들에게 복음을 전해주기 위해 설립되었다. 창립 이후, 선교회는 외국인 근로자들을 위한 상담실 및 쉼터 운영, 의료봉사, 이미용 봉사 활동과 더불어 보다 구체적이고 전략적으로 외국인 근로자들을 지원하기 위하여 지원센터를 운영하였다. 현재 서울외국인근로자선교회가 의료지원을 위한 맴버십 카드 소지자는 2,500여 명으로 연간 활동 인원은 10,000여 명에

---

47) 장훈태, 『선교적 관점에서 본 다문화 사회』, 55-57.
48) C. Perter Wagner, *Frontiers in Missionary Strategy* (Chicago: Moody, 1971), 180-181.
49) 나섬 공동체는 '나그네를 섬기는 공동체'라는 뜻으로 맨 처음 서울외국인근로자선교회로 설립되었다.

이른다. 매주 주일 200여 명의 근로자들이 모여 국가별 공동체 모임을 가지고 있으며, 지속적으로 소외된 이웃들인 무의탁 결식노인, 생활 보호 대상자를 위한 무료 급식 및 경로 학교를 운영하고 있다. 서울외국인근로자선교회의 사역은 몽골권과 이란을 중심으로 한 무슬림권, 필리핀과 아프리카를 중심으로 한 영어권, 인도를 중심으로 한 서남아시아권 등 4개 권역으로 나누어 사역하고 있다. 외국인 근로자들을 보다 효과적으로 지원하고자 서울외국인근로자선교회 창립 이후 몽골 울란바타르 문화진흥원, 외국인 근로자 자녀 교육을 위한 재한몽골학교, 인터넷방송국 등의 협력 기관들과 더불어 외국 인근로자들을 사랑으로 섬기며, 그들을 지원하는 일에 전력을 다하고 있다.[50] 외국인 근로자를 위한 지원 프로그램은 산업현장에서 겪는 많은 어려움을 해결하고, 효과적으로 그들을 돕기 위하여 상담(건강, 산재, 임금, 취업, 비자 및 여권문제), 의료봉사, 이미용 봉사, 쉼터 운영 등의 사업을 통해 지원하고 있다.

2. 이천 외국인 쉼터교회

이천 외국인 쉼터교회는 이천순복음교회에서 양육을 받던 외국인들이 독립하여 2010년 4월에 설립되었다. 이러한 경우는 기성교회가 외국인 사역팀을 분립시켰다는 점과 소속 목사를 국내 다문화 사역 선교사로 파송했다는 점은 매우 드물며, 참고할 만한 사례라고 본다. 이 교회는 주일날 예배를 드리고 한국어 공부를 한다. 여기에서 이주민 아이들은 필리핀, 캄보디아, 베트남, 스리랑카, 방글라데시

---

50) http://www.nasom.or.kr/info.html, 2015년. 5월 13일. 서울외국인근로자선교회 인사말.

출신들의 외국인 근로자의 자녀들이다. 주중에는 그들이 겪는 고충과 문제들을 상담하고 해결해 주기도 한다. 선교적 목회를 위해 교회는 외국인들을 대할 때 무시하지 않고 인격적으로 대해주는 것이 무엇보다도 중요하다.[51] 특히 그들의 필요를 채워줄 수 있는 열린 마음과 외국인을 외국인으로 보지 않는 사랑의 마음이 필요한 것이다.

3. 안산이주민센터

안산이주민센터[52])는 1994년 대한예수교장로회 통합 측 서울 서남 노회와 부천노회에서 전국에서 다문화 이주민이 가장 많은 안산과 시화 공단지역에 설립한 기관이다. 다문화 이주민의 선한 이웃이 되고자 안산이주민센터는 기도와 성원, 참여 속에서 지속적인 사랑의 나눔과 실천 운동을 전개해 나가고 있다. 주로 안산이주민센터의 활동들을 보면 다음과 같다.[53] 첫째, 이주민 인권, 노동 상담, 다문화 선교 현장 개발이 있다. 상담은 노동, 법률, 출입국, 행정, 교육, 민형사, 보험 등이며, 교육은 한글 교실, 의료는 무료 한방과 무료 진료이다. 그 외에 쉼터(이주여성), 문화 활동(설날 추석 축제, 안산 월드컵, 콩꽃 문화제, 스리랑카, 인도네시아, 아프리카 등), 중국 동포연합회, 다문화가족협회 지원, 자원 활동가 모임(버팀목 운영) 등이다. 둘째, 이주여성상담소가 있다. 피해 국제결혼 가정 상담, 성폭력 및 가정폭력상담, 한국문화 적응 교육, 다문화 가족 지원 등이 있다. 이것은 이주여성의 안정적인 한국생활 정착을 위한 한글 교육 및 문화교육, 이주여성의 경제적 자

---

51) 조성돈 외 3인, 『더불어 사는 다문화 함께하는 한국교회』, 156-158.
52) 안산이주민센터는 맨 처음 안산외국인노동자센터로 설립되었다.
53) http://www.migrant.or.kr/xe/work, 2015년 5월 17일. 안산이주민센터소개.

립 능력을 향상시키기 위한 다문화 공방 사업, 이주여성 전문 상담(심리, 인권, 문화 갈등, 성폭력, 자녀 양육, 민형사, 의료, 출입국, 이혼, 난민 등)이다. 셋째, 코시안의 집이 있다. 이것은 이주노동자 자녀 보육사업, 취학 전 문화 적응 교실, 방과 후 공부방으로 다문화 어린이집 보육사업, 코시안 다문화 학교(다문화 가정 자녀 한국어 교육 및 학습지도, 생활 적응 교육), 문화예술교육(플룻, 바이올린, 미술지도), 코시안 재가 서비스(빈곤가정을 위한 자녀 양육 지원 서비스), 코시안 공동체 학교 "하모니"(계절학교 운영), 정기 다문화 교실 운영(문화 습득 및 이해증진 도모), 정기 부모 교육, 다문화 가정을 위한 상담 활동(부부 상담, 개별상담, 집단상담, 아동 상담, 학교 문제 상담 등), 코시안 장학회 사업추진(전국 남선교회 연합회와 연합), 정기 의료서비스(건강검진 의료지원) 등이 있다. 넷째, 다문화 공방이 있다. 이것은 이주여성 자활 경제 공동체 지원 및 직능 교육으로 공예 교육(리본, 포장, 종이공예), 창업 교육(이주여성들이 만든 물건을 직접 판매), 부업 활동(다양한 물건 만들기) 등이 있다.

4. 부천몽골교회

부천몽골교회는 주한 몽골인들을 위해 개척된 교회이다. 이 교회는 대형교회에서의 한 모임이 아니라 독립된 외국인 공동체인 것이다. 서기원 목사가 국내에서 현지인들을 위한 교회를 개척하게 된 이유는 그가 몽골에서 선교사로 사역한 경험이 있기 때문이다. 한국식 교회 모델을 따르는 부천몽골교회는 주일 낮 예배와 수요기도회로 모인다. 부천몽골교회가 외국인교회로서 지역에 뿌리를 내릴 수 있었던 특징은 다음과 같다.[54] 첫째, 현지인 목회자와의 파트너십을

---

54) 김문석, "파트너십을 통한 이주자 선교, 부천몽골교회," 「목회와신학 7월호」 253 (2010), 85-87.

꼽을 수 있다. 그래서 현지인 목사와 공동목회를 해오다 최근에 대부분의 교회사역을 위임한 상태이다. 물론 공식적인 담임목사의 직함을 가지고 있지만 실제적인 목회 사역은 현지인 목사가 전담하고 있으며, 자신은 주로 외국인 노동자들에 대한 보호자 역할을 감당하고 있다. 현지인 목사의 사례비는 교인들의 헌금으로 충당한다. 이런 점에서 부천몽골교회는 재정적 자립을 이룬 모범적인 사례이다. 현지인 사역자로 인해 성도들은 동족의 친숙함을 느끼고 이를 통해 신앙적으로 안정되었다. 둘째, 부천성화교회와의 협력 사역이다. 부천몽골교회(예장 합동)는 부천성화교회(감리교) 건물의 맨 위층 전체를 무료임대로 사용한다. 교단이 다른 두 교회가 한 건물 안에서 협력사역을 하는 것은 다문화 이주민 선교의 새로운 사례이다. 셋째, 부천몽골교회는 어린이집 사역을 하고 있다. 부천성화교회 내로 이전하면서 전에 사용했던 상가 내 예배당을 어린이집으로 바꾼 것이다. 몽골인 부모들은 대부분 제조업에 종사하기 때문에 아이들을 돌볼 여유가 없어 어려움을 겪었다. 이런 현실적인 대안으로 어린이집을 개원하였으며, 교육비는 일반 어린이집의 절반 정도 수준이다. 넷째, 가정 사역 일환으로 가족 왕래 프로그램을 추진해 오고 있다. 대부분 이주민 노동자가 한국에 온 것은 가족의 생계를 위해서이다. 하지만 오랫동안 떨어져 지내면서 가족 간의 문제가 생길 수밖에 없다. 또한 부천몽골교회와 울란바토르에 있는 몽골교회는 형제교회로서 네트워크를 맺고 있으며, 이는 한국에서 복음을 접한 몽골인들이 지속 신앙생활을 하도록 돕는다. 이처럼 나섬공동체, 이천 외국인 쉼터교회, 안산이주민센터, 부천몽골교회는 다문화 이주민을 위한 선교적 목회를 통해 지역사회에 큰 역할을 감당하고 있다.

V. 다문화 이주민을 위한 선교적 목회의 역할

1. 다문화 한국어 교육을 통한 선교적 목회

다문화 이주민 여성들은 한국의 남성과 결혼하고 한국에 입국하기 전에 간단한 한국어 교육을 받는 것으로 나타났다. 다시 말하면, 결혼 중개업소와 한국인 지인으로부터, 한국 어학원 같은 곳에서 한국어 교육을 간단히 배운다.[55] 입국 후, 다문화 이주민을 위한 한국어 교육은 다문화 센터를 중심으로 사회복지센터 등에서 실시되고 있다. 한국어 교육은 언어 교육, 글쓰기 교육, 한글 독해 교육 등으로 구분한다. 특히 다문화 이주민 여성의 경우, 가족들과 말로써 대화하는 수준은 5점을 기준으로 3.5점이며, 읽기 수준은 3.04점이며, 말하기 수준은 3.01점으로 나타났다. 반면 쓰기 수준은 2.82점으로 나타나 한국어 쓰기가 가장 힘든 것이다.[56] 그래서 다문화 이주민이 한국어를 배우기 위해서 이주민센터와 교회를 방문하지만 종교적 공간으로만 여기지 않고 한국어를 교육하는 공간으로도 인식하고 있다.[57]

조귀삼은 이러한 다문화 이주민들을 위한 교회의 공간에 대하여 말하기를, "한국어 기초 습득함과 아울러 그리스도를 알아가는 삶을 습득할 때 어머니로부터 학습된 이질 문화와 유전적인 요소를 극복

---

55) 조선경, "특수목적 한국어 교육 연구," (이화여자대학교 대학원 박사학위논문, 2006), 125. 한국어 교육 내용은 인사말, 애정 표현, 가족관계의 용어, 신체 어휘, 자기소개 등과 같은 기초적인 일상생활의 용어뿐만 아니라 은행 이용하기, 물건 구입하기, 식당에서 대화하기, 우체국 이용하기, 요리하기 등과 같은 기초적인 용어이다. 조귀삼, 『다문화연구 학습자료』, 43.

56) 이강숙, "국제결혼 이주여성들의 실태조사 및 한국사회 적응을 위한 교육 프로그램 연구," (강원대학교 대학원 박사학위논문, 2007), 55.

57) 박흥순, "광주광역시와 전라남도 지역의 이주노동자 현황과 지역교회 역할 연구,"「신학논단」72 (2013), 79.

할 수 있다. 이렇게 될 때 장차 주류사회의 일원으로서 성장하여 사회적 역할을 할 수 있을 것이다."라고 하였다.[58] 다시 말하면, 다문화이주민을 위한 한국어 교육은 교회라는 공간을 활용하여 교육 시키는 방법이 좋은 대안이 된다. 교회라는 공간은 한국어를 습득시켜 인지발달과 신앙발달을 동시에 경험하게 만들기 때문에 한국 사회 속에서 한국인들과 어깨를 동등하게 학습하는 계기를 만든다.[59] 다문화 이주민들이 낯선 나라에서 산다는 것이 결코 쉬운 일이 아니기 때문에 형편과 처지에 있는 그들에게 마음과 정서를 나눌 수 있는 교류의 장이 펼쳐지는 것은 매우 소중한 일이다.[60] 따라서 다문화 한국어 교육을 통한 선교적 목회는 교회를 통해 나눔과 쉼의 장소를 제공할 뿐만 아니라 한국 사회에서의 스트레스 문화충격에서 적응하고 성장하도록 도움을 줄 수 있는 훌륭한 전략이 될 것이다.

2. 다문화 성경교육을 통한 선교적 목회

다문화 이주민은 한국 사회의 독특한 폐쇄성 때문에 부당한 대우와 차별, 경제적 빈곤, 언어 소통의 문제, 자녀 교육 등 많은 어려움을 겪고 있다. 이러한 상황 속에서 한국교회는 다문화 이주민을 향한

---

58) 조귀삼, "다문화아동의 학업적응을 위한 선교 케어," 「복음과 선교」 22 (2013), 299.
59) 조귀삼, "다문화아동의 학업적응을 위한 선교 케어," 297.
60) 조성돈 외 3인, 『더불어 사는 다문화 함께하는 한국교회』, 117. 다문화 이주민을 위해 한국어를 배울 수 있는 기관은 그렇게 많지 않으며, 한국어를 배울 기회가 별로 없다. 현재 한국에 있는 외국인 대상 한국어 교육은 대부분 대학 부설 기관에서 이루어지며, 일반 학문을 위한 목적의 한국어 중심이다. 그러나 한국어 교실은 일반 학문 목적의 한국어 교육과 다를 수 있다. 그들은 가정과 지역사회에서 실제로 활용할 수 있는 한국어 교육이 필요하며, 의사소통 문제 때문에 생기는 가족 간 갈등을 줄이고, 자녀 교육에도 도움을 줄 수 있어야 한다. 따라서 한국어 교육 내용 자체는 다문화 이주민을 위한 상황과 현실적 필요성에 초점을 맞추어야 할 것이다.

선교적 목회에 관한 관심이 고조되고 있다.[61] 그래서 교회는 다문화 이주민들에게 성경에 나타난 다문화에 대한 선교적인 교육을 가르쳐야 한다. 성경에는 다문화 이주민에 대한 이해가 적절하게 묘사되어 있다.

구약성경은 다문화 이주민을 유대교가 아닌 '이방 족속'(느 5:17, 6:16), '이방 나그네'(출 22:21, 23:9; 대상 29:15), '나그네'(창 23:4; 출 22:21), '거류하는 거류민'(레 17:8; 수 20:9) 등으로 표현하고 있다. 히브리어로는 '게르'(Ger)라고 표현하는데, '게르'는 자국인과 외국인 사이에 있는 존재로서 모국을 떠나 외국 땅에서 장기적으로 체류하는 반영구적인 체류자를 의미한다. 아브라함을 믿음의 조상으로 세운 이면에는 이방 선교에 대한 하나님의 원대한 선교계획이 담겨져 있으며, 언제나 이방인들, 혹은 나그네들을 긍휼이 여기며 보호할 책임이 있음을 강조한다. 또한 신약성경에서는 '제노스'(Zenos)라는 말로 '고난 당하는 자'로서 사회로부터 소외된 '게르'와 같은 표현이다. 예수님은 나그네를 영접하는 자에게 하나님 나라의 상속을 약속하였다. 예수님의 제자들은 이방인들도 복음의 대상이며, 하나님의 가족이 될 수 있다는 사실을 알고 땅끝까지 복음을 전파하였다.[62]

이러한 관점에서 예수님처럼 오늘날 다문화 이주민을 차별 없이 대하고, 복음을 전하는 것은 선교적 목회에 있어서 시사는 바가 크다.[63] 선교적 목회의 역할은 다문화 이주민들에게 성경에 나타난 다문화 이주민에 대한 정확하고 분명한 해석에 대해 인식시켜 복음의 열매를 맺도록 하는 것이다. 이러한 다문화 이주민을 위한 성경 선교

61) 기독교연합신문 2010년 5월 25일.
62) 기독교연합신문 2010년 5월 25일.
63) 구성모, "다문화사회로 진전에 따른 한국교회의 선교적 방향 모색," 「다문화와 평화」 9 (2015), 90.

교육을 통해 하나님을 경험하게 될 때 자신의 문제를 새롭게 지각하는 영적인 눈을 갖게 되고, 처해 있는 모든 어려움을 해결할 수 있는 소망을 발견하게 된다.[64] 따라서 다문화 성경 교육을 통한 선교적 목회는 그들에게 건강한 자아존중감의 회복에 도움을 줄 수 있는 어느때 보다 절실한 전략이 될 것이다.

3. 다문화 상담사의 역할을 통한 선교적 목회

다문화 이주민들의 생활에서 발생하는 고부간의 갈등, 이웃과 대화의 어려움, 자녀들의 따돌림, 한국어의 부족함으로 인한 대인관계 부족은 한국 사회의 문제점으로 부각 되고 있다. 이러한 다문화 이주민의 근본적인 문제해결을 위하여 다문화 상담사는 수시로 다문화 가정을 방문하여 자녀들의 학습지도와 학부모를 위한 말벗과 상담을 통한 내적 치유가 선행되어야 한다.[65] 그래서 각국의 종교적 성향에 따른 다문화 상담사를 파견하여 이슬람권, 힌두권, 사회주의권에서 온 다문화 이주민들을 위한 심도 있는 연구와 그들을 위한 다문화 상담사 파송을 통한 교회의 돌봄은 선교적 목회의 접촉점을 이루는 데 도움이 될 것이다.[66] 조귀삼은 이러한 상담 선교의 전략에 대하여 말하기를, "교회의 상담실 설치 운영과 청소년의 계도 상담, 노인 상담, 부부 상담 등을 통해 인간들의 삶의 실존 속에서 고통받고 소외되고 의지할 것 없는 이웃을 기독교 상담을 통해 도와야만 한다."라고 하였다.[67] 그래서 상담을 통해 다문화 이주민 선교를 이루

---

64) 기독교연합신문 2010년 5월 25일.
65) 장훈태, 『선교적 관점에서 본 다문화 사회』, 113.
66) 장훈태, 『선교적 관점에서 본 다문화 사회』, 113.
67) 조귀삼, 『전략이 있는 선교』, 299-304.

어 갈 수 있도록 훈련된 다문화 상담사가 필요하다.[68]

다문화 상담(Multicultural Counseling)이란 상담자와 내담자의 문화적 배경과 가치, 생활양식, 성역할 등이 서로 다를 때, 상담자는 자신의 문화 가치와는 다른 내담자의 문화를 인식하고, 내담자의 문화 가치를 인정하고, 존중하는 가운데 내담자의 문화에 적절한 상담의 이론과 기법을 적용하는 상담이다. 일반적인 상담에서는 교육과 훈련, 충고와 지시가 문제해결 과정의 상담에 빈번히 적용될 수 있지만 다문화 상담에서는 극히 신중해야 한다. 문화는 환경에 적응하는 인간 정신 활동의 산물이어서 어느 특정의 문화가 다른 문화보다 낫다고 간단히 평가할 수 있는 것이 아니기 때문이다.[69] 따라서 다문화 상담사의 역할을 통한 선교적 목회는 다문화 이주민의 가족관계와 대인관계, 결혼생활의 만족을 줄 수 있는 전략이 될 것이다.

4. 사회복지를 통한 선교적 목회

현재 한국에 들어온 다문화 이주민의 노동환경은 매우 열악한 상태이다. 특히 3D업종에서 일하는 불법 다문화 이민자들의 경우, 매우 위험한 작업 환경과 불안한 조건 아래 놓여 있다. 많은 다문화 이주민들은 일을 할 때 상해를 입고 건강에 문제가 발생한다. 그러나 그들에 대한 의료적인 시설이나 법적 대책은 거의 전무 상태이다. 한 예로, 불법 체류한 다문화 이주민 노동자가 야간에 도로를 횡단하다가 그만 차에 치어 크게 골절을 당했는데, 운전자가 병원으로 이송하여 치료받도록 도우려고 했으나 경찰차의 소리를 듣고서 상한 몸으

---

68) 조귀삼, "다문화아동의 학업적응을 위한 선교 케어," 303.
69) 김태호, "현대 한국사회의 새로운 상담방향 모색," 「다문화와 평화」 3 (2009), 96.

로 어디론가 사라졌다고 한다.[70] 오늘날 선한 사마리아인의 역할을 감당해야 하는 한국교회는 시간과 공간을 초월하여 변함없이 실천해야 할 보편적인 원리를 가지고 있다. 누가복음 10:30-37에 의하면, 여리고 길에서 강도를 만나 생해를 입은 자를 외면하고 지나친 사람들은 다름 아닌 가장 실천적인 모범을 보여야 할 레위인과 제사장이다. 그러나 상해를 입은 자를 도운 것은 무시당하고 업신여김을 당했던 사마리아인이었다.[71]

오늘날도 고통당하는 다문화 이주민 노동자들을 돕는 사람들은 대개 넉넉한 사람이 아니라 어려운 처지에 있는 사람이다. 특히 불법 체류한 다문화 이주민 노동자들을 의료적으로 돕는 것은 물질적인 면과 인적 자원이 모두 필요한 것으로 교회가 더 많은 관심과 실제적인 도움을 줄 수 있는 것이다. 큰 규모의 교회 안에는 이러한 도움을 줄 수 있는 전문적인 인프라가 많기에 교회에 한 공간을 빌려 다문화 이주민 노동자들에 대한 의료 지원하는 방법 등이 있을 것이다.[72] 그리고 다문화 이주민의 자녀[73]들에게 교회가 해야 할 일은 교육이다. 교육이 없이는 인간이 발전할 수 없기 때문이다. 다문화 이주민의 자녀 복지를 위한 교육이 이루어지기 위해 교육의 주체인 교회는 해산의 수고를 아끼지 않아야 한다.[74]

이러한 관점에서 조귀삼은 먼저 다문화 청소년을 위한 사회복지 선교에 대하여 말하기를, "자존감 향상의 케어 선교, 지역사회의 교

---

70) 조성돈 외 3인, 『더불어 사는 다문화 함께하는 한국교회』, 108.
71) 조성돈 외 3인, 『더불어 사는 다문화 함께하는 한국교회』, 108-109.
72) 조성돈 외 3인, 『더불어 사는 다문화 함께하는 한국교회』, 109.
73) 행정자치부에 의하면, 다문화 이주민의 자녀는 2014년 7월까지 204,204명으로 집계되었다. 만 6세 이하 미취학 아동과 만 7세 이상 12세 이하 초등학생이 83.9%로 대부분을 차지하고 있다. 행정자치부, "이주민 동향 보도자료," (2014).
74) 조귀삼, "다문화 청소년을 위한 복지선교 연구," 168-169.

회공동체 편입 선교, 상급학교 진학을 위한 학업 증진의 교육 선교, 직업교육을 통한 전인 구원의 복지선교를 활용해야 한다."라고 하였다.[75] 또한 그는 다문화아동을 위한 사회복지 선교에 대하여 말하기를, "다문화아동 학업 증진을 위한 선교 케어와 교회의 방과 후 학교 운영을 통한 학습증진을 반영해야 한다."라고 하였다.[76] 따라서 사회복지를 통한 선교적 목회의 역할은 다문화 이주민뿐만 아니라 한국에서 태어난 그의 자녀들을 전인적으로 케어할 수 있는 전략이 될 것이다.

VI. 나가는 말

다문화 이주민을 위한 선교적 목회에 대한 사례를 통해 한국교회는 이주민에 대한 편견과 차별, 국민적 정체성 약화, 문화적 정체성에 대한 고민 등을 받아들일 준비가 되어 있지 못하다. 하지만 이제 다문화 이주민을 위해 정책연구와 개발에 한국교회가 지원에 집중해야 할 때이다. 우선 한국교회가 갖고 있는 사랑과 배려, 관용을 최대한 활용해야 한다.[77] 그들을 방치할 경우, 한국 사회뿐만 아니라 한국교회는 많은 대가를 지불할 위험에 처해 있다. 한 예로, 서구인 독일과 프랑스, 영국에서 일어나고 있는 다문화 이주민에 대한 갈등이 이를 증명해 주고 있으며, 사랑이 담겨져 있지 않는 제도적인 프로그램은 한계가 있기 때문이다.[78] 이런 관점에서 한국교회는 한국

---

75) 조귀삼, "다문화 청소년을 위한 복지선교 연구," 161-173.
76) 조귀삼, "다문화아동의 학업적응을 위한 선교 케어," 295-304.
77) 장훈태, 『선교적 관점에서 본 다문화 사회』, 125.
78) 조귀삼, "다문화 청소년을 위한 복지선교 연구," 174.

사회의 일원으로 활동하는 다문화 이주민들이 겪는 심리적 고통을 이해해야 한다. 그리고 그들의 문화적 욕구는 무엇이며, 그러한 문제에 어떻게 접근해야 하는지를 배워야 한다. 또한 다문화 이주민을 위한 자녀 교육을 위한 학교를 운영하는 것도, 그들이 모국어 능력을 길러주는 프로그램도 필요하다. 더 나아가 예수님의 사랑과 치유를 전하는 인도적 차원의 접근과 한국사회에 통합되는 사회 통합적 차원의 접근을 통해 다문화 이주민을 껴안아야 할 것이다.[79]

따라서 한국교회는 다문화 이주민들에 대한 갈등의 해소를 위해서 정부와 함께 파트너십을 발휘함과 동시에 다문화 한국어 교육, 다문화 성경 교육, 다문화 상담사의 역할, 사회복지 차원에서의 다양한 선교적 목회의 역할을 감당해야 한다. 한국 사회가 다문화 이주민들에 대한 변함없는 관심에 따라 가장 긴급한 과제는 한국교회의 선교적 목회의 역할로 목회자와 그리스도인들이 그들에 대해 포용과 배려를 아끼지 않는 열린 마음과 다문화 이주민 선교를 위한 전문적인 사역자의 개발이 절실히 필요할 것이다.

79) 장훈태, 『선교적 관점에서 본 다문화 사회』, 126.

참고문헌

권미경. 『다문화주의와 평생교육』. 파주: 한국학술정보, 2009.

구성모. "다문화사회로 진전에 따른 한국교회의 선교적 방향 모색." 「다문화와 평화」 9 (2015), 7-17.

기독교연합신문 2010년 5월 25일.

김문석. "파트너십을 통한 이주자 선교, 부천몽골교회." 「목회와신학」 253 (2010).

김복수 외 7인. 『21세기 디아스포라 북한이탈주민』. 성남: 한국학중앙연구원출판부, 2014.

김태호. "현대 한국사회의 새로운 상담방향 모색." 「다문화와 평화」 3 (2009).

김혜란 · 최은영. 『성서에서 만나는 다문화 이야기』. 서울: 대장간, 2013.

동아일보 2010년 7월 16일.

박지영. "다문화가족 인권의 실제와 우리의 대안적 선택." 「경기도 다문화가족 국내 거주 네트워크 구축 전략」 (2009).

박천웅. "다문화 이주민 선교 패러다임 전환과 당면 과제." 「교회와 신학」 70 (2007).

박홍순. "광주광역시와 전라남도 지역의 이주노동자 현황과 지역교회 역할 연구." 「신학논단」 72 (2013), 67-99.

박홍순 "호남지역 다문화선교의 현황과 과제." 「선교와 신학」 32 (2013), 179-212.

법무부. "국제결혼 이주자 국적별 현황." (2013, 7).

법무부 출입국 외국인정책본부. "출입국 · 외국인정책 통계월보." (2015, 1).

이강숙. "국제결혼 이주여성들의 실태조사 및 한국사회 적응을 위한 교육 프로그램 연구." 강원대학교 대학원 박사학위논문, 2007.

장훈태. 『선교적 관점에서 본 다문화 사회』. 서울: 도서출판 대서, 2011.

정진경 · 양계민. "문화적응 이론의 전개와 현황." 「한국심리학회지」 23 (2004), 101-136.

조귀삼. "다문화아동의 학업적응을 위한 선교 케어." 「복음과 선교」 22 (2013), 279-311.

조귀삼. 『다문화연구 학습자료』. 안양: 세계다문화진흥원, 2015.

조귀삼. "다문화 청소년을 위한 복지선교 연구." 「복음과 선교」 27 (2014), 143-183.

조귀삼. "유럽과 한국의 다문화인 유입에 따른 종교 갈등의 비교와 선교전략 연구."

「복음과 선교」17 (2012), 175-209.

조귀삼. "재한 디아스포라 거류민의 신음에 대한 교회의 선교적 응답." 「복음과 선교」9 (2008), 47-79.

조귀삼. 『전략이 있는 선교』. 안양: 세계로미디어, 2014.

조선경. "특수목적 한국어 교육 연구." 이화여자대학교 대학원 박사학위논문, 2006.

조성돈 외 3인. 『더불어 사는 다문화 함께하는 한국교회』. 서울: 예영커뮤니케이션, 2012.

조해룡. "선교적 교회론 연구." 장로회신학대학교 대학원 박사학위논문, 2010.

최홍엽. "외국인 고용허가제 아래의 근로계약관계." 「노동법논총」18 (2010), 91-123.

하밍타잉. "1992년 이후 한국과 베트남 사이의 국제결혼에 대한 연구." 서울대학교 국제대학원 석사학위논문, 2005.

한국교육심리학회. 『교육심리학용어사전』. 서울: 학지사, 2000.

Anderson, Neil T. 『내가 누구인지 이제 알았습니다』. 유화자 역. 서울: 죠이선교회출판부, 2008.

Hiebert, Paul G. 『선교와 문화인류학』. 김동화 외 3인 역. 서울: 죠이선교회출판부, 2002.

Hiebert, Paul G. and Meneses, Eloise Hiebert. *Incarnational Ministry*. Grand Rapids: Baker Books, 1995.

Wagner, C. Perter. *Frontiers in Missionary Strategy*. Chicago: Moody, 1971.

http://encykorea.aks.ac.kr/Contents/Index. 2015년 5월 6일. 외국인노동자.

http://www.migrant.or.kr/xe/work. 2015년 5월 17일. 안산이주민센터소개.

http://www.nasom.or.kr/info.html. 2015년. 5월 13일. 서울외국인근로자선교회 인사말.

https://www.ko.wikipedia.org/wiki/. 2015년 5월 5일. 북한이탈주민.

제13장
이슬람 선교

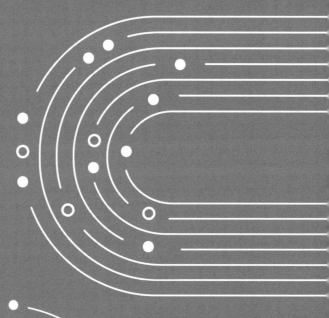

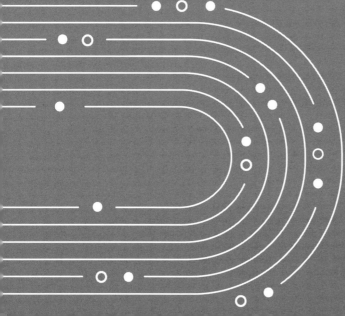

Ⅰ. 들어가는 말

이슬람 인구는 지금으로부터 불과 50년 전인 1970년대까지만 해도 기독교 인구의 절반이 채 되지 않은 종교였다. 그러나 세계 선교 통계에 의하면, 2023년 전 세계 인구의 80억 명 가운데 기독교는 약 26억 명, 이슬람은 20억 명으로 급속도로 따라잡는 실정이다. 미국 퓨 리서치 센터(Pew Research Center)가 발표한 미래 종교 예측보고서에 따르면, 종교성장률이 이슬람은 73%에 달해 35%에 그친 기독교에 비해서 2배 이상 높다. 이 같은 추세가 계속된다면 2070년에 두 종교가 동일한 비율을 차지하고 그 이후에는 이슬람 인구가 기독교를 제치고 1위에 오를 것으로 전망하였다. 이러한 세계 추이는 한국에서도 예외는 아니다. 한국 사회는 현저히 낮은 출산율로 인하여 인구가 감소하고 있다.[1] 이슬람에 의한 2001년 9월 11일 테러 이후, 세계 선교의 국제적인 정세는 갈수록 악화되고 있다. 아직도 전쟁과 난민, 인권 문제와 종교 간의 갈등 심화, 핵 확산 조치 문제, 지속적인 가뭄과 가난, 엄청난 자연재해 등이 국제정세에 악영향을 끼쳐 세계 선교에 지대한 영향을 주고 있다.[2]

2007년 한국교회는 아프간 사태로 인해서 세계 선교에 큰 타격을 입게 되었다. 그리고 기독교 선교의 의지를 꺾기 위한 테러와 인질 납치는 서슴지 않고 있다. 또한 이슬람에서의 타 종교 개종하는 무슬림들에 대해서 극심하게 박해하고 있다. 심지어 그들은 필요하다면

---

[1] 유해석, "이슬람의 확장과 비잔틴 제국이 이슬람화된 원인에 대한 고찰," 「복음과 선교」 63 (2023), 94-95.

[2] William Wagner, 『이슬람의 세계 변화 전략』 노승현 역 (서울: APOSTOLOS PRESS, 2007), 10.

살해하는 것도 주저하지 않고, 지금도 이슬람은 전 세계를 선교하기 위해 노력하고 있다.[3] 이러한 이슬람교가 점점 더 확산되어 가는 추세에 이미 한국 사회에서도 다문화 이주노동자를 통해서 어느새 영향력을 행사할 만한 세력으로 성장해 버렸다.[4] 하지만 오늘날 한국교회 선교사들은 마지막 선교를 위해 미전도 종족 국가인 이슬람 지역에 사는 무슬림을 전도하고 있다. 따라서 세계 선교의 선두 주자인 한국교회는 이슬람 지역에서 사역하는 선교사들의 중복을 피할 뿐만 아니라 선교사들이 미전도 종족 국가를 중심으로 선교하기 위해 이슬람에 대한 전 이해와 더불어 어떻게 선교해야 할지를 살펴보고자 한다.

II. 이슬람교란 무엇인가?

세계 3대 종교는 기독교와 불교, 이슬람교이다. 특히 이슬람교의 명칭은 여러 가지로 무함마드교, 마호멧교[5], 모슬렘교[6], 무슬림교[7]이며, 한자를 쓰는 문화권의 경우, 회교(回敎), 또는 회회교(回回敎)[8]라고도 불린다. 한국의 경우, 이슬람교 전래는 고려시대에 들어온 것

---

3) William Wagner, 『이슬람의 세계 변화 전략』, 10.

4) 김성욱, 『개혁주의 선교신학』 (서울: 이머징북스, 2013), 272-273.

5) 모하멧(Mohamet)교, 혹은 무함마드(Muhamad)교는 교조의 이름이 마호멧, 혹은 무함마드이기 때문에 교조의 이름을 따서 붙여진 이름이다.

6) 모슬렘은 집합명사의 성격을 가지고 있는데 '순복하는 자들'이란 뜻이며, 모스크(Mosque)는 이슬람의 사역이란 뜻으로 "Mosiemism"의 준말로 그냥 '모슬렘교'라고도 한다.

7) 이슬람교를 믿는 신도들을 무슬림이라 하며, 그들의 종교를 무슬림교라고 한다.

8) 명칭을 회교, 혹은 회회교라고 하는 것은 중국의 55개 소수민족 가운데 서북방 사막 지대에 회족(回族), 혹은 회흘족(回紇族)이 사는데 이 족속이 믿는 종교라는 뜻에서 붙여진 이름이다.

으로 보인다.[9] 이슬람교는 매우 공격적이고 동적이며, 선교 지향적인 종교이다. 또한 세계에서 가장 급속한 성장을 보이는 종교로서 이슬람교는 사우디아라비아, 이란, 이라크를 중심으로 중동과 중앙아시아의 지배적 종교이다. 이어서 대서양 연안에서부터 필리핀, 한국, 일본은 물론 미주 대륙에까지 손을 뻗치고 영국과 미국의 뉴욕과 로스앤젤레스에까지 이슬람 사원을 세울 정도로 대담성을 지니고 있다.[10]

1. 무함마드의 프로필

이슬람교는 기독교와 조로아스터교, 시크교와 같이 유일신을 믿고 있다. 그리고 세계적인 종교로 인격적 교조라는 3대 특징을 가진다. 어떤 종교든지 그 종교의 성격을 이해하기 위해서는 교조의 생애와 사상에 대해 살펴볼 필요가 있을 것이다.[11]

1) 무함마드의 출생부터 청년까지

이슬람은 6세기 초반 우상 숭배자들이 넘쳐났던 아라비아반도에서 시작되었다. 이슬람의 전통은 아브라함의 아들 이스마엘이 그의 어머니 하갈과 함께 아라비아반도의 메카에서 처음 살았다고 주장한다. 당시 메카는 우상의 도시로 아랍인과 유대인, 사바인 등 다양한 종족들이 더불어 살고 있었다.[12] 외부의 영향으로 그들은 다양한

---

9) 최정만, 『비교종교학개론』(서울: 도서출판 이레서원, 2004), 287.
10) 최정만, 『비교종교학개론』, 288.
11) 최정만, 『비교종교학개론』, 289.
12) 김성욱, 『개혁주의 선교신학』, 276.

종교들을 가지고 있었고, 최고의 신으로 알라를 믿었다. 그리고 사바인의 영향으로 별과 천사, 우상들을 믿었다. 특히 카바 신전을 중심으로 주변에는 360개의 우상을 가지고 일 년 동안 매일 하나의 우상들을 섬기는 다신론 숭배 지역이었다.[13] 모하멧이라고도 하는 무함마드(Muhammad, A.D. 570~632)는 그런 아라비아반도의 중앙에 있는 잡신숭배의 중심지인 메카(Mecca)에서 유복자로 태어났다. 그의 아버지 압둘라(Abdullah)[14]는 무함마드가 어머니 뱃속에 있을 때 세상을 떠났다. 그는 6살 때 어머니 아미나(Amina)의 죽음 앞에서 깊은 생각에 빠졌고, 사색하는 습관을 가지게 되었으며, 내성적인 성격의 소유자로 어린 시절을 보냈다.[15]

그는 고아 출신으로 조부에게 양육되어 다시 숙부 아부탈립에 의해 양육되었다.[16] 그는 심한 히스테리와 간질병으로 고생하면서 자랐는데 사막에서 양을 치기도 하였다. 그리고 약대상들과 함께 상품을 싣고 시리아까지 가서 장사도 하였다. 그는 메카의 부자 상인의 낙타 모는 사람으로 고용되어 일하였다. 무함마드가 25세 되던 해에 갑자기 그 거상이 죽었다.[17] 그런데 무함마드의 남성미가 거사 미망인의 마음을 사로잡아 그는 25세에 40세 된 미망인인 '카디자'(Khadijah)와 결혼하였다. 그녀의 남편에 대한 헌신적이고 감동적인 내조와 격려로 무함마드는 대단히 행복한 결혼생활을 하게 되었고, 차츰 사막의 영웅으로 바꿨다.[18] 이슬람교 지역이 오늘날 대부분 일부다처제(polygamy) 지역이지만 무함마드는 아내 카디지만 사랑

---

13) 김성욱, 『개혁주의 선교신학』, 276.
14) 압둘라는 알라의 종이라는 뜻이다.
15) 최정만, 『비교종교학개론』, 289.
16) Lothar Schmalfuss, *The World's Religion* (Grand Rapids: Eerdmans, 1982), 311.
17) 최정만, 『비교종교학개론』, 290.
18) 최정만, 『비교종교학개론』, 290.

한 나머지 결혼생활 25년 동안 다른 여자에게 눈길 한 번 주지 않는 순정파였다. 그의 혈육은 카디자와 사이에 파티마라는 딸만 남아 있다.[19] 이후부터 무함마드는 10회의 결혼식을 하여 많은 아내를 동시에 거느린 일부다처제의 교주가 되었다. 그의 나이 53세 때에는 9살짜리 신부도 맞이하였다.[20] 무함마드는 자신이 먼저 이슬람의 일부다처제를 위해 실천했던 것을 알 수 있다.[21] 그가 자라던 고향 메카는 다신 숭배의 중심지였다. 조잡스런 미신들에게 환멸을 느낀 그는 자주 근처의 동굴을 찾아가서 은거와 명상 기도에 힘쓰며 단식하였고 환몽에 빠져드는 일이 많았다. 무함마드가 이슬람 종교를 시작한 것은 아내 카디지로부터 받은 격려가 그로 하여금 그것들이 신의 계시라는 것을 믿게 해주었다. 아내 카디지는 이슬람의 최초 신자가 되었고, 그녀의 친척 중에서도 몇 명이 또 신자가 되었다. 카디지는 부유한 상인 중의 한 사람으로 이슬람 초기 신자가 되었으며, A.D. 632년부터 634년까지 무함마드의 제자로 있다가 후계자까지 된 아부 바크르(Abu Bakr)도 있다.[22]

2) 다신교주의자 무함마드

무함마드 당시 아라비아는 우상을 숭배했던 다신교주의자들이 대부분이었다. 알라(Alah)는 수많은 신들 가운데 최고신으로 아라비아 종교 중심지 메카(Mecca)에는 카이바(Kaaba)라는 큰 신당이 있었고, 그 안에는 많은 우상이 있었다. 그 신당은 규모가 크고 웅장한 건물이었

---

19) 최정만, 『비교종교학개론』, 290.
20) 채필근, 『비교종교론』 (서울: 대한기독교서회, 1965), 353.
21) 김성욱, 『개혁주의 선교신학』, 277.
22) 최정만, 『비교종교학개론』, 291.

으며, 하늘에게 떨어지는 검은 색깔의 운석을 신성시하여 거기에 큰 운석 하나를 세워 두었다. 카아바를 순례하는 자들은 이 운석을 순례하고 그 주위를 7번 돌고 입 맞추었다. [23)

3) 계시받은 자 무함마드

메카의 중심지로부터 3마일쯤 떨어진 광야에 동굴이 하나 있었는데 무함마드는 거기에 은둔하여 기도하고 명상에 힘쓰던 중 신비한 체험을 하게 되었다. 이러한 체험을 친구들에게 말하니 친구들은 "하나님의 말씀이 모세와 선지자들에게 임하심같이 무함마드에게도 왔다."라고 말하였다. 이 첫째 계시를 받은 것이 무함마드의 나이 40세였으며, 이때의 내용이 꾸란경 제96장에 최초의 환상과 알라의 선지자직 임명으로 나타난다. [24) 그 후, 그는 52세가 될 때까지 계속 환상을 보며 계시를 받았다. 무함마드는 그 모든 계시를 받아서 외웠다. 그가 외우는 것을 뒤에 친구들과 추종자들이 기록하여 책으로 만든 것이 꾸란인데, 그 뜻은 "외움"(rectation)이란 뜻이다. 이슬람교의 최초 신자는 가족에서 출발하였다. [25)

4) 기독교 모방자 무함마드

무함마드는 종교적 반대 세력들로부터 목숨에 위협을 느낀 나머지 메카를 떠나 친구들이 있는 메디나(Medina)로 가기로 결정하였다.

---

23) 최정만, 『비교종교학개론』, 291-292.
24) 최정만, 『비교종교학개론』, 292-293.
25) 채필근, 『비교종교론』, 318.

이때가 A.D. 622년이고, 이슬람에서는 이 사건을 성전이라 하여 이슬람교의 기원으로 삼고 있다. 이때 함께한 무리가 약 200명이라고 한다.[26) 무함마드는 매일 기도하는 일과 금요일 회중 예배를 위하여 모슬렘 교회당을 건축하였다. 그는 자기를 따르는 무리들에게 경건과 종교 교육과 열정적인 호전성을 훈련시켰다.[27) 이슬람교에서는 기도를 키블라(Qibla)라고 부르며, 더욱 중요한 것은 기도할 때 어디를 향해 기도하느냐 하는 것이다. 무함마드는 처음에는 예루살렘을 향해서 기도하다가 후에는 메카를 향해서 기도하니 이로부터 메카가 이슬람의 성지(城地)가 되었다. 이슬람교에서는 유대교와 기독교에서 모방한 것들이 많다. 유대교의 제3시, 제6시, 제9시에 걸쳐 기도하던 것을 모방하였고, 또한 속죄일에 금식하는 것을 모방해서 라마다(Ramadan) 혹은 라마잔(Ramazan)이라 하여 일 년에 가장 큰 행사 가운데 하나로 지키게 규정하였다.[28)

5) 무함마드의 선교전략

메카를 탈환한 후, 무함마드는 전 아라비아에 강력한 신정정치를 실시하였다. 그는 모든 우상을 폐지하고 유대교와 기독교를 압박해서 이슬람교에 종속, 흡수하고자 계획하였다. 그는 그리스와 페르시아, 이집트 등지에 사절단을 파송해서 이슬람의 신앙을 수용하기를 요구하였다. 무함마드는 종교와 정치를 통합한 교회 국가의 신정을 시작하였고, 스스로 왕과 선지자를 겸직하였다. 이슬람에서는 제사

---

26) 최정만, 『비교종교학개론』, 294-295.
27) 채필근, 『비교종교론』, 319.
28) 최정만, 『비교종교학개론』, 296-297.

장들을 '물라스'(Mullas)라고 하는데 이들은 영적, 종교적 역할과 정치적 역할을 겸해서 하고 있다. [29]

2. 이슬람교의 꾸란

이슬람교의 경전은 보통 순나와 하디스가 있다. 순나는 무함마드의 생애와 교훈 그 자체를 말한다. 하디스는 순나를 해석한 주석서이다. 이슬람의 경전을 보통 영어식 발음인 코란(Koran)경으로 알고 있으나 어떤 이들은 꾸란(Quran)으로 읽기도 한다. 이 말은 아랍인들이 사용하는 말뜻으로 "읽는다", "암송한다"는 뜻에서 나왔다. [30] 꾸란은 총 114장으로 구성되어 총 6,236절로 되어있다. 꾸란의 내용은 다음과 같다. 첫째, 다가올 심판의 경고이다. 둘째, 선지자에 대한 긴 이야기이다. 마지막으로 셋째, 이슬람 공동체의 생활에 관한 규정들이다. 특히 토라(Torah, 모세의 율법), 자불(Zabur, 다윗의 시편), 인질(Injjil, 예수의 복음) 등은 성경과 겹치는 부분이 있다. [31]

꾸란은 전체가 하나로 꿰뚫는 통일성이 없다. 각기 장마다 이름이 붙여져 있으나 장과 장 사이의 필연적인 연결에 관계도 없다. [32] 꾸란은 아랍어로 기록되어 있다. 그런데 그들은 꾸란을 옮기거나 읽을 때는 아랍어로 읽어야 구원이 있다고 말한다. 이것을 외국어로 번역해서 읽으면 안 된다고 믿고 있다. 그것은 꾸란이 점진적 계시에서 가장 완벽한 것으로 보기 때문이다. 꾸란을 읊는 성스러운 분위기에

---

29) 최정만, 『비교종교학개론』, 297-298.
30) 최정만, 『비교종교학개론』, 298.
31) 김은수, 『비교종교학 개론』 (서울: 대한기독교서회, 2006), 239.
32) 채필근, 『비교종교론』, 354.

여자는 끼지 못한다.[33] 꾸란의 내용들은 통상 무함하드가 알라로부터 받은 계시라고 하지만 실제에 있어서는 아라비아의 전통적 신념들과 세계관, 민간 전설 등 수많은 자료가 그의 심중에 들어가서 재구성된 것이나 꾸란의 편집 과정에서 들어간 것으로 인정된다.[34] 어떤 것은 조로아스터교에서 온 것으로 짐작된다. 예를 들어 용어들 가운데 귀신, 천사, 심판, 부활 같은 것 등이다. 그리고 수많은 구약의 인물이 등장하는 것으로 보아 구약성경에서 온 것도 많다. 또한 유대인의 탈무드에서 온 랍비 식 요소도 많이 발견된다.[35] 신약성경의 내용에서도 많이 인용해 쓰고 있는데 메시야에 관한 내용이 8회, 예수 그리스도에 관한 내용이 25회 인용되고 있다. 신약성경 요한복음 14:16과 16:7 등에 나오는 보혜사 성령과 아라비아어 아메드 사이에 신기하게도 유사성이 있어서 무함마드를 예언자의 경지를 넘어서 신격화하는 데 이용하고 있다.[36]

3. 이슬람교의 신학

1) 예언자 무함마드

이슬람교는 예언자 무함마드가 일으킨 새로운 신앙이 아니다. 무함마드는 전임자들의 신앙을 되풀이하는 최후의 예언자임을 믿고 있을 뿐이다. 무함마드 개인에 대한 자세한 자료는 그리 많지 않다. 그는 향수를 좋아하였고, 양파나 마늘 따위 냄새를 풍기는 것에는 얼

---

33) 최정만, 『비교종교학개론』, 299.
34) 이현갑, 『세계의 종교들』 (서울: 도서출판 청파, 1990), 101.
35) 최정만, 『비교종교학개론』, 300-301.
36) 최정만, 『비교종교학개론』, 301.

굴을 찌푸렸다고 한다. 특히 모스크에서 예배 보는 사람들의 입 냄새를 싫어하였다.[37] 그가 아브라함과 모세, 그리스도 등과 같은 예언자에 이어서 최후의 예언자로서의 위치에 놓여 진 이래로 그의 지위와 그의 가르침에 의한 신앙은 유일신, 최후의 심판과 함께 이슬람교의 3가지 기본적 신앙의 하나로 되어있다. 필연적으로 개인으로서의 무함하드의 자세와 예언자로서 역할은 동일시되고 말았다.[38]

2) 이슬람교 신학의 다섯 가지 기둥

무함마드는 5가지 기본적인 종교상의 의무를 정하였는데, 그것이 이슬람의 다섯 기둥이라고 한다.[39] 첫째, 신앙고백은 지구상의 많은 종교가 있는데, 그 어떤 종교의 경전을 외우는 것보다도 훨씬 짧고 간단하다. 그들의 신앙고백은 "신은 하나이니라. 무함마드는 신의 사도이니라."라고 하는 것이 전부이다. 샤히다(Shahada)는 이슬람교의 모든 행동 가운데 가장 기본적인 것으로 어릴 때부터 늙어 죽을 때까지 하루에도 몇 번씩이나 고백해야 한다. 이러한 신앙고백을 한 사람은 정식으로 무슬림이 되며, 알라에게 전적으로 복종해야 한다. 둘째, 구제는 단순히 복지만을 강조했던 것이 아니다. 당시 메디나 시대에 수입원이 부족했던 공동체는 유지를 위해 전리품이 모아질 때까지의 아주 중요한 재원이었다. 이슬람법은 자카트(Zakat)인 구제금을 얼마쯤 징수한다는 세세한 문제까지 정해 놓고 있었다. 그것은 총수입의 1/40을 의무적으로 자선 행위에 바치게 되어있다. 모든

---

37) 최정만, 『비교종교학개론』, 302-304.
38) 최정만, 『비교종교학개론』, 304.
39) 최정만, 『비교종교학개론』, 305-307. 김성욱, 『개혁주의 선교신학』, 286-289.

무슬림은 기도의 준수뿐만 아니라 구제금을 함께 내야 한다. 이것은 원래 무슬림 공동체에서 가난한 자를 위한 실천적인 선행이었다. 그러나 처음에는 순수하게 개인의 자유의지에 의해서 냈던 공물의 성격이었는데 후기에는 점차 의무적인 규정으로 변질된 것이다.[40] 셋째, 1일 5회 기도는 기도자의 마음을 24시간 알라에게 향하게 한다는 의미이다. 즉 살라트는 머리를 숙여 절한다는 의미가 담겨 있다. 그 외에도 실제 생활면에서도 효과가 있다. 예배자는 기도 전에 정해진 청결을 지켜야 하기 에 얼굴과 손, 발을 씻어야 한다. 그것은 단일 사회의 단일 행동과 똑같은 엄청난 심리적인 효과가 있다. 기도 시간은 하루에 다섯 번을 일출, 정오, 오후, 일몰, 잠자기 전 밤에 개인적으로 기도하는 것도 무방하지만 되도록 단체로 하는 것을 권장한다. 특히 금요일에는 반드시 무슬림들이 함께 모스크에 가서 기도를 드려야 한다고 주장한다. 꾸란 수라 20:13에 의하면, 모스크에 들어가 기도할 때, 반드시 신을 벗는 것은 "실로 나는 너의 주님이라 너희는 신을 벗으라"는 명령을 실천하기 때문이다. 무슬림의 기도는 알라와 개인적인 대화라기보다 알라에 대한 복종에서 나오는 의식적인 행위로 나타난다. 넷째, 자기 억제와 금욕으로서의 금식(Swam)은 많은 종교에서 정신적인 미덕을 높이는 방법으로 간주 되고 있다. 9월 라마단의 금식 기간 중 일출에서 일몰까지의 사이에 식사와 수분의 섭취, 성교는 금지되어 있다. 최근에는 흡연도 금지하였다. 이것은 절대적으로 강제되는 것이 아니고 야간에는 음식도 취할 수 있으며, 라마단에 쓰이는 특별한 음료수와 과자가 있다. 이 시간 동안 심지어 침

---

40) 구제금은 개인에 따라 다르지만 대체로 개인 수입의 2.5%를 1년에 한 번 회사해야 한다. 이것은 무슬림의 연간 소득으로부터의 의무적인 납세이다. 자카트는 항상 죄로부터의 정결의 의미로 사용되었다.

을 삼켜도 안 되며, 스왐은 열 살이나 열두 살 때부터 시작한다. 아프거나 여행 중인 사람은 금식에서 제외되나 후에 반드시 그 기간만큼 금식함으로 보충해야 한다. 이슬람에서는 라마단 금식에는 천국 문이 열리고 지옥문은 닫히며 금식에 참여하는 자는 용서받을 만한 과거의 모든 죄를 다 용서받는다고 가르친다. 마지막으로 다섯째, 성지 순례로 무슬림은 누구나 1년에 1회 정도는 성지 메카를 다녀오는 것을 규칙하고 있다. 이 기간에 죽는 자는 순교한 것으로 여긴다. 매년 성지 순례는 못하나 평생에 최소한 한 번은 꼭 성지를 다녀와야 한다. 이것이 핫지(Haji)라고 말한다.

3) 이슬람교의 여섯 가지 믿음

다문화 속에서 이슬람교는 어느새 확산 되어 세계의 정치와 경제, 사회, 문화에 영향력을 행사하고 있다. 이러한 이슬람에 대항하려고 한다면 그들이 무엇을 믿는지를 구체적으로 알아야 한다.[41]

첫째, 그들은 알라를 믿는다. 알라(Alah)는 신의 이름이 아니라 하나님이라는 뜻이다. 이슬람에서는 최고의 유일신은 한 분이라 그에게 이름이 따로 필요치 않다고 한다. 그에게 이름을 붙이는 것은 다른 신과 구별함으로 신을 인정하는 것이다. 그가 세상을 창조하였고, 전지전능, 유일 최고의 신임을 믿는다. 유대인들이 믿는 구약성경의 엘로힘과 알라는 같은 하나님이라고 한다. 따라서 이슬람의 신관은 이스라엘의 신관을 모방한 것이다. 알라의 속성은 꾸란에 99개의 이름이 언급되어 있는데, 이슬람에는 아버지라는 개념이 없다.[42]

---

41) 김성욱, 『개혁주의 선교신학』, 282-283.
42) 최정만, 『비교종교학개론』, 307-309.

둘째, 그들은 예언자를 믿는다. 꾸란에서는 예언자(Nabi, Prophet)를 창조주 알라의 말씀을 인류에게 설명하고 해석하는 임무만을 받은 인간들로 설명한다. 예언자는 아담, 노아, 아브라함, 이스마엘, 이삭, 야곱, 모세, 아론, 롯, 요나, 엘리야, 다윗, 솔로몬, 엘리사, 스가랴, 요한, 예수, 무함마드 등 예언자들 이름까지 들어서 규정하고 있다. 거의 대부분은 성경에 있는 인물이다. 이슬람만의 예언자는 후드, 살리흐, 루끄만, 알렉산더 대왕 둡 가르나인, 일곱 난장이의 전설에서 나오는 에베소의 일곱 잠자는 자가 있다. 라술(rasul, massenger)은 창조주의 말씀을 설명하고 해석하는 업무 외에 그 복음을 인류에게 전달하여 가르치고 인도하는 임무까지 부여받은 선택된 자들이다. 라술에는 모세와 다윗, 예수, 무함마드가 해당한다.[43] 무함마드는 예언자와 선지자들을 구별하지 않는다. 모든 무슬림은 그들의 행적을 지켜야 한다. 그들은 모두 인류의 지도자로서 알라의 선택을 받은 훌륭한 인간들이므로 신자들은 누구나 믿고 따라야 한다는 것이 이슬람의 보편적 교리이다.[44]

셋째, 그들은 쿠투브(Kutub)라는 경전을 믿는다. 성경에 대하여 다음과 같이 말한다. 첫째, 꾸란은 성경을 재확인하는 것이다. 둘째, 무슬림도 기독교의 경전을 보관하였고 알라의 말씀은 영원불멸함을 주장하고 있다. 셋째, 꾸란은 유대인들이나 기독교인들이 왜곡된 경전을 가지고 있다고 주장하고 있다. 그들은 꾸란에 대하여 말하기를, "즉시 써진 계시로서 천사 가브리엘이 매년 기록의 정확성에 대해서 검사 및 비교하였다."라고 믿는다. 칼리프 아부 바크르(A.D. 632~634)의 명령으로 책을 편찬하였다. 기타 경전에 대하여 이슬람은 무함마

---

43) 최정만, 『비교종교학개론』, 309-310.
44) 최정만, 『비교종교학개론』, 310.

드 이전의 다른 선지자들의 경전을 받아들이는 것이 특이하다. 이슬람에서 인정하는 다른 선지자들의 경전은 다음과 같다. 모세의 토라(Torah), 다윗 왕의 시편(Zabur), 예수의 복음(Injil)은 아직도 존재하는 경전이지만 읽혀지지 않고 사라진 경전도 있다. 이슬람의 기원에 관하여 다음과 같이 말한다. 유대교와 기독교적 요소가 주류를 이루고 있다. 초기에 계시된 내용은 당시 아랍 점쟁이들의 구전 형태의 주술적 내용이 들어와 있다. 바나바의 복음(The gospel of Banabas)을 참 복음이라 주장하고 있다. 내용을 보면 예수는 하나님의 아들이 아닌 것으로 말한다. 예수는 십자가에 못 박혀 죽지 않았다. 예수는 무함마드의 출현을 예언하였다. 복음서는 예수에게 주어졌으나 애당초 예수에게 주어진 내용의 성경과는 다르다.

넷째, 그들은 천사를 믿는다. 천사는 성별이 없고 알라의 종이며 자유의지가 없고 빛으로 창조되었다. 그들은 선지자보다 낮은 존재라고 생각하며 천사장으로는 알라의 사자로서 가브리엘과 미카엘, 죽음의 천사인 아즈라일과 지옥을 관장하는 말리크 등이 있다(수라 2:91-92).[45] 이슬람은 천사가 양식, 풍우, 선과 악을 주관하고, 천국과 지옥을 담당하며, 심판과 부활의 날을 담당한다고 믿는다.[46] 그리고 인간은 평생 동안 악령이나 마귀 또는 사탄의 행악으로부터 보호받는 다고 믿는다. 이것은 창조주의 명령에 따라 천사들이 보호하기 때문이다. 알라는 인간을 창조하신 다음 날에 천사로 하여금 아담에게 허리 구부려 인사를 하도록 하였고, 아담에게 천사들보다 많은 지식과 지혜를 주었고 자산을 관리하는 대리권을 주었다. 이렇게 이슬람의 관점에서 인간은 천사보다 높은 지위에 있다. 이때 아담에게 경배

---

45) 김성욱, 『개혁주의 선교신학』, 283-284.
46) 최정만, 『비교종교학개론』, 315.

하기를 거부해서 쫓겨난 천사가 바로 이블리스라는 사탄과 같은 존재임을 알 수 있다.[47] 꾸란은 이블리스가 알라를 믿지 않는 불신자들과 배교자들에게 활동하고 있는 것으로 말한다.[48]

다섯째, 그들은 마지막 심판을 믿는다. 이슬람은 심판 때에 일어나는 징조에 대하여 성경의 기록과 비슷하다. 알라가 직접 책을 펼쳐 놓고 심판을 하는데 선한 행위를 한 자는 낙원으로 가지만 악한 행위를 한 자는 지옥으로 간다고 주장한다(수라 39:69-75).[49] 그러나 이슬람의 천국은 술과 미인이 기다리는 남성 위주의 천국이다.[50] 마지막으로 여섯째, 그들은 운명론을 믿는다. 세상의 창조와 일어나는 모든 행운과 불행은 창조주의 뜻이고 창조주가 기록하여 두지 않았던 것은 인간에게 절대 발생하지 않으므로 창조주를 믿는 자들은 알라께 의지해야 한다. 우주의 운행 질서 경우, 모두 창조주의 권능 안에 있다고 말하며, 인간이 언제 어디서 어떻게 탄생하여 언제 어디서 어떻게 임종할 것인가에 대한 것도 알라의 뜻에 따라 행해짐으로 알라 외에는 창조되는 시간과 임종하는 시간을 아무도 알 수 없다. 그리고 존재하는 모든 사물과 인간이 선택하여 행하는 모든 행위도 창조주 알라께서 알기 전에는 그 어떤 것도 발생하지 않는다고 믿고 있다. 이것이 이슬람교의 운명론이다.[51] 따라서 그들은 알라의 섭리라는 용어인 인살라(In Salah)를 밥 먹듯이 쓰고 있다.[52]

---

47) 최정만, 『비교종교학개론』, 315-316.
48) 김성욱, 『개혁주의 선교신학』, 284.
49) 김성욱, 『개혁주의 선교신학』, 285.
50) 최정만, 『비교종교학개론』, 317.
51) 최정만, 『비교종교학개론』, 317-318.
52) 조귀삼, 『복음주의 선교신학』 (안양: 세계로미디어, 2013), 259.

4. 이슬람교의 종파

이슬람은 하나이지만 교리만 조금 다르다. 그러나 실제로 그 안에는 다양한 종파들이 존재한다. 도저히 통합할 수 없는 종파들이 산재해 있다.[53] 그것은 누가 무함마드의 후계자가 될 것인지 논의가 일어나면서 여러 종파로 갈라지기 시작하였는데, 후계자를 민주적으로 선출한 지도자를 세울 것인지, 아니면 무함마드 일가의 후손을 세울 것인지에 대한 논의의 쟁점이었던 것이다.[54] 그래서 이슬람의 종파는 세 가지로 나누어 볼 수 있는데, 수니파(Sunnis)와 시아파(Shites), 수피파(Sufis)이다. 특히 시아파와 수피파는 모두 수니파에서 분리되었다.[55]

1) 수니파

수니파라는 용어는 선지자의 도를 따르는 자들로서 정통 회교도를 말한다. 오늘날 이슬람교는 대부분 수니파에 속한다. 이슬람의 전통파인 수니파는 무슬림 인구의 약 90%가 차지하고 있는데, 사우디아라비아가 중심이다.[56] 그들은 무함마드와 무함마드 후에 그의 후계자가 된 네 명의 가르침만을 신봉하는 자신들이 진정 정통 이슬람이

---

53) 유해석,『우리 곁에 다가온 이슬람』(서울: 생명의말씀사, 2009), 131.
54) Don McCurry,『무슬림은 무엇을 믿는가?』, 주지현 역 (서울: 도서출판 예수전도단, 2008), 9.
55) 김성욱,『개혁주의 선교신학』, 292. 무함마드의 후계자를 칼리프(Caliph)라고 하는데 후계자 계승에 관한 문제로 이슬람 세계에 분열이 일어났다. 무함마드의 외동딸 파티마의 남편인 알리의 가계 혈통에서 칼리프가 계승되어야 한다는 주장과 칼리프는 선거제도에 의해서 선출되어야 한다는 주장으로 양분되었다. 이 분쟁에 의해서 수니파, 시아파, 수피파 등의 종파가 분열되었다. 최정만,『비교종교학개론』, 326.
56) 이희수,『이슬람』(서울: 청아출판사, 2001), 344.

라고 주장한다. 그들은 무함마드 사후 자신들만이 이슬람을 떠나지 않았기 때문에 구원을 받을 때 알라에게 후한 점수를 받는다고 믿고 있다.[57] 수니파는 꾸란과 무함마드의 생애와 교훈을 담고 있는, '순나'(Sunna), 전승들과 순나의 해석과 주석인 '하디스'(Hadith)에 표현된 모든 내용을 수용하고 있다. 이슬람의 네 개의 기본적 율법(토라, 수 , 자부르, 인질) 샤리하(Shariha)[58]를 인정하고 있다.[59]

2) 시아파

시아파(Shites)는 이슬람의 소수 종파로 기존 정통파로부터 이단이라 한다.[60] 사실 시아파는 아랍인들 사이에 일어난 정치적인 움직임에서 기원한다. 무함마드의 두 번째 후계자 오마르가 암살당한 후에 이슬람은 그의 후계자를 무함마드의 양자였던 알리와 무함마드의 사위였던 오수만 사이에서 선택해야 했다. 이것이 분열의 씨앗이 되어 오스만이 차기 후계자가 되자 알리의 추종자들이 오스만을 반대한 것이다. 결국 오스만은 살해당하고, 오스만의 조카 무아위야와 알리 사이에 후계자 자리를 놓고 싸움이 벌어졌다. 이러한 싸움으로 인해 끝에 결국 무아위야가 후계자가 되었고, 알리를 따르던 추종자들의 일부가 알리 진영에서 벗어나 이란으로 가서 시아파를 형성하게 되었다. 시아파는 무함마드의 직계 손만이 무함마드의 후계자가 될 수 있다고 주장하였다.[61] 그래서 시아파는 곧 알리파이며, 형통

---

57) 유해석, 『우리 곁에 다가온 이슬람』 132.
58) 샤하리는 꾸란, 하디스, 이즈마(이슬람 공동체의 동의), 쿠야스(분석적 추리)로 구성되어 있다.
59) 최정만, 『비교종교학개론』 327.
60) 이희수, 『이슬람』 344.
61) 유해석, 『우리 곁에 다가온 이슬람』 133.

주의라는 특징이 있다.[62] 시아파의 중심은 페르시아 즉 현재 이란으로 총수는 호메이니(Ayatollah Khoumeni)이다.[63] 시아파는 이라크의 남부 지방과 이란, 아프리카 일부 지역, 예멘에도 있다.[64] 이 종파의 교리는 "알라는 영원하다. 꾸란은 창조되었다." 등이다. 그들은 운명론보다는 자유의지를 강조하며, 그들에게 있어서 이맘(Imam)은 어떤 오류도 없는 존재로 여기고 있다.[65]

3) 수피파

수피파(Sufis)는 이슬람교의 신비주의 종파로 보편적으로 알려져 있다. 이것은 이슬람이 전파하는 과정에서 토속신앙과 접목하면서 나타난 것으로 지적인 이슬람보다 신비주의와 금욕주의에 가까운 것이다.[66] 이 종파는 이슬람의 전통 노선인 수니파에 대한 반발로 일어났다.[67] 주로 환상과 치유, 기도에 치중하고 알라의 신과 신비한 연합의 관계를 통해 하나가 되는 것을 목표로 한다.[68] 그리고 춤과 마약 등 환각적이고 쾌락적인 것으로 영성 훈련을 함으로써 이 종파는 이슬람 종교를 넓게 확산시키는 데 가장 큰 공헌을 하였다.[69] 수피파는 민속 이슬람 사상과 신비주의 사상이 결합 되어 이슬람 문화의 꽃을 피웠다. 그들은 무함마드를 신격화하고 점성과 마술을 인정

---

62) 이희수, 『이슬람』, 344-349.
63) 이현갑, 『세계의 종교들』, 99.
64) 조귀삼, 『복음주의 선교신학』, 261.
65) 김성욱, 『개혁주의 선교신학』, 293.
66) 김성욱, 『개혁주의 선교신학』, 293.
67) 최정만, 『비교종교학개론』, 328.
68) 김은수, 『비교종교학 개론』, 256.
69) 최정만, 『비교종교학개론』, 328.

하고 부적을 사용하며, 알라의 9가지 이름을 외우면 굉장한 신비의 힘이 솟아난다고 믿는다.[70] 수피파는 전 세계적으로 이슬람을 알리는 데 공헌한 종파로, 현재 인도, 파키스탄, 인도네시아, 말레이시아, 필리핀, 중앙아시아, 중앙아프리카에 영향을 주었으며, 주로 아시아 지역으로 진출하였다.[71] 또한 힌두교와 불교에도 적지 않은 영향을 미쳤다.[72]

4) 소수 종파

이슬람의 종파 가운데는 세 종파인 수니파와 시아파, 수피파 이외에도 아하미디아파와 하와비파가 있다. 아하미디아파는 신흥 종교의 성격을 가지고, 신약성경 복음서의 예수 행적에 대해서 전적으로 부정한다. 이 종파의 주장에 의하면, 예수의 무덤이 타시미라는 곳에 실제로 존재한다고 믿는다. 아하마디아의 중심은 파키스탄이다. 와하비파는 이슬람의 부흥 운동파로 18세기 이후의 서구 시민주의에서 이 세계가 해방되어야 한다고 주장하였다. 그러나 서구의 팽창 정책을 저지하는 운동이며, 이슬람 정신의 복구 운동이며, 저항 운동(레지스땅)의 한 갈래이다.[73]

5. 이슬람교의 문화 이해

이슬람 문화권은 마을마다 높이 솟은 돔과 첨탑 위에 초생달 마크

---

70) 최정만, 『비교종교학개론』, 328.
71) 김성욱, 『개혁주의 선교신학』, 293.
72) 최정만, 『비교종교학개론』, 328.
73) 최정만, 『비교종교학개론』, 329.

가 있고, 새벽마다 확성기를 통해 무슬림의 기도 소리가 들린다. 이슬람 문화 이해의 대전제는 모든 이슬람 국가가 신정 국가라는 것이다. 이슬람의 중요한 정치적 결정은 이란 대통령이었던 호메이니옹과 같은 종교 지도자가 결정한다. 그래서 이슬람의 신앙은 모든 분야의 사회 조직과 이리저리 얽혀 있다. 이렇게 이슬람은 영적이고 현실적이면서 강력한 종교적 특징으로 결합 된 문화가 특징이다. 그들의 종교법을 "샤리하"라고 한다. 이것은 단순히 종교에 국한된 교리나 법이 아니라 개인의 사생활은 물론 공적인 생활, 정치, 경제, 사회 모든 분야를 총망라하고 있다.[74]

1) 정치적 특징

이슬람의 정치적 특성은 한 마디로 이슬람의 상징인 오른손에는 칼과 왼손에는 꾸란으로 상징되고 있다. 이것이 상징하는 바와 같이 폭력적인 힘의 지배라는 것이다. 이슬람은 세계에서 정치적 목적을 위해 암살과 테러를 자행해 왔다.[75] 암살단은 샤바흐의 정치적 적들을 암살하는 것이 바로 알라의 뜻으로 실천하고 있다. 이것이 신성한 종교적 의무인 동시에 영원한 시간 동안 항상 황홀감을 느낄 수 있는 천국에 가서 살기 위한 것으로 자살 공격까지도 기꺼이 자행할 수 있는 것이라고 여겼다.[76]

---

74) 최정만, 『비교종교학개론』, 329-330.
75) 최정만, 『비교종교학개론』, 330.
76) Norman Anderson, *The World's Religions* (Grand Rapids: Eermans, 1982), 333.

2) 언어, 과학, 예술, 건축, 문학

이슬람은 독자적인 사막 문화를 건설하면서 세계화를 성공시켰다. 무엇보다도 그들이 사용하던 숫자는 세계 어느 나라에서도 쓰이지 않는 곳이 없다. 이를 통상 아라비아 숫자라고 한다. 그들은 또한 사막에서 밤을 보내면서 밤하늘의 신비와 별들을 관찰하다 보니 무역학이 발달하였다. 낙타를 몰고 먼 곳까지 다니며 장사를 하다 보니 무역이 발달한 것이다. 그들은 먼 나라에 장사 나간 가족을 그리워하면서 기나긴 밤을 눈물과 한숨으로 지새우는 가운데 그리움과 상상력이 어우러져 아름다운 문학으로 승화한 것이 아라비아의 문학이다. 매우 독특한 것은 돔 형식의 성전과 뾰족한 탑은 이슬람의 독특한 건축 양식이다. 그리고 아라비아의 연금술은 근대 화학의 시조라고 할 수 있다. 화약의 발명과 약품의 제도는 아라비아가 선구적인 역할을 하였다.[77]

3) 가족과 여성의 문제

이슬람의 결혼은 선택의 문제가 아니다. 그것은 남자의 의무로 네 사람 이상의 아내를 취해서는 안 된다. 그러나 그들은 선택하고 싶은 만큼 많은 여자를 소유할 수 있다. 꾸란 제4장에 의하면, "남자가 여자보다 위에 있다."라고 하였다. 꾸란 4:3에 의하면, 일부다처제가 합법화되어 있다. 또한 "여자는 남자의 경작지"라고 꾸란에 기록되어 있기 때문에 남자는 능력이 있는 대로 얼마든지 경작할 수 있다는

---

77) 최정만, 『비교종교학개론』, 323-333.

것이다. 이것은 아마도 이슬람 초기에 무함마드가 이슬람 세력 확장을 위한 인구 팽창 정책으로 마음껏 종족을 번성시키도록 명령했기 때문이다.[78] 남자들은 언제든지 어떠한 이유로든지 이혼할 수 있다. 그러나 여자는 어떠한 이유든지 이혼을 제기할 수 없다. 여인은 외출할 때 반드시 얼굴 가리개를 해야 한다. 만일 가리개를 하지 않은 여인의 얼굴을 낯선 남자가 보면, 그 남자는 그 여인을 책임져야만 한다. 하지만 이슬람교에서는 조혼과 다산의 고통 때문에 여성 자살율이 높다. 꾸란에는 이혼에 관한 장이 있지만 남자 쪽에서 "나는 너와 이혼한다."라고 세 번 외치면 여자의 의사와는 상관없이 이혼이 성립된다는 것이다.[79]

6. 이슬람교의 세계 분포 현황

세계에서 네 번째로 인구가 많은 나라는 인도네시아로 국민의 약 88%가 이슬람교도이다. 1997년 9월 통계에 의하면, 인도네시아는 약 2억 1천만 명의 이슬람교도가 있다고 한다. 그리고 유럽 전체의 이슬람 인구는 1,680만 명으로 유럽의 두 번째 종교이다. 파리 근교에 100만 명의 이슬람교도가 살고 있고, 프랑스에는 400만 명의 이슬람교도들이 살고 있다. 그래서 프랑스의 제2의 종교는 이슬람이다. 영국에는 약 400만 명의 이슬람교도가 살고 있으며, 1,800개의 모스크와 3,000개의 꾸란 학교가 있다. 런던에 본부를 두고 있으며, 유럽 이슬람 회의는 영국을 이슬람 국가로 만들기 위해 석유를 기반

---

78) 이희수, 『이슬람』, 101-126.

79) 이희수, 『이슬람』, 126.

으로 한 자금으로 이슬람 선교에 열을 올리고 있다.[80] 또한 제2차 세계대전 이후 많은 수의 노동자, 유학생, 기술 연수생이 서유럽으로 진출하였다. 1970년 이후에는 레바논(팔레스타인), 아랍에미리트, 파키스탄, 이란, 아프가니스탄 등지로부터 정치적, 경제적 망명자들로 서유럽의 이슬람 인구는 꾸준히 증가하였다. 이외에도 아랍, 서아프리카, 벨기에, 네덜란드, 스칸디나비아, 이탈리아, 그리스 등 서 유럽 전역에 퍼져 있다.[81] 역시 미국에도 600만 명의 무슬림과,[82] 1,500개의 이슬람 성원이 있다.

1930년 전 세계의 이슬람 인구는 2억 3백만 명이었지만 오늘날은 19억 인구가 되었다. 이슬람은 문화와 인종을 넘어서 세계적으로 널리 퍼지고 있으며 기독교인의 수를 압도하고 있다.[83] 한국에서의 이슬람 전래와 현황을 살펴보면, 불교와 기독교 문화 속에서 살아온 한국 사람에게 생소한 이슬람교가 그 두터운 벽을 뚫고 한국에 전래된 것은 1995년이다. 이슬람이 한국에 전파된 것은 1955년 9월이며, 6.25 동란 때 유엔군으로 참전하였던 터키 부대의 압둘 라흐만 중군 이맘과 주베르코취 종군 이맘에게 한국 포교를 위하여 지도와 협조 요청한 김민규와 윤두영에 의해 포교가 시작되었다. 서울시 동대문구 이문동에서 한국 이슬람교 협회를 발족하고 초대회장 김진규, 부회장 겸 사무국장 윤두영과 신도 70여 명으로 시작되었다. 초창기 10여 년간에 포교 운영의 고난을 극복하고 1965년 한국 이슬람교 중앙연합회로 재발족, 1967년 3일 재단법인 한국 이슬람교로 인가되

---

80) 이희수, 『이슬람』, 371-378.
81) 이희수, 『이슬람』, 378-382.
82) 이희수, 『이슬람』, 382-390. 프로권투 전 세계 헤비급 챔피언 무함마드 알리와 타이슨, 프로농구 천재 압둘 자바, 종교를 통한 인권운동가 말콤 엑스도 이슬람교도이다.
83) 유해석, 『우리 곁에 다가온 이슬람』, 96-98.

어 신도 7,500명의 교세를 갖게 되었다. 1976년 5월, 용산구 한남동에 서울중앙성원을 건립하고(사우디아라비아, 기타 6개국의 원조로), 1980년 항도 부산에 제2 성원, 1981년 경기도 광주에 제3 성원을 건립하였다. 또한 해외 교포를 위하여 사우디아라비아, 쿠웨이트, 인도네시아에 지회가 설립되어 국내의 신도 수가 약 35,000명의 교세를 가지게 되었다.

현재 한국 이슬람 성원은 다음과 같다. ① 서울중앙성원(서울 용산구 한남2동 732-21). ② 부산성원(부산 금정구 남산동 30-1). ③ 광주 성원(경기도 광주군 광주읍 역리 48-9). ④ 전주성원(전북 전주시 덕진구 인후동 2가 1562-10). ⑤ 안양성원(경기도 안양시 안양 5동 618-132, 안양대학교 앞). ⑥ 제주분회(제주시 연동 252-65). ⑦ 안산 성원. ⑧ 파주 성원. ⑨ 부평 성원. ⑩ 포천 이슬람센터. ⑪ 대구 우수만 성원 등 11곳에 성원이 있다. 그리고 50여 개의 임시 예배소가 있으며, 무슬림들을 위한 새로운 성전의 건립을 추진하고 있다.

1980년 5월, 최규하 대통령의 사우디아리비아 방문 시 칼리드 왕과의 공동성명을 통해 한국 이슬람 대학교 설립 공사비 일체의 제공을 확약받았다. 그리고 1980년 7월 최규하 대통령이 이슬람 대학교 부지 43만 평 방 미터를 기증함으로 지금까지 대학 건립이 추진 가운데 있다.[84] 한국 이슬람교는 1970년대의 중동 붐을 타고 두드러지게

---

84) 이슬람 대학에 설립될 학과와 학생 수도 매우 구체적으로 명시되어 있다. 총 8개 학과에 800명 규모이며, 이슬람법과(150명), 아랍어과(100명), 인도네시아어과(120명), 한국어·한국문학과(80명), 영어·영문학과(120명), 경제학과(80명), 국제무역학과(120명), 경영학과(200명)로 구성되어 있다. 이 같은 대학설립의 주목적은 이슬람을 신학적, 역사적, 문학적으로 연구하는 것이라고 밝혔다. 재학생에 대해 전원 장학금 지급과 전원 기숙사 생활도 지원하는 것으로 알려졌다. '한국 이슬람 40년사'에는 대학의 설립 취지에 대해 여섯 항목으로 명시되어 있다. 특히 "명실 공히 극동지역의 대표적인 교육기관으로서의 역할을 감당할 것"이라고 밝힌 부분이 눈에 띈다. 첫째, 이슬람 교육기관 설립을 통해 한국 무슬림들에게 이슬람 정신을 고취시키며 이슬람의 진정한 가르침과 우수성을 숙지시킨다. 둘째, 어

교세가 확장되어 근래에 매년 중동 각국에서 무슬림이 되어 귀국한 1,700여 명의 기능근로자 신도들을 핵으로 삼아 신도 배가 운동을 펴고 있다. 그러나 한국에서의 이슬람교는 한국 사람의 습성 및 기호와의 차이점을 비롯하여 예배 의식 용어 및 교리의 토착화 등 숱한 난제를 안고 있다. 서울중앙성원은 성전을 중심으로 1층은 사무실과 이맘의 사무실 그리고 예배 올리기 전에 소정(이슬람의 소정은 몸을 깨끗이 하고 알라 앞에서 예배를 올리기 위해서 하는 것이다.)을 하는 장소가 있다. 그리고 2층은 예배를 드리는 장소가 있다. 성전 주위는 주차장이 있다. 주차장은 성전 주위에 살고 있는 주민들에게 주차할 수 있도록 공개하고 있다. 이것은 이슬람교와 주민과의 원만한 관계를 이끄는 이슬람교의 선교전략이다. 그리고 성전 주위에는 상가로 이루어져 있다. 상가에는 미용실, 이용실, 분식집, 세탁소, 옷 가게 등이 있다. 이 가게의 주인은 알라를 믿는 이슬람교도들이다.[85]

면 종교를 믿든 가능한 한 많은 학생들에게 이슬람 교육의 장을 마련해 타 종교와 비교연구를 통해 이슬람의 우수성을 알린다. 셋째, 대학이 각 종교 활동의 중심지가 될 것을 예상한다. 무슬림 학생들이 중심이 되어 이슬람서적 출판이나 이슬람 문화 전시회 개최 등을 통해 이슬람의 올바른 뜻과 가르침을 대중에게 전달한다. 넷째, 미래의 무슬림 교육자를 양성해 이슬람에 대한 왜곡, 편견 없는 교육을 실시한다. 다섯째, 극동지역에는 이슬람 교육기관이 전무하다. 따라서 향후 한국에서 건립될 이슬람 대학은 단지 한국 내 이슬람 학생들만 아니라 중국, 일본, 대만 등 주변 국가의 유학생들에게도 문호를 개방해 명실 공히 극동의 대표적인 이슬람 교육기관으로서의 역할을 다한다. 여섯째, 한국 이슬람 대학과 이슬람 국가의 대학 간 교환 교육을 통해 실질적인 이슬람 지역의 전문가를 양성한다. 크리스챤투데이 2007년 11월 23일.

85) 서울대학교 종교학과 종교문화연구실 편,『전환기의 한국 종교』(서울: 집문당, 1986), 450-454.

III. 이슬람을 위한 선교전략

이슬람은 아브라함의 장자 이스마엘의 계열이라는 사실에 자랑스럽게 생각한다. 그들은 꾸란을 편집하고 제작할 때 구약성경에 있는 많은 내용을 차용하였다. 무함마드는 팔레스타인 지역을 다닐 때 보고 듣고 예배에 참여한 경험과 소아시아 지역을 다닐 때 기독교로부터 들었던 이야기와 함께 예배드렸을 때 종교적인 체험들이 이슬람의 신학을 형성하는 데 있어서 많은 영향을 주었다.[86] 이슬람을 위한 기독교 선교는 적극적인 관심과 논의의 시작은 1970년대부터였다.

스티븐 니일(Stephen Neill)은 『기독교 선교 역사』(A history of Christian missions)라는 책에서 이슬람권 선교에 대하여 다음과 같이 말했다. 험한 장벽이 앞을 가로막고 있지만 절망해서는 안 되며, 교회가 우호적이고 적절한 접근을 한다면 무슬림들의 적극적인 반응을 기대할 수 있다.[87] 핸드릭 크래머(Hendrik Kraemer)는 이슬람 선교에 대하여 다음과 같이 말했다. 이슬람 세계를 향한 그리스도교의 선교전략은 교리적인 측면은 피하고 성경적 실재론을 가지고 삶의 현장으로 나아가야 한다.[88] 이것은 기독교 선교사들이 서로 협력하여 이슬람과 좋은 관계를 유지하면서 사랑의 봉사를 통해 접근하면 선교의 가능성을 볼 수 있을 것이다.

---

86) Hendrick Kraemer, 『기독교 선교와 타종교』, 최정만 역 (서울: CLC, 1995), 378-390.
87) Stephen Neill, *Christian Faith and Other Faithes* (Doners Grover: Inter Varsity Press, 1984), 89.
88) Hendrick Kraemer, *The Christian Message in a Non-Christian World* (Grand Rapids: Kregel, 1977), 363.

1. 사랑의 접촉점을 사용하라

이슬람교는 자비와 사랑의 교리를 강조한다. 기독교는 이것을 접촉점으로 사용할 수가 있다. 이슬람은 사랑을 말로만 하지 않는다. 사실 행동이 따르지 않는 말뿐인 사랑은 힘이 없다. 그래서 그들의 필요를 돌아보고 도와주어야 한다. 이것은 물건을 주라는 것이 아니다.[89] 그래서 기독교는 이슬람을 향한 하나님의 선교 차원에서 연합하여 그들에게 의료, 식량, 구제, 생필품 지원, 개발, 교육 등을 통해서 사랑을 보여 주어야 한다. 기독교는 이슬람 문화권에서 분열과 갈등의 투쟁에서 희생되어 세상에서 위로받지 못하고 상처받고 고통당하는 그들에게 접근하여 하나님의 사랑을 전하고 필요한 도움을 제공해 줌으로써 선교의 접촉점을 열어 가야 할 것이다.[90] 그러나 이슬람의 추수를 막는 가장 큰 장애물은 선교사와 목회자 혹은 그리스도인들 마음속에 있는 부정적 생각과 불신앙이다. 디모데전서 2:4에 의하면, 하나님은 모든 사람이 구원받고 진리를 아는 지식에 이르기를 원하신다고 하였다. 베드로후서 3:9에 의하면, 하나님은 누구도 멸망하지 않고 회개에 이르게 되기를 바라신다고 하였다.[91]

2. 변증학적 선교를 하라

선교학적으로 현대는 혼합주의와 상대주의, 포스트모더니즘과 같은 사사들로 보다 분명한 예수 그리스도의 유일성에 대한 자세가 필

---

89) 유해석, 『우리 곁에 다가온 이슬람』, 202-203.
90) 최정만, 『비교종교학개론』, 341.
91) Don McCurry, 『무슬림은 무엇을 믿는가?』, 17.

요하다. 그래서 무엇보다 현대사회 속에서 효과적인 선교사역을 위하여 변증학적 선교가 필요하다.[92] 변증학적 선교란 고난당하는 상황에서도 왜 기독교인가를 겸손하게 변증하는 것이다.[93] 그래서 알렌 리처드슨(Alan Richardson)은 변증학의 개념에 대하여 다음과 같이 말했다. 변증학은 우주와 그 속에서의 인간의 실존에 대한 합리적 이해를 기독교적 입장에서 도모하며 촉구하는 학문이다.[94]

기독교의 입장에 대한 성경적 가르침으로서 다른 종교인들에게 복음을 증거 하는 사명에 대하여 베드로는 모든 그리스도인은 자기 안에 있는 소망에 대한 이유를 설명할 준비가 항상 되어있어야 한다고 명령한다(벧전 3:15).[95] 이렇게 베드로전후서는 변증학적 선교의 모델이다. 기독교는 도덕적인 통전성을 보여 주면서 기독교 진리를 변호하고 전도해야 한다. 이슬람 문화권에서 공개적으로 전도하는 것은 자살행위와 다를 바가 없다. 일부 국가의 경우, 복음주의 교회들은 이슬람이 기독교를 공격하는 것을 지혜롭게 해답하고 질문을 유도하면서 답변하는 선교전략을 사용하기도 한다.[96]

3. 현지인들을 통해 현지를 선교하라

선교는 궁극적으로 현지인 교회가 자기 나라에 대한 복음화와 선교를 책임져야 한다. 선교의 목표는 헌신적인 현지인 지도자와 평신

---

92) 김성욱, 『개혁주의 선교신학』, 240-241.
93) 전호진, 『전환점에서 선 중동과 이슬람』 (서울: SFC출판부, 2005), 199.
94) Alan Richardson, *Christian Apologetics* (London: SCM Press, 1947), 21.
95) 김성욱, 『개혁주의 선교신학』, 242. "너희 마음에 그리스도를 주로 삼아 거룩하게 하고 너희 속에 있는 소망에 관한 이유를 묻는 자에게는 대답할 것을 항상 준비하되 온유와 두려움으로 하고"(벧전 3:15).
96) 전호진, 『전환점에서 선 중동과 이슬람』, 199.

도이다. 이러한 목적으로 현지인 신학교를 설립하는 것은 매우 중요한 선교전략이다. 하지만 아직도 이슬람 문화권에서 신학교에서 가르치는 사역은 소수에 불과하다. 그래서 100년 전에 이미 독일 선교학자 구스타프 바르넥(Gustav Warneck)은 이슬람 선교에 대하여 다음과 같이 말했다. 지역의 기독교 교회가 선교회를 만들어 선교할 때 진정한 선교가 될 것이다.[97] 그래서 선교는 궁극적으로 현지인이 현지인들에게 전도하는 것이 가장 효과적이다.

4. 선교사를 접촉점이 되게 하라

사실 이슬람 선교의 효율성은 궁극적으로 선교사에게 달려있다. 그래서 선교학자 헨드릭 크레머는 선교사의 접촉점에 대하여 말하기를, "선교의 가장 좋은 접촉점은 바로 선교사 자신이다."라고 하였다. 특히 이슬람 문화권에서는 선교가 자유롭지 못한 상황이기 때문에 선교사의 삶과 인격이 가장 중요하다. 기독교가 이슬람보다 더 위대한 것은 선교사들이나 기존 기독교 신앙인들의 윤리와 인격의 통전성을 통하여 증명되어야 한다. 이슬람 문화권 경우, 일대 일의 개인 접촉점이 가장 효과적이지만 이 역시 잘못하면 위험부담이 따른다. 이런 경우, 선교사는 신분을 감추나 무엇보다도 신뢰와 존경을 받아야 할 것이다.[98]

---

97) 전호진, 『전환점에서 선 중동과 이슬람』, 199-200.
98) 전호진, 『전환점에서 선 중동과 이슬람』, 202-203.

5. 상황화로 선교하라

이슬람 선교의 노하우를 가진 대부분의 서구 선교사는 이슬람 문화권에서 선교는 철저히 상황화가 되어야 한다는 것을 역설한다. 상황화란 기독교의 본질이 결단코 손상되지 않는 범위 내에서 이슬람 언어와 문화의 옷을 입는 것이다. 예를 들어, 인도네시아를 비롯한 일부 이슬람 국가를 제외하고 대부분의 이슬람 국가는 금요일에 안식일로 지킨다. 이슬람 국가에서는 교회들도 대부분 금요일 오전에 예배를 드린다. 이것은 불가피한 상황이지만 때로는 일요일에 예배를 드리거나 그날 저녁에 집회를 가지기도 한다. 바울은 이방인에게는 이방인처럼, 유대인에게는 유대인처럼 하였다. 그의 메시지는 철저히 적응의 원리이다.[99] 존 스토트(John R. W. Stott)는 상황화 선교에 대하여, "예수 모스크"를 제안하였다. 이슬람에서 모스크는 종교적 사회적 회집 장소이다. 모스크에서는 종교 문제뿐만 아니라 세상 문제도 서로 대화의 내용이 된다. 따라서 모스크는 문을 닫는 일이 없다고 한다. 유의할 것은 이슬람 국가에서 기독교로의 개종은 죽음을 의미한다는 점이다. 이러한 사회에서 눈에 잘 보이는 장소에 십자가를 다는 교회당 건물은 불가능하다. 그렇다고 모스크의 모습으로 위장하라는 것은 아니다. 그래서 이슬람 출신의 교회 지도자들은 가정 교회 혹은 셀 그룹을 권장하고 있다.[100]

---

99) Phil Parshall, *New Paths in Muslim Evangelism* (Grand Rapids: Baker Book House, 1980), 38-39.
100) 전호진, 『전환점에서 선 중동과 이슬람』, 204.

6. 문서로 선교하라

이슬람을 선교 함에 있어 가장 필요한 것은 문서선교이다. 한국교회 선교에서 취약한 분야는 소위 선교의 인프라이다. 사람을 보내는 데 급급했지 연구와 자녀 교육, 신학교육이나 제자 양육에 필요한 자료나 서적들을 만드는 데는 관심과 투자가 부족하다.[101] 이슬람의 문화와 종교를 감안해서 복음을 담고 있는 문서는 선교하는 데 매우 유용한다. 그들의 언어로 만들어진 좋은 문서가 있다면 큰 도움이 될 것이다. 하지만 문서를 나눠 주기 전에 먼저 충분히 검토하고 예수님을 개인이 구주로 영접한 무슬림에게 검증받는 것이 좋을 것이다. 좋은 문서는 무슬림의 마음을 부드럽게 할 뿐만 아니라 그들을 예수님께로 인도할 수 있다. 그리고 읽는 것을 좋아하는 무슬림들과 여가 시간을 활용하여 무슬림 주부들도 시간이 날 때마다 읽어 볼 수 있을 것이다.[102] 그래서 발로 뛰고 너무 바쁘지만 문서나 서적은 분명 스스로 성장하게 하는 지름길이다. 특히 아랍어 성경은 있으나 아직도 신학 서적은 너무나 부족한 형편이다.[103] 따라서 기독교 신학자들은 이슬람 선교에 눈을 돌리고 또 그들을 파송하는 한국교회가 되어야 할 것이다.

7. 중보기도로 선교하라

이슬람의 추수는 시작부터 끝까지 순간순간마다 반드시 중보기도

---

101) 전호진, 『전환점에서 선 중동과 이슬람』, 204-205.
102) 유해석, 『우리 곁에 다가온 이슬람』, 204-205.
103) 전호진, 『전환점에서 선 중동과 이슬람』, 205.

를 기본으로 해야 한다. 이슬람에 복음을 전하는 데 있어서 가장 중요한 열쇠는 중보기도이다.[104] 그래서 마가복음 1:35에 의하면, 예수님은 사역 중에 많이 힘이 드셨으나 그럴 때마다 한적한 곳에 나아가 하나님과의 시간을 가지셨다.[105]

IV. 나가는 말

국내 무슬림의 인구는 전체 인구의 약 0.4%밖에 되지 않는다. 그러나 무슬림 인구와 모스크 숫자가 계속해서 증가하고 있다. 모스크마다 모이는 숫자는 다소 차이가 나지만 매주 금요일마다 평균 30-50여 명이 기도 모임에 참석한다. 물론, 이주 무슬림들이 한국 사회에 어떤 영향을 미칠지에 대해서는 좀 더 시간을 두고 지켜봐야 한다. 그들 중 상당수는 본국으로 돌아갈 것이고, 일부는 국내에 남아 지하드를 벌이거나, 한국 사회에 자연스럽게 동화되거나, 일부는 기독교로 개종하는 사람도 있을 것이다. 그 비율이 얼마나 될지는 모르지만, 국내 체류 무슬림과 이슬람 단체가 국내에서 공격적으로 포교 활동을 벌이고 있다. 특별히 파키스탄의 다와테 이슬라미 같은 단체가 전략적으로 국내 모스크 건립을 지원하고 문서를 통해 포교한다. 그러므로, 한국교회는 국내 무슬림 인구의 증가와 모스크 건립, 그리고 문서를 통한 적극적인 포교 활동에 대한 대안으로 국내 체류 이주 무슬림들에게 복음을 전하기 위한 효과적인 전략을 개발해야 한다.[106]

---

104) 유해석, 『우리 곁에 다가온 이슬람』, 206.
105) "새벽 아직도 밝기 전에 예수께서 일어나 나가 한적한 곳으로 가사 거기서 기도하시더니"(막 1:35).
106) 유해석, "이슬람의 확장과 비잔틴 제국이 이슬람화된 원인에 대한 고찰," 465.

한국교회는 먼저 무슬림들을 접촉하고 복음을 전하고 그들을 위해 기도해야 한다. 첫째, 주인이신 하나님께 일꾼을 보내달라고 기도해야 한다. 둘째, 이슬람이 하나님께 돌아오게 해 달라고 기도해야 한다. 셋째, 기독교 선교사들이 효과적으로 사역할 수 있도록 기도해야 한다. 마지막으로 넷째, 이슬람의 사슬에 얽매인 그들을 자유롭게 풀어 달라고 기도해야 한다.[107] 선교는 사람이 하는 일이 아니라 하나님이 하시는 일이다. 그래서 하나님께 선교사가 만나는 이슬람의 마음을 열어 주시기를 기도하는 것이다. 이슬람을 선교하기 위해서 선교사와 파송 교회는 단시간의 안목이 아니라 정기적인 노력으로 인내를 가지고 접근할 필요가 있기 때문이다.[108] 따라서 선교사와 한국교회는 지속적인 중보기도로 성령의 인도하심 가운데 하나님께 나아가야 할 것이다.

---

107) Don McCurry, 『무슬림은 무엇을 믿는가?』, 16-17.
108) 김성욱, 『개혁주의 선교신학』, 298.

참고문헌

김성욱. 『개혁주의 선교신학』. 서울: 이머징북스, 2013.

김은수. 『비교종교학 개론』. 서울: 대한기독교서회, 2006.

서울대학교 종교학과 종교문화연구실 편. 『전환기의 한국 종교』. 서울: 집문당, 1986.

유해석. 『우리 곁에 다가온 이슬람』. 서울: 생명의말씀사, 2009.

유해석. "이슬람의 확장과 비잔틴 제국이 이슬람화된 원인에 대한 고찰." 「복음과 선교」 63 (2023), 93-127.

이현갑. 『세계의 종교들』. 서울: 도서출판 청파, 1990.

이희수. 『이슬람』. 서울: 청아출판사, 2001.

전호진. 『전환점에서 선 중동과 이슬람』. 서울: SFC출판부, 2005.

조귀삼. 『복음주의 선교신학』. 안양: 세계로미디어, 2013.

채필근. 『비교종교론』. 서울: 대한기독교서회, 1965.

최정만. 『비교종교학개론』. 서울: 도서출판 이레서원, 2002.

크리스챤투데이 2007년 11월 23일.

Anderson, Norman. *The World's Religions*. Grand Rapids: Eermans, 1982.

Kraemer, Hendrick. 『기독교 선교와 타종교』. 최정만 역. 서울: CLC, 1995.

Kraemer, Hendrick. *The Christian Message in a Non-Christian World*. Grand Rapids: Kregel, 1977.

McCurry, Don. 『무슬림은 무엇을 믿는가?』. 주지현 역. 서울: 도서출판 예수전도단, 2008.

Neill, Stephen. *Christian Faith and Other Faithes*. Doners Grover: Inter Varsity Press, 1984.

Parshall, Phil. *New Paths in Muslim Evangelism*. Grand Rapids: Baker Book House, 1980.

Richardson, Alan. *Christian Apologetics*. London: SCM Press, 1947.

Schmalfuss, Lothar. *The World's Religion*. Grand Rapids: Eerdmans, 1982.

Wagner, William. 『이슬람의 세계 변화 전략』. 노승현 역. 서울: APOSTOLOS PRESS, 2007.

제14장
아프리카 전문인 선교

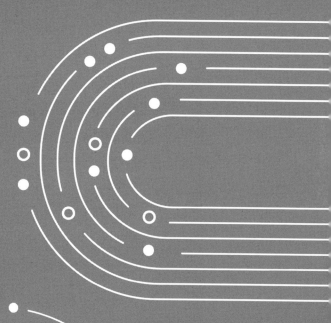

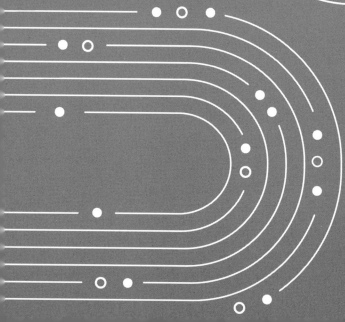

I. 들어가는 말

국제 사회로부터 인정받은 총 55개 국가로 이루어진 검은 대륙 아프리카는 오랫동안 외부 세계와 단절되었다. 무지와 가난으로 안정과 발전을 이루지 못했지만 18세기 중반 이후, 영국에서 시작된 산업 혁명은 서구 열강들에 의해 아프리카 시장 개척을 명분 삼아 아프리카 여러 나라를 침략함으로써 식민 통치를 시작하였다. 수백 년을 아프리카는 유럽 열강들의 식민지 통치로 경제적 착취와 정신적 압박, 그리고 신체적 학대 등을 받았다. 1957년 서부 아프리카에 가나가 처음으로 독립한 후, 1958년 아프리카에서는 전 아프리카 국민회의를 발족하여 1960년에 17개국이 식민지로부터 독립하여 자신들의 주체 의식을 찾았다. 그러나 독립 이후에도 여전히 아프리카는 문맹과 빈곤으로 어려운 상황에 봉착하고 있다. 오랫동안 착취만 있었던 아프리카에서 하나님 나라를 구현하기 위해 선교사들은 그들에게 참된 이웃과 함께 동반자가 되어야 한다.[1] 아프리카에서의 동반자는 진정성과 겸손함으로 고통스러운 그들의 착취 역사를 약화해야 할 것이다.

오랜 기독교 선교 역사를 가졌으나 아프리카는 명목적인 기독교인들이 많아 그들의 삶의 모습에서 거듭난 삶의 모습을 찾아보기 어렵다. 그들의 개인적인 삶과 사회적 환경 속에서 하나님 나라의 모습을 찾아볼 수 없음은 참으로 안타까운 현실이다. 이러한 상황에서 아프리카에 복음을 전하고 기독교 세계관의 교육과 빈곤한 삶의 개선을 위한 총체적 선교를 시작하는 것은 당연함과 동시에 필수적이라

---

[1] 홍영신, "통전적 접근을 통한 동부 아프리카 미래 선교전략: Holistic Mission for All Nations를 중심," (주안대학원대학교 석사학위논문, 2020), 한글 초록.

하겠다. 지난 아프리카 대륙에서 중요한 선교대회로 1975년 WCC의 제5차 나이로비총회와 2010년 제3차 케이프타운 로잔 운동은 아프리카의 현실을 반영하여 아프리카의 선교를 바라보고 수행하는 방식에 패러다임의 전환을 가져오는 열쇠가 되었다. 그것은 바로 복음 전도와 사회적 책임을 통해 하나님 나라를 구현하는 사역으로 나아가는 것이다.[2] 이러한 역사적인 선교대회의 주요 신학적 논쟁을 고려함으로써 아프리카의 선교는 상황과 현실에서 선교의 실제 적용과 새로운 전략을 제시해야 한다. 따라서 본 장에서는 오늘날 기독교가 점점 더 적대적으로 변함으로써 타문화 창의적 접근 지역에서 전통적인 복음 전도, 교회 개척과 함께 새로운 선교의 패러다임들이 요구되어,[3] 오랜 선교 역사와 다양한 선교 현장을 지닌 아프리카의 미래 선교라 할 수 있는 지속 가능한 전문인 선교에 대한 방안을 살펴보고자 한다.

II. 아프리카의 이해

아프리카에 대한 다양한 정보들은 일반적으로 매스컴이나 각종 방송 매체를 통해 접하는 것이 대부분이다. 아프리카를 방문하는 외국인들의 다수는 대개 그 나라의 수도만을 접하는 경우다. 그래서 빈곤의 대륙이라는 표현에 문제를 제기하기도 한다. 아프리카 수도의 고층 건물과 근사한 고급 호텔들, 그리고 도심의 교통 체증을 심각

---

2) 홍영신, "통전적 접근을 통한 동부 아프리카 미래 선교전략: Holistic Mission for All Nations를 중심"을 참고하라.

3) 김은호, "전문인 선교 훈련 프로그램과 교육과정 개편에 관한 제언,"「신학과 실천」78 (2022), 529.

한 수준으로 아프리카를 가난하다고 말하는 것은 오류가 아닐 수 없다.[4] 따라서 지속 가능한 아프리카 전문인 선교를 위해 아프리카를 바르게 이해하는 것은 매우 중요함으로 세 가지 차원으로 살펴보고자 한다.

1. 인식적 차원

아프리카(Africa)의 말에 대한 유래는 로마 시대로 거슬러 올라간다. B.C. 146년 카르타고(Cartago)를 정복했던 로마인들이 그 지역을 '총독 통치 지역 아프리카'(Africa Proconsularis)라고 불렀으며, 당시 로마인들은 카르타고인들을 '아프리'(Afri)라고 불렀다. 이것은 '햇볕이 잘 드는'이라는 뜻이다.[5] 아프리카는 라틴어 '아프리카'(Aprica: sunny의 뜻), 그리스어 '아프리케'(Aphrike: without cold의 뜻), 셈어나 아랍어 '이프키리야'(Ifriqiya: fertile land의 뜻)에서 나왔다. B.C. 100~44년 재위한 율리우스 카이사르(Julius Caesar) 대제 때, 북아프리카 전체를 아프리카라고 했으며, 이후 아프리카 사람들도 이를 받아들여 대륙의 명칭이 되었다. 아프리카는 세계에서 두 번째 큰 대륙으로서 전 세계 육지의 약 22.3%를 차지할 정도로 유럽보다 여섯 배나 크고, 남북한을 합친 영도보다 150배나 더 큰 대륙이다. 대부분 기후가 열대성 기후에 속하며, 대륙 전체가 오래된 바위들로 이루어져 거대한 고원과도 같다. 오래된 지형으로 아프리카는 많은 양의 광물이 매장되어 있으며, 생물자원도 풍부하다. 이처럼 아프리카는 거대한 대륙인 동시에 많은

---

4) 윤상욱, 『아프리카에는 아프리카가 없다』(서울: 시공사, 2012), 101.
5) Lutz van Dijk, 『처음 읽는 아프리카 역사』, 안인희 역 (서울: 웅진씽크빅, 2005), 16.

자원을 가진 잠재력 있는 발전 가능성인 곳이다.[6]

2021년 기준으로, 아프리카의 인구는 13억 7천3백만 명인데, 세계 인구 17.4%를 차지할 정도다.[7] 2067년에는 31억 9천만 명으로 세계 인구 30.7%에 해당하는 것으로 예상된다. 아프리카는 3천 개가 넘는 언어가 존재하며, 이들 중 아프리카에서 파생된 언어들이 네 가지 어족으로 나눌 수 있다. 유럽의 언어가 널리 사용되고 있으며, 영어와 프랑스어가 주류를 이루며, 두 언어를 공용어로 지정한 국가가 대부분이다. 유럽의 언어가 약 70가지라는 것을 고려하면, 아프리카의 인종과 언어는 매우 다양하다고 볼 수 있다. 그리고 아프리카는 공동체를 소중하게 생각한다. 개인은 공동체를 떠나서 살 수 없으며, 공동체가 잘 되는 것이 곧 개인이 살아남는 길이라고 믿는다. 죽은 선조들도 공동체의 일원으로 생각하기에, 그들은 조상들의 무덤을 잘 돌보며, 죽은 후에 조상들 곁에 묻히기를 바란다.[8]

아프리카인들은 이슬람교든 기독교든 조상에 대한 관념이 그들의 세계관에 깊이 뿌리내리고 있다. 이 조상의 개념은 혼합주의 기독교를 평가할 때 중요한 기준이 되기도 한다. 조상은 아프리카인들의 주 예배 대상이며, 자신들의 존재를 설명하는 데 필수다. 조상을 제외하고 자신을 이해할 수 없기에 지금도 아프리카인들에게는 매우 큰 영향을 주고 있다. "당신은 조상이 후손들을 구원하는 데에 개입한다고 믿는가?"라는 질문에, "조상이 저주나 축복을 줄 수 있다고 믿는가?"라는 질문에도 "예"라고, 혹은 "믿는다"라고 답할 정도다. 이처럼 아프리카인들에게 조상은 여전히 그들의 삶에 큰 영향을 미치

6) 김재혁, 『아프리카학』 (서울: 도서출판 말굽소리사, 2007), 7.
7) 이명석, "거버넌스와 선교와의 관계,"「복음과 선교」 55 (2021), 279.
8) Lutz van Dijk, 『처음 읽는 아프리카 역사』, 18, 74.

고 있다.[9] 아울러 아프리카는 매우 다양한 포용력 있는 문화의 역사다. 이집트 역사학자인 파티마(Fatima)는 아프리카에 대하여, "유럽 사람들이 오기 전에 이 대륙에는 1만 가지가 넘는 인종 그룹과 작은 국가, 그리고 왕국과 술탄 국가와 부족 등이 있었다."라고 하였다.[10] 아프리카는 다양한 문화와 다양한 민족들이 평화롭게 공존하는 곳이다. 서로의 다름을 인정해 주고, 남을 존중하는 그런 문화를 가지고 있다. 그래서 1만 가지가 넘는 종족과 공동체들이 그 땅에서 함께 살아갈 수 있었다. 그들은 자연을 존중하고 공동체를 소중히 여길 뿐만 아니라 소규모의 공동체로서 자신의 터전에서 대대로 살아가고 있는 소박한 사람들이다.[11]

2. 역사적 차원

유럽의 사관에서 사하라 사막 이남의 검은 아프리카 대륙은 역사가 없었다고 기록되었다. 인류의 역사 가운데 아프리카의 등장은 유럽인이 이 대륙을 발견한 15세기 이후의 일이다. 그러한 인류가 발생한 땅이 아프리카다. 대부분 사람은 아프리카를 지배해 온 것이 유럽이라고 오랫동안 믿어왔다. 하지만 유럽인이 아프리카 대륙에 도래한 것은 불과 몇 세기 전의 일이다. 로마 제국의 붕괴 이후, 유럽이 중세의 암흑시대 1천 년을 경과 중에 아프리카는 폐쇄적인 유럽과 달리 아랍과 인도, 그리고 중국과의 오랜 기간에 걸쳐 교류 관계

---

9) 김경래, "남아프리카공화국 흑인 기독교의 혼합주의 실태 조사," 「전방개척선교」 110 (2024), 45-46.

10) Lutz van Dijk, 『처음 읽는 아프리카 역사』, 20.

11) 홍영신, "통전적 접근을 통한 동부 아프리카 미래 선교전략: Holistic Mission for All Nations를 중심," 14.

를 유지해 왔다. 아프리카는 16세기 이래로 3백 년에 걸친 노예무역을 통해 철저하게 파괴되었다. 오늘날 유감스럽게도 아프리카는 아랍이나 아시아와 교류한 역사적으로 밝혀주는 문화의 흔적을 찾아볼 수가 없다. 다만 중국인과 아랍인이 남겨놓은 기록으로 추론하는 방법밖에 없다.

　오늘의 아프리카가 어려운 이유는 유럽에 의한 식민지 지배와 착취 때문이다. 15세기 중엽, 포르투갈의 헨리 항해왕이 서부 아프리카 해안에 도착한 뒤로 유럽 다른 나라들과 상인과 선교사들이 속속 아프리카에 들어왔다. 헨리 선장은 아프리카 진출의 독점권을 획득하기 위해서 기독교의 포교라는 대의명분이 필요하였다. 그리고 그것을 통해서 로마교황으로부터 아프리카 탐험을 독점하는 권리를 얻었다.[12] 유럽인들은 값싼 유럽산 제품을 전해주고, 아프리카인들은 노예로 대신 받았는데, 그 수만 하더라도 1,500만 명에 이른다. 사실 초기 아프리카 문명에도 노예제도는 있었으나 이때 노예는 주인의 가족과 같았고, 다시 해방될 수 있는 여지가 많았다. 유럽인들의 노예 사업과는 전혀 비교되지 않는다. 19세기부터 아프리카에 본격적인 식민 통치가 시작되면서부터 1884년에는 베를린 서아프리카 회의가 콩고강 지역의 지배권을 주장하는 포르투갈의 제안으로 열렸다. 유럽 열강들은 아프리카의 식민 지배를 공식적으로 선언하였다.[13]

　베를린 회의(1884~1885년)는 아프리카의 민족 대표자들을 제외하고 유럽 열강들의 이해관계만 고려하였다. 이 회의를 통해 유럽 열강은 서로 충돌하는 지역에 임의로 경계를 그어 이상한 국경선을 만들었

---

12) 강문석, 『아프리칸 선교론』(서울: 성광문화사, 1995), 67, 74.
13) Lutz van Dijk, 『처음 읽는 아프리카 역사』, 102-106, 149.

다. 그리고 임의로 지역을 경계로 나누어 종족적인 연관성을 전혀 고려하지 않은 채 아프리카는 지금까지 종족 간의 전쟁과 영토 전쟁, 그리고 종교적인 대립으로 전쟁에 시달리고 있다.[14] 아프리카는 문화적 배경과 사회적 상황의 변천 과정이 지역마다 상이하다. 따라서 각국의 정치적 변천 과정은 역시 다양한 형태로 발전되었다. 제2차대전 이후로 아프리카의 지도자들에게 민족주의 사상은 점차 파급되었고, 이들이 중심이 되어 반서구 의식이 싹트기 시작하였다. 이러한 사태는 독립과 통합운동으로 연결되어 아프리카인들의 정치의식과 참여에 대한 사고력을 증진 시켰을 뿐만 아니라 아프리카 대륙의 수백 개 종족집단을 정신적으로 통합시키는 데 큰 역할을 하였다.[15]

3. 선교적 차원

아프리카의 주요 종교는 기독교와 이슬람이다. 아프리카는 서구보다 먼저 기독교가 전파되었고, 한때 대부분의 북아프리카 지역이 복음화되었다. 교회가 시작된 3세기 동안 이집트를 비롯한 로마통치 기간에 북아프리카는 누비아(리비아) 지방에 이미 교회가 설립되었다. 그리고 A.D. 42년경에 마가는 이집트의 알렉산드리아에 최초의 콥틱 교회를 세웠다. A.D. 2세기 말경에 북아프리카 지방은 벌써 기독교 중심 세력으로 등장하였다. 그리고 아우구스티누스(Αυγουστίνος, 354~430), 터툴리안(Tertulian, 155~240), 키프리안(Cyprian, 200~258) 등 거장의 신학자들이 이곳에서 배출되었다. 또한 알렉산드리아에는 클레멘트(Clement, 150~216), 오리겐(Origen, 185~254), 아타나시우스(Alexandria, 300~

---

14) 예장총회세계선교부, 『선교 현장 이야기 아프리카 II』 (서울: 총회세계선교부, 2016), 23.
15) 강문석, 『아프리카선교론』, 206.

373), 안토니우스(Antonius, 251~356), 파코미우스(Pachomius, 292~346) 등 위대한 기독교 변증가들이 나타났다.[16] 초기 아프리카의 기독교 출현은 오늘날 서방교회와는 다르게 독특한 형태의 기독교로 발전되었다. 결국 기독교는 정신적인 지주가 그 국가의 경제, 문화, 사회 전반에 걸쳐 지대한 영향을 끼치게 된 것이다.[17] 실제로 아프리카와 관련된 연구물을 보면, 책과 여행이 초점을 이룬다. 그 분야에 맞추어 가는 현상이 일반적이다. 그러나 비즈니스의 목적인 시장과 투자는 아프리카가 변화하는 핵심적 역할로 필연적이라 하겠다. 아프리카 대륙에서 발생하는 모든 변화는 비즈니스에 국한되지 않는다. 실제로 유럽의 밀라노와 파리의 런웨이, 그리고 할리우드의 스튜디오와 실리콘벨리의 벤처 캐피털 회사들은 아프리카에서 영감을 얻어 비즈니스의 큰 성과를 거두고 있다.[18]

사실 사하라 이남 아프리카는 활기찬 성과를 이루는 세계 굴지의 기업들이 있다. 아울러 한국교회가 파송한 선교사들은 교육 사업과 함께 도시를 거점으로 하였다. 농촌 지역과 원주민을 방문함으로써 지역 사회 개발로 우물 파기와 농업 개량 사업, 그리고 주택 개조 사업 등은 모두 자연과 인간으로 하여금 새롭게 변혁을 이루는 사업들이다. 이러한 과정에서는 아프리카의 교육 관심과 열정, 그리고 첨단 과학과 기술 동향, 그리고 신세대 기업가의 벤처 사업추진, IT의 관심, 세계의 전통적인 음악, 아프리카의 패션, 영화 등에 영향을 미친다. 여기서 새로운 문화 혁신가와 30명이 넘는 노벨상 수상자의 작품과 삶이 소개된다. 현재 아프리카에서 벤처 기업을 시작하는 대부

---

16) Kenneth S. Latourette, *History of the Expansion of Christianity: The First five Centuries vol. 1* (New York: Harper & Bros, 1937), 354-355.

17) 강문석, 『아프리카선교론』, 191.

18) 장훈태, "아프리카의 현재적 쟁점과 현황," 「복음과 선교」 63 (2023), 207-208.

분 기업은 유럽과 미국 등에서 좋은 일자리를 마다하고 본국으로 다시 오는 이민자들이 많다. 전 세계에서 아프리카 대륙에 보내는 디아스포라 송금액이 해외 원조 금액을 능가한다. 아프리카에서 해외 선교사들의 선교헌금은 아프리카 개발과 발전에 큰 역할을 하고 있다.[19] 한국은 앞으로 아프리카와 훨씬 더 공고히 관계망을 설정해야 한다. 그것은 아프리카가 세계와 더 많이 연결로 통합될 것이다. 각 국가와의 밀접한 유대는 상호 연결될 것으로 본다. 이미 지역별로 경제연합체를 구성한 아프리카는 다양한 채널로 상호 협력을 위해 협력하고 있다. 앞으로 아프리카 대륙과 아프리카인들은 더 이상 부정적이고 편협한 고정관념의 틀 속에 갇혀 있지 않고 세계인의 일원으로 활발하게 움직일 것이다.

III. 전문인 선교의 성경적 출현

토마스 오덴(Thomas C. Oden)은 아프리카의 성경적 출현에 대하여, "초기 기독교는 요셉에서 모세로 출애굽으로, 예수님 가족의 이집트 피난으로, 에티오피아 내시에 이르기까지, 처음부터 깊이 아프리카와 관련된 역사 이야기를 말한다."라고 하였다.[20] 이처럼 전문인 선교는 성경에서 아프리카의 목소리를 간과해서는 안 된다. 21세기에 한국교회 선교전략의 중요한 한 부분이 전문인 선교다. 따라서 다음 세대의 선교 동력화 개발로 아프리카의 이해를 통한 미래 선교인 전문인 선교의 성경적 출현에 대하여 살펴보고자 한다.

---

19) 장훈태, "아프리카의 현재적 쟁점과 현황," 208-210.
20) Thomas C. Oden, 『아프리카 기독교 역사』, 김성환 역 (서울: CLC, 2020), 114.

1. 구약성경에 출현한 전문인 선교

하나님의 선교라는 관점에서 보면, 성경은 전체가 선교의 책(missionary book)으로, 특히 전문인 선교의 사례를 들고 있다. 이러한 지침서가 되는 성경은 전문인 선교의 개념을 잘 이해시켜 준다. 성경에서 본 전문인 선교는 어떤 시대적인 필요나 선교 전략적 차원에서 고안된 인본적인 사역 원리가 아니다. 이것은 성경에 나타난 하나님의 모든 하나님의 백성을 향한 사역의 소명이며, 성경의 처음부터 마지막 장까지 하나님의 계획이 드러나 있다.[21] 크리스티 윌슨(J. Christy Wilson)은 구약성경에서 출현한 전문인 선교사에 대하여, "아담은 에덴동산을 가꾸고 다스리는 자, 아벨은 양치는 목동, 아브라함은 가축을 기르는 자, 하갈은 집안일을 돌보는 자, 이삭은 농사하는 자, 리브가는 물을 긷는 자, 야곱은 양 떼를 돌보는 자, 라헬은 양을 지키는 자, 요셉은 총리대신, 미리암은 아이 보는 자, 모세는 양을 돌보는 자, 브사렐은 숙련공, 여호수아는 사령관, 라합은 여관 주인, 드보라는 나라를 구하는 자, 기드온은 군사의 지도자, 삼손은 당할 자 없는 장수, 룻은 이삭을 줍는 자, 보아스는 농사하는 자, 다윗은 통치자, 아삽은 작곡가, 솔로몬은 제왕, 시바의 여왕은 관리자, 욥은 경건하고 신사적인 농장주인, 아모스는 소작인, 바룩은 저술가, 다니엘은 수상, 사드락과 메삭, 그리고 아벳느고는 지방 장관, 에스더는 왕후, 느헤미야는 방백이었다."라고 말했다.[22] 그리고 레위인, 나실인인 제사장 그룹, 선지자, 왕, 사사, 민족지도자들을 통해 하나님은 일반

---

21) 김성욱, 『21세기 기독교 전문인 선교신학』 (서울: 이머징북스, 2019), 43.

22) J. Christy Wilson, *Today's Tentmakers: self - support an alternative model for worldwide witness* (Wheaton: Tyndale House, 1979), 20-21.

하나님 백성에게도 일과 삶을 통해 자신의 신앙을 전파하도록 계획하셨다. 구약성경에 출현한 대표적인 전문인 선교사들의 모델은 다음과 같다.

첫째, 아벨이다. 아벨은 양치는 목동이었고, 가인은 농사꾼이었다. 그러나 하나님은 피 흘림이 없는 가인의 제물보다는 피의 제물인 아벨 것을 받으셨다. 하나님은 제물 그 자체보다 제물을 드리는 자의 삶을 먼저 살피신다.[23] 하나님은 가인의 제물보다 그 제물을 바치는 사람인 가인의 삶을 중요시한 것이다(창 4:7). 하나님이 원하시는 것은 하나님 앞에서 드려지는 제물 자체가 아니다. 하나님은 제물 자체가 필요한 것이 아니라 하나님이 주목하는 것은 하나님 앞에 나오기 전까지의 삶이다. 따라서 전문인 선교사는 아벨처럼 일상적인 삶이 선한 삶이어야 한다. 그래서 하나님은 그 사람과 그의 제물을 받으실 뿐만 아니라 많은 영혼이 전문인 선교사의 삶을 통해 예수 그리스도를 만나게 될 것이다.

둘째, 요셉이다. 요셉은 야곱의 열한 번째 아들로 태어나 열일곱 살까지 아버지의 사랑을 독차지하며 살았다. 그 결과 그는 다른 형들에게서 시기를 받아 이집트로 팔려 가는 신세가 되었다. 그는 노예로 살다가 억울한 누명을 쓰고 죄수로 30세가 넘도록 옥살이하였다. 그는 타문화라 할 수 있는 이집트의 환경 가운데 전문적인 정치가의 안목과 식견을 구비 하게 되었다. 처음에 그는 노예로서 나중에는 이집트의 전문인 정치가인 총리로서 평생을 하나님의 신앙을 전파하였다.

셋째, 에스더다. 바벨론으로 사로잡혀 온 에스더는 그 사촌 오빠

---

23) 김이곤, "하나님이 기뻐하시는 감사 예물," 「기독교사상」 453 (1996), 247-248.

모르드개의 집에서 성장하였다. 포로이자 고아였던 에스더는 그 당시 최고의 전문인인 왕후가 되어 신앙으로 민족을 살리고 이스라엘 민족의 부흥을 가져오게 하였다. 왕궁의 문지기에 불과 한 모르드개역시 포로로 잡혀 와서 왕궁 문지기라는 직책으로 연명하면서도 유대인의 기상을 간직하고 신앙으로 살았던 인물들로서 히브리 민족사에 영원히 남게 되었다. 이처럼 구약성경에 출현한 전문인 선교는 다양한 선교 출현과 선교사의 여러 유형을 살펴볼 수 있다. 하나님의 구원 역사를 위한 전문인 선교는 창세기부터 말라기까지 계속되고 있다. 이렇게 구약성경에 기록된 하나님께 쓰임 받은 사람들은 자신의 직업을 가지고 선교한 하나님을 섬겼던 전문인 선교사들이었다.

2. 신약성경에 출현한 전문인 선교

전문인 선교의 중요성은 신약성경 전체에서 분명히 출현한다. 전문인 선교사의 사역에 대한 성경적 교훈은 신약성경 전체를 통해 찾아볼 수 있다.[24] 크리스티 윌슨(J. Christy Wilson)은 신약성경에서 출현한 전문인 선교사를 다음과 같이 나열한다. 요셉은 목수, 마르다는 집안일을 보살피는 자, 삭개오는 세리장, 니고데모와 아리마대 요셉은 공회 의원, 바나바는 지주, 고넬료는 백부장, 누가는 의원, 흩어진 사람들, 브리스길라와 아굴라, 그리고 바울은 천막 제조업자, 루디아는 자주 장사, 세나는 교법사, 에라스도는 성의 재무였다.[25] 신약성경에 출현한 전문인 선교사들의 대표적인 모델을 다음과 같다.

---

24) 김성욱, "21세기 한국교회 전방개척선교를 위한 평신도 선교 사역의 효율성 연구," 「복음과 선교」 4 (2006), 128.

25) J. Christy Wilson, *Today's Tentmakers: self - support an alternative model for worldwide witness*, 21.

첫째, 예수님이다. 구약성경에서 대표적인 전문인 선교사의 모델로 믿음의 조상 아브라함이라고 본다면, 신약성경에서 대표적인 전문인 선교사의 모델은 완전한 전문인 선교사 예수님이다. 마태복음 1:1에 의하면, 아브라함과 예수 그리스도를 소개하고 있다. 신약성경의 세계를 열고 있는 분이 예수님이시기 때문에 아브라함과 예수님을 비교해 보는 것은 전문인 선교를 연구하는 데 큰 의미다. 그분의 생애를 구체적으로 살펴보면, 평범한 전문인 목수의 가정에서 태어나셨고, 33년의 생애 가운데 전문인 선교사의 삶을, 모든 면에서 최선을 다해 전문인으로 사셨다.[26] 많은 사람을 가르치심, 설교하심, 고치심으로, 예수님은 위대한 전문인 선교사로 놀라운 결과의 사역들을 펼치셨다. 전문인 선교사로 예수님의 복음은 반드시 세상에 선포되어야 할 것이다. 제임스 쉐러(James A. Scherer)는 이러한 예수님의 선교에 대하여, "기독교 공동체에 설교하고, 가르치고, 치유하며, 양육하여 정의 수호와 인류의 봉사를 포함한 하나님 나라를 증언하는 교회의 모든 행위를 의미한다."라고 하였다.[27] 지금도 세계 각 지역에서 수많은 전문인 선교사가 고난과 역경 속에서 최선을 다해 기쁨으로 전문인 선교를 통해 하나님께 영광 돌리며 헌신하는 것이다.

둘째, 누가다. 내과 의사 누가는 교육을 잘 받았던 것으로 보아 교양인, 여행을 자주 했던 부유한 자, 이방인 개종자로 누가복음과 사도행전의 저자이기도 하였다. 그런 전문인 선교사로 활동했던 누가는 빌립보 교회의 핵심적인 인물이기도 하였다.

셋째, 브리스길라와 아굴라이다. 소아시아 본도 출신인 전문인 선

26) 한국전문인선교협의회,『선교의 패러다임이 바뀐다』(서울: 도서출판 창조, 2000), 26.
27) Charles E. Van Engen,『모이는 교회, 흩어지는 교회』, 임윤택 역 (서울: 두란노, 1994), 112.

교사 부부, 브리스길라와 아굴라는 로마에 살다가 추방 받아 고린도에서 바울을 만나 전문인 선교사로 합류하였다. 그들은 바울과 함께 선교 여행을 떠났고, 가는 곳마다 장막을 만들었다. 브리스길라와 아굴라는 직업상 로마로부터 고린도와 에베소 지역까지 광범위하게 이동할 수 있었다. 그들은 대표적인 전문인 선교사 부부로 자기의 전문인 직업을 통해 얻은 수입으로 바울과 그 선교팀을 후원하기도 하였다. 아울러 스스로 복음 전도사역에 나서서 일하기도 하였다. 그들은 알렉산드리아 출신인 구약성경에 정통한 젊은 아볼로에게 예수님을 더 자세히 가르친 것으로 보아 실력 있는 전문인 선교사 부부의 모델이 되었다. 그리고 성실한 전문인 선교사였던 그들의 집에서 가정교회가 세워졌다(고전 16:19).

이러한 신약성경에서 출현한 전문인 선교사들을 통해 전 아시아가 복음을 듣게 되는 놀라운 복음의 역사가 일어난 것이다. 예수님은 세속적인 직업인들을 선택하셔서 그의 제자들을 전문인 선교사로 만드셨다. 하나님은 전문인 선교사를 발굴하시는 탁월한 분이시다. 하나님은 그리스도인들로 하여 전문적인 은사를 사용할 수 있는 길을 열어 주시는 분이시며, 그 부르신 사명을 완수할 수 있도록 전문적으로 도와주실 것이다.

3. 바울에 출현한 전문인 선교

기독교의 반대 세력이었던 바울은 하나님의 은혜로 변화되어 기독교의 위대한 대변자로 선교사가 되었다. 이후 그는 견줄 사람이 없을 정도로 전문적인 재능을 가지고 사역을 감당하였다. 그는 사명 받은 사도, 열심 있는 복음 전도자, 열정적인 교회 개척자, 신약의 절반을 기록한 저술가, 통찰력 있는 선교신학자, 든든한 변증가, 역동적인 설교자, 온화한 마음을 지닌 목회자, 마음을 움직이는 교사, 문화를 초월해서 선교했던 위대한 전문인 선교사로 하나님을 섬겼다. 예수님의 부르심에 응답했을 때, 바울은 자신이 주변 세상에서 벗어난 것이 아니라 세상 가운데 맹렬히 던져진 것을 알았다. 결과적으로, 이후 30년 동안 그는 넓은 지중해 연안을 여러 차례 넘나들면서 다양한 인종과 국가들의 배경을 가진 사람들을 접하게 되었다. 그들은 디아스포라 유대인과 본토 헬라인, 그리고 이주민 헬라인, 로마 제국의 중심부 및 멀리 떨어진 지역에 사는 로마인, 구브로인, 마케도니아인, 소아시아 여러 지역의 주민들, 그리고 소수지만 이집트, 그레데, 몰타, 스구디아 출신의 사람들도 있었다. 이러한 여행을 통해 그는 여러 학파의 철학자들인 스토아 철학과 에피쿠로스주의 철학자들을 만났고, 다른 종교 운동들 특히 전통적인 헬라의 도시 국가 종교와 해외에서 유입된 동양의 신비 종교들도 접하였다. 또한 그는 여행 중에 여러 곳에서 여러 부류의 관원과 정치 당국과 부딪쳤고, 다양한 법적 절차와 판결에 따른 결과를 직접 경험하기도 하였다.[28] 그가 만났던 사람들의 사상과 제도들을 접하기만 한 것이 아니라, 의도적으로 그것들에 적응하려는 정책을 취한 것으로 보아 바울은 역사적으로 가장 위대한 타문화 전문인 선교사의 모델로 인정받고 있다.

성경에 출현한 바울의 선교 사역을 살펴보면, 전문인 선교사의 선교전략을 발견할 수 있다.[29] 그는 유대인으로 길리기아 다소에서 태

---

28) Robert J. Banks, 『바울의 공동체 사상』, 정동수 역 (서울: IVP, 2007), 27-28.
29) 김은호, "현대선교에 있어서 전문인선교의 당위성과 필요성," 「신학과 실천」 62 (2018), 542-543.

어났다. 예루살렘 성에서 성장하여 가말리엘 문하에서 수학하였다. 바울이 기독교로 개종하기 전에 힐렐파와 바리새인으로 이방인들에게 개방적이었다. 따라서 바울은 이방인을 개종시키는 일은 결코 어려운 일이 아니었다. 이런 그가 기독교로 개종하여 이방인 선교에 부름을 받은 것이다. 바울의 전문인 선교는 사도행전 18:3에서 유일하게 언급한다. 바울은 선교 기간에 장막을 만드는 전문인 직업을 감당하였다. 바울은 다른 후원이 없었기 때문에 할 수 없이 일한 것이 아니라, 미래 선교전략으로서 여러 나라에 복음을 전하는 그의 전문인 선교의 핵심이었던 것이다(살후 3:7-9).

4. 교회사에 출현한 전문인 선교

전문인 선교의 역사를 다룸에 있어 전문인 선교 운동의 탄생과 발전 경위에 대해 전개하는 것은 올바른 순서일 것이다. 여기서 다루는 초대교회로부터 시작하여 현재에 이르기까지의 세계 전문인 선교 운동사는 선교 신학적인 통찰력과 역사적인 안목을 제공해 줄 것이다.

첫째, 프란시스 사비에르(Francis Xavier, 1456~1552)이다. 이제까지 가장 위대한 선교사들 가운데 하나인 사비에르는 전문인의 직업을 가진 선교사였다. 그는 프랑스의 학생들을 찾아가 야망을 버리고 동방에 나가서 복음을 전하라고 도전하였다. 그는 포르투갈 왕을 설득해서 그 당시 인도를 지배하고 있었던 포르투갈 영주들에게 지역 인도인들이 교회에 들어오게 할 수 있는 모든 조치를 취하라고 명령을 내렸다. 그가 이러한 조치를 내렸던 것은 그만큼 세상 사람들에게 개종

사역에 커다란 관심을 가졌기 때문이다.[30] 그리고 그를 통해 일본에
간 예수회 선교사들은 비단 장사로 그들의 선교 자금을 조달하였다.
또한 스페인 식민지에 갔었던 로마 가톨릭의 선교단체들은 자신들
의 생활을 위해 농업이나 목축업에 종사하기도 하였다.[31]

둘째, 1600년 이후의 전문인 선교이다. 그 대표적인 예는 1732년
시작된 모라비안 선교사들을 들 수 있다. 진젠도르프(Count Zinzendort,
1700~1760)는 처의 사촌인 덴마크 왕 크리스천 6세(Christian VI)의 대관
식에 참석했을 때 만난 서인도 제도 출신인 흑인 노예에게 성 도마
섬의 원주민들이 처해 있는 영적이고 육체적인 것의 비참함을 들었
다. 이 소식을 듣고 그는 모라비안 형제들에게 전했으며, 즉시 두 사
람의 기술공이 전문인 선교사로 그곳에 가겠다고 지원하였다. 그들
이 토기장이였던 레온하르트 도버(Leonhard Dober)와 목수였던 데이빗
니취마운(David Nitschmaun)과 함께 1732년 서인도 제도에 도착하여 무
역을 통해 전문인 선교를 시작하였다.[32] 모라비안의 전문인 선교 사
역의 특징은 선교사들을 파송하여 가장 효과적인 선교 방법으로 자
신의 전문인 직업으로 생계 문제를 해결해 가면서 동시에 선교 사업
을 주요 사업으로 이끌어 갔던 것이다.[33] 1732년부터 1760년까지 무
려 226명의 모라비안 선교사들이 10여 개국으로 파송되었다. 그런
데 파송된 모라비안 선교사들은 대부분 농부와 기술공이었다. 단 20
년 만에 모리비안 선교사들은 개신교와 영국 국교에서 200년간 진행

30) J. Christy Wilson, *Today's Tentmakers: self - support an alternative model for worldwide witness*, 28.
31) William J. Danker, *Profit for The Lord* (Grand Rapids: Eerdmans, 1971), 5; J. Christy Wilson, *Today's Tentmakers: self - support an alternative model for worldwide witness*, 29.
32) John Thiessen, *A Survey of World Missions* (Dowers Grove: IVP, 1956), 21.
33) Ruth Tucker, *From Jerusalem to Irian Jaya* (Grand Rapids: Zondervan, 1983), 69.

해 온 선교 운동을 앞지르고 말았다. 그 외에도, 다른 모라비안 선교사들은 세인트 크로이 섬, 수리남, 남아프리카, 북미, 자메이카, 엔티가 섬 등으로 파송되었다.[34)]

셋째, 19세기의 전문인 선교이다. 19세기는 위대한 세기라고 할 만큼 많은 선교 활동이 있었고, 복음이 급속도로 확대되었다. 이때, 전문인 선교사의 한 사람으로 요한네스 엠데(Johnnes Emde, 1774~1859)는 1811년에 시계 제조공으로 인도네시아에 들어가 자바 여인과 결혼하여 복음을 전했다. 그 결과, 그는 1843년에 35명의 이슬람 교인을 개종시킴으로써 목사에게 세례를 받게 하였다. 1815년 설립된 스위스 바젤선교회(The Basel Mission)는 당시 구라파에서 가장 중요한 기독교 선교단체로 발전되었다. 바젤선교회에서도 베 짜는 숙련공으로 인도 선교사로 파송하여 자비로 선교하게 하였다. 그리고 가나에는 농부 선교사 3명을 파송하여 코코아를 재배하게 하였다. 설립 때부터 바젤선교회의 선교사들은 복음 전도와 함께 교회 개척, 신학교육과 교육 및 교양 사업, 번역, 의료선교, 고아원 설립, 직업 기술의 개발 등의 다양한 전문인 사역들에 참여함으로써 오늘날 전문인 선교의 모델로서 기초를 제공하고 있다.[35)]

5. 내한 선교사에 출현한 전문인 선교

한국 선교는 처음부터 내한한 전문인 선교사들이 있었다. 한국 기독교 선교의 선구자였던 호러스 언더우드(Horace G. Underwood) 선교사는 한국 이름이 원두우(元杜尤)다. 그는 1881년 뉴욕대학교를 거쳐,

---

34) Ken Eldred, 『비즈니스 미션』, 안정임 역 (서울: 예수전도단, 2006), 147.
35) 윤승범, 『전문인선교학개론』 (부천: BOOKK, 2018), 58.

1884년 뉴브런즈윅신학교를 졸업하였다. 또한 그는 1890년 뉴욕대
학교에서 명예 신학박사와 1912년 명예 법학 박사학위를 받았으며,
1884년 7월 미국 북 장로교 선교부의 임명에 따라 이듬해 감리교 목
사인 헨리 아펜젤러와 함께 한국에 입국하였다. 그는 세브란스 의학
교, 피어선 성경학원, 평양 장로교신학교 등의 설립에 주도적인 역할
을 했으며, 성경 번역 사업에도 커다란 기여자로 한국 최초로 찬송가
를 간행하기도 하였다. 주요 저서로는 『한영사전』, 『영한사전』(1890),
『한국의 소명』(The Call of Korea, 1908) 등이 있다. 그는 최초의 목사 선교
사로 교육자, 성경 번역가로의 전문인 선교사이었다.

아울러 언더우드 가(家)는 4대에 걸쳐 내한한 전문인 선교사로 다
양한 분야에서 전문인 선교방식으로 한국 근현대사와 한국 사회의
발전에 이바지한 가문이다. 1885년, 전문인 선교사의 자격으로 이
땅에 처음 발을 디뎠던 언더우드는 교파 간의 차이를 초월한 선교 활
동을 펼쳤다. 언더우드 가와 한국의 인연은 여기서 그치지 않는다.
언더우드 3세인 원일한(元一漢, 1917~2004)은 아버지 원한경(元漢慶, 1890~
1951)과 더불어 한국전쟁에 자진해서 참전하기도 하였다. 그는 당시
UN 전문인 통역사로 활동하여 동생들과 함께 휴전 회담이 성사되는
데 크게 기여하였다. 언더우드 가문의 이러한 절대적인 한국에 대한
사랑은 4세 원한광(元漢光, 1943~)의 형제들까지 이어져 오늘날 전문인
선교사로 사역하고 있다. 36)

한국 근대 교육의 개척자였던 헨리 아펜젤러(Henry G. Appenzeller, 1858
~1902)는 1882년 펜실베이니아주 프랭클린 앤드마샬대학을 거쳐 그
해 뉴저지주 드류대학교를 졸업하였다. 그는 미전도 종족인 조선에

---

36) 이수환, 『전문인 선교론』 (파주: 한국학술정보, 2011), 231-233.

선교사가 필요하다는 정보를 접하고 자기의 삶을 하나님께 드리기로 하였다. 그래서 1884년 미국 감리회 해외 선교부의 한국 선교 결정에 따라 1885년 4월 5일 부활절 아침, 한국에 입국하여 한국 선교회와 배재학당을 설립하였다. 또한 1887년 한국 선교부 감리사로 있으면서 학교와 병원 등에 복음 전도의 여러 사업을 맡았다. 같은 해, 10월 29일 서울에 지금의 정동제일교회인 벧엘 예배당을 설립했으며, 1888년에는 언더우드와 존스 등과 함께 지방을 순회하면서 전도활동을 펼치기도 하였다. 그 밖에 1890년 한국성교서회(韓國聖教書會)를 창설하여 1892년 회장직을 맡는 등 성경 번역 사업에 큰 공헌을 하였다. 1895년에 월간지 '한국휘보'(The Korean Repository)의 편집 일을 맡았으며, 1897년에는 한국말로 된 최초의 종교 신문인 '죠션크리스토인회'를 창간하여 선교 사업 외에 민족 계몽운동에도 조력하였다. 1902년경 목포에서 열리는 성경 번역자 회의에 참석하러 가던 중 군산 앞바다에서 그가 탄 배와 일본 상선이 충돌하여 익사하였다. 그의 큰아들은 배재학교(培材學校) 교장을 역임했으며, 큰딸은 이화전문학교(梨花專門學校) 교장을 역임하기도 하였다. 따라서 아펜젤러 선교사는 목사와 최초의 교육가, 그리고 성경 번역가, 편집인, 여행가로 활동한 전문인 선교사였다. 한국 최초로 애국가 만들고 옥중 전도를 시작한 댈지엘 벙커(Dalziel A. Bunke, 1853~1932)는 미국 감리교 선교사로 헐버트와 함께 육영공원(왕실소학교)의 교사로 초청되어 배재학당에서 수년간 교편을 잡았다. 벙커는 교육가로서의 전문인 선교사로 활동하였다.[37]

전문인 선교 역사에서 하나님은 전문인들을 통해서 하나님의 말씀

---

37) 이수환, 『전문인 선교론』, 233-236.

을 땅끝까지 전파하셨다. 역사적으로 위대한 선교사들 가운데 전문적 직업을 활용하여 선교한 사람들이 많다. 그들을 통해 기업이 생겨났으며, 일자리가 창출되었고, 선교에 재정적인 후원을 받았고, 복음이 언행일치로 증거되었다. 전문인 선교는 과거의 선교전략이 아니라 오늘날 한국교회가 다시 한번 재고해야 할 세계적인 미래 선교다. 다행히 최근에 전문인 선교사를 자원하는 사람들이 늘어나고 있다는 것은 전문인 선교 차원인 영적 변화와 경제적 변화의 방안이라 할 수 있겠다.

IV. 지속 가능한 아프리카 전문인 선교에 대한 방안

아프리카는 빈익빈 부익부가 너무 심화해 부한 사람은 굉장히 부하지만 90%는 너무나도 가난하다. 돈을 벌기 위해 도시로 모여드는 사람들은 열악한 환경에 살아가기 때문에 아프리카 사람들에게 삶의 질을 높여주는 사역이 필요하다. 이러한 사역의 핵심은 아프리카 교회와 지역 사회가 재정적으로 자립할 수 있도록 정책을 수립하고 돕는 것이다. 물고기를 잡아 주는 것이 아니라 선교사가 떠난 이후에도 지역교회는 스스로 물고기를 잡을 수 있도록 가르치고 돕는 사역을 지향해야 할 것이다.[38] 선교의 궁극적인 목적은 복음을 증거하며 더불어 총체적 삶의 모든 것을 포함한다. 따라서 현지인들에게 하나님 나라 복음을 전하는 것과, 그들이 현실을 살아가는 데 필요한 것들을 채워 주는 지속 가능한 아프리카 전문인 선교에 대한 방안에 대

---

38) 홍영신, "통전적 접근을 통한 동부 아프리카 미래 선교전략: Holistic Mission for All Nations를 중심," 87-88.

하여 살펴보고자 한다.

1. 로잔 운동을 통한 전문인 선교의 지속 가능성

2010년 10월, 제3차 로잔대회는 남아프리카공화국 케이프타운에 모여 "모든 교회가 온전한 복음을 전 세계에 전하자."라는 로잔의 정신과 신학을 재확인했던 모임이다. 당시 국제 로잔위원회 더글라스 버드셀(S. Douglas Birdsall)과 국제 총무 린지 브라운(Lindsay Brown)은 서두를 통해 케이프타운서약에 대하여 "로잔의 정신과 신학의 재확인으로 21세기에 들어 급속히 변하는 글로벌 상황에서 기독교 선교가 당면한 도전과 위기를 밝히는 동시에 이를 극복하기 위해서 전략적 대안을 모색한 로잔 운동의 최근 선언문으로 로잔언약과 함께 마닐라선언에 기초하며 그 역사적 연속선에 있다며 향후 10년간 로잔 운동의 방향을 제시하는 청사진이 될 것이다."라고 밝혔다. 전문인 선교에 대한 로잔 운동은 제1, 2차 로잔대회를 거치면서 일반 성도의 선교 실천적인 역할을 인정하는 단계에서 일반 성도를 세계 복음화하는 데 동참할 사역자로 인정하는 단계로 발전하였다.[39] 이러한 변화는 2010년 제3차 로잔대회 이르러 상당한 결실이 맺혔다.

제3차 로잔대회에서 로잔 운동은 전문인 선교전략의 중요성을 강조하였다. 전문인 선교란 전통의 교회 개척자들과 복음 전도자들이 그곳에 들어갈 수 없는 선교 현장에서 적용되는 최적화할 선교전략이다. 전문인 선교의 전략적 가치를 인정하는 로잔 운동은 세계를 선교하는데 전략에 통합할 것을 촉구하였다. 김광성은 제3차 로잔대

---

39) 김광성, "로잔운동 선언문에 나타난 전문인 선교 개념 고찰," 「복음과 선교」 54 (2021), 31.

회를 텐트메이커 선교와 비즈니스 선교가 눈에 띄는 작은 주제로 논의되었고, 전통적으로 목회자 선교사가 아니라 일반 그리스도인들의 선교사 소명과 헌신이 강조되었다고 주장한다.[40] 따라서 비자를 받지 못하는 창의적 접근 지역에서 로잔 운동을 통한 전문인 선교의 지속 가능성은 전문인 선교사를 충족시키는데 자리매김하였음을 알 수 있을 것이다.

2. 통전적 선교를 통한 전문인 선교의 지속 가능성

현대 포스트모더니즘, 종교다원주의, 종교 간의 갈등은 기독교에 대한 거부감의 증가로 인해 복음 전파에 어려운 실정이다. 복음화율이 저조한 기독교의 적대적인 선교 현장에서 전통적인 목사 선교사가 들어가는 것은 쉽지 않다. 점차 많은 나라들은 전통적인 목사들의 입국을 거부한다. 미전도 종족이 가장 많은 이슬람 지역은 목회자 선교사가 들어갈 수 없는 지역으로서 경제의 난후 된 지역으로 스스로 자립할 수 있는 전문인 선교전략이 필요한 선교 현장이다.

랄프 윈터는 예수님의 복음 증거를 미전도 종족에게 선교적 접근을 통해서 제시된 것으로 전문인 선교임을 주장하였다.[41] 미전도 종족은 종교적으로 이슬람교, 힌두교, 불교권을 포함하고 정치적으로 사회주의를 지향하는 중국과 구공산권까지 포함한다. 이러한 지역 대부분은 선교사에게 비자를 발급하지 않으며, 전통적인 선교사들을 환영하지 않는다. 그런 선교 현장의 사람들을 그리스도인의 존재

---

40) 김광성, "로잔운동 선언문에 나타난 전문인 선교 개념 고찰," 33.
41) Ralph D. Winter, "The Crucial Links in the Frontier Mission Chain," *International Journal of Frontier Missions* (1991/4), 2-4.

를 통해 인격의 관계를 쌓은 후에 복음을 전하고 나눌 수 있어서 시작도 하지 못하는 가능성이 매우 희박하다. 이처럼 변화된 환경과 상황에서 맞는 새로운 패러다임인 전문인 선교가 필요하다. 직업의 현장에서 전문인 선교사의 사역 활동은 21세기 선교 현장에서 매우 중요한 역할을 할 것이다. 또한 그들이 앞으로 세계 복음화 운동을 위해 선도하게 된다. 새로운 패러다임인 전문인 선교의 강점으로는 습득된 지식과 기술로 일터에 영향력을 행사할 수 있다. 타문화 사람과 사는 전문인 선교사가 많아야 통전적 선교를 온전하게 감내할 수 있다. 하나님의 선교 핵심인 제자 삼는 인격적인 만남을 통해서만 시작된다. 그리고 예수의 사랑을 전하고 실천할 방식도 인격적인 관계에서만 가능하다.[42] 전문인 선교사는 자기 스스로 하나님의 부름에 부응함으로써 전문적인 영역의 기술과 자격을 갖춰 자신의 재능을 선교 현장에 사용함으로써 세계 복음화에 동참하는 사람이다. 아울러 전문인 선교사는 문화적인 장벽들을 이겨나감으로써 하나님이 허락하신 직업을 통해 선교의 목적을 분명히 해야 할 것이다.

한편, 허버트 케인(J. Herbert Kane)은 전문인 선교사에 대하여, "해외로 나가서 일하는 동안 하나님의 부르심과 직업을 통해 개인이 그리스도의 증인이 되어 일터에서 복음 전할 헌신적인 그리스도인이다."라고 하였다.[43] 이러한 통전적 선교의 개념이 힘을 받으면 전통적인 선교가 전도와 교회 개척 등 직접적인 복음 증거 사역 외에 NGO 선교, 디아스포라 선교, 이주민 선교, 비즈니스 선교 등이 현대사회에 중요한 실천하는 선교 영역으로 자리 잡고 있다. 따라서 모든 그리스

---

42) 이승현, "전문인 선교의 이론적 배경 연구," 「복음과 선교」 43 (2018), 163-165.
43) J. Herbert Kane, *Winds of Change in the Christian Mission* (Chicago: Moody Press, 1973), 177.

도인은 전문적인 직업을 통해 세상에서 빛과 소금으로 선교적인 사명을 감당하여 하나님 나라를 선포하며 복음을 전해야 한다. 21세기 선교의 최전방인 선교 현장에서 로잔대회 운동에서 강조했던 통전적 선교를 추구하는 아프리카 전문인 선교의 지속 가능성은 새로운 중심축으로 선교적 사명을 기대한다.

3. 한국교회를 통한 평신도 전문인 선교의 지속 가능성

한국교회는 평신도 전문인 선교사를 양성하여 미전도 종족 선교를 전략적으로 추구해야 하는 시대를 맞았다. 최대의 미전도 종족들이 거주하는 지역은 이슬람권 지역이며, 그리고 불교권이나 사회주의 등을 포함하는 지역이다. 이러한 지역의 특징은 소위 전통적인 선교사들의 출입을 허용하지 않고 있는 폐쇄된 지역이기에 평신도 전문인 선교사들의 전략적인 사역이 필요한 곳이다. 이러한 평신도 전문인 사역자의 전략적 중요성은 효율적인 선교 사역을 위해 제시되고 있다.[44] 하지만 실제로 교회 안에서 평신도 전문인 선교 사역에 관심을 그렇게 크게 나타난 것은 아니다. 전통적으로 교회의 사역은 목회자나 교역자의 몫이고, 평신도는 그저 뒤에서 가만히 있는 존재의 의식이 남아 있다. 교회의 99%를 차지하는 하나님의 거대한 군대인 평신도를 전문인 사역자로 세워 선교 사역을 잘 감당할 수 있는지에 대해 에드먼드 클라우니(Edmund P. Clowney)는 교회 안에서의 사역에 대한 분명한 개념이 정립되어야 함을 강조하였다. 무엇보다 교회사역에서 목회자와 평신도의 관계에서 감독으로서의 목회자와 선수로

---

44) 김성욱, "21세기 한국교회의 효율적인 전문인 선교의 모델로서 모라비안 선교회 연구," 『신학지남』 87 (2020), 66.

서의 평신도 사역자의 관계가 중요함을 제시하였다.[45] 여기서 교회에 속한 모든 그리스도인은 삶의 표현과 행동에서 선교적 존재가 되어야 하는 것이다.

20세기 세계 선교 패러다임의 중심이 된 카메룬 타운젠트는 위클리프 성서번역 선교회와 여름 언어학교, 밀림 비행 및 라디오 사역을 설립한 평신도 전문인 선교사였다. 그는 이전의 전통적 선교방식에서 벗어남으로써 하나님의 선교를 통전적인 선교 신학 위에서 전문적인 기능과 직종을 통한 선교가 가져올 선교적 효율과 전략적 가치를 인식했다. 그리고 선교 현장에서 그가 보여 준 전문인 선교는 매우 효율적인 전략의 접근이라는 실제로 복음의 열매로 나타났다. 전문인 선교는 당시 선교에 신선한 충격이었고, 새로운 선교 패러다임 전환으로의 필요성을 부각하였다.[46]

전문인 선교는 종종 텐트메이커 선교라고 불리므로 사실 이 말은 사도행전에 나타난 바울의 장막을 지어 만든 직업에서 나온 말이다(행 18:3). 사도이기도 한 바울은 장막을 만드는 직업을 가지고 사역하였다. 이처럼 자신의 전문적인 직업을 가지고 선교 사역에 종사하는 전문인 선교는 현대선교에서 가장 효과적인 선교전략으로 대두가 된다. 세상에서 여러 가지 직업을 통하여 그리스도의 복음 전파에 기회를 가진 전문인 선교사는 단순히 경제적이거나 정치적인 이유뿐만 아니라 절대 주권자이신 주님의 선교 목적을 수행한다는 점에서 그 의의가 크다고 할 수 있다. 한국교회는 선교에 있어 평신도 전문인 선교를 극대화하는 것이 세계 선교를 앞당기는 길이가. 아프리

---

45) Edmund P. Clowney, *The Church* (London: IVP, 1995), 114.
46) 김은호, "미전도 종족 선교를 위한 전략적 선교 패러다임 전환에 대한 제언," 「신학과 실천」 82 (2022), 757.

카 전문인 선교의 가능성을 위해 목회자들은 목회 철학에 평신도들을 예수님의 제자로 재생산시켜 평신도 전문인 선교사로 훈련 시키는 폭넓은 시각을 가져야 할 것이다.

V. 나가는 글

결론적으로, 지속 가능한 아프리카 전문인 선교에 대한 방안을 살펴보았다. 20세기 후반에 기독교 선교 운동의 중심 무게는 서구 세계로부터 비서구 세계로 움직이고 있다.[47] 세계기독교 선교에 한 중심적인 역할을 감당하는 한국교회가 전문인 선교를 좀 더 중요시하고 논의할 사명이다.[48] 한국교회는 복음을 수용하던 시기부터 동시에 만주와 중국, 그리고 일본 등지에 선교사를 파송하기 시작하였다. 이렇게 선교하는 교회로 출발했던 한국교회는 특히 1988년 서울 올림픽 이후로 전 세계에 선교사들을 파송하기 시작하였다. 나일선 박사(Marlin Nelson)가 한국 선교 현황을 처음 조사한 1979년 당시 한국 선교사의 수가 모두 93명이라고 보고하였다. 10년이 지난 1989년에는 1,178명으로 집계되었고, 2000년 말에는 8,103명으로 집계되어 세계 2위의 선교국이 되었다. 10년이 지난 2010년에는 세계 169개국에 22,014명의 선교사가 파송되어 2.7배 정도 늘어났다. 많은 선교사는 아시아, 아프리카, 남미 등 3세계 국가 중에서도 오지를 찾아가 교회설립과 교육 선교, 그리고 의료선교 등 활동을 통해 복음을 전파하며

---

47) 김은호, "효율적인 전방개척 전문인 선교훈련을 위한 전략연구," 「신학과 실천」 39 (2014), 433.
48) 김영동, "디아스포라 선교학 틀에서 본 한인 디아스포라 교회의 선교신학적 과제," 「장신논단」 49 (2017), 340.

선교하고 있다.[49]

　전문인 선교의 황금어장으로 불리는 아프리카는 하나님 나라의 가치와 복음의 능력을 가장 가까이에서 지켜볼 수 있다. 다양한 인종과 문화, 그리고 언어, 부족이 존재하나 하나님 나라의 생생한 역사와 기적을 목격할 수 있는 아프리카는 하나님 선교의 최전선으로보다 나은 미래 아프리카 전문인 선교에 헌신해야 할 것이다. 앞으로 선교는 예수 그리스도 안에서 하나 됨의 선교 공동체를 만드는 일로 선행되어야 한다. 교회의 본질은 공동체로서 공동체의 협력 선교를 성경에 그 기반을 두어야 한다.[50] 이러한 관점에서 광활한 대륙인 아프리카가 미래 선교의 희망을 위해서는 전문인 선교의 지속 가능한 모든 방법을 동원하여 복음을 전해야 한다. 이것은 하나님 백성들의 진정한 의미이며 동시에 선교적인 핵심이다. 아프리카 사람들이 육과 영혼에 빈곤의 옷을 벗어버릴 수 있도록 아프리카의 미래 선교가 필요하다. 이에 전문인 선교의 지속 가능성을 통해 그들에게 복음을 전하고 기독교 세계관을 가지고 살도록 총체적인 접근의 사역을 기대해 본다.

---

49) 이은선, "한국교회의 아프리카 선교 사역과 한국문화의 국제화," 「역사신학논총」 39 (2021), 219-220.

50) 황병준 · 이상호, "켈트 기독교 공동체를 통해 본 공유와 협력 강화를 위한 공동체 선교 패러다임 연구," 「신학과 실천」 88 (2024), 675.

참고문헌

강문석. 『아프리칸 선교론』. 서울: 성광문화사, 1995.

김경래. "남아프리카공화국 흑인 기독교의 혼합주의 실태 조사."「전방개척선교」
110 (2024), 41-62.

김광성. "로잔운동 선언문에 나타난 전문인 선교 개념 고찰."「복음과 선교」54
(2021), 9-42.

김성욱. 『21세기 기독교 전문인 선교신학』. 서울: 이머징북스, 2019.

김성욱. "21세기 한국교회의 효율적인 전문인 선교의 모델로서 모라비안 선교회 연
구."「신학지남」87 (2020), 63-88.

김성욱. "21세기 한국교회 전방개척선교를 위한 평신도 선교 사역의 효율성 연구."
「복음과 선교」4 (2006), 118-137.

김이곤. "하나님이 기뻐하시는 감사 예물."「기독교사상」453 (1996), 246-252.

김은호. "미전도 종족 선교를 위한 전략적 선교 패러다임 전환에 대한 제언."「신학
과 실천」82 (2022), 748-768.

김은호. "전문인 선교 훈련 프로그램과 교육과정 개편에 관한 제언."「신학과 실천」
78 (2022), 527-552.

김은호. "현대선교에 있어서 전문인선교의 당위성과 필요성."「신학과 실천」62
(2018), 531-564.

김은호. "효율적인 전방개척 전문인 선교훈련을 위한 전략연구."「신학과 실천」39
(2014), 414-438.

김재혁. 『아프리카학』. 서울: 도서출판 말굽소리사, 2007.

예장총회세계선교부. 『선교 현장 이야기 아프리카 II』. 서울: 총회세계선교부, 2016.

이명석. "거버넌스와 선교와의 관계."「복음과 선교」55 (2021), 277-314.

이수환. 『전문인 선교론』. 파주: 한국학술정보, 2011.

이승현. "전문인 선교의 이론적 배경 연구."「복음과 선교」43 (2018), 141-175.

이은선. "한국교회의 아프리카 선교 사역과 한국문화의 국제화."「역사신학논총」39
(2021), 219-263.

윤상욱. 『아프리카에는 아프리카가 없다』. 서울: 시공사, 2012.

윤승범. 『전문인선교학개론』. 부천: BOOKK, 2018.

장훈태. "아프리카의 현재적 쟁점과 현황." 「복음과 선교」 63 (2023), 179-220.

한국선문인선교협의회. 『선교의 패러다임이 바뀐다』. 서울: 도서출판 창조, 2000.

홍영신. "통전적 접근을 통한 동부 아프리카 미래 선교전략: Holistic Mission for All Nations를 중심." 주안대학원대학교 석사학위논문, 2020.

황병준 · 이상호. "켈트 기독교 공동체를 통해 본 공유와 협력 강화를 위한 공동체 선교 패러다임 연구." 「신학과 실천」 88 (2024), 654-679.

Banks, Robert J. 『바울의 공동체 사상』. 정동수 역. 서울: IVP, 2007.

Clowney, Edmund P. *The Church*. London: IVP, 1995.

Danker, William J. *Profit for The Lord*. Grand Rapids: Eerdmans, 1971.

Dijk, Lutz van. 『처음 읽는 아프리카 역사』. 안인희 역. 서울: 웅진씽크빅, 2005.

Eldred, Ken. 『비즈니스 미션』. 안정임 역. 서울: 예수전도단, 2006.

Kane, J. Herbert. *Winds of Change in the Christian Mission*. Chicago: Moody Press, 1973.

Kennedy, D. James. *Evangelism Explosion*. Wheaton: Tyndale House, 1970.

Latourette, Kenneth S. *History of the Expansion of Christianity: The First five Centuries vol. 1*. New York: Harper & Bros, 1937.

Oden, Thomas C. 『아프리카 기독교 역사』. 김성환 역. 서울: CLC, 2020.

Thiessen, John. *A Survey of World Missions*. Dowers Grove: IVP, 1956.

Tucker, Ruth. *From Jerusalem to Irian Jaya*. Grand Rapids: Zondervan, 1983.

Van Engen, Charles E. 『모이는 교회, 흩어지는 교회』. 임윤택 역. 서울: 두란노, 1994.

Wilson, J. Christy. *Today's Tentmakers: self - support an alternative model for worldwide witness*. Wheaton: Tyndale House, 1979.

Winter, Ralph D. "The Crucial Links in the Frontier Mission Chain." *International Journal of Frontier Missions* (1991/4), 43-47.